Wolfgang Mertens
Kompendium psychoanalytischer Grundbegriffe

Quintessenz Lexika

Wolfgang Mertens

Kompendium psychoanalytischer Grundbegriffe

Quintessenz

Anschrift des Autors:
Prof. Dr. Wolfgang Mertens
Psychologisches Institut der
Ludwig-Maximilians-Universität München
Abteilung Klinische Psychologie
Leopoldstr. 13
8000 München 40

Lektorat: Dipl.-Psych. Stefan Granzow

Die Deutsche Bibliothek – CIP-Einheitsaufnahme

Mertens, Wolfgang:
Kompendium psychoanalytischer Grundbegriffe / Wolfgang
Mertens. – München : Quintessenz, 1992
  (Quintessenz-Lexika)
  ISBN 3-86128-124-4

Copyright © 1992 Quintessenz Verlags-GmbH, München
Umschlaggestaltung: Dieter Vollendorf, München
Satz: S. Granzow, München; Computersatz Wirth, Regensburg
Druck und Bindung: Ludwig Auer GmbH, Donauwörth
Printed in Germany
ISBN 3-86128-124-4

Vorwort

Dieses Kompendium bringt zu den wichtigsten psychoanalytischen Konzepten nicht nur eine Begriffsdefinition, sondern auch einen Überblick über wichtige Weiterentwicklungen in dem jeweiligen klinischen, entwicklungspsychologischen, methodologischen, behandlungstechnischen oder psychoanalytisch-sozialpsychologischen Bereich. Ausführlicher als ein Lexikon und kompakter als ein Handbuch, sollen die einzelnen Beiträge zum Lesen anregen und natürlich auch zur weiteren Beschäftigung oder Auseinandersetzung mit dem jeweiligen Thema. Darum wissend, wie schwierig und zeitaufwendig sich die Literatursuche für praktizierende Psychoanalytiker zumeist gestaltet, habe ich bei den Literaturempfehlungen darauf geachtet, nicht nur die leicht zugänglichen deutschen Publikationen, sondern auch die angelsächsische Literatur zu berücksichtigen. Dabei wurden Forschungsarbeiten jüngeren Datums bevorzugt, und hierbei solche, die sich durch wissenschaftliche Diktion und Klarheit auszeichnen. So ist die Literaturauswahl natürlich selektiv, und mancher Kollege wird vielleicht ihm wichtige Arbeiten vermissen. Dennoch glaube ich, daß auch die Literaturauswahl einen einigermaßen repräsentativen Überblick über die Forschungsliteratur der letzten Jahre vermittelt.

Das vorliegende Buch soll Werke wie das „Vokabular der Psychoanalyse" von Laplanche und Pontalis, in dem eine präzise Exegese der Freudschen Konzepte vorgelegt worden ist, nicht ersetzen. Vielmehr läßt sich das „Vokabular der Psychoanalyse" zu der vorliegenden Arbeit ergänzend lesen. Aus diesem Grund wurde im Text und in den Literaturempfehlungen auch nur vereinzelt auf die Ausführungen von Freud Bezug genommen, um Raum für Weiterentwicklungen und gegenwärtige Theoriekontroversen zu schaffen. Die Aktualisierung bestimmter Fragestellungen bedeutet allerdings selbstverständlich nicht, daß damit die Lektüre der Freudschen Schriften als überflüssig einzustufen ist.

Beim Schreiben dieses Buches hat sich für mich noch einmal bestätigt, daß die Psychoanalyse auch gegen Ende des 20. Jahrhunderts eine sehr lebendige Wissenschaft und Therapieform darstellt, die im Vergleich zu anderen Theorien, wie z.B. psychologischen Persönlichkeitstheorien, einen ungleich größeren menschlichen Erlebnisbereich beschreiben und erklären kann. Auch wenn sich in manchen Theoriebereichen gelegentlich eine Stagnation einzustellen scheint, so ist es doch erstaunlich, mit welcher Konsequenz und Vitalität von Psychoanalytikern weltweit an einer Konsolidierung, Erweiterung und Revision psychoanalytischer Theoriebestandteile gearbeitet wird. Davon dem Leser, auch anhand der Literaturselektion, einen kleinen Eindruck vermitteln zu können, ist mein Anliegen.

Vorwort

Ich möchte Herrn Dr. H. Jürgen Kagelmann vom Quintessenz-Verlag für seine freundliche und kompetente Art und Herrn Dipl.-Psych. Stefan Granzow für die fachkundige und engagierte Betreuung meines Manuskripts meinen Dank aussprechen.

München, im Juli 1992 *Wolfgang Mertens*

Abstinenz – abstinence

Während das Konzept der Abstinenz heutzutage zumeist mit dem Verhalten des Analytikers in Verbindung gebracht wird, enthielt es ursprünglich die Forderung an den Analysanden, während der Dauer der Analyse auf Ersatzbefriedigungen für seine Symptome zu verzichten (dazu gehören nach Freud, 1919a, zum einen Unternehmungen, denen nur auf den ersten Blick der Leidenscharakter abgeht – wie z.B. eine überstürzte Eheschließung mit einem ungeeigneten Partner, um ein neurotisches Strafbedürfnis zu befriedigen –, zum anderen Ersatzbefriedigungen, die aus bestimmten Konstellationen des Übertragungsverhältnisses erwachsen). Im Lauf der Zeit hat sich jedoch immer stärker die zweite Bedeutung der Abstinenz – als Grundsatz und Regel für den Analytiker, die sich aus seiner Neutralität ergibt – in den Vordergrund geschoben. Versagungen von Ersatzbefriedigungen des Patienten werden in der Gegenwart eher als ein die Entfaltung der Übertragung störender Eingriff wahrgenommen, der nur im Falle schwerwiegenden destruktiven → Agierens, wie z.B. bei manchen → Borderline-Patienten, angezeigt sein kann (vgl. Kernberg, 1978).

Was aber heißt nun Abstinenz, und kann es diese überhaupt geben?

Am bekanntesten wurden Freuds Empfehlungen, mit der Kühle eines Chirurgen und der Opakheit eines Spiegels ans Werk zu gehen, die oft Anlaß zu polemischen Einschätzungen angeblicher psychoanalytischer Beziehungslosigkeit gegeben haben. Freud meinte damit im wesentlichen aber eine Einstellung, die versucht, die Äußerungen eines Patienten aus dessen Verständnis heraus einzufühlen und zu verstehen, und die sich wertender, erzieherischer und tröstender Suggestionen und Interventionen enthält. Die Reflexion und Kontrolle der Gegenübertragung sind der sicherste Weg, diese Haltung von Neutralität zu erreichen. Auch wenn sie bei analytischen Anfängern häufig zu einem Pokerface-Syndrom oder zu der besorgten Frage führt: „Ist das noch analytisch?", schließt sie Warmherzigkeit und Natürlichkeit keineswegs aus. In der Gegenwart ist die Forderung nach *sexueller* Abstinenz des Analytikers besonders betont worden. Dabei wird gelegentlich übersehen, daß es andere Modi der Nicht-Abstinenz gibt, die wahrscheinlich viel häufiger sind, wie der Mißbrauch eines Patienten zur narzißtischen Befriedigung (wenn z.B. der Analytiker zu verständnisvoll und gewährend ist, um geliebt werden zu wollen), oder zur Delegation eigener unerledigter Aufgaben.

Obwohl sich auch im *Verhalten* des Analytikers bestimmte Interaktionseigentümlichkeiten, z.B. hinsichtlich seines Sprachverhaltens, zeigen, geht das ursprüngliche wie auch das zeitgenössische Konzept der Abstinenz davon aus, daß es sich hierbei überwiegend um eine *Einstellung* handelt, den Patienten nicht für eigene narzißtische Zwecke zu mißbrauchen. Aus diesem Grund muß das Bedürfnis eines Analytikers nach moralischen Wertungen, pädagogischen Ermunterungen oder Bündnisbildungen immer wieder reflektiert werden. Abstinenz als Einstellung verstanden, schließt aber spontanes Verhalten in Form von gelegentlichen Ermunterungen keineswegs aus. Die puristische (in den 40er Jahren entstandene nordamerikanische) Auffassung, daß dadurch die Entstehung einer Übertragungsneurose beeinträchtigt werden könnte, beruht auf der mittlerweile nicht mehr haltbaren Prämisse, daß es dem Analytiker gelingen könne, seine Subjektivität im analytischen Prozeß gänzlich auszuschalten. Heutzutage kann es hingegen nur noch sinnvoll sein, von einer kontrollierten Subjektivität oder einer „subjektiven Abstinenzhaltung" (Körner & Rosin, 1985) auszugehen. Die genauere sozialpsychologische und psychoanalytische Betrachtung der Analytiker-Analysand-Interaktion zeigt unwiderlegbar auf, daß Neutralität lediglich eine Option sein kann, die sich nur mehr oder weniger verwirklichen läßt.

Eine differenzierte Analyse der verschiedenen Bedeutungen von Neutralität wurde von Franklin (1990) ausgearbeitet. Dieser Autor unterscheidet fünf Dimensionen psychoanalytischer Neutralität: eine verhaltensmäßige, einstellungsmäßige, interpersonelle, interaktionelle und essentielle. Wenn sich die Neutralität auf das Verhalten des Analytikers bezieht, wird darunter zumeist seine tendenzielle Anonymität gegenüber seinem Analysanden verstanden; die einstellungsmäßige Neutralität manifestiert sich als Verzicht auf wertende Urteile und Beeinflussungen und bewährt sich in einer Haltung der „Äquidistanz" zu es-, ich- und überichhaften Vorgängen (A. Freud, 1936); die interpersonelle Neutralität versucht nach Möglichkeit, Koalitionsbildungen zu vermeiden (z.B. eine Bündnisbildung mit dem Analysanden gegen den „uneinfühlsamen" Ehemann oder Elternteil), weil diese starke Parteinahme das Aufkommen von früheren Beziehungserfahrungen zu sehr beeinträchtigen könnte; die interaktionelle Neutralität äußert sich als flexible Haltung gegenüber verschiedenen therapeutisch und analytisch nützlichen Analytiker-Analysand-Interaktionen. Am wichtigsten ist für Franklin jedoch die fünfte Bedeutung von Neutralität, die er als die essentielle Dimension bezeichnet. Diese manifestiert sich in der für psychoanalytisches Verstehen so grundlegenden Dimension der Ambiguität. Denn in der Aufhellung des rätselhaften und dunklen Charakters unbewußter Prozesse läßt sich niemals Eindeutigkeit erreichen. Alle Rekonstruktionen von Erlebnissen aus der Vergangenheit bleiben deshalb Mutmaßungen. Interpretationen können aus diesem Grunde auch immer nur mehr oder weniger plausibel sein. Und so bleibt die Haltung einer essentiellen Neutralität deshalb auch offen für weitere tentative Interpretationen.

Literaturempfehlungen

Cremerius, J. (1984). Die psychoanalytische Abstinenzregel. Vom regelhaften zum operationalen Gebrauch. Psyche, 38, 769–800.

Fox, R.P. (1984). The principle of abstinence reconsidered. International Review of Psycho-Analysis, 11, 227–236.

Franklin, G. (1990). The multiple meanings of neutrality. Journal of the American Psychoanalytic Association, 38, 195–220.

Greenberg, J.R. (1986). Theoretical models and the analyst's neutrality. Contemporary Psychoanalysis, 22, 87–106.

Grunert, J. (1989). Intimität und Abstinenz in der psychoanalytischen Allianz. Jahrbuch der Psychoanalyse, 25, 203–235.

Heimann, P. (1978). Über die Notwendigkeit für den Analytiker, mit seinen Patienten natürlich zu sein. In S. Drews, R. Klüwer, A. Köhler-Eisker, M. Krüger-Zeul, K. Menne & H. Vogel (Hg.), Provokation und Toleranz. Festschrift für Alexander Mitscherlich zum siebzigsten Geburtstag (S. 215–230). Frankfurt/M.: Suhrkamp.

Hoffer, A. (1985). Toward a definition of psychoanalytic neutrality. Journal of the American Psychoanalytic Association, 33, 771–795.

Körner, J. & Rosin, U. (1985). Das Problem der Abstinenz in der Psychoanalyse. Forum der Psychoanalyse, 1, 25–47.

Lipton, S. (1977). The advantages of Freud's technique as shown in the analysis of the Rat Man. International Journal of Psycho-Analysis, 58, 255–274.

Poland, W.S. (1984). On the analyst's neutrality. Journal of the American Psychoanalytic Association, 32, 283–299.

Reimer, Ch. (1990). Abhängigkeit in der Psychotherapie. Praxis der Psychotherapie und Psychosomatik, 35, 294–305.

Shapiro, T. (1984). On neutrality. Journal of the American Psychoanalytic Association, 32, 269–282.

Thomä, H. (1981). Schriften zur Psychoanalyse. Vom spiegelnden zum aktiven Psychoanalytiker. Frankfurt/M.: Suhrkamp.

Wolf, E.S. (1983). Aspects of neutrality. Psychoanalytic Inquiry, 3, 675–689.

Adoleszenz – adolescence

Die systematische Einbeziehung der Jugendzeit oder Adoleszenz in die Betrachtung der Sozialisation erfolgte in der Psychoanalyse, von einzelnen Arbeiten abgesehen (z.B. S. Freud, 1905d; Bernfeld, 1923; A. Freud, 1936), erst in den fünfziger Jahren (z.B. Spiegel, 1951; Erikson, 1958; A. Freud, 1960; Blos, 1962).

Trotzdem herrscht nach Ansicht verschiedener Autoren immer noch ein Mangel an konsequenter Berücksichtigung adoleszenzspezifischer Themen und Problembereiche bei der psychodynamischen Interpretation neurotischer Störungen von Erwachsenen vor; allzu schnell werde auf die früheste Kindheit rekurriert und der Eigendynamik der Adoleszenz zu wenig Aufmerksamkeit gewidmet (z.B. Goettsche, 1986; Erdheim, 1983).

Bekannt wurde vor allem das Fünfphasen-Modell von Blos (1962), in dem er die folgenden Sequenzen unterschied: Präadoleszenz (etwa 10.–12. Lebensjahr); Frühadoleszenz (13.–14. Lebensjahr); mittlere oder eigentliche Adoleszenz (15.–17. Lebensjahr); Spätadoleszenz (18.–20. Lebensjahr) und Postadoleszenz (21.–25. Lebensjahr). Die von verschiedenen Autoren erforschten Problembereiche beziehen sich vor allem auf die tendenzielle Auflösung der kindlichen Bindungen an die elterlichen Bezugspersonen; eine Entidealisierung der elterlichen Werte und Ideale; die schrittweise Integration des sich verändernden Körperbildes; das Finden eines heterosexuellen Liebespartners; die Integration der aus verschiedenen Entwicklungsphasen stammenden Selbstaspekte in eine einigermaßen stabile Identität und damit einhergehend auch eine graduelle Anerkennung von Realitätsgrenzen.

Aus klinischer Sicht fanden in den letzten Jahren besonders spätadoleszente Entwicklungsprozesse Berücksichtigung, deren Erscheinungsformen (z.B. die konflikthafte und verzweifelte Suche nach Identität und Lebenssinn) oftmals dem Phänotyp einer strukturellen Ich-Störung gleichen können, jedoch nur eine alters- (und gesellschafts-)spezifische und damit auch vorübergehende Erlebensform darstellen (z.B. Bohleber, 1982, 1987).

Literaturempfehlungen

Blos, P. (1979). The adolescent passage. Developmental issues. New York: International Universities Press.

Bohleber, W. (1987). Die verlängerte Adoleszenz. Identitätsbildung und Identitätsstörungen im jungen Erwachsenenalter. Jahrbuch für Psychoanalyse, 21, 58–84.

Bopp, J. (1985). Jugend. Umworben und doch unverstanden. Frankfurt/M.: Fischer.

Goettsche, R.L. (1986). Reconstruction of adolescence. Psychoanalytic Study of the Child, 41, 357–377.

Erdheim, M. (1983). Adoleszenz zwischen Familie und Kultur. Ethnopsychoanalytische Überlegungen zur Funktion der Jugend in der Kultur. Psychosozial, 17, 104–116.

Greenspan, S.I. & Pollock, G.H. (Eds.) (1980). The course of life, vol. 2: Latency, adolescence and youth. Washington: Mental Health Study Center.

Kaplan, L.J.(1988). Abschied von der Kindheit. Eine Studie über die Adoleszenz. Stuttgart: Klett-Cotta.

Krejci, E. & Bohleber, W. (1982). Spätadoleszente Konflikte. Indikation und Anwendung psychoanalytischer Verfahren bei Studenten. Göttingen: Vandenhoeck & Ruprecht.

Laufer, M. & Laufer, M.E. (1989). Adoleszenz und Entwicklungskrise. Stuttgart: Klett-Cotta.

Schave, D. & Schave B. (1989). Early adolescence and the search for self. A developmental perspective. New York: Praeger.

Seiffge-Krenke, I. (1986). Psychoanalytische Therapie Jugendlicher. Stuttgart: Kohlhammer.

Affekt – affect

Die Psychoanalyse war in ihren Anfängen eine Affekttheorie, wurde dann aber nach und nach triebtheoretisch konzeptualisiert. Erst beim späten Freud finden sich, so z.B. in seiner Auffassung von der Signalfunktion der → Angst, Sichtweisen, die eine moderne Affekttheorie vorbereiten helfen. So gibt es dann auch schon bei Hartmann (1939) eine theoretische Konzeption, nach der Affekte eigenständige Phänomene sind und nicht mehr bloße Triebrepräsentanzen. Ohne Zweifel hat aber die von Freud einige Jahre lang postulierte ausschließliche Abfuhrtendenz der Affekte als Triebrepräsentanzen ihre motivationale und kommunikative Funktion tendenziell übersehen lassen. Heutzutage ist davon auszugehen, daß Affekte die primären motivierenden Kräfte sind und nicht die Triebe Libido und → Aggression (Kernberg, 1988). Vor allem die neonatologische Forschung (z.B. Emde, Kligman, Reich & Wade, 1978; Emde, 1980; Stern, 1985) hat aufgezeigt, welchen zentralen Stellenwert Affekte für zwischenmenschliche Beziehungen von Beginn des Lebens an für das kleine Kind haben. Anfänglich funktionieren Affektzustände als biosoziale Signale, um entsprechende Verhaltensweisen bei den Bezugspersonen des Kindes auszulösen. Später aktivieren sie dann eigene Verhaltensweisen des Kindes und werden auf diese Weise komplexe soziale und intrapsychische Signale.

Von vielen Psychoanalytikern unbemerkt, hat sich in den letzten Jahren somit eine kleine Revolution ereignet: Affekte, und nicht die Triebe, sind die uranfänglichen Bausteine des psychischen Lebens. Es war die Pionierarbeit von Silvan

Tomkins (1962, 1963), der als erster die deutlich von den Trieben unterschiedene Funktion der Affekte aufzeigte und neun angeborene Affekte beschrieb, wobei jeder Affekt durch eine physiologische, expressive und motivationale Komponente charakterisiert werden kann. Dem Psychoanalytiker Basch (1976) kommt das Verdienst zu, eine erste Brücke von dem Affektforscher Tomkins zur Psychoanalyse geschlagen zu haben.

Dem gegenwärtigen Forschungsstand entsprechend lassen sich die folgenden sieben Primäraffekte unterscheiden: Freude, Verzweiflung, Wut, Furcht, Ekel, Überraschung, Interesse (Ekman, Friesen & Ellsworth, 1972; Izard, 1971). Krause (1983, 1991) versteht unter Affekt die körperlichen Reaktionen ohne bewußte Repräsentanz und Erleben derselben, unter Gefühl das bewußte Wahrnehmen und/oder Erleben und unter Empathie schließlich noch die Zuordnung zum Selbst oder zum signifikanten Anderen. Das Insgesamt aller Funktionen wird das Affektsystem genannt.

Beim Neugeborenen sind die Affekte oder Affektzustände zunächst noch weitgehend undifferenziert, obgleich der positive Affektzustand der „ruhigen Wachheit" und der negative Affektzustand der „diffusen Spannung" relativ leicht unterschieden werden können. Izard (1978) stellte anhand der Mimik Interesse, Verzweiflung und Ekel schon bei wenige Tage alten Säuglingen fest. Ebenfalls können Neugeborene bereits den Gesichtsausdruck von Erwachsenen imitieren (Field, Woodson, Greenberg & Cohen, 1982; Malatesta & Izard, 1984). Im Alter von zwei bis vier Monaten lassen sich mimische Anzeichen für Freude, Traurigkeit, Überraschung und Wut beobachten, während Furcht nicht vor sechs Monaten festgestellt werden konnte – mit einer Ausnahme: bei mißhandelten Kleinkindern (vgl. Gaensbauer, 1982).

→ Schuld, → Scham und Verachtung tauchen erst relativ spät in der Entwicklung – gegen Ende des ersten Lebensjahres – auf, weil sie von kognitiver Reifung abhängig sind und sich das → Selbstempfinden erst entwickeln muß. Die meisten Affekte sind somit vor der kognitiven und sprachlichen Entwicklung bereits ausgebildet, und die inhärente kommunikative Beschaffenheit der Signale primärer Affekte fördert die → Bindung zwischen Mutter und Kind und sichert so das Überleben des kleinen Kindes.

Nach Sroufe (1979) haben die kindlichen Affekte die folgenden drei Funktionen: Sie erweitern und übertreiben das Verhalten, sie kommunizieren Informationen über innere Zustände und sie lösen hilfreiche Reaktionen bei der elterlichen Bezugsperson aus. Der mimische Ausdruck dient nach Stern (1985) vor allem dazu, die Mutter zu stärkeren Stimulierungsanregungen aufzufordern, wenn das Erregungsniveau des Kindes zu stark abgefallen ist. Neben dieser qualitativen Unterscheidung der verschiedenen Affekte werden von Lichtenberg (1990, 1991) und Stern (1985) vor allem die Intensität eines Affekts und dessen zeitlicher Ablauf anhand von Kriterien wie Rhythmus, Takt und Dauer als äußerst wichtig erachtet. Kleine Kinder kategorisieren ihre affektiven Erfahrungen nicht anhand von „gut" oder „böse", sondern anhand dieser affektiven Intensitäten, was Stern (1985) als *Vitalitätsaffekt* bezeichnet.

Literaturempfehlungen

Bohleber, W. (1989). Neuere Ergebnisse der empirischen Säuglingsforschung und ihre Bedeutung für die Psychoanalyse. Psyche, 43, 564–571.

Demos, V. & Kaplan, S. (1987). Motivation and affect reconsidered: Affect biographies of two infants. Psychoanalysis and Contemporary Thought, 10, 147–221.

Emde, R.N. & Buchsbaum, H.K. (1989). Toward a psychoanalytic theory of affect: II. Emotional development and signaling in infancy. In S.I. Greenspan & G.H. Pollock (Eds.), The course of life, vol. 1: Infancy and early childhood (pp. 193–227). Adelphi, Maryland: Mental Health Study Center.

Kapfhammer, H.-P. (1991). Sozialisation der Emotionen. In K. Hurrelmann & D. Ulich (Hg.), Neues Handbuch der Sozialisationsforschung (S. 562–571). Weinheim: Beltz.

Kapfhammer, H.-P. (1993). Entwicklung der Emotionalität und des körperlichen Erlebens. Stuttgart: Kohlhammer.

Kernberg, O.F. (1991). New perspectives in psychoanalytic affect theory. In R. Plutchik & H. Kellermann (Eds.), Emotion: Theory, research and experience. (pp. 115–130). New York: Academic Press.

Krause, R. (1983). Zur Phylo- und Ontogenese des Affektsystems. Psyche, 37, 1016–1043.

Krause, R. (1988). Eine Taxonomie der Affekte und ihre Anwendung auf das Verständnis der „frühen Störungen". Psychotherapie und medizinische Psychologie, 38, 77–86.

Krause, R. (1991). Psychodynamik der Emotionsstörungen. In K. Scherer (Hg.), Psychologie der Emotionen. Enzyklopädie der Psychologie, Bd. C, IV, 3 (S. 630–705). Göttingen: Hogrefe.

Lichtenberg, J.D. (1990). Klinische Relevanz der Säuglingsbeobachtung für die Behandlung von narzißtischen und Borderline-Störungen. Psyche, 44, 871–901.

Lichtenberg, J.D. (1991). Psychoanalyse und Säuglingsforschung. Berlin: Springer.

Malatesta, C.Z. & Wilson, A. (1988). Emotion cognition interaction in personality development: A discrete emotions functionalist analysis. British Journal of Social Psychology, 27, 91–112.

Schüssler, G. & Bertl-Schüssler, A. (1992b). Neue Ansätze zur Revision der psychoanalytischen Entwicklungstheorie. II. Das Konzept von J.D. Lichtenberg und Grundsätze einer neuen psychoanalytischen Entwicklungstheorie. Zeitschrift für psychosomatische Medizin und Psychoanalyse, 38, 101–114.

Stern, D. (1985). The interpersonal world of the infant. New York: Basic Books.

Tronick, E.Z. (1989). Emotions and emotional communication in infants. American Psychologist, 44, 112–119.

Affektabwehr – defence of affect

Neben der Abwehr von triebbestimmten → Phantasien und zur Handlung drängenden Triebimpulsen gibt es auch eine Abwehr von → Affekten.

So findet man bei Patienten mit schweren neurotischen Charakterstörungen eine charakteristische Intoleranz gegenüber Affekten, die insbesondere bei süchtigen Menschen immer wieder mit Hilfe von Drogen zur Herbeiführung eines archaischen Idealzustandes zwingt. So können z.B. → Scham, → Schuld, → Angst und → Depression nicht ertragen und müssen abgewehrt werden (Wurmser, 1987).

Wurmser (1988) erwähnt als Formen der Affektabwehr bei Patienten vor allem die Affekt*verkehrung,* z.B. die Verkehrung von Scham in Verachtung oder Wut und die *Wendung vom Passiven ins Aktive,* z.B. selbstgerechtes Aufbrausen und sein Gegenüber beschämen, statt sich beschämt zu fühlen, und damit einhergehend die Identifizierung mit dem Angreifer: Der Patient wird nun zum verurteilenden Ankläger und läßt den Analytiker sich minderwertig und schuldig fühlen.

Die Wahrnehmung und Deutung der Affektabwehr werden vor allem bei schweren Formen der Neurose zum wichtigsten Teil der Abwehr- bzw. Widerstandsanalyse: „Wut statt Angst oder Trauer; fröhliche Ausgelassenheit statt Trauer oder Zorn; Schmerz und Traurigkeit anstelle von Wut und natürlich Angst statt sexueller Erregung" (Wurmser, 1988, S. 295).

Nach Krause (1988) findet man bei psychotischen Menschen eine starke Überempfindlichkeit gegenüber den Affekten anderer Personen, was häufig zu einer automatischen Introjektion der fremden Affektzustände und subjektiv zu dem panischen Gefühl des Überschwemmtwerdens mit unerklärlichen Affekten und Phantasien führt (siehe auch Searles, 1974, und → Affektansteckung). McDougall (1984) beschrieb andererseits Patienten mit schizoid und autistisch anmutenden massiven Affektstörungen („dis-affected patients"), die erst im Fall starker äußerer und innerer Belastungen dekompensierten und psychosomatisch reagierten (vgl. auch S. Klein, 1980; Tustin, 1984; Innes-Smith, 1987).

Formen der Affektabwehr finden sich schon beim kleinen Kind, vor allem, wenn es sich gegen die Affektübertragung einer aufdringlichen, intrusiven, wenig Abgrenzung ermöglichenden Mutter zur Wehr setzen muß. Dies kann als interpersonelle Affektabwehr beschrieben werden und ist als mehr oder weniger mißglückte Form einer → Affektsozialisierung, die bereits im Kleinkindalter beginnt, zu betrachten.

Literaturempfehlungen

Innes-Smith, J. (1987). Pre-oedipal identification and the cathexis of autistic objects in the aetiology of adult psychopathology. International Journal of Psycho-Analysis, 68, 405–413.

Klein, S. (1980). Autistic phenomena in neurotic patients. International Journal of Psycho-Analysis, 61, 395–402.

McDougall, J. (1984). The „dis-affected" patient. Reflections on affect pathology. Psychoanalytic Quarterly, 53, 386–409.

Rutter, M. (1987). Temperament, personality and personality disorder. British Journal of Psychiatry, 150, 443–458.

Tustin, F. (1984). Autistic shapes. International Review of Psycho-Analysis, 11, 279–290.

Wurmser, L. (1987). Flucht vor dem Gewissen. Berlin: Springer.

Wurmser, L. (1988). Die Übertragung der Abwehr. Gedanken zur psychoanalytischen Technik. Forum der Psychoanalyse, 4, 292–317.

Affektansteckung – affect contagion

Affekt- und Säuglingsforscher haben aufgezeigt, daß Kleinkinder nahezu automatisch von den Affekten ihrer Bezugspersonen, die mimisch, aber auch stimmlich geäußert werden, angesteckt werden (z.B. Malatesta & Izard, 1984). Deshalb bemühen sich Eltern zumeist auch, ihre negativen Affekte vor ihren kleinen Kindern zu verbergen, weil sie ahnen, daß diese den elterlichen Affekten ansonsten schutzlos preisgegeben wären.

So scheint heutzutage nicht mehr die Empathie in die Affekte des anderen Menschen erklärungsbedürftig zu sein, sondern eher der Sachverhalt, wie kleine Kinder es vermögen, sich gegenüber „Affektansteckung" abgrenzen zu können. Aber auch manche Erwachsene haben immer noch Schwierigkeiten damit und identifizieren sich z.B. sehr schnell mit den affektiven Zuständen ihres Gegenübers. Nathanson (1986) hat eine neue → Ich-Funktion eingeführt, der er den paradox anmutenden Namen des „empathischen Schutzwalles" (empathic wall) gibt. Dieser empathische Schutzwall ermöglicht es, unsere affektiven und gefühlsmäßigen Erfahrungen zu beobachten und eine Einschätzung darüber abzugeben, ob der Affekt innerhalb oder außerhalb von uns entstanden ist, quasi eine → Realitätsprüfung im Hinblick auf Affekte vorzunehmen. Für eine reife und erwachsene Form der Empathie ist dieser empathische Schutzmechanismus eine wichtige Voraussetzung, denn → Empathie ist nicht mit Affektansteckung identisch, sondern beinhaltet eine intentionale Steuerungsfunktion (Basch, 1983). Im Unterschied zu Vorgängen der Affektansteckung bleibt bei der Empathie die → Identifizierung mit den Affektzuständen eines anderen Menschen partiell und passager und kann willentlich beeinflußt werden.

Beebe und Sloate (1982) z.B. beschrieben die Versuche eines Kindes, mit den Affektausbrüchen seiner psychotischen, eindringenden Mutter umzugehen. Schon im Alter von drei bis vier Monaten hatte dieses Mädchen jegliches Interesse an dem Gesicht seiner Mutter verloren und zeigte statt dessen eine ausgeprägte Blickvermeidung. Im Alter von acht Monaten konnten die Forscher beobachten, wie sich das kleine Mädchen ständig von seiner Mutter zurückzog, wenn diese es zum Spielen animieren wollte, zum Fenster hinausschaute und sich so verhielt, als würde es seine Mutter nicht hören. Nach Beebe und Sloate (1982) mußte dieses Kind die affektiven Stimuli der Mutter verleugnen, um die Beziehung zu ihr aufrechterhalten zu können, und Nathanson (1986) sieht im Verhalten dieses Kindes das Wirksamwerden des empathischen Schutzwalles. Das Kind kann in Beziehung mit der Mutter bleiben, indem es sich gegenüber den von ihr ausgehenden affektiven Stimuli verschließt.

Mit dem Konzept der „primären" und „sekundären Schizoidie" haben Psychoanalytiker, die dem Gedankengut von Schultz-Hencke nahestanden, diese Schutzmechanismen schon in den 60er und 70er Jahren beschrieben (vgl. Riemann, 1970). An schizoiden Menschen fällt auf, daß sie sich gegen emotionale Nähe und gegen gefühlsmäßige Bindungen zur Wehr setzen müssen. Während bei der primären Schizoidie eine emotionale Bindung gar nicht erst zustandekommt, werden bei der sekundären Schizoidie die Emotionen der Mutter als so bedrohlich, überstimulierend, eindringend oder unempathisch erlebt, daß dem Kind nur die regressive Flucht in das Nichtfühlen bleibt. Ockel (1971, S. 252) sprach von einem „rhythmisch gesteuerten intentionalen Hin- und Zurückstreben" des kleines Kindes, einem Pendeln zwischen Kontaktaufnahme und Beisich-Sein. Mütter mit erdrückender Fürsorglichkeit, die das Ruhe- und Rückzugsbedürfnis ihrer Kinder als Kränkung erfahren, dominante Mütter, die ihrem Kind kein eigenes Wollen zugestehen, zwanghafte Mütter, die sich zu wenig auf den Eigenrhythmus des Kindes einstellen, und unempathische Mütter, die kein Gespür für die Abgrenzungsbemühungen aufbringen können, verhindern mehr oder weniger die Rückkehr des Kindes zu sich selbst. Die Folge wird eine „intentionale Retentivität" sein: Das Kind bleibt zwar im Kontakt mit seiner Mutter, hat aber gefühlsmäßig abgeschaltet. So kann es sich gegen die bedrohlichen emotionalen Stimuli besser zur Wehr setzen. Persistiert dieses emotionale Abschalten auch im späteren Leben, so kann daraus ein schwerwiegender Mangel im gefühlsmäßigen Kommunizieren entstehen, der für schizoid strukturierte Menschen als typisch beschrieben worden ist.

Nach Hayne (1990) vermeiden Patienten mit Suchtproblemen die Körper und Seele erfassende zwingende Macht und die Erschütterung auslösende Wucht von Affekten generell. In ihrer Kindheit wurde auf ihre Affekte entweder falsch reagiert (z.B. auf Wutschreien mit Nahrungsgabe), oder es ließen sich existenzbedrohende Szenen rekonstruieren (wie z.B. Prügel, Handgreiflichkeiten, sexuelle Grenzüberschreitungen), die affektive Erfahrungen von klein auf als etwas sehr Bedrohliches erscheinen ließen. Die Sucht mit ihrer oral-einverleibenden Triebhandlung wird nach Hayne zu einem Affektersatz mit autosensuellen Kompensationszuständen, wobei die Bezugspersonen gleichsam affektiv geschont werden.

Literaturempfehlungen

Beebe, B. & Sloate, P. (1982). Assessment and treatment of difficulties in mother-infant attunement in the first 3 years of life. Psychoanalytic Inquiry, 2, 601–623.

Demos, E.V. (1982). Affect in early infancy. Psychoanalytic Inquiry, 2, 533–574.

Hayne. M. (1990). Zum Problem der Affekte bei der Sucht. Forum der Psychoanalyse, 6, 105–115.

Luzès, P. (1985). Vers une nouvelle théorie psychoanalytique des émotions. Revue Française de Psychanalyse, 58, 327–353.

Malatesta, C. & Izard, C.E. (1984). Human social signals in ontogenesis: From biological imperative to symbol utilization. In N. Fox & R. J. Davidson (Eds.), Affective development: A psychobiological perspective (pp. 161–216). Hillsdale, NJ: Erlbaum.

Nathanson, D.L. (1986). The empathic wall and the ecology of affect. Psychoanalytic Study of the Child, 41, 171–187.

Affektregulierung – regulation of affects

Schon beim kleinen Kind bestehen Möglichkeiten der Affektregulierung, die einem triebbezogenen Lustprinzip vorausgehen, das in der klassischen → Metapsychologie als primäres Regulationsprinzip angenommen wurde (Emde & Buchsbaum, 1989; Kernberg, 1988; Solyom, 1987). Zunächst existiert eine Vielzahl affektverbundener Erinnerungsspuren leibnaher und sensomotorischer Interaktionen des Säuglings mit seiner Umgebung, die als befriedigend oder frustrierend erlebt werden können. Personen (oder Teile von Personen, wie z.B. die mütterliche Brust), zu denen eine befriedigende Affektregulierung möglich ist, werden libidinös herbeigesehnt und begehrt; zu ihnen findet eine → Bindung statt (vgl. Demos und Kaplan, 1986). Personen, die mit der Affektregulierung interferieren oder direkt negativ affektive Erfahrungen ausgelöst haben, werden abgelehnt und gemieden. „Liebe und Haß werden so … zu stabilen intrapsychischen Strukturen, und durch genau diese Kontinuität konsolidieren sie sich zu Libido und → Aggression. Libido und Aggression ihrerseits werden zu hierarchisch übergeordneten Motivationssystemen, die sich unter verschiedenen Bedingungen in einer Vielfalt differenzierter Affektdispositionen äußern. Kurz, die Affekte sind die Bausteine oder Bestandteile der Triebe; die Affekte nehmen schließlich eine Signalfunktion für die Aktivierung von Trieben an" (Kernberg, 1988, S. 342).

Die „Affektabstimmung" zwischen dem Kind und seiner Bezugsperson ist anhand der Regulierung einer optimalen Erregung organisiert. Ein zu hohes oder zu niedriges Erregungsniveau veranlaßt gut eingefühlte Eltern, zu intervenieren und für optimale Anregungsbedingungen zu sorgen. Vor allem Sander (1980, 1983) hat ausgeführt, wie die verschiedenen Bewußtseinszustände des Kindes von seiner Mutter reguliert werden. Campos und Sternberg (1980) und Sorce und Emde (1981) sprechen von einem „social referencing" und verstehen darunter die beständige soziale Rückversicherung von Kindern, die anfangen, ihre Welt zu entdecken. Ein Blick zu seinen Bezugspersonen signalisiert dem Kind den emotionalen Stellenwert seiner Entdeckung oder seines Weges dorthin, und diese emotionalen Informationen schaffen ihm lange vor dem Spracherwerb eine gefühlsmäßige Landkarte für seine Eroberungen und Unternehmungen und lassen den Kontakt zur Welt als etwas Aufregendes und Anstrebenswertes erscheinen.

Literaturempfehlungen

Demos, V. & Kaplan, S. (1986). Motivation and affect reconsidered: Affect biographies of two infants. Psychoanalysis and Contemporary Thought, 9, 147–221.

Emde, R.N. (1989). Toward a psychoanalytic theory of affect: I. The organizational model and its propositions. In S.I. Greenspan & G.H. Pollock (Eds.), The course of life, vol. 1: Infancy and early childhood (pp. 165–191). Adelphi, Maryland: Mental Health Study Center.

Kapfhammer, H.-P. (1993). Entwicklung der Emotionalität und des körperlichen Erlebens. Stuttgart: Kohlhammer.

Lichtenberg, J.D. (1990). Klinische Relevanz der Säuglingsbeobachtung für die Behandlung von narzißtischen und Borderline-Störungen. Psyche, 44, 871–901.

Lichtenberg, J.D. (1991). Psychoanalyse und Säuglingsforschung. Berlin: Springer.

Solyom, A.E. (1987). New research on affect regulation: Developmental, clinical, and theoretical considerations. Psychoanalytic Review, 7, 331–347.

Affektsozialisierung – affect socialization

In psychoanalytischen Theorien der Mutter-Kind-Beziehung wird heutzutage davon ausgegangen, daß das Leben mit einem von Affekten bestimmten *Dialog* beginnt (z.B. Lichtenberg, 1983; Stern, 1985). Emde et al. (1976) z.B. beschrieben die affektive *Gegenseitigkeit* im Kontakt zwischen Mutter und Kind: So löst z.B. das Lächeln des Kindes ein gutes Gefühl bei seiner Mutter aus, und ihr Ausdruck von Freude darüber wird wiederum ihrem Kind mitgeteilt; ebenso reagiert die Mutter aber auch auf das verzweifelte Jammern ihres Kindes mit einem kummervollen Gesicht.

Die mit den Affekten kommunizierten Signale müssen von den elterlichen Pflegepersonen einfühlsam erkannt (decodiert) und mit entsprechenden Verhaltensweisen beantwortet werden. Dabei sind verschiedene Übersetzungsfehler möglich (vgl. Krause, 1983).

Nach Demos (1982) erforschen kleine Kinder ihre Umgebung mit Aufmerksamkeit und Interesse, um Stimulierung zu erfahren. Sobald diese Stimulierung aber zu anstrengend wird, versuchen sie, das Ausmaß der Stimulierung zu reduzieren, indem sie sich von der stimulierenden Person (z.B. von deren mimisch, gestisch oder verbal geäußertem Affekt) abwenden.

Malatesta und Wilson (1988) haben in einer funktionalistischen Analyse den Einfluß früher Affekte auf die Persönlichkeitsentwicklung beschrieben und anschaulich gemacht, wie bestimmte Charakterorganisationen aufgrund spezifischer Affekte und „Affektschicksale" entstehen. Diese Affektorganisationen werden bereits im Kleinkindalter grundgelegt und im weiteren Entwicklungsverlauf verfestigt. Sie stellen so etwas wie „Persönlichkeitszüge" dar und können als grundsätzliche Aspekte der Persönlichkeitsorganisation betrachtet werden. Sie haben bedeutsame adaptive Funktionen und entfalten ihre Wirksamkeit in Situationen, in denen adaptive Verhaltensweisen erforderlich sind. Bereits beim einjährigen Kind lassen sich emotionale Organisationen feststellen, in denen z.B. Wut, Traurigkeit oder Furcht die herausragenden Emotionen sind (vgl. Wilson & Malatesta, 1989). Stabile und überdauernde emotionale Prädispositionen werden also schon sehr früh im Leben grundgelegt, vor allem wenn immer wiederkehrende und intensive emotionale Erwiderungen von seiten der Bezugspersonen erfolgen. Einschätzungen von Personen als „ausgeglichene", „freudig mitteilsame", „mürrische", „ernste", „arrogante" Charaktere gehen aus dieser Sicht somit auf die fundamentalen Affektorganisationen zurück, die schon sehr früh im Leben entstanden sind.

Literaturempfehlungen

Cohen, D.J. (1990). Enduring sadness. Early loss, vulnerability, and the shaping of character. Psychoanalytic Study of the Child, 45, 157–178.

Demos, E.V. (1982). Affect in early infancy. Psychoanalytic Inquiry, 2, 533–574.

Krause, R. (1983). Zur Phylo- und Ontogenese des Affektsystems. Psyche, 37, 1016–1043.

Malatesta, C. & Haviland, J.M. (1985). Signals, symbols, and socialization. The modification of emotional expression in human development. In M. Lewis & C. Sarni (Eds.), The socialization of emotions (pp. 89–116). New York: Plenum.

Malatesta, C. & Wilson. A. (1988). Emotion-cognition interaction in personality development: A discrete emotions functionalist analysis. British Journal of Social Psychology, 27, 91–112

Aggression – aggression

Die auch als dritte Freudsche Triebtheorie bekanntgewordene Auffassung, daß sich die Aggression als Destruktionstrieb manifestiere und dieser wiederum auf einen Todestrieb in philosophischer Hinsicht zurückgehe, wurde schon zu seinen Lebzeiten nur von einigen seiner Schüler geteilt. Über einige Jahrzehnte hinweg konnte keine Einigung darüber erzielt werden, ob „die" Aggression eher spontaner oder reaktiver Natur ist. Ebenso wurde auch immer wieder die Frage diskutiert, ob Aggression als Trieb wie die Libido aufzufassen ist; nach Rapaport (1960) erfüllen allerdings ihr ubiquitäres Vorkommen und ihre imperative Natur die Kriterien eines Triebes.

Fortschritte wurden erzielt, als damit begonnen wurde, den sehr komplexen Sachverhalt Aggression genauer zu definieren. So wird heutzutage zwischen Motivation und äußerem Verhalten, konstruktiver und destruktiver Aggression, reaktiver und spontaner, gerechtfertigter und ungerechtfertigter, intendierter und unabsichtlicher Aggression oder Aggression als Triebabfuhr und ichgerechter Aggression unterschieden (vgl. Mitscherlich, 1969; Rangell, 1973; Elhardt, 1974).

Eine überzeugende und klare Definition verschiedener Aggressionsformen hat Elhardt (1974) mit Hilfe der rekonstruktiven Methodik ausgearbeitet. So unterschied er zwischen aktiv-spontaner Aggression ohne subjektive Feindseligkeit, einer re-aktiv defensiven Aggression mit Feindseligkeitsanteil als Angstabwehr und einer aktiv-destruktiven Aggression (ursprünglich vermutlich aber re-aktiv), die nun aber eine Feindseligkeit und Zerstörungstendenz aufweist.

Parens (1979), ein Mitarbeiter des Forschungsteams um M. Mahler, fand in seinen Beobachtungsstudien neben der Aggression als Reaktion auf Frustration schon bei drei Wochen alten Säuglingen Erkundungstrieb, Neugierde und Bewältigungstrieb als Formen der Aggression.

Auch Stechler (1985) und Stechler und Halton (1987) haben auf empirischem Weg nachweisen können, daß Kinder erst dann mit Formen destruktiver Aggression reagieren, wenn sozial-kommunikative Bedürfnisse immer wieder frustriert werden.

Und Lichtenberg (1989) schließlich stellt – ausgehend von den genannten Autoren – die Behauptung auf, daß der Säugling über zwei Reaktionssysteme verfüge: Selbstbehauptung, die zur Aktivierung von Interesse, Reizsuche, Kontingenzlernen und Kompetenzlust führt, und ein Bedürfnis, aversiv auf Frustrationen (z.B. Blockierung von Selbstbehauptung) zu reagieren, etwa in Form von Angriff und Wut oder Rückzug. Häufig kann in Unkenntnis dieser Differenzierung bei Eltern, aber auch bei Analytikern, eine Verwechslung der Erkundungs- mit der Angriffsaggression stattfinden (vgl. Köhler, 1990).

Somit konvergieren psychoanalytische Forscher in der Auffassung, daß destruktive Aggression sekundär als Reaktion auf die mangelhafte Befriedigung kommunikativer und selbstbehauptender Impulse zu verstehen ist. Angesichts der vielfachen und oftmals gar nicht vermeidbaren Enttäuschungserlebnisse eines Kindes in den ersten Lebensjahren ist es allerdings realistisch, davon auszugehen, daß die re-aktiv defensive Aggression (i.S. von Elhardt, 1974) sehr rasch aktiviert werden kann und unterschiedliche Grade an Intensität annimmt, die für den äußeren Beobachter leicht den Eindruck von scheinbar spontan-endogener und destruktiver Aggression nahelegen kann. Nach Einschätzung der Selbstpsychologen (z.B. Kohut, 1973a; Terman, 1975) geht destruktive Aggression deshalb auch überwiegend auf die Verletzung der Selbstachtung zurück und wird als narzißtische Wut bezeichnet. Deutlich wird damit auch, daß jedes Kind mit reaktiv aggressiven Impulsen – vor allem während der Zeit der Wiederannäherungskrise im zweiten Lebensjahr – umgehen lernen muß und daß von daher Phänomene, wie sie im Zusammenhang mit der → paranoid-schizoiden Position (i.S. v. M. Klein) beschrieben worden sind, im Entwicklungsverlauf nahezu ubiquitär sind.

Auch wenn man der modernen Sichtweise von der sekundären Natur destruktiver Aggression zuneigt, darf aus klinischer Sicht die Bearbeitung von Aggression – insbesondere im Übertragungsgeschehen – nicht vernachlässigt werden. Es besteht nämlich vor allem bei selbstpsychologisch orientierten Psychoanalytikern, die Aggressionen bei ihren Patienten als sekundäres Phänomen betrachten, die Tendenz, sie eher unthematisiert zu lassen oder mit zu viel Empathie gleichsam zuzudecken (vgl. Adler, 1989).

Literaturempfehlungen

Bornstein, M. (Hg.) (1982). Aggression: An interdisciplinary approach. Psychoanalytic Inquiry, 2, 1–170.

Elhardt, S. (1974). Aggression als Krankheitsfaktor. Göttingen: Vandenhoeck & Ruprecht.

Kernberg, O.F. (1991). Die Psychopathologie des Hasses. Forum der Psychoanalyse, 7, 251–270.

Kohut, H. (1973a). Überlegungen zum Narzißmus und zur narzißtischen Wut. Psyche, 27, 513–554.

Lichtenberg, J.D. (1989). Psychoanalysis and motivation. Hillsdale, NJ.: Analytic Press.

McDevitt, J.B. (1983). The emergence of hostile aggression and its defensive and adaptive modifications during the separation-individuation process. Journal of the American Psychoanalytic Association, 31 (Suppl.), 273–301.

Parens, H. (1979). The development of aggression in early childhood. New York: Jason Aronson.

Parens, H. (1990). Toward a reformulation of the psychoanalytic theory of aggression. In S.I. Greenspan & G.H. Pollock (Eds.), The course of life, vol. 2: Early childhood (pp. 83–127). New York: International Universities Press.

Pearson, W.S. (1988). The psychoaggressive stage of psychological development in an authority-based socialization process. American Journal of Psychoanalysis, 48, 328–346.

Silver, D. (Hg.) (1982). Commentaries on Henri Parens' „The development of aggression in early childhood". Psychoanalytic Inquiry, 2, 171–322.

Stechler, G. (1985). The study of infants engenders systemic thinking. Psychoanalytic Inquiry, 5, 531–541.

Stechler, G. & Halton, A. (1987). The emergence of assertion and aggression during infancy: A psychoanalytic systems approach. Journal of the American Psychoanalytic Association, 35, 821–838.

Terman, D.M. (1975). Aggression and narcissistic rage: A clinical elaboration. Annual of Psychoanalysis, 3, 29–55.

Thomä, H. (1990). Aggression und Destruktivität jenseits der Triebmythologie. In P. Buchheim & Th. Seifert (Hg.), Zur Psychodynamik und Psychotherapie von Aggression und Destruktion (S. 29–42). Berlin: Springer.

Agieren – acting out

Freud bezeichnete das Agieren als einen immanenten Vorgang in der analytischen Behandlung, „eine Spezialform des Erinnerns und Wiederholens in der Analyse" (Scheunert, 1973, S. 5). Statt sich zu erinnern, agiere der Patient seine früheren Erfahrungen in der Analyse in Form der Übertragung, nicht wissend, daß er dabei Früheres auf die analytische Situation überträgt.

Entwicklungspsychologische Konzeptualisierungen machten deutlich, daß es zu einfach ist, das Agieren lediglich als Widerstand gegen das Erinnern peinlicher Vorstellungen zu betrachten. Die Einschränkung dieses Konzepts auf die Wiederholung von Phantasien aus dem Umkreis des ödipalen und deshalb auch sprachlich organisierten Erlebens wurde aufgehoben und auf Erlebnisse präverbaler Zeit ausgedehnt. Damit wurde auch anerkannt, daß das Agieren für einen Analysanden oftmals die einzige Möglichkeit darstellt, Erlebnisse aus der präverbalen Zeit wiederzuerleben. Zu dieser handlungsmäßigen Inszenierung in der Übertragung können z.B. frühe Introjektionen von Stimmungs- und Affektvariablen des sensomotorisch und affektiv erfahrenen Dialogs mit der Mutter gehören. Die abwertende Einschätzung, die das Agieren, vor allem mit den Vorgängen des Agierens außerhalb der Übertragung, jahrelang erfahren hatte, wich so einem angemessenen Verständnis für sprachlos gebliebene, früh erlittene Traumatisierungen, die sich nur handlungsmäßig inszenieren können. Die von Klüwer (1983) beschriebene Form des Mitagierens des Analytikers machte darauf aufmerksam, daß diese Weise des zunächst unreflektierten und nicht bewußten Erlebens zum Alltag der psychoanalytischen Praxis gehört. Trotz dieser in den letzten Jahren stark gewachsenen Akzeptanz für das Agieren, trotz Ermöglichung regressionsfördernder Bedingungen (→ Regression), die eine Voraussetzung für sprachloses Agieren schaffen (vgl. Balint, 1968), stellt das Agieren vor allem bei der Behandlung früher Störungen häufig große Anforderungen an die analytische → Empathie und die Belastbarkeit des Analytikers. Die entwicklungspsychologische Auffassung des „am Anfang war das Agieren" (Gaddini, 1982) darf zudem nicht übersehen lassen, daß Agieren nach wie vor beides ist: eine Kommunikation und ein Widerstand (vgl. Erard, 1983).

Literaturempfehlungen

Bilger, A. (1986). Agieren: Problem und Chance. Klinische und theoretische Überlegungen. Forum der Psychoanalyse, 2, 294–308.
Boesky, D. (1982). Acting out. A reconsideration of the concept. International Journal of Psycho-Analysis, 63, 39–55.
Busch, F. (1989). The compulsion to repeat in action: a developmental perspective. International Journal of Psycho-Analysis, 70, 535–544.
Gaddini, E. (1982). Acting out in the psychoanalytic session. International Journal of Psycho-Analysis, 63, 57–64.
Klüwer, R. (1983). Agieren und Mitagieren. Psyche, 37, 828–840.
Rauchfleisch, U. (1981). Zum Agieren „dissozialer Persönlichkeiten". Psyche, 35, 527–543.

Alexithymie – alexithymia

In der psychosomatischen Forschung der 60er und 70er Jahre tauchte das Alexithymie-Konzept wie eine Wunderwaffe auf. Plötzlich schien es möglich geworden zu sein, die rätselhaften psychosomatischen Erkrankungen, die mit dem psychoanalytischen Begriff der Konversion schon lange nicht mehr ausreichend verstehbar waren, auf ein solides Erklärungsfundament zu stellen.

Im Jahr 1948 hatte Ruesch zum ersten Mal Störungen im verbalen und symbolischen Ausdruck bei psychosomatischen Patienten beobachtet, was ihn zu der Bezeichnung „infantile Persönlichkeit" veranlaßte. Neben mangelnden sozialen und kommunikativen Kompetenzen fand er vor allem die nur gering ausgebildete Fähigkeit, den eigenen Selbstzustand sprachlich auszudrücken. Statt dessen herrschten Handlungen oder organsprachliche Ausdrucksformen vor.

1963 beobachtete ein Arbeitsteam französischer Psychoanalytiker (Marty, Fain, de M'Uzan, David, Sami-Ali) bei ihren psychosomatischen Patienten einen auffallenden Phantasiemangel und einen mechanistischen Gedankenstil. Das pensée opératoire, das operative Denken, wie Marty und de M'Uzan (1978) dieses ganz auf die konkrete Realität abzielende funktionale Denken bezeichneten, schien keine Verbindung zu Gefühlen, Wünschen, Stimmungen und Triebimpulsen aufzuweisen, was sich in der Beziehung zwischen Psychoanalytiker und Patient als „relation blanche", als leere affektarme Beziehung, äußerte.

Die Bostoner Psychoanalytiker Nemiah und Sifneos führten 1973 den Begriff der Alexithymie ein, nachdem sie bei ihren psychosomatischen Patienten einen auffallenden Mangel bei der Beschreibung von gefühlshaften Erlebnissen angetroffen hatten; wenn überhaupt eine Bezugnahme auf Erlebnishaftes erfolgte, wirkte der sprachliche Ausdruck karg, unbezogen und affektisoliert. Sellschopp-Rüppel und v. Rad (1977) prägten den anschaulichen Begriff des „Pinocchio-Syndroms" und zielten damit neben der hölzern-steifen Haltung des psychosomatisch Kranken vor allem auf die mangelnde Emotionalität und die Schwierigkeit, äußere Handlungen mit inneren gefühlshaften Erfahrungen und Phantasien zu verbinden.

Das in diesem Zusammenhang häufig zitierte und von der sog. psychosomatischen Theorie der „Pariser Schule" entwickelte Phänomen der „projektiven Reduplikation", einer Fremdwahrnehmung, bei der der andere Mensch projektiv wie das eigene verarmte Selbstbild eingeschätzt wird, gehört jedoch nicht zum Konzept der Alexithymie, wird aber häufig psychosomatisch Kranken zugeordnet (z.B. Stephanos, 1979).

Von psychoanalytisch orientierten Therapeuten in die psychosomatische Forschung eingeführt, ergab sich jedoch die Tendenz, das Alexithymie-Konzept in unpsychoanalytischer Weise als stabiles Persönlichkeitsmerkmal im Rahmen eines Defizit-Modells zu verwenden. Es blieb deshalb nicht aus, daß diese Konzeptualisierung bei psychoanalytischen Forschern recht bald auf Kritik stieß (vgl. z.B. Weidenhammer, 1986; Ahrens, 1987, 1988). So kritisierten verschiedene Psychoanalytiker (wie z.B. Cremerius, 1977; Cremerius, Hoffmann, Hoffmeister & Trimborn, 1979) den objektivierenden und tendenziell iatrogenen methodischen Zugang der sog. Französischen Schule. Ullrich (1988a,b) verwies neben der mangelhaften Konstruktvalidität des Konzepts der projektiven Reduplikation vor allem auf die häufig übersehenen Schutzmechanismen von psychosomatisch Erkrankten in der Untersuchungssituation und auf die einseitige Zuordnung von Verantwortung im Falle eines „unergiebigen" Dialogs, bei der die Rolle und das Verhalten des Therapeuten zu wenig reflektiert werden (vgl. Schöttler, 1981). Wie eine objektivistische Methodologie als Ausdruck der Angst vor der Subjektivität des menschlichen Individuums betrachtet werden kann, so läßt sich nach Ahrens (1988, S. 238) die bisherige Alexithymieforschung auch als „instrumentelle Forschung am instrumentellen Forschungs-‚Objekt'" betrachten, bei der die „zwischenmenschliche Begegnung zu einem funktionalen Akt der ‚Datenerhebung' instrumentalisiert" wird.

In seinem Resümee kommt Ahrens (1987, S. 217) zu dem Schluß, daß der von naturwissenschaftlichem Forschungsehrgeiz inspirierte Versuch, eine eigenständige psychosomatische Persönlichkeitsstruktur herauszuarbeiten, die sich anhand spezifischer Merkmale im Bereich der Affektverarbeitung operationalisieren läßt, als „Rückschritt auf dem Wege der wissenschaftshistorischen Entwicklung angesehen werden" muß. Die Postulierung einer eigenständigen psychosomatischen Struktur widerspricht der klinischen Erfahrung von unterschiedlichen Konfliktkonstellationen bei psychosomatischen Störungen.

So bleibt als einigermaßen gesichertes Ergebnis nur der Befund, daß psychosomatische Patienten zwar nicht durchweg Schwierigkeiten im emotionalen Ausdruck und Erleben aufweisen, aber Probleme haben, wenn es darum geht, eigene, persönliche Konflikte zu beschreiben. Es entspricht einer psychoanalytischen Wahrnehmungseinstellung, alexithyme Phänomene als Abwehr zu betrachten (die auch bei Patienten ohne psychosomatische Erkrankungen auftreten). Ahrens (1987, S. 218) plädiert darüber hinaus für „eine Differenzierung struktureller und konfliktdynamischer Anteile in ihrer Verwobenheit mit der somatischen Symptomatik und eine stärkere Einbeziehung aktueller psychosozialer Konstellationen psychosomatisch Kranker".

Literaturempfehlungen

Ahrens, S. (1987). Alexithymie und kein Ende? Versuch eines Resümees. Zeitschrift für psychosomatische Medizin und Psychoanalyse, 33, 201–220.

Ahrens, S. (1988). Die instrumentelle Forschung am instrumentellen Objekt. Psyche, 42, 225–241.

Cremerius, J. (1977). Ist die „psychosomatische Struktur" der französischen Schule krankheitsspezifisch? Psyche, 31, 293–317.

Cremerius, J., Hoffmann, S.O., Hoffmeister, W., Trimborn, W. (1979). Die manipulierten Objekte. Ein kritischer Beitrag zur Untersuchungsmethodik der französischen Schule der Psychosomatik. Psyche, 33, 801–828.

Gerhards, F. (1988). Emotionsausdruck und emotionales Erleben bei psychosomatisch Kranken. Opladen: Westdeutscher Verlag.

Kapfhammer, H.P. (1985). Psychoanalytische Psychosomatik. Neuere Ansätze der psychoanalytischen Entwicklungspsychologie und Objektbeziehungstheorie. Berlin: Springer.

Klußmann, R. (1986). Psychosomatische Medizin. Eine Übersicht. Berlin: Springer.

Rad, M. v. (1983) Alexithymie. Berlin: Springer.

Schöttler, Ch. (1981). Zur Behandlungstechnik bei psychosomatisch schwer gestörten Patienten. Psyche, 35, 111–141.

Weidenhammer, B. (1986). Überlegungen zum Alexithymiebegriff: Psychischer Konflikt und sprachliches Verhalten. Zeitschrift für psychosomatische Medizin und Psychoanalyse, 32, 60–65.

Ambivalenz – ambivalence

Bleuler führte im Jahr 1910 den Begriff der Ambivalenz als eines der Grundsymptome der Schizophrenie ein und verstand darunter eine affektive Form (eine Vorstellung geht zur gleichen Zeit mit angenehmen und unangenehmen Gefühlen einher), eine kognitive Form (zwei einander widersprechende Aussagen werden gemacht) und eine Ambivalenz des Willens oder Ambitendenz (einander widersprechende Wünsche kommen zum Ausdruck).

Dieser Bleulersche Begriff der Ambivalenz wurde von Freud 1912 zum ersten Mal auf Neurosen angewendet. Bei den „heilbaren Psychoneurosen" fände sich eine Ambivalenz im Sinne eines Nebeneinanders von positiver und negativer Übertragung. „ … Eine solche Ambivalenz der Gefühle scheint bis zu einem gewissen Grad normal zu sein, aber ein hoher Grad von Ambivalenz der Gefühle ist gewiß eine besondere Auszeichnung neurotischer Personen" (1912b, S. 372).

Freud verstand unter Ambivalenz überwiegend das Schwanken zwischen Liebe und Haß, was Bleulers Unterform der affektiven Ambivalenz entspricht. Während bei Freud Ambivalenz eher auf Spuren des Krankhaften verweist, gilt in der Gegenwart das Zulassenkönnen von Ambivalenz, die Fähigkeit zur Ambivalenztoleranz, geradezu als Kriterium von Ichstärke, vor allem im Hinblick auf die Überwindung einer → Spaltung.

Ambivalenzerleben kann im topischen Sinn auch unbewußt sein; so kann sich hinter der Überfürsorglichkeit einer Mutter gegenüber ihrem Kind eine ablehnende, aggressive Einstellung verbergen; bewußt sind der Mutter bei dieser Reaktionsbildung nur die liebevollen Einstellungen. Nur dem empathischen Beobachter ist die Ambivalenz dieser Mutter zugänglich.

Strukturell betrachtet manifestiert sich Ambivalenz als Folge eines → Konfliktes zwischen Triebimpulsen, → Über-Ich und Ich.

Aus moderner entwicklungspsychologischer Sicht müssen verschiedene Entwicklungskriterien erfüllt sein, um von Ambivalenzfähigkeit sprechen zu können: so müssen z.B. die „gute" und die „böse" Teilobjektrepräsentanz gleichzeitig besetzt werden können. Aus diesem Grund geht Parens (1979) davon aus, daß vor dem Eintritt in die → Übungsphase Ambivalenz nicht erfahren werden kann. Dieser Autor unterscheidet einen präödipalen und einen ödipalen Ambivalenzkonflikt. Der präödipale Ambivalenzkonflikt beginnt in der Übungsphase, erreicht seinen Höhepunkt in der → Wiederannäherungsphase und muß vor dem Hintergrund dyadischer Objektbeziehungen betrachtet werden.

Die in der Übungsphase zunehmenden motorischen, explorativen und → Autonomie behauptenden Impulse eines Kindes stoßen häufig auf Einschränkungen, was aggressive Impulse gegenüber der Mutter entstehen läßt (→ Aggression). Dieser interpersonelle → Konflikt zwischen Mutter und Kind wird von Parens (1979) als erste Manifestation des dyadischen Ambivalenzkonfliktes beschrieben, der intrapsychisch mit der → Angst vor der Zerstörung der Mutter bzw. Angst vor Objekt- und Liebesverlust einhergeht. Lösungen dieses Konflikts, der sich auf der Verhaltensebene als Kampf um Kontrolle darstellt und intrapsychisch als Ringen um ein empathisches und trostspendendes Objekt und der zerstörerischen Wut auf dieses verstanden werden kann, liegen für das Kind in den folgenden Möglichkeiten: In einer frühen Ausbildung von archaischen Über-Ich-Vorläufern (→ Über-Ich), zurückgehend auf eine Introjektion der grenzensetzenden Mutter; in einer → Spaltung der sensomotorisch erlebten Beziehungserfahrungen in eine „böse" und ausschließlich „gute" Qualität, um sich auf diese Weise eine „gute", aber realitätsfremde Mutterimago zu halluzinieren; in einer spielerischen und konstruktiven Bewältigung der destruktiven Impulse.

In der → Wiederannäherungsphase erreicht der Ambivalenzkonflikt der Übungsphase ein höheres intrapsychisches Niveau. Während sich der Ambivalenzkonflikt in der Übungsphase an der objektiv versagenden Haltung der Mutter entzündete, konkurrieren in der Wiederannäherungsphase zwei unvereinbare Wünsche bezüglich ein und desselben Objekts in einem *intrapsychischen* Konflikt, nämlich dem Wunsch nach Ungetrenntsein bei gleichzeitiger Angst vor dem „Verschlungenwerden" und dem Wunsch nach Unabhängigkeit bei gleichzeitiger Angst, verlassen zu werden. Eine Bearbeitung und Bewältigung dieses Konflikts geschieht vorwiegend anhand von Spielen, welche Trennung und Wiedervereinigung (z.B. „Fang-mich-Spiel") darstellen. Bei einem ausgeprägten Ambivalenzkonflikt findet sich auch hier wiederum eine Spaltung in „gute" und „böse" Objekte. Mit der sich konsolidierenden → Objektkonstanz im dritten Lebensjahr schwächt sich der präödipale Ambivalenzkonflikt normalerweise ab.

Nachdem im Verlauf des vierten und fünften Lebensjahres für Junge und Mädchen die Beziehung zum jeweils gegengeschlechtlichen Elternteil eine stark sinnlich-sexuelle Qualität bekommt, läßt sich vom ödipalen Ambivalenzkonflikt sprechen (→ Ödipuskomplex). Der gleichgeschlechtliche Elterntcil wird mehr oder weniger gehaßt, weil er der Erfüllung sinnlicher Triebimpulse im Wege steht, gleichzeitig aber auch geliebt. Neben diesem Ambivalenzkonflikt, der mit dem gleichgeschlechtlichen Elternteil ausgetragen wird, läßt sich im Erleben des ödipalen Kindes noch ein zweiter, zeitlich späterer Konflikt mit dem gegengeschlechtlichen Elternteil antreffen, der sich daraus ergibt, wenn Vater oder Mutter die an sie herangetragenen ödipalen Wünsche nicht erfüllen. Dies kann auch zur späteren Ambivalenz heterosexueller Liebesbeziehungen beitragen.

Aus der Perspektive einer empirischen Entwicklungspsychologie (mit den allerdings zu berücksichtigenden methodenbedingten Verkürzungen) kommt Westen (1989) zu der interessanten Schlußfolgerung, daß mit dem Erreichen des fünften Lebensjahres – also etwa mit dem Beginn des ödipalen Erlebens – noch kein Kind zwei polare Gefühlsqualitäten gleichzeitig erleben kann, und daß sich die Fähigkeit zur Ambivalenz erst in der → Adoleszenz, bei vermutlich vielen Erwachsenen aber überhaupt nicht entwickelt.

Literaturempfehlungen

Hohage, R. (1985). Das Selbst zwischen Ambivalenz und Ambiguität. Zur Theorie des unbewußten Konfliktes. Forum der Psychoanalyse, 1, 189–200.

Klein, G.S. (1976). Psychoanalytic theory. New York: International Universities Press.

Kris, A.O. (1984). The conflicts of ambivalence. Psychoanalytic Study of the Child, 39, 213–234.

Parens, H. (1979). Developmental considerations of ambivalence. Psychoanalytic Study of the Child, 34, 385–420.

Eissler, K. (1980). Todestrieb, Ambivalenz, Narzißmus. München: Kindler.

Westen, D. (1989). Are „primitive" object relations really preoedipal? American Journal of Orthopsychiatry, 59, 331–345.

Anale Phase – anal phase

Ich-Psychologie, Narzißmus-Theorien und die Konzentration auf den → Affekt haben die Beschäftigung mit den psychosexuellen Themen in den Hintergrund treten lassen. Die körperzentrierten Vorgänge der analen Phase, der zweiten Stufe der von Freud beschriebenen Libidoentwicklung, die im Leiblichen wurzelnden Erfahrungen des Produzierens, des Hergebens, des Verweigerns (vgl. Erikson, 1950), die infantilen Konstruktionen geschlechtlicher Räume und Körperhöhlen (vgl. Kestenberg, 1968) sind als grundlegende Erfahrungen der Psychosexualität jedoch nach wie vor von herausragender Bedeutung und in ihrer Wichtigkeit gerade auch für die weibliche Entwicklung erst ansatzweise in den letzten Jahren gewürdigt worden (vgl. Chasseguet-Smirgel, 1974; Eicke-Spengler, 1988; Oliner, 1982).

Die sozialisationsvermittelte größere Schwierigkeit im Umgang mit aggressiven Impulsen (→ Aggression) erschwert Mädchen die Integration analsadistischer Triebkomponenten und die Transformation des aggressiven Impulses, zurückzubehalten und zu besitzen, in ein libidinöses und zärtlich getöntes Bewahrenwollen und Erobern.

Nach Chasseguet-Smirgel (1974) lassen sich weibliche Sexualstörungen auf die → Angst vor dem abgespaltenen analsadistischen Umklammern oder Ausstoßen des Penis während des Geschlechtsverkehrs zurückführen; dementsprechend sind auch genital rezeptive Impulse zu wenig libidinisiert. Die anatomische Nähe von weiblichen Genitalien und Anus läßt die Sexualität allzu oft mit analen Ausscheidungsvorgängen kontaminiert erscheinen, vor allem bei zu rigider und beschämend erfolgter Reinlichkeitserziehung. Die bereits von Freud mit der analen Phase in Verbindung gebrachten → Charakterzüge Ordnung, Sparsamkeit und Eigensinn müssen geschlechtsspezifisch differenziert werden: An kleine Mädchen werden im allgemeinen mehr Anforderungen bezüglich Sauberkeit, Beherrschtheit und Triebkontrolle gestellt als an Jungen gleichen Alters.

Unter sozialisationstheoretischen Gesichtspunkten gilt es, auch den Einfluß der Einweg-Windel (Pampers) auf die Triebmodellierung des Kindes zu untersuchen (vgl. Reiche, 1988). Wie verändert sich der klassische, modale Zwangscharakter aufgrund der Ermöglichung eines permissiven Umgangs mit den analen Körperproduktionen des Kindes?

Literaturempfehlungen

Andreas-Salomé, L. (1916). „Anal" und „Sexual". Imago, 4, 249–273. Wiederabgedr. in I. Weber & B. Rempp (Hg.), Lou Andreas-Salomé. Das „zweideutige" Lächeln der Erotik. Texte zur Psychoanalyse (S. 105–135). Freiburg: Kore.

Chasseguet-Smirgel, J. (1974). Die weiblichen Schuldgefühle. In dies. (Hg.), Psychoanalyse der weiblichen Sexualität (S. 134–191). Frankfurt/M.: Suhrkamp.

Eicke-Spengler, M. (1988). Über Schuld- und Schamgefühle bei Frauen. Zeitschrift für psychoanalytische Theorie und Praxis, 3, 77–93.

Hayman, A. (1974). Some unusual anal fantasies of a young child. Psychoanalytic Study of the Child, 29, 265–276.

Heimann, P. (1962). The anal stage. International Journal of Psycho-Analysis, 43, 406–414 (dt.: Bemerkungen zur analen Phase. Psyche, 16 (1962), 420–439).

Oliner, M.M. (1982). The anal phase. In D. Mendell (Ed.), Early female development. Current psychoanalytic views (pp. 25–60). Jamaica, NY: Spectrum Publications.

Analerotik – anal erogeneity

Während analsadistische Partialtriebe auch in der neueren Literatur gelegentlich noch erwähnt werden, ist es um die Analerotik eher still geworden. Die Eliminierung analer Erotik geschah durch die Gleichstellung von Analität und Sadismus, die Freud selbst noch – hierbei von Jones (1913) beeinflußt – vorgenommen hatte (Grunert, 1981). Folgerichtig findet man im Vokabular der Psychoanalyse von Laplanche und Pontalis (1972) nicht mehr das Konzept der Analerotik, sondern nur noch die „analsadistische Stufe". Die mit der Reizung der Afterschleimhaut einhergehenden Lustgefühle spielen nicht nur im Sexualverhalten von homosexuellen Männern eine wichtige Rolle, sondern kommen z.B. auch in sexuell masochistischen → Phantasien (→ Masochismus) und Praktiken zum Tragen. Grunert (1981) bedauert, daß die Psychoanalyse ihre noch zu Freuds Zeiten bestehende Unbefangenheit gegenüber der analen Erotik verloren hat und der gängigen gesellschaftlichen Tabuisierung des Anal-Lustvollen aufgesessen ist. Gegenüber der sich eher prüde gebenden psychoanalytischen Theoriebildung vor allem objektbeziehungs- und narzißmustheoretischer Herkunft werden aber in der Gegenwartsliteratur analerotische Erlebnisse umso stärker zelebriert, so z.B. in der Beschreibung einer masochistischen Inszenierung eines Anilingus in Elfriede Jellineks (1983) Roman „Die Klavierspielerin" oder in der Schilderung des lustvollen Verprügeltwerdens von Lina Ganowski (1988).

Es war vor allem Balint, der sich indirekt gegen die Abwertung der analen Erotik wandte, wenn er die Auffassung äußerte, daß die analsadistische Phase kein ubiquitäres Entwicklungsstadium zu sein bräuchte, sondern sich eher unter westeuropäischen Sozialisationsverhältnissen einstellt, bei denen die Mutter als Verbieterin der analen Lust entsprechend reaktiv-aggressive Regungen bei ihrem Kind bewirkt (was dann fälschlicherweise als autochthoner analer Sadismus bezeichnet wird) und neben der frustran erzeugten → Aggression massive Reaktionsbildungen zur Folge hat.

Literaturempfehlungen

Grunert, J. (1981). Gesäßerotik und der Wunsch, geschlagen zu werden. Bemerkungen zum analerotisch-narzißtischen Aspekt des Masochismus. In ders. (Hg.), Leiden am Selbst. Zum Phänomen des Masochismus (S. 147–190). München: Kindler.
Shengold, L. (1982). Anal erogeneity: The goose and the rat. International Journal of Psycho-Analysis, 63, 331–345.
Shengold, L. (1987). Halo in the sky. Observations on anality and defense. New York: Guilford Press.

Angst – anxiety

In „Hemmung, Symptom und Angst" führte Freud (1926d) die Signalangst-Theorie und eine entwicklungspsychologisch differenzierte Form verschiedener Gefahrensituationen und Angstinhalte ein. Damit stellte er die frühere Auffassung, Angst sei Ausdruck aufgestauter und unbefriedigt gebliebener sexueller Triebwünsche, eine Art toxikologischer Angsttheorie, zurück.

Nach Freuds entwicklungspsychologischen Beobachtungen läßt sich folgende Abfolge der Angst festhalten: Angst vor dem Verlust der Mutter oder ihrer Brust, vor dem Verlust der mütterlichen Liebe, vor dem Verlust des Penis und vor dem Verlust der Liebe und Wertschätzung von seiten des eigenen → Über-Ichs. Das Ich sucht sich vor den genannten Gefahren zu schützen, indem es das Signal Angst entwickelt, das Abwehrvorgänge aktiviert und zu einer Verhinderung der Umsetzung von triebhaften → Phantasien in Handlungen führt. Angst wird somit zur Ursache von Abwehr, denn bereits vor dem Auftauchen einer Gefahrensituation wird vom Ich ein Angst*signal* produziert, was die Einleitung von Gegenmaßnahmen, z.B. das Unterlassen einer bestimmten Handlung zur Folge hat. Wird dieses Angst*signal* nicht ausgelöst und die Gefahrensituation dauert an, kommt es zu *automatischer* Angst, als Folge auf die eingetretene traumatische Situation (→ Trauma). A. Freud (1936) fügte den obigen Angstinhalten die Angst vor der eigenen Triebstärke (vor allem in der → Adoleszenz) und die Angst vor dem Ich-Zerfall hinzu.

In der Kohutschen Selbstpsychologie (1984) wird als grundlegende Angst die Angst vor Vernichtung des Selbst angenommen, während die von Freud genannte Kastrationsangst (→ Kastrationskomplex) nur noch ein Abkömmling dieser frühen Angst ist. McDougall (1984) geht davon aus, daß die Entdeckung des Getrenntseins, des anatomischen Geschlechtsunterschieds und der Sterblichkeit die erschreckenden und angsteinflößenden Themen der Kindheit sind, und Chasseguet-Smirgel (1984) spricht zusätzlich noch von dem Bewußtwerden der Größen- und Machtunterschiede zwischen den Generationen.

Die von den verschiedenen Autoren beschriebenen Angstinhalte schließen sich keineswegs aus und können eine genetische Reihung aufweisen, wobei wahrscheinlich der entwicklungspsychologisch spätere Angstinhalt eine Abwehrform gegenüber den früheren Inhalten darstellen kann, wie Cooper (1986) am Beispiel der Kastrationsangst ausgeführt hat.

Nach Mahler (1975) kommt es in der zweiten Hälfte des zweiten Lebensjahres während der → Wiederannäherungsphase zu einem gleichzeitigen Auftreten von Angst vor Verlust des Objekts, vor Verlust der Liebe des Objekts und vor Kastration, was diese Entwicklungsphase als schwierige Lebenszeit ausweist.

Bereits bei Freud wird eine geschlechtsspezifische Differenzierung deutlich erkennbar: Während für den Jungen die hauptsächliche Gefahr der phallischen Phase in der Möglichkeit der Kastration liegt, die schließlich zum Aufgeben der ödipalen Strebungen (→ Ödipuskomplex) und zur Errichtung des → Über-Ichs führt, ist das drei- und vierjährige Mädchen der sog. phallischen Phase auch weiterhin am stärksten durch den Verlust des Liebesobjekts bedroht. Damit bleibt ausgeklammert, daß auch das Mädchen genitale Ängste vor Beschädigung hat, Ängste, die sich freilich primär auf seine genuin weiblichen Genitalien und erst sekundär (und vielleicht nur bei neurotischen Frauen) auf einen imaginären Phallus beziehen (vgl. Bernstein, 1990).

Die Theorie der → Signalangst wurde zum einflußreichen Paradigma der Entstehung eines neurotischen → Konflikts und des neurotischen Schuldgefühls. Heutztage ist aber davon auszugehen, daß auch andere Affekte Signalfunktion haben können, wie z.B. → Scham und → Depression.

Literaturempfehlungen

Bernstein, D. (1990). Female genital anxieties, conflicts and typical mastery modes. International Journal of Psycho-Analysis, 71, 151–165.

Gediman, H.K. (1983). Annihilation anxiety: The experience of deficit in neurotic compromise formation. International Journal of Psycho-Analysis, 64, 59–70.

König, K. (1981). Angst und Persönlichkeit. Das Konzept vom steuernden Objekt und seine Anwendungen. Göttingen: Vandenhoeck & Ruprecht.

Lindner, W.-V. (1982). Existentielle und neurotische Angst. Praxis der Psychotherapie und Psychosomatik, 27, 33–40.

Petri, H. (1987). Angst und Frieden. Psychoanalyse und gesellschaftliche Verantwortung. Frankfurt/M.: Fischer.

Rohde-Dachser, C. (1984). Zum Problem der Nähe-Angst. In U. Rüger (Hg.), a.a.O., 36–46.

Rüger, U. (Hg.) (1984). Neurotische und reale Angst. Der Beitrag der Psychoanalyse zur Erkennung, Therapie und Bewältigung von Angst in der klinischen Versorgung und im psychosozialen Feld. Göttingen: Vandenhoeck & Ruprecht.

Arbeitsbündnis – working alliance

Dem Arbeitsbündnis wird seit geraumer Zeit in der Psychoanalyse erhebliche Beachtung zuteil. Das liegt sicherlich auch daran, daß Psychoanalytiker wegen des „widening scope", der Ausweitung des Indikationsbereichs für die Psychoanalyse, andere und schwerer gestörte Patienten in Behandlung genommen haben als in früheren Jahren. Dem Konzept des Arbeitsbündnisses liegt die Idee von einer vernünftigen Mitarbeit des Patienten zugrunde; gerade für die psychoanalytische Therapieform, in der es zu Inszenierung traumatischer und konflikthafter Interaktionsformen kommt, ist dies wichtig. Denn wenn der Patient in den übertragungsbedingten Affekten und Wünschen gefangen bleibt, ohne realisieren zu können, daß er hierbei Früheres auf seinen Analytiker überträgt, kommt es zu keiner → Einsicht in das neurotische Handeln. Was aber, wenn ein Patient auf Schritt und Tritt „einsieht", daß er alle heftigen Gefühle, die ihn bewegen, nur überträgt und diese damit allzu schnell zum Verschwinden bringt? Und läßt sich die Beziehung, die durch das Arbeitsbündnis gekennzeichnet ist, überhaupt von einer Übertragungsbeziehung abgrenzen?

Bereits 1895 erwähnte Freud, wie wichtig es sei, den Patienten zum „Mitarbeiter" zu gewinnen und gegen Ende seines Lebens sprach er von einem „Pakt", der zwischen Analytiker und Patient geschlossen werden müsse, damit die Behandlung erfolgreich ablaufen könne (siehe 1895d und 1937c). Mit seiner Postulierung einer „milden, unanstößigen Übertragung", die neben einer gefühlsmäßig heftigeren positiven und negativen Übertragung existiere, machte Freud aber auch schon deutlich, daß sich die Bereitschaft zur Mitarbeit von Übertragungsgefühlen, wenngleich auch unanstößiger Art, nicht abtrennen läßt.

Wichtig waren für Freud Respekt und Einfühlung (→ Empathie) des Analytikers, um eine Zuneigung und Bindung des Patienten von Anfang an zu erreichen. „Das erste Ziel der Behandlung bleibt, ihn an die Kur und an die Person des Arztes zu attachieren. Man braucht nichts anderes dazu zu tun, als ihm Zeit zu lassen. Wenn man ihm ernstes Interesse bezeugt, die anfangs auftauchenden Widerstände sorgfältig beseitigt und gewisse Mißgriffe vermeidet, stellt der Patient ein solches Attachement von selbst her und reiht den Arzt an eine der Imagines jener Personen an, von denen er Liebes zu empfangen gewohnt war" (1913c, S. 473f).

Im Laufe der Jahre entstanden verschiedene Konzepte, um die Dimension der vernunftgesteuerten Mitarbeit des Patienten zu charakterisieren. Greenson (1966) z.B., dessen Beschreibung in der analytischen Literatur am bekanntesten wurde, versteht unter Arbeitsbündnis den „relativ unneurotischen, rationalen Rapport, den der Patient zu seinem Analytiker hat" (S. 153). Diese Mitarbeit tritt immer dann am deutlichsten in Erscheinung, „wenn ein Patient auch dann noch eine effektive Arbeitsbeziehung zum Analytiker aufrechterhält, wenn er sich im Kampfe mit einer intensiven Übertragungsneurose befindet" (S. 154).

Vor allem seit Sterbas (1934) Konzept einer sog. therapeutischen Ich-Spaltung sind die Pole eines Spannungsfeldes benannt, in dem sich eine analytische Behandlung bewegt: Auf der einen Seite muß es dem Analysanden möglich sein und ermöglicht werden, sich dem psychoanalytischen „Als-Ob" zu überlassen, d.h. Gefühle von → Scham, Zweifel, Enttäuschung gegenüber der als vordergründig zunächst als verläßlich eingeschätzten Therapeutenperson in einer zumeist übertragungsmäßig bedingten Konstellation zu erleben; auf der anderen Seite darf das „analysierende Ich" des Patienten nicht von diesen Leidenschaften überrannt werden, damit seine selbstreflexiven → Ich-Funktionen nicht zum Erliegen kommen. Würde keine Übertragung zustandekommen, bzw. der Widerstand gegen das Erkennen von Übertragung zu stark sein, wäre die Analyse nicht minder zum Scheitern verurteilt, als wenn der Analysand in dem übertragungsbedingten Erleben steckenbliebe.

Im Laufe der Jahre wurde erkannt, wie sehr die Fähigkeit zum Arbeitsbündnis vom ausreichenden Erwerb grundlegender Ich-Funktionen abhängig ist, so z.B. von dem Ausmaß der → Realitätsprüfung, der Spannungs- und Frustrationstoleranz, des in der frühen Mutter-Kind-Beziehung erworbenen Urvertrauens u.a.m. Dies machte auch vermehrt Überlegungen notwendig, welche Handhabungen des Analytikers das Arbeitsbündnis vor allem auch bei ichstrukturell gestörten Patienten fördern und erhalten können.

In der neueren Literatur wurden Zweifel darüber angemeldet, ob die Einführung des Konzepts des Arbeitsbündnisses tatsächlich einen wesentlichen Fortschritt gegenüber einer konsequent durchgeführten Übertragungsanalyse bedeutet (Brenner, 1979; Gill, 1982; Körner, 1989; Deserno, 1990). So kommt z.B. Deserno (1990, S. 148) in seiner ausführlichen und kritischen Auseinandersetzung mit den Auffassungen von Greenson zu dem Schluß, daß es keinen „übertragungsfreien Ort" in der Analyse gebe, weshalb der Geltungsbereich des Arbeitsbündnisses auf den Analytiker einzuschränken sei: „Der Analytiker schließt mit niemand anderem als sich selbst das Arbeitsbündnis".

In neueren empirischen Arbeiten zur Bedeutung der „working alliance" (z.B. Luborsky, 1984; Kächele & Fiedler, 1985; Grande, Porsch & Rudolf, 1988; Porsch, Rudolf & Grande, 1988; Rudolf, Grande & Porsch, 1988; Hentschel, 1990) ergab sich der übereinstimmende und wegen seiner prognostischen Validität immer wieder überraschende Befund, daß die therapeutische Arbeitsbeziehung ein guter Prädikator für das Therapieergebnis ist.

Wegen der verständlichen Notwendigkeit, die „working alliance" auf operationalisierte und erfaßbare Dimensionen forschungspragmatisch begrenzen zu müssen, lassen sich allerdings die subtilen Nuancen der Oszillierung zwischen übertragungsbedingtem Erleben und selbstreflexiven Möglichkeiten des obengenannten Konzepts nur in eingeschränkter Weise erfassen.

Literaturempfehlungen

Deserno, H. (1990). Die Analyse und das Arbeitsbündnis. München: Verlag Internationale Psychoanalyse.

Fischer, G. (1989). Dialektik der Veränderung in Psychoanalyse und Psychotherapie. Modell, Theorie und systematische Fallstudie. Heidelberg: Asanger.

Grande, T., Porsch, U. & Rudolf, G. (1988). Muster therapeutischer Zusammenarbeit und ihre Beziehung zum Therapieergebnis. Zeitschrift für Psychosomatische Medizin und Psychoanalyse, 34, 76–101.

Hentschel, U. & Burkat-Austen, S. (1983). Der Patient und sein Psychotherapeut: Eine Analoguntersuchung zur Therapiewahl und Überlegungen zur Bedeutsamkeit der Personenwahrnehmung in der Psychotherapie. Zeitschrift für Psychosomatische Medizin und Psychoanalyse, 29, 321–333.

Hentschel, U. (1990). Zur therapeutischen Allianz. In V. Tschuschke & D. Czogalik (Hg.), Psychotherapie – Welche Effekte verändern? Zur Frage der Wirkmechanismen therapeutischer Prozesse (S. 71–98). Berlin: Springer.

Körner, J. (1989). Kritik der „therapeutischen Ich-Spaltung". Psyche, 43, 385–396.

Mertens, W. (1991a). Einführung in die psychoanalytische Therapie, Bd. 2. Stuttgart: Kohlhammer.

Porsch, U., Rudolf, G. & Grande, T. (1988). Formen therapeutischer Arbeitsbeziehung. Zeitschrift für Psychosomatische Medizin und Psychoanalyse, 34, 50–75.

Rudolf, G. (1991). Die therapeutische Arbeitsbeziehung. Untersuchungen über Zustandekommen, Verlauf und Ergebnis analytischer Psychotherapien. Berlin: Springer.

Streeck, U. (1988). Das handwerkliche und das realistische Verhalten des Psychotherapeuten. Praxis der Psychotherapie und Psychosomatik, 33, 12–20.

Thomä, H. & Kächele, H. (1985). Lehrbuch der analytischen Psychotherapie, Bd.1. Heidelberg: Springer.

Die „Ausnahmen" – the „exceptions"

Freud (1916d) bezeichnete als „Ausnahmen" solche Patienten, die sich beharrlich weigerten, vom Lustprinzip zum Realitätsprinzip voranzuschreiten, sondern statt dessen auf die Erfüllung bestimmter Forderungen pochten. Die Sonderbehandlung, die derartige Patienten einzuklagen versuchen, kann sich zu einem massiven Widerstand, ja sogar zu einer negativen therapeutischen Reaktion auswachsen. „Sie sagen, sie haben genug gelitten und entbehrt, sie haben Anspruch darauf, von weiteren Anforderungen verschont zu werden, sie unterwerfen sich keiner unliebsamen Notwendigkeit mehr, denn sie seien Ausnahmen und gedenken es auch zu bleiben" (Freud, 1916d, S. 366).

Freud verwies aber auch schon auf die Ubiquität dieser Einstellung: Jeder von uns nimmt an, eine derartige Ausnahme zu sein, und sofern wir uns nur lang genug mit unserer Kindheit beschäftigen, finden wir auch entsprechende Benachteiligungen und Zurücksetzungen, die unseren proklamierten Sonderstatus zu rechtfertigen scheinen.

Von einigen Autoren – wie z.B. Jacobson (1959) und Murray (1964) – abgesehen, wurde die Beschäftigung mit dem Thema der Beanspruchung von Vorrechten oder des „Ausnahmsanspruchs" (Freud, 1916d, S. 367) erst im Zuge der Auseinandersetzung mit der Selbstpsychologie wieder auf breiterer Ebene aufgenommen (z.B. Blechner, 1987; Coen, 1988; Gabbard, 1986; Kris, 1976; Lax, 1975; Volkan & Rodgers, 1988).

Das narzißtische Erleben, eine Ausnahme zu sein und von seinen Mitmenschen oder von seinem Analytiker eine Sonderbehandlung verlangen zu dürfen, wird nicht selten mit einem zurückliegenden mehr oder weniger traumatisierenden Ereignis in der Kindheit, wie z.B. Krankheit, Trennung, Depression der Mutter, Scheidung der Eltern, Tod eines Geschwisters, aber auch der zu frühen Geburt eines Geschwisters, gerechtfertigt (→ Trauma). Dieses Erleben kann bewußt sein und lautstark vorgetragen werden, es kann aber auch unbewußt und z.B. mit Hilfe einer Reaktionsbildung abgewehrt sein.

So kann sich z.B. hinter der als Bescheidenheit imponierenden Einstellung, „keine Sonderrolle oder Vorrechte beanspruchen zu wollen", der Ausnahmeanspruch verbergen; niemand käme auf die Idee, in dieser eher schüchternen und bescheidenen Person jemanden zu erblicken, der in seinem Inneren von → Phantasien über seine Omnipotenz und Grandiosität bewegt wird.

Khan (1977) hat bei Patienten mit Trennungsangst (→ Angst) und dem Gefühl, jemand Besonderer zu sein, eine spezifische Kindheitssituation rekonstruieren können, nämlich eine (plötzliche) Trennung von einer Mutter, zu der zuvor eine idealisierte Beziehung bestand: „In allen drei Fällen war das Kind in der Tat von der schmerzlichen Erfahrung des Objektverlustes abgelenkt worden. Alle drei Patienten hatten sich passiv den Ablenkungsmanövern ihrer Umgebung gefügt. Bei ihrer Rückkehr taten die Mütter so, als habe die Trennung nicht stattgefunden und nahmen die intensive Beziehung zum Kind umstandslos wieder auf" (S. 94).

Diese Kinder konnten sich über den Verlust der geliebten Mutter auf trügerische Weise hinwegsetzen, indem ihnen von den Pflegepersonen das Gefühl vermittelt worden war, „jemand Besonderer" zu sein, wobei dies im Fall dieser Kinder besonders leichtfiel, da es sich um sensible, liebenswerte und intelligente Geschöpfe handelte. Dieser Mythos, eine Ausnahme zu sein, wurde von den Müttern nach ihrer Rückkehr weiterhin unterstützt. Das mit dem Selbstbild verbundene Gefühl, man sei jemand Besonderer, ging bei den von Khan beschriebenen Patienten mit Mechanismen der Affektverleugnung, -verschiebung und -verkehrung (→ Affektabwehr) einher, weil ja die Trauer (→ Trauerarbeit) über die Trennung, die → Angst, ob die Mutter jemals wiederkommen wird, und die Sehnsucht nach der idealisierten Mutter niemals wahrgenommen werden durften. Die Patienten hatten deshalb auch das Gefühl, daß es niemals eine wirkliche, tiefe und wahrhaftige Gefühle beinhaltende Kommunikation geben könne.

Die narzißtische Anspruchshaltung, als Ausnahme behandelt werden zu wollen, kann auf Eltern-Kind-Interaktionen, Traumatisierungen und Phantasiebildungen in unterschiedlichen Lebensabschnitten zurückgehen. Der Ausnahmsanspruch kann auch als Abwehr gegenüber anderen Affekten, wie → Neid, → Scham und → Schuld oder Ängsten vor zu starker Nähe eingesetzt werden (vgl. Solomon & Levin, 1975).

Literaturempfehlungen

Blechner, M.J. (1987). Entitlement and narcissism. Contemporary Psychoanalysis, 23, 244–254.

Coen, S.J. (1988). Superego aspects of entitlement in rigid characters. Journal of the American Psychoanalytic Association, 36, 409–427.

Gabbard, G.O. (1986). The treatment of the „special“ patient in a psychoanalytic hospital. International Review of Psycho-Analysis, 13, 333–347.

Jacobson, E. (1959). The „exceptions“: An elaboration of Freud's character study. Psychoanalytic Study of the Child, 14, 135–154.

Khan, M.M.R. (1977). Trennungsangst und phobische und konterphobische Mechanismen bei schizoider Charakterbildung. In ders., Selbsterfahrung in der Therapie. Theorie und Praxis (S. 83–99). München: Kindler.

Kris, A.O. (1976). On wanting too much: The „exceptions“ revisited. International Journal of Psycho-Analysis, 57, 85–95.

Ladan, A. (1992). On the secret fantasy of being an exception. International Journal of Psycho-Analysis, 73, 29–38.

Lax, R.F. (1975). Some comments on the narcissistic aspects of selfrighteousness. International Journal of Psycho-Analysis, 56, 283–292.

Moses, R. & Moses-Hrushovski, R. (1990). Reflections on the sense of entitlement. Psychoanalytic Study of the Child, 45, 61–78.

Volkan, V.D. & Rodgers, T.C. (1988). Attitudes of entitlement. Charlottesville, Virginia: University Press of Virginia.

Autonomie – autonomy

In psychoanalytischen Kreisen wurde vor allem Hartmanns (1939) Konzept der Ich-Autonomie bekannt, nach dem ein Kind mit angeborenen primär autonomen Ich-Funktionen zur Welt kommt, die nicht erst einer trieb- und konflikthaften Matrix entrungen werden müssen. Freilich können sie relativ rasch konfliktualisiert werden. Die Befreiung von diesen Konflikten macht dann die sekundäre Autonomie aus, die allerdings nur eine relative sein kann. Wurde diese ichpsychologische Auffassung in den 60er und 70er Jahren mit adoleszentenrebellischem Pathos als „Anpassungspsychologie“ bekämpft, so gilt diese Konzeption heutzutage – im Lichte der neonatologischen Forschungsergebnisse über die erstaunlichen Anpassungs- und Koordinationsleistungen von Kleinkindern – als weitgehend akzeptiert.

Drei Formen von Autonomie wurden in der Folgezeit in der Psychoanalyse hauptsächlich thematisiert: Die intrapsychische, die intersystemische und diejenige zwischen Person und Umwelt.

Am bekanntesten und gebräuchlichsten wurde vor allem aufgrund der Forschungsarbeiten von M. Mahler et al. (1975) über die Trennung und Individuation des Kindes in den ersten drei Lebensjahren die letztgenannte Definition von Autonomie: Ein Kind erwirbt Autonomie von den Pflegeleistungen seiner Eltern, indem es von der äußeren Anwesenheit einer beschützenden, Sicherheit und Anerkennung vermittelnden, tröstenden, Bedürfnisse regulierenden Bezugsperson unabhängig wird. Das, was ursprünglich Mutter und Vater für das Kind als Hilfs-Ich-Funktionen für ihr Kind übernommen haben, kann im gelungenen Entwicklungsverlauf vom Kind internalisiert (→ Internalisierung) und damit gleichsam in eigener Regie übernommen werden. Vor allem für Patienten, die eine → Borderline-Persönlichkeitsorganisation aufweisen, ist beschrieben worden, wie grundlegende Ich-Kompetenzen, wie z.B. die Fähigkeit, sich selbst zu beruhigen und zu trösten, nicht oder nicht ausreichend erworben werden konnten (z.B. Tolpin, 1971; Milrod, 1972; Krystal & Raskin, 1983; Sachse, 1987).

Bei zu gering ausgeprägter Autonomie im Sinne der zuletzt genannten Bedeutungsvariante kann jemand z.B. nicht allein sein oder seine Wohnung nicht ohne Begleitung verlassen. Er ist dann, wie König (1981) es genannt hat, auf ein „steuerndes Objekt" angewiesen.

Die in den letzten Jahren eher in den Hintergrund gerückten Aspekte der intrapsychischen und intersystemischen Autonomie sind nach wie vor von Bedeutung: Bei dem *intrapsychischen* Aspekt interessiert die Frage, inwieweit bestimmte Ich-Funktionen in Folge von → Konflikten in ihrem autonomen Funktionieren reduziert werden; so können z.B. Denken und Sprechen vis à vis einer Autoritäts- oder Exhibitionsängste auslösenden Situation regressiv konfliktualisiert werden: Der Betreffende wird von starken Affekten überflutet, hat Schwierigkeiten mit dem Denken und gerät ins Stottern. Beim *intersystemischen* Aspekt geht es um die Einschätzung, inwieweit die Gesamtheit aller → Ich-Funktionen (das „Gesamt-Ich") gegenüber trieb- und affekthaften („Es") und normativen Zwängen (→ „Über-Ich") Selbständigkeit erlangt hat. So kann z.B. die Berufswahl des Therapeuten u.a. aus starken unbewußten Schuldgefühlen (→ Schuld) heraus motiviert sein; im Verlauf der → Lehranalyse nimmt die intersystemische Autonomie (hoffentlich) zu.

Im klinischen Sinn spricht man von der Autonomie des Patienten, die es zu beachten und zu fördern gilt: Allzu starke Verwöhnung mißachtet die Autonomie eines Patienten und regt ihn zu wenig zum Selbständigwerden an, was letztendlich aber ein wichtiges Ziel der analytischen Therapie ist.

Literaturempfehlungen

Beres, D. (1971). Ego autonomy and ego pathology. Psychoanalytic Study of the Child, 26, 3–24.

Blanck, G. & Blanck, R. (1979). Ego Psychology II. New York (dt.: Ich-Psychologie II. Psychoanalytische Entwicklungspsychologie. Stuttgart: Klett-Cotta 1980).

Blum, E.J. & Blum, H.P. (1990). The development of autonomy and superego precursors. International Journal of Psycho-Analysis, 71, 585–595.

Bürgin, D. (1990). Psychoanalytische Aspekte der Autonomie beim Kind und Jugendlichen. In R. Battegay & U. Rauchfleisch (Hg.), Menschliche Autonomie (S. 184–196). Göttingen: Vandenhoeck & Ruprecht.

König, K. (1981). Angst und Persönlichkeit. Das Konzept vom steuernden Objekt und seine Anwendungen. Göttingen: Vandenhoeck & Ruprecht.

Küfner, H. (1989). Bindung und Autonomie als Grundmotivationen des Erlebens und Verhaltens. Forum der Psychoanalyse, 5, 99–123.

Müller-Pozzi, H. (1985). Identifikation und Konflikt. Die Angst vor Liebesverlust und der Verzicht auf Individuation. Psyche, 39, 877–904.

Bindung – attachment

Ende der 50er Jahre überraschte John Bowlby, ein psychoanalytisch ausgebildeter Psychiater von der Tavistock Clinic in London, seine Kollegen damit, daß er gegenüber der Bedeutung des oralen Saugens und Fütterns sog. Bindungsverhaltensweisen wie Suchen, Nachfolgen und Anklammern als uranfängliche Instinktmuster postulierte, die der Herstellung von sozialen Beziehungen dienen; später definierte er Bindungsverhalten als jegliche Verhaltensweisen, mit denen Nähe zu einer Person hergestellt wird, der eine größere Kompetenz zugesprochen wird. Nicht daß Psychoanalytiker die Existenz dieser Verhaltensweisen anzweifelten, gab Anlaß zu vielen Kontroversen, sondern Bowlbys Behauptung, daß Bindung und Zuneigung nicht primär über lustvolle orale Erfahrungen grundgelegt werden, sondern aufgrund angeborener Instinktmuster erfolgen.

Und obwohl Bowlby selbst großen Wert darauf legte, seine Forschungen als psychoanalytisch zu bezeichnen, wurden seine Konzepte von Psychoanalytikern als behavioristisch und ethologisch eingestuft, womit sie der Komplexität des psychischen Erlebens der Mutter-Kind-Beziehung nicht gerecht würden (z.B. A. Freud, 1960; Spitz, 1960; Roiphe, 1976; Hanley, 1978). An die Stelle einer psychodynamischen Theorie, in der es um libidinöse Zuwendung und deren Abwehr geht, trat ihrer Meinung nach eine mechanistische Instinkttheorie, in der die Erforschung des intrapsychischen Erlebens keine Rolle mehr zu spielen schien (Brody, 1981). Trotz dieser psychoanalytischen Kritik wurde Bowlbys Bindungstheorie zu einem einflußreichen Paradigma in der Kleinkindforschung und von seinen Kollegen Mary Ainsworth und Robert Hinde in vielen Arbeiten fortgesetzt (z.B. Ainsworth, 1967, 1985; Hinde, 1974). In Deutschland haben Klaus und Karin Grossmann die Bindungstheorie weiter erforscht (z.B. Karin Grossmann, 1990). Von der Forschung über die frühe Bindungsbeziehung gehen kräftige Impulse für die Neueinschätzung der Theorie der Trennung und Individuation aus (z.B. Lyons-Ruth, 1991).

Lichtenberg (1989) hat den Graben zwischen Psychoanalytikern und Bindungstheoretikern mit dem Vorschlag zu überbrücken versucht, daß zwar *einer* der vielen bedeutsamen Aspekte der kindlichen Bindung an die Mutter und an andere Bezugspersonen mit Hilfe eines angeborenen, genetisch vorprogrammierten Verhaltensmusters konzeptualisiert werden kann, aber die erwachsene Bezugsperson zur gegenseitigen Regulierung von Bindung und Nähe fähig und bereit sein muß und daß dabei nicht ein Instinktverhalten aktualisiert wird, sondern Wohlbehagen und Lust in intimer Nähe erfahren werden. Diese Betrachtungsweise schafft konzeptuellen Raum für Interaktion, Psychodynamik, unbewußte Vorgänge und → Konflikte (z.B. zwischen Bindung und → Autonomie) und überwindet die mechanistischen Implikationen einer Instinkttheorie. Lichtenberg weist auch darauf hin, daß aus dem Verhalten allein (wenn z.B. ein Baby seiner Mutter mit den Augen folgt oder zu ihr hinkrabbelt) nicht bestimmt werden kann, ob das Baby hungrig ist oder nach Kontakt und Bindung verlangt. Diese Bestimmung erfordert vielmehr die Annahme von Affekten, Wünschen, Erwartungen, Erinnerungen und Intentionen, was eine genuin psychoanalytische Prämisse ist.

Literaturempfehlungen

Ainsworth, M.D. (1979). Attachment as related to mother-infant interaction. In J.B. Rosenblatt, R.A. Hinde, C. Beer & M. Bushel (Eds.), Advances in the study of behavior (pp. 1–51). New York: Academic Press.

Blatt, S.J. & Blass, R.B. (1990). Attachment and separateness: A dialectic model of the products and processes of development throughout the life cycle. Psychoanalytic Study of the Child, 45, 107–127.

Bowlby, J. (1969). Attachment and loss, vol. 1: Attachment. New York: Basic Books, 2nd ed. (dt: Bindung. Frankfurt: Fischer 1986).

Bowlby, J. (1989). The role of attachment in personality development and psychopathology. In S.I. Greenspan & G.H. Pollock (Eds.), The course of life, vol. 1: Infancy (pp. 229–270). Madison, Conn.: International Universities Press.

Brody, S. (1981). The concepts of attachment and bonding. Journal of the American Psychoanalytic Association, 29, 815–829.

Grossmann, K (1990). Entfremdung, Abhängigkeit und Anhänglichkeit im Lichte der Bindungstheorie. Praxis der Psychotherapie und Psychosomatik, 35, 231–238.

Hoffmann, S.O. (1986). Die Ethologie, das Realtrauma und die Neurose. Versuch einer Würdigung des Beitrags John Bowlbys zum Verständnis der Entstehung seelischer Störungen. Zeitschrift für psychosomatische Medizin und Psychoanalyse, 32, 8–26.

Lichtenberg, J.D. (1989). Psychoanalysis and motivation. Hillsdale, NJ: Analytic Press.

Lyons-Ruth, K. (1991). Rapprochement or approchement: Mahler's theory reconsidered from the vantage point of recent research on early attachment relationship. Psychoanalytic Psychology, 8, 1–23.

Bisexualität – bisexuality

Freud übernahm die Idee einer biologischen Bisexualität, d.h. des Vorhandenseins von männlichen und weiblichen sexuellen Dispositionen in jedem Menschen, von Fließ, legte sich aber definitorisch nicht genau fest. In der psychoanalytischen Literatur finden sich deshalb folgende Definitionen, von denen sich einige ausschließen, andere sich durchaus ergänzen können: Im Sinne einer anatomischen und einer psychischen Bisexualität, einer Bisexualität aufgrund von erlebten Beziehungen und Identifizierungen mit Vater und Mutter, einer Mixtur von Geschlechtsrollenstereotypen im Verhalten und schließlich einer Geschlechtspartnerorientierung, die sowohl homo- als auch heterosexuell ist.

David (1975) hat die Ambiguität und den Mangel an Klarheit des Begriffs Bisexualität wissenschaftspsychologisch auf die ambivalente Beziehung Freuds zu Fließ zurückgeführt, die zur Zeit der Beschäftigung Freuds mit diesem Konzept für ihn eine bedeutsame Rolle spielte.

Nach Fast (1984) findet zwar schon bei der Geburt eine Geschlechtszuschreibung statt, die auch via sensomotorischer Handlungserfahrungen die Kerngeschlechtsidentität (→ Geschlechtsidentität) eines Kindes als Junge oder Mädchen im anatomischen und auch im psychischen Sinne prägt; dennoch schließt dieser Vorgang nicht aus, daß Junge und Mädchen bisexuelle omnipotente → Phantasien hinsichtlich ihrer Anatomie und der damit einhergehenden psychischen Möglichkeiten aufweisen, was auf ihre → Identifizierungen mit beiden Eltern zurückgeht. So kann der zweijährige Junge in seiner Phantasie ebenfalls ein Baby zur Welt bringen, und ein Mädchen ist überzeugt, daß es auch einen Penis hat oder ihm noch einer wachsen wird, womit ihm dann die mit dem Penis assoziierten Onanie- und Individuationsmöglichkeiten endlich zur Verfügung stehen. Erst nach und nach setzt mit dem wiederholten Gewahrwerden des anatomischen Geschlechtsunterschieds, kognitiver Entwicklungsprozesse, zunehmender → Sublimierung und Enttäuschungstoleranz ein Aufgeben und Abtrauern dieser bisexuellen Phantasien ein, was von Fast (1984) als geschlechtlicher *Differenzierungsprozeß* beschrieben worden ist. Kinder beiderlei Geschlechts nehmen nun eine realitätsbezogene Kategorisierung ihrer geschlechtsbezogenen Selbstrepräsentanzen (→ Repräsentanzen) in körperlichen und psychosozialen Merkmalen vor, was natürlich auch von den Eltern (und Geschwistern) unterstützt wird. Lester (1990) hat darauf aufmerksam gemacht, daß die frühen bisexuellen Phantasien jedoch nicht einfach verschwinden, ebenso wie die frühen → Identifizierungen mit beiden Eltern nicht einfach aufhören. Deshalb scheint die Annahme berechtigt, daß neben den realitätsbezogenen Geschlechtskategorisierungen weiterhin in unterschiedlichem Ausmaß (vor allem aber bei psychischen Störungen) bewußte und unbewußte anatomisch bisexuelle Phantasien aus der früheren Lebenszeit bestehen können. Bewußte Überbesetzungen des eigenen Genitales und der eigenen Geschlechtszugehörigkeit, teilweise verbunden mit einer Abwertung des anderen Geschlechts, scheinen dem Kind dabei zu helfen, bisexuelle Phantasien in den Hintergrund treten zu lassen.

Literaturempfehlungen

Cherazi, S. (1988). Zur Psychologie der Weiblichkeit. Psyche, 42, 307–327.
Fast, I. (1984). Gender identity – A differentiation model. Hillsdale, NJ: Analytic Press (dt.: Von der Einheit zur Differenz – Ein psychoanalytisches Modell zur Entwicklung der Geschlechtsidentität. Berlin: Springer 1991).
Lester, E.P. (1990). Gender and identity issues in the analytic process. International Journal of Psycho-Analysis, 71, 435–444.
Money, J. (1988). Homosexuell, bisexuell, heterosexuell. Zum psychoendokrinologischen Forschungsstand. Zeitschrift für Sexualforschung, 1, 123–131.
Renik, O. (1992). A case of premenstrual distress: Bisexual determinants of a woman's fantasy of damage to her genital. Journal of the American Psychoanalytic Association, 40, 195–210.

Borderline – borderline

Knights Arbeit aus dem Jahr 1953 führte zu einer raschen Verbreitung des Konzepts des Borderline-Zustands, das bis dahin keinen offiziellen Status in der psychiatrischen Nomenklatur gefunden hatte und immer dann angewendet wurde, wenn der Patient als „ziemlich krank, aber nicht offen psychotisch" eingeschätzt wurde. Für Knight war die herkömmliche Standardanalyse bei Patienten mit einer Borderline-Störung auf jeden Fall kontraindiziert.

Die Arbeiten von Kernberg (1975, 1976, 1980) gelten als der bedeutsamste Versuch einer exakten Begriffsbestimmung der Borderline-Störung. Nach diesem Autor sind bei Borderline-Störungen vor allem *symptomatologische, strukturelle* und *genetisch-dynamische* Aspekte zu berücksichtigen.

Da vor allem die differentialdiagnostische Abgrenzung gegenüber neurotischen Störungen schwerfällt, hält Kernberg es für besonders wichtig, bei der Diagnose der Borderline-Störung auf die Kombination von verschiedenen Symptomen zu achten. Vor allem die folgenden *Symptome* treten in Kombination bei der Borderline-Störung auf: 1. chronische, frei flottierende → Angst, 2. multiple

Phobien, 3. Zwangssymptome, 4. multiple Konversionssymptome, 5. Bewußtseinsstörungen, 6. → Depression und ohnmächtige Wut, 7. polymorph-perverse Sexualität (→ Sexualtrieb), 8. vorübergehender Verlust der Impulskontrolle.

Im Unterschied zum gegenwärtig in Klinischer Psychologie und Psychiatrie gültigen und auch bei einigen Psychoanalytikern beliebten Diagnostischen und Statistischen Manual Psychischer Störungen, dem DSM-III-R, das auf eine psychodynamische Ableitung verzichtet und damit zu einem rein deskriptiven Klassifikationsmodell wird, definiert Kernberg auch strukturelle und genetisch-dynamische Aspekte.

Strukturell betrachtet, handelt es sich bei der Borderline-Störung um ein „niederes Strukturniveau" der Ich- bzw. Persönlichkeitsorganisation, die vor allem durch eine defizitäre → Realitätsprüfung, mangelhafte Impuls- und Affektkontrolle und das Vorherrschen von panischer → Angst statt (normal-neurotischer) → Signalangst charakterisiert ist.

Die zentrale Schwierigkeit von Menschen mit einer Borderline-Persönlichkeitsorganisation besteht aus *genetisch-dynamischer* Sicht in einer Tendenz zu einem Überschwemmtwerden der Persönlichkeit mit starken → Affekten, vor allem Ängsten, wenn eine optimale Distanz in einer Beziehung nicht aufrechterhalten werden kann. In erlebnisnaher Begrifflichkeit ausgedrückt, wird der Partner entweder als zu distanziert oder als zu nah erlebt. Zu große Nähe birgt die Gefahr von intensivem → Neid, überwältigender Kränkung und Demütigung sowie paranoiden Ängsten, zu große Distanz hingegen das Erleben von Trennungs- oder Fragmentierungsangst (→ Angst). Das Wissen um die eigene kränkende Gefährdung führt zu unbewußten → Phantasien, aber auch zu manifesten Handlungen, in denen die Illusion einer Kontrolle der Nähe-Distanz-Regulierung aufrechterhalten wird.

Als Abwehrmechanismen wurden von Kernberg vor allem die → Spaltung und die Hilfsmaßnahmen der → Verleugnung, → Projektion, → projektiven Identifizierung, Abwertung, Omnipotenz und → Idealisierung beschrieben.

Kernbergs (1984) Konzept des Niveaus der Persönlichkeitsorganisation mit der Unterscheidung in normal-neurotisch, neurotisch, borderline und psychotisch in Abhängigkeit vom jeweiligen Entwicklungsstand verschiedener → Ich-Funktionen ermöglicht präzise diagnostische Einschätzungen. So gibt es entsprechend dieser Auffassung z.B. eine Zwangssymptomatik auf neurotischem, borderline- und psychotischem Organisationsniveau der Persönlichkeit (→ Zwangsneurose).

Nach Ermann (1985) ist es sinnvoll, zwei unterschiedliche Erscheinungsformen der Borderlinepathologie voneinander zu unterscheiden: Borderline-Persönlichkeiten, die nur in extremen Belastungssituationen die oben beschriebenen Symptome äußern, ansonsten aber in ihren Symptombildungen dem klinischen Erscheinungsbild von psychovegetativen Störungen, Angstneurosen oder → Depressionen ähneln, und dem Borderlinesyndrom mit einem deutlich dekompensierten Erscheinungsbild.

Abend, Porder und Willick (1983, 1988) lehnen Kernbergs zentrale These ab, die Borderline-Störung sei als ein eindeutiges diagnostisches Syndrom anzusehen. Ihrer Meinung nach ist das Borderline-Syndrom keine spezifische diagnostische Entität, sondern eine heterogene Vielfalt von Problemen. Die Dichotomisierung von primitiver → Spaltung und reifer → Verdrängung stellt kein valides Diagnostikum zur Unterscheidung von neurotischen und Borderline-Patienten dar. Ödipale → Konflikte haben ein größeres Gewicht und sind nicht nur den frühen Konflikten um Trennung und Individuation nachgeordnet. Die *Zuordnung* der Ätiologie der Borderline-Störung zu bestimmten Lebensphasen, wie z.B. der → Wiederannäherungsphase, kann zudem modernen psychoanalytischen Erkenntnissen nicht mehr gerecht werden. Aufgrund von empirischen Forschungsergebnissen kann nicht länger davon ausgegangen werden, daß Borderline-Störungen nur in der präödipalen Zeit, also in den ersten drei bis vier Lebensjahren, entstehen (Westen, 1989, 1990).

Literaturempfehlungen

Abend, S.M., Porder, M.S. & Willick, M.S. (1983). Borderline patients: Psychoanalytic Perspectives. New York: International Universities Press.

Ermann, M. (1985). Ansatz und Technik der psychoanalytischen Borderline-Behandlung. Praxis der Psychotherapie und Psychosomatik, 30, 243–253.

Kernberg, O. (1975). Borderline conditions and pathological narcissism. New York: Jason Aronson (dt.: Borderline-Störungen und pathologischer Narzißmus. Frankfurt/M.: Suhrkamp 1978).

Kernberg, O. (1984). Severe personality disorders. Psychotherapeutic strategies. Yale: Yale University Press (dt.: Schwere Persönlichkeitsstörungen. Theorie, Diagnose, Behandlungsstrategien. Stuttgart: Klett 1988).

Lohmer, M. (1988). Stationäre Psychotherapie bei Borderline-Patienten. Berlin: Springer.

Rohde-Dachser, C. (1979). Das Borderline-Syndrom. Bern: Huber, 4. Auflage 1988.

Weinshel, E. (1988). The many borders of borderline. On the virtues of modesty in psychoanalytic diagnosis. Psychoanalytic Inquiry, 8, 333–351.

Westen, D. (1989). Are „primitive" object relations really preoedipal? American Journal of Orthopsychiatry, 59, 331–345.

Westen, D. (1990). Towards a revised theory of borderline object relations: contributions of empirical research. International Journal of Psycho-Analysis, 71, 661–693.

Charakterneurose – character neurosis

In der älteren psychoanalytischen Literatur wurde die Charakterneurose zumeist in Gegensatz zur Symptomneurose gebracht: Äußert sich bei der letzteren die neurotische Störung in isolierbaren und für den Betreffenden in der Regel als ich-fremd (ichdyston) erlebten Symptomen (z.B. in einem Kontrollzwang), so manifestiert sich die Charakterneurose in neurotischem Verhalten (z.B. ständig im Mittelpunkt stehen zu müssen), Erleben (starke Angst, zu kurz zu kommen), Einstellungen (z.B „das äußere Erscheinungsbild ist entscheidend wichtig") und Idealen (z.B. „Dankbarkeit ist nur etwas für Dumme"), die zumeist als ichgemäß (ichsynton) erlebt werden. Mehr oder weniger große Bereiche der Persönlichkeit können davon betroffen sein. Im psychoanalytischen Jargon hat sich die Redeweise von der Persönlichkeitsstruktur als einer normalneurotischen Ausprägung, die Charakterneurose hingegen als Synonym für eine stark pathologische Persönlichkeitsbildung eingebürgert. In der klassischen Psychoanalyse wurden den psychosexuellen Entwicklungsphasen bestimmte Charaktertypen zugeordnet (z.B. oral – depressiv, anal – zwanghaft, phallisch/ödipal – hysterisch).

→Charakterzüge, die sich im Verhalten und Erleben manifestieren, wurden ursprünglich als komplexe Abwehr- und Anpassungsleistungen an *Triebkonflikte* konzipiert (z.B. Unterwürfigkeit mit latent aggressiven Zügen als Folge einer konflikthaft verlaufenen Reinlichkeits- und Gehorsamsdressur im zweiten Lebensjahr). Diese Sichtweise ist jedoch heutzutage nicht mehr ausreichend.

Eine Neubestimmung der Entstehung des normalen und neurotischen Charakters auf dem Boden ichpsychologischer, objektbeziehungstheoretischer und selbstpsychologischer Theorien ist bislang aber nur ansatzweise geleistet worden, obwohl eine Vielzahl von ätiologischen und psychodynamischen „Typologien" in der neueren psychoanalytischen Literatur existiert (so z.B. Balints (1959) oknophiler und philobatärer Charakter; A. Reichs (1940, 1960) Charakterisierung unterwürfiger Frauen mit narzißtischer Partnerwahl; Kohuts und Wolfs (1980) Beschreibung narzißtischer Persönlichkeitssyndrome wie z.B. „alter-ego-hungrige Persönlichkeiten" u.a.m.).

Wichtiger als die Entwicklung einer umfassenden, nomologisch orientierten Persönlichkeitstheorie ist aber die Auffassung, daß bei der klinischen Erforschung von normalen und neurotischen Charakterzügen eines Analysanden von der Totalität unterschiedlichster Sozialisationserfahrungen und Konfliktdimensionen in einem individuell biographischen und soziokulturellen bzw. -ökonomischen Kontext ausgegangen werden muß (s. z.B. Parin, Parin-Matthèy & Morgenthaler, 1963), so daß abstrakte, nomologische Typologien und ätiologische Vorstellungen über die Entwicklung neurotischer Charakterzüge nur eine sehr allgemeine Interpretationsfolie darstellen können.

In der psychoanalytischen Therapie stellen das Bewußtmachen, Erlebenlassen und → Durcharbeiten charakterneurotischer Züge und Einstellungen den größten Teil des Vorgehens dar (Kernberg, 1985).

Wegen der Ich-Syntonizität können charakterneurotische Phänomene häufig als Widerstand benützt werden, was in der psychoanalytischen Behandlungstechnik auch als Charakterwiderstand bezeichnet worden ist.

W. Reich (1933) beschrieb zum ersten Mal körperliche Haltungen, wie Steifheit und Starre, und psychische Eigenheiten, wie ein stereotypes Lächeln oder ironische und hochmütige Einstellungen, als „Charakterpanzerung". Ursprünglich Abkömmlinge von Abwehrvorgängen gegen bedrohliche Impulse und Affekte, haben sie sich von der affektiven und triebhaften Basis gelöst und sind zu ständigen Charakterzügen geworden. Sie können deshalb auch nicht mit situativen Versuchungs- oder Versagungskonstellationen unmittelbar in Zusammenhang gebracht werden, weil sie habituell sind, sich nicht mehr unmittelbar auf Trieb- und Affektvorgänge beziehen und zumeist auch ichsynton und somit von dem Betreffenden als unproblematisch und selbstverständlich erlebt werden (nicht hingegen von seinen Mitmenschen). Der Ausdruck Charakterwiderstand bezeichnet deshalb eine besonders schwierige Modalität des Widerstands in der analytischen Therapie.

Literaturempfehlungen

Argelander, H. (1970). Die szenische Funktion des Ichs und ihr Anteil an der Symptom- und Charakterbildung. Psyche, 24, 325–345.

Arlow, J.A. (1990). Psychoanalysis and character development. Psychoanalytic Review, 77, 1–10.

Baudry, F. (1984). Character: A concept in search of an identity. Journal of the American Psychoanalytic Association, 32, 455–477.

Baudry, F. (1989). Character, character type, and character organization. Journal of the American Psychoanalytic Association, 37, 655–686.

Beland, H. (1989). Ichveränderung durch Abwehrprozesse und die Grenzen der Analyse. Zeitschrift für psychoanalytische Theorie und Praxis, 4, 225–249.

Boesky, D. (1985). Resistance and character theory: A reconsideration of the concept of character resistance. In H.P. Blum (Ed.), Defense and resistance. Historical perspective and current concepts (pp. 227–246). New York: International Universities Press.

Kernberg, O.F. (1985). Objects relations theory and character analysis. In H.P. Blum (Ed.), a.a.O., pp. 247–271.

Kets de Vries, M.F.R. & Perzow, S. (1991). Handbook of character studies. Madison, Conn.: International Universities Press.

Pine, F. (1989). Motivation, personality organization and the four psychologies of psychoanalysis. Journal of the American Psychoanalytic Association, 37, 27–60.

Charakterzug – character trait

Unter Charakterzug (häufig synonym mit -merkmal, -eigenschaft, -haltung verwendet) wird eine habituelle Weise des Erlebens und seiner Verhaltensmanifestationen verstanden.

Nach Auffassung der klassischen Psychoanalyse mit ihrem Primat der Triebtheorie sind Charakterzüge zum einen Abwehrformationen oder Reaktionsbildungen gegen Triebregungen (wie z.B. übertriebene Höflichkeit als Reaktionsbildung gegen abfällige, entwertende oder rebellische Haltungen analer Provenienz [→ anale Phase]), zum anderen Fortsetzungen der ursprünglichen Triebimpulse in sublimierter Form (wie z.B. eine oppositionelle Haltung als → Sublimierung einer anal-retentiven Haltung) und schließlich unveränderte Fortsetzungen der ursprünglichen Triebimpulse, z.B. in Form triebhaften Verhaltens.

Aus heutiger Sicht vollzieht sich die Entwicklung von Charakterzügen nicht allein in der Auseinandersetzung mit den Triebimpulsen und den sozialisationsvermittelten Abwehrformen, wenngleich diese Sichtweise nach wie vor Gültigkeit aufweist. Hoffmann (1979, 1983) verweist auf die objektbeziehungstheoretischen, ich- und selbstpsychologischen Ergänzungen: Danach entstehen Charakterzüge als Niederschlag von immer wiederkehrenden Beziehungsverhältnissen in Form von verinnerlichten Objektbeziehungen, als Folge und Modalität nicht primär konflikthafter → Ich-Funktionen und als Folge und Modalität des Selbsterlebens und seiner Regulierung.

So können Konzeptionen, die auf dem Hintergrund narzißmustheoretischer Forschungen die Autoregulation des Individuums betonen und narzißtische Regulationsmodi identifiziert haben (vgl. Deneke, 1989; Deneke, Hilgenstock & Müller, 1989), einen wichtigen Beitrag in Richtung auf eine Neuformulierung einer psychoanalytischen Persönlichkeitstheorie leisten.

Welchen theoretischen Hintergrund man auch immer zur Konzeptualisierung von Charakterzügen hinzuziehen mag, wichtig bleibt auf jeden Fall die ganzheitliche, psychodynamische und als verinnerlichte Beziehungsstruktur gedachte Betrachtungsweise von Persönlichkeitszügen.

Literaturempfehlungen

Arlow, J.A. (1990). Psychoanalysis and character development. Psychoanalytic Review, 77, 1–10.

Deneke, F.-W. (1989). Das Selbst-System. Psyche, 43, 577–608.

Freud, S. (1908b). Charakter und Analerotik. GW VII, 203–209.

Hoffmann, S.O. (1979). Charakter und Neurose. Ansätze zu einer psychoanalytischen Charakterologie. Frankfurt/M.: Suhrkamp.

Hoffmann, S.O. (1983). Psychoanalytische Persönlichkeitspsychologie (Charakterologie). In W. Mertens (Hg.) (1983), Psychoanalyse – Ein Handbuch in Schlüsselbegriffen (S. 109-115). München: Urban & Schwarzenberg.

Lorenzer, A. (1972). Zur Begründung einer materialistischen Sozialisationstheorie. Frankfurt/M.: Suhrkamp.

Westen, D. (1990a). Psychoanalytic approaches to personality. In L. Pervin (Ed.), Handbook of personality. Theory and research (pp. 21–65). New York: Guilford.

Container – container

Die Konzepte des Containers und der → projektiven Identifizierung erfreuen sich seit einigen Jahren in der psychoanalytischen Gemeinschaft weltweit einer zunehmenden Beliebtheit.

Der M. Klein nahestehende Wilfred R. Bion, hierzulande vor allem bekanntgeworden durch seine kreativen Beiträge zur Psychoanalyse der Gruppe, entwickelte im Jahr 1957 die Idee des Containers und des Contained zunächst im Hinblick auf psychotische Patienten, dann aber auch für Kinder und normale Erwachsene.

Ähnlich wie dem Kind fällt es manchen Patienten äußerst schwer, heftige → Affekte und Gefühle wahrnehmen, als Teil des eigenen Selbst akzeptieren und schließlich bewältigen zu können. Sie benötigen deshalb ein Gegenüber, das dies alles für sie stellvertretend ausführt. In der von Bion beschriebenen Funktion des Analytikers als eines Containers ist dieser in einer wachen und offenen Haltung – Bion (1967) spricht von der analytischen „rêverie" – für die unerträglichen Selbstaspekte seines Patienten zugänglich. Er nimmt die ihm – via projektiver Identifizierung – angetragenen Gefühle zunächst auf, versucht, deren Entstehung hinsichtlich der idiosynkratischen, situativen, reaktiven und interpersonellen Faktoren zu differenzieren und zu verstehen. Diese gedankliche und gefühlsmäßige Arbeit des Analytikers entzieht den Selbstanteilen des Patienten ihre Gefährlichkeit und drohende Unverständlichkeit, sie werden gleichsam „entgiftet" und „verdaut". In dieser bereinigten Form können nun die vormals unerträglichen Selbstanteile und Affekte vom Patienten wieder übernommen und als Eigenes introjiziert werden. Mit diesem Prozeß des Containing geht allmählich auch eine Verinnerlichung dieser analytischen Funktion – die Beziehung von Container und Contained – einher: Der Patient erfährt viele Male, daß es möglich ist, mit dem Schrecklichen umzugehen, ohne in Panik zu verfallen oder von intensiver Wut und → Scham überflutet zu werden.

Die an archaisch affektive und körperliche Vorgänge und Erlebnisweisen erinnernde Begrifflichkeit Bions knüpft auch an die kindliche Entwicklungsdimension an und ist deshalb besonders gut geeignet, den Analytiker auf regressive Prozesse (→ Regression) in seinem Patienten einzustimmen. In stärker sekundärprozeßhafter Sprache ausgedrückt, gehören freilich die von Bion beschriebenen Phänomene zu den Essentials einer analytischen Haltung.

Literaturempfehlungen

Bion, W.R. (1990). Lernen durch Erfahrung. Frankfurt/M.: Suhrkamp.

Cycon, R. (1991). Über die Bedeutung und Wirkung projektiv-identifikatorischer Prozesse. Zeitschrift für psychoanalytische Theorie und Praxis, 4, 161–174.

Hamilton, G.N. (1990). The containing function and the analyst's projective identification. International Journal of Psycho-Analysis, 71, 445–453.

Ogden, T.H. (1982). Projective identification and psychotherapeutic technique. New York: Jason Aronson.

Pick, I.B. (1985). Working through in the countertransference. International Journal of Psycho-Analysis, 66, 157–166.

Speciale-Bagliacca, R. (1991). „The capacity to contain" – Anmerkungen zu ihrer Funktion bei der psychischen Veränderung. Zeitschrift für psychoanalytische Theorie und Praxis, Sonderheft über „Psychische Veränderung", 22–31.

Deckerinnerung – screen memory

Seit Freuds Arbeit „Über Deckerinnerungen" aus dem Jahr 1899 verwenden Psychoanalytiker dieses Konzept nahezu unverändert. Es handelt sich dabei um Erinnerungen an die Kindheit, die sich der sonst üblichen kindlichen Amnesie entziehen und häufig den Zeitraum von zwei bis vier Lebensjahren betreffen. Die scheinbare Bedeutungslosigkeit der Erinnerung steht in einem unübersehbaren Kontrast zu der imperativen Art, mit der sie sich dem Erleben aufdrängt.

In Analogie zur Entstehung des manifesten Trauminhalts, der Fehlleistungen und Symptome erklärt Freud auch die Bildung von Deckerinnerungen. Sie läßt sich als eine Kompromißlösung hinsichtlich des → Konfliktes zwischen dem Wunsch, sich zu erinnern, und dem Wunsch, zu vergessen, begreifen, wobei die Verschiebung eine wesentliche Rolle spielt. Die wichtigen, häufig auch mit einer Traumatisierung (→ Trauma) einhergehenden Gedächtnisinhalte sind mit einem assoziativ benachbarten, gleichgültigen Eindruck verbunden. In Deckerinnerungen können sich viele Eindrücke verdichtet haben: In ihnen „ist nicht nur einiges Wesentliche aus dem Kindheitsleben erhalten, sondern eigentlich alles Wesentliche. Man muß nur verstehen, es durch die Analyse aus ihnen zu entwickeln. Sie repräsentieren die vergessenen Kinderjahre so zureichend wie der manifeste Trauminhalt die Traumgedanken" (Freud, 1914g, S. 128).

Im Unterschied zu anderen psychoanalytischen Konzepten hat dasjenige der Deckerinnerung nur wenig Überarbeitung erfahren. Abgesehen von Freuds selbst noch vorgenommener Unterscheidung der zeitlichen Relation von Deckerinnerung und traumatischem Ereignis und Fenichels Arbeiten (z.B. 1927, 1945) wurden so gut wie keine weiteren Differenzierungen ausgearbeitet.

Bezieht sich die Deckerinnerung in der Regel auf die Zeit der verbal-symbolischen Codierungen, so gehen die von Lewin (1950) erstmalig beschriebenen Deckgefühle bzw. -affekte häufig auf die präverbale Zeit der ersten anderthalb Lebensjahre zurück (s. auch Anthony, 1961; Greenson, 1958). Sie können als angenehm erinnerte Affekte und Stimmungen zur Abwehr schmerzlicher Affekte eingesetzt werden. Unter den von Fenichel (1927) eingeführten Begriff des „Deckhungers" subsumierte Greenson (1958) alle diejenigen „Deckaktivitäten", die lustvolle und angenehme Erinnerungen an die Stelle von schmerzhaften und beschämenden biographischen Erinnerungen setzen und den Betreffenden zu einer rastlosen Suche nach neuen, befriedigenderen Erfahrungen antreiben.

Es ist einleuchtend, daß diese Menschen eine gestörte → Realitätsprüfung aufweisen, stark zur → Verleugnung und im analytischen Prozeß zum → Agieren neigen.

Ich-psychologisch orientierte Psychoanalytiker (z.B. Kris, 1956a,b) beschäftigten sich vor allem mit dem Verhältnis von Erinnerungsfähigkeit und den

Schwierigkeiten der Rekonstruktion, waren aber ebensowenig wie Freud selbst in der Lage, dieses Konzept gedächtnispsychologisch zu fundieren, was z.T. sicherlich auch auf die – viele Jahre vorherrschende – mangelnde externe Validität und Verallgemeinerbarkeit empirischer Forschungen in diesem Gebiet zurückzuführen ist. Erst in den letzten Jahren haben sich – auch aufgrund der Fortschritte der kognitiven Psychologie – erste vielversprechende Annäherungen zwischen Psychoanalyse und Gedächtnisforschung ergeben (s. z.B. Pfeifer & Leuzinger-Bohleber, 1986; Wetzler & Sweeney, 1986; Spero, 1990). Dieser viele Jahrzehnte vorherrschende Mangel an einer fundierten gedächtnispsychologischen Wissensbasis verwundert angesichts der Bedeutung, die dem Erinnern von Kindheitserlebnissen in der psychoanalytischen Rekonstruktion beigemessen wird. Nicht zuletzt aufgrund einer ungenügend ausgearbeiteten gedächtnispsychologischen Perspektive konnten einige Psychoanalytiker, wie z.B. Spence (1982), behaupten, daß in Analysen keine historische Wahrheit erreicht werden könne, weshalb man sich mit einer narrativen Wahrheitsfindung, einer pragmatischen und bedeutungsgenerierenden Übereinkunft hinsichtlich lebensgeschichtlicher Einflüsse zufriedengeben müsse (→ narrative Konstruktion).

Literaturempfehlungen

Arlow, J.A. (1991). Methodology and reconstruction. Psychoanalytic Quarterly, 55, 539–563.

Berna-Glantz, R. & Dreyfus, P. (Hg.) (1984). Trauma, Konflikt, Deckerinnerung. Jahrbuch der Psychoanalyse, Beiheft 8. Stuttgart: frommann-holzboog.

Freud, S. (1899a). Über Deckerinnerungen. GW I, 531–554.

Greenacre, Ph. (1980). A historical sketch of the use and misuse of reconstruction. Psychoanalytic Study of the Child, 35, 35–40.

Greenson, R.R. (1982). Über Deckabwehr, Deckhunger und Deckidentität. In ders., Psychoanalytische Erkundungen (S. 68-89). Stuttgart: Klett-Cotta.

Pfeifer, R. & Leuzinger-Bohleber, M. (1986). Applications of Cognitive Science methods to psychoanalysis: A case study and some theory. International Review of Psycho-Analysis, 13, 221–240.

Spero, M.H. (1990). Portal aspects of memory overlay in psychoanalysis. Psychoanalytic Study of the Child, 45, 79–103.

Wetzler, S.E. & Sweeney, J.A. (1986). Childhood amnesia: A conceptualization in cognitive psychological terms. Journal of the American Psychoanalytic Association, 34, 663–685.

Depression – depression

Neben den grundlegenden Unterscheidungen von neurotischer und psychotischer Depression (vgl. Jacobson, 1977), neurotisch-reaktiver Depression und depressiver Neurosenstruktur (vgl. Bräutigam, 1968) hat sich in den letzten Jahren die Tendenz abgezeichnet, Depression als → Affekt aufzufassen und ihn jenseits der klinischen Deskription und Operationalisierung entwicklungspsychologisch zu konzeptualisieren (vgl. Anthony, 1975; Basch, 1975; Bemporad & Wilson, 1978). Schon Bibring (1952/53) brachte das depressive Erleben mit mangelndem Bewirkenkönnen in Zusammenhang, was zu einem Zustand der Hilflosigkeit führt. Mahler (1966) beschrieb die depressive Stimmungslage vieler Kinder in der → Wiederannäherungsphase, die sie mit den Folgen eines angedrohten Liebesverlustes im Zusammenhang mit der Sauberkeitserziehung, aber auch mit dem Verlust einer bis dato angenommenen omnipotenten, anatomischen → Bisexualität in Verbindung brachte. Psychoanalytisch orientierte Kleinkindforscher (wie z.B. Sander, 1975; Stern, 1983) zeigten die Bedeutung einer gelungenen Wechselseitigkeit des Mutter-(Vater-)Kind-Dialogs auf. Eine sich häufig wiederholende gestörte Reziprozität führt zunächst zum Affekt des Ärgers, weil die kommunikativen und sozialen Bedürfnisse des Kindes an ihrer Zielerreichung gehindert werden; kann der Ärger nicht angemessen geäußert werden oder bewirkt er gar einen Rückzug der erwachsenen Bezugsperson, entsteht der Affekt der wütenden Verzweiflung, der zusammen mit Angst zur Entwicklung des depressiven Affektes führt. Die entwicklungspsychologische Betrachtung verdeutlicht, daß der depressive Affekt unterschiedliche Entstehungsbedingungen haben kann: Von frühem Objektverlust, mangelnder Reziprozität, gescheiterter Intentionalität auch im Sinne von Bewirkenkönnen, Verlust narzißtischer Idealzustände (z.B. einer präverbal ganzheitlich erlebten Sinnenwelt im Unterschied zur fragmentierten sprachlichen Erfahrungswelt mit dem Beginn des Spracherwerbs, vgl. Stern, 1985), ödipalem Sich-ausgeschlossen-Fühlen bis hin zur depressiv erfahrenen → Schuld, den eigenen Normen und Ansprüchen nicht zu genügen, ergibt sich ein großes Spektrum von genetischen Anlässen. Dabei wird auch deutlich, daß der zu depressiven Affekten neigende Mensch keineswegs nur Opfer unempathischer Eltern gewesen ist, sondern das Phantasma eines befürchteten Liebesverlustes sich einer komplizierten Psychodynamik verdankt, die es in der analytischen Rekonstruktion aufzuhellen gilt. Dennoch darf nicht übersehen werden, daß schwere Depressionen vermutlich viel mit der elterlichen Ablehnung und → Aggression zu tun haben (vgl. z.B. Bloch, 1965, 1984).

Depression ist grundlegend verschieden von dem Primäraffekt der Trauer (→ Trauerarbeit), was schon Freud in seiner bekannten Unterscheidung von Trauer und Melancholie erkannt hatte. Depressive Menschen sind nicht traurig, sondern wütend und ängstlich zugleich. „Der Nettoeffekt dieser beiden Affekte als scheinbar unlösbarer Dauerzustand ist ‚Depression' " (Krause, 1988, S. 81). Die mit dem Verlust vormals befriedigender Zustände einhergehende reaktive Aggression wird wegen der → Angst vor einem totalen Liebesverlust gegen das eigene Selbst gewendet. Die daraus resultierende aggressive Selbstentwertung führt zu einer mehr oder weniger intensiven Störung der narzißtischen Balance, die sich wiederum als depressiver Stimmungszustand ausbreitet (vgl. Mentzos, 1982; Milrod, 1988).

Ubiquitär auftretende Enttäuschungsaggressionen mit Wut abzureagieren, kann ebenso wenig Ziel seelischer Gesundheit sein wie die ausschließliche Wendung reaktiver Aggression gegen das eigene Selbst. Die Fähigkeit, depressive Affekte überhaupt ertragen zu können, kann deshalb zunächst auch einen Entwicklungsschritt darstellen (s. Klein, 1935; Zetzel, 1974). Wenn jemand dazu unfähig ist, versucht er, z.B. die Anlässe für das Nichterreichen bestimmter Ziele schuldhaft auf seine Umwelt zu externalisieren. Optimal wäre es, wenn der depressive Affekt allmählich der Fähigkeit Raum gibt, einerseits mit Trauer – z.B. ob der Unerreichbarkeit bestimmter Intentionen – zu reagieren, andererseits differenzierte Kausalattribuierungen des eigenen Mißlingens unter Hinzuziehung externer Umstände vornehmen zu können.

Literaturempfehlungen

Arieti, S. & Bemporad, J. (1980). The psychological organization of depression. American Journal of Psychiatry, 137, 1360–1365.

Basch, M.F. (1975). Toward a theory that encompasses depression: A revision of existing causal hypotheses in psychoanalysis. In E.J. Anthony & T. Benedek (Eds.), Depression and human existence (S. 485-534). Boston: Little, Brown.

Bemporad, J. & Wilson, A. (1978). A developmental approach to depression in childhood and adolescence. Journal of American Academy of Psychoanalysis, 6, 325–352.

Bibring, E. (1952/53). Das Problem der Depression. Psyche, 6, 81–101.

Blatt, S.J. (1974). Levels of object representation in anaclitic and introjective depression. Psychoanalytic Study of the Child, 29, 107–157.

Eicke-Spengler, M. (1977). Zur Entwicklung der psychoanalytischen Theorie der Depression. Psyche, 31, 1079–1125.

Fischer, R. (1976). Die klassische und ichpsychologische Theorie der Depression. Psyche, 30, 924–946.

Freedman, N. (1986). On depression: The paralysis, annihilation, and reconstruction of meaning. In J. Masling (Ed.), Empirical studies of psychoanalytic theories, vol. 2 (pp. 107–149). Hillsdale, NJ: Analytic Press.

Harmon, R.J., Wagonfeld, S. & Emde, R.N. (1982). Anaclitic depression. A follow-up from infancy to puberty. Psychoanalytic Study of the Child, 37, 67–94.

Jacobson, E. (1977). Depression. Frankfurt/M.: Suhrkamp.

Mentzos, S. (1982). Neurotische Konfliktverabeitung. Einführung in die psychoanalytische Neurosenlehre unter Berücksichtigung neuer Perspektiven. München: Kindler.

Milrod, D. (1988). A current view of the psychoanalytic theory of depression. With notes on the role of identification, orality, and anxiety. Psychoanalytic Study of the Child, 43, 83–99.

Müller-Pozzi, H. (1988). Die depressive Reaktion – Ein Versuch über Individuation, Introjektion und Identifizierung. In J. Stork (Hg.) Das menschliche Schicksal zwischen Individuation und Identifizierung (S. 69–84). Stuttgart: frommann-holzboog.

Wilson, A. (1986). Archaic transference and anaclitic depression: Psychoanalytic perspectives on the treatment of severely disturbed patients. Psychoanalytic Psychology, 3, 237–256.

Depressive Position – depressive position

Das von Melanie Klein (1935, 1948, 1958) eingeführte Konzept einer depressiven Position bezeichnet einen reifen Erlebensmodus, der nach Klein zwar schon erstaunlich früh, zwischen dem vierten und dem sechsten Lebensmonat, entsteht, genau betrachtet aber keine Entwicklungs*phase*, sondern eine Modalität der Selbst- und Welterfahrung bezeichnet. Diese besteht das ganze Leben lang über fort, findet ihren dynamischen Gegenpart in der → paranoid-schizoiden Position (s. Bion, 1962), droht immer wieder verlorenzugehen und stellt zweifelsohne auch ein Therapieziel dar.

Wegen einiger für den mainstream der Psychoanalyse unhaltbarer Auffassungen M. Kleins (z.B. hinsichtlich der → Aggression) wurde dieses Konzept lange Zeit nicht entsprechend gewürdigt. Erst in den letzten Jahren – auch im Zuge einer Klein-Renaissance – erfreut es sich zunehmender Beliebtheit und wurde auch elaboriert (s. Cycon, 1988; Rosenfeld, 1987; Segal, 1983).

Mit dem Erreichen der depressiven Position geht eine Anerkennung von wichtigen Beziehungspersonen als Subjekte einher: Sie werden nicht mehr nur egozentrisch wie noch in der paranoid-schizoiden Position wahrgenommen, als narzißtische → Selbstobjekte, als Erweiterungen des eigenen Selbst ohne eigene

Bedürfnisse und Intentionen, sondern als Personen in eigenem Recht. Das heißt z.B. auch, daß die Mutter vom Kind als eine Person erfahren werden kann, die nicht nur eine Beziehung zu ihm, sondern auch zum Vater unterhält. Damit ist auch die ichstrukturelle Vorbedingung (→ Ich-Funktionen) für das Erlebenkönnen einer ödipalen, sexuell lustvollen Beziehung zwischen den Eltern (→ Ödipuskomplex), aus der das Kind ausgeschlossen bleibt, gegeben. Die Fähigkeit zur Dezentrierung von der eigenen Subjektivität ermöglicht dem Betreffenden auch, sich die Perspektive seines Gegenübers zu vergegenwärtigen und sich damit auch mit den Augen eines Dritten zu betrachten. → Spaltungen der Eltern-Imagines gehen deshalb merklich zurück, paranoide → Ängste nehmen deutlich ab, wohingegen die Angst vor Liebesverlust, Schuldgefühle (→ Schuld) und Wiedergutmachungstendenzen stärker werden. Während in der paranoid-schizoiden Position alles „Böse" in der Außenwelt, beim anderen, untergebracht werden kann, ist es nun dem Betreffenden möglich, die „bösen" Aspekte auch als eigene aggressive Affekte und Impulse erkennen zu können. Diese Erkenntnis verursacht Gefühle von Depression, Schuld und → Trauer, z.B. darüber, einen geliebten Menschen verlassen zu haben, den man ursprünglich für alle → Konflikte verantwortlich machte, um nun in der depressiven Position aber zu erkennen, wie sehr man selbst dazu beigetragen hat, das Glück zerstört zu haben.

Damit bleiben andere Menschen über die Zeit hinweg auch die nämlichen Personen, trotz neuer Erfahrungen und wechselnder Affekte und Stimmungen, was die Fähigkeit zum ambivalenten Erleben signalisiert (→ Ambivalenz). Auch wenn man sich heute über jemanden ärgert, wird er nicht zu einer völlig anderen Person, sondern die vergangenen guten Gefühle können trotz der momentanen Wut festgehalten und mit den gegenwärtigen synthetisiert werden.

Können hingegen Depression und Schuldgefühle nicht ausgehalten werden, kann es entweder zu einer manischen Abwehr oder zu einer Regression auf die paranoid-schizoide Position kommen. Bei interpersonellen Konflikten erfolgt im intrapsychischen Erleben häufig ein rascher Wechsel zwischen diesen beiden Positionen.

Literaturempfehlungen

Bott Spillius, E. (Hg.) (1990a). Melanie Klein Heute, Bd. 1: Beiträge zur Theorie. München: Verlag Internationale Psychoanalyse.
Bott Spillius, E. (Hg.) (1990b). Melanie Klein Heute, Bd. 2: Weiterentwicklung der therapeutischen Technik. München: Verlag Internationale Psychoanalyse.
Cycon, R. (1990). Einige Aspekte aus dem Werk Melanie Kleins. DPV-Information, 4, 13–26.

Ogden, T. (1989). The primitive edge of experience. Northvale, NJ:Jason Aronson.

Stein, R. (1990). A new look at the theory of Melanie Klein. International Journal of Psycho-Analysis, 71, 499–511.

Determinismus – determinism

Freud (1910a) hat die Auffassung von einem psychischen Determinismus anhand des Studiums der Fehlleistungen, Träume und Symptombildungen als zentrales heuristisches Prinzip angenommen. Er betonte, „daß sich der Psychoanalytiker durch einen besonders strengen Glauben an die Determinierung des Seelenlebens auszeichnet. Für ihn gibt es in den psychischen Äußerungen nichts Kleines, nichts Willkürliches und Zufälliges; er erwartet überall … eine ausreichende Motivierung … ; ja er ist auf eine mehrfache Motivierung desselben seelischen Effekts vorbereitet, während unser angeblich eingeborenes Kausalbedürfnis sich mit einer einzigen psychischen Ursache für befriedigt erklärt" (1910a, S. 38). Mit der Anwendung der Methode der freien Assoziation verknüpfte sich die Hoffnung, die Determinierung der Einfälle durch vor- und unbewußte → Phantasien besser erfahren zu können, wenn sonst übliche Diskursziele wie logische Gedankenabfolge und konventionelle Rücksichtnahmen, z.B. das Vermeiden von Beziehungsanspielungen, vernachlässigt werden können.

Waelder (1966) hat darauf hingewiesen, daß Freud keinen strengen Determinismus im Sinne des philosophischen Sprachgebrauchs gemeint hat, denn er unterschied z.B. nicht zwischen *notwendigen* und *hinreichenden* Bedingungen und führte auch das Konzept der „Überdeterminierung" ein, das mit dem herkömmlichen philosophischen Konzept nicht vereinbar ist. Der Berufswunsch, Analytiker werden zu wollen, kann demzufolge bei einem bestimmten Menschen, neben dem bewußten Anliegen, andere Menschen zu verstehen und ihnen helfen zu wollen, auf den Wunsch zurückgehen, mütterliche → Identifikationen fortzuführen, eigene Bedürfnisse nach Verstanden- und Geholfenwerden durch altruistisches Verhalten abzuwehren, Kontaktwünsche auf ungefährliche und sublimierte Art zu befriedigen, voyeuristische Triebimpulse legitim auszuleben, Macht und Überlegenheit gegenüber dem „amoralischen" Patienten zu erfahren, an Urszenenerlebnissen (→ Urszene) teilzunehmen, ohne dafür bestraft zu werden, sich als der bessere und verständnisvollere, ödipale Partner (→ Ödipuskomplex) fühlen zu können und vieles andere mehr.

Dieses Beispiel verdeutlicht auch, daß man in der Psychoanalyse ein ganzes Stück weit davon entfernt ist, deduktiv-nomologische oder induktiv-statistische Erklärungen liefern zu können, bei denen das zu Erklärende aus deterministischen oder probabilistischen Gesetzen und Anfangs- oder Randbedingungen entweder deduktiv abgeleitet oder induktiv statistisch erschlossen werden kann.

Die Psychoanalyse hat aber auch nicht den Anspruch, dergestalt Erklärungen oder Prognosen vornehmen zu können. Das würde im obigen Beispiel nämlich eine exakte Operationalisierung, eine metrische Skalierung, eine bewußtseinspsychologische Erfassung mit all den dieser Methodik immanenten Täuschungsmöglichkeiten und eine genaue Bestimmung der korrelativen Stärke der einzelnen Faktoren erforderlich machen. Die Vielzahl der einzubeziehenden Faktoren würde zu dem Ergebnis eines „multivariaten Methodentods" führen oder, mit anderen Worten ausgedrückt, die einzelnen Korrelationskoeffizienten wären kaum noch interpretierbar, ganz abgesehen davon, daß die Interpretationsnotwendigkeit die numerische Exaktheit tendenziell aufhebt (Mertens, 1977).

Das Denken in starken Kausalrelationen – einige wenige Variablen führen zu einem bestimmten Ereignis –, das lange Zeit auch in der an naturwissenschaftlichen Forschungsstandards orientierten Psychologie vorherrschte, wird in der Gegenwart durch angemessenere methodologische Konzepte zu ersetzen versucht. Dörner (1983) sieht es deshalb auch als wahrscheinlich an, daß sich die Forschungsgegenstände im humanwissenschaftlichen Bereich tendenziell „chaotisch" verhalten, was unter anderem besagt, daß minimale Veränderungen des Inputs maximale Änderungen des Outputs zur Folge haben können. Dies läßt sich auch als „schwaches Kausalitätsprinzip" auffassen und kommt dem Prinzip der vielfachen Determinierung sehr nahe. Moderne Naturwissenschaftler (z.B. Maturana & Varela, 1972; Prigogine, 1976) entwarfen neue methodologische Vorstellungen, wie z.B. die Autopoiesis, die dissipativen Strukturen, nonlineare Systeme oder die Chaosforschung, deren Grundstrukturen erstaunliche Parallelen zur psychoanalytischen Erkenntnistheorie aufweisen (s. z.B. Brocher & Sies, 1986; Moran, 1991).

Der oft als Reduktionismus mißverstandene „strenge Glaube an die Determinierung des Seelenlebens", nach dem jede psychische Äußerung mit einer unbegrenzt großen Anzahl von unbewußten Handlungsgründen in Zusammenhang zu sehen ist, bedeutet letztlich auch einen Verzicht auf die Hoffnung, die einzig wahre „Ursache" herausfinden zu können (vgl. Spence, 1982; Schafer, 1983).

Literaturempfehlungen

Bianchi, R. (1980). Zur Dialektik in Freuds Bewußtseinsauffassung. Psyche, 34, 977–996.

Brocher, T. H. & Sies, C. (1986). Psychoanalyse und Neurobiologie. Zum Modell der Autopoiese als Regulationsprinzip. Jahrbuch der Psychoanalyse, Beiheft 10. Stuttgart: frommann-holzboog.

Fischer, G. & Wurth, B. (1989). Handlungskausalität und zirkuläres Denken – Systemtherapie versus Psychoanalyse. Psyche, 43, 339–358.

Kaus, R.J. & Heinrichs, J. (1991). Reflexionsbedarf beim Wissenschaftstheoretiker A. Grünbaum. Kausales und reflexives Paradigma in der Psychoanalyse. Jahrbuch der Psychoanalyse, 27, 114–145.

Loch, W. (1962). Psychoanalyse und Kausalitätsprinzip. Psyche, 16, 401–419.

Lutzi, J. (1980). Determinismus in der Psychoanalyse. Psyche, 34, 1022–1055.

Moran, M.G. (1991). Chaos theory and psychoanalysis: The fluidic nature of the mind.International Review of Psycho-Analysis, 18, 211–221.

Niemeyer, C. (1987). Der Praktiker als Forscher – Psychoanalyse als Erkenntnistheorie und als Metatheorie psychologischen und pädagogischen Erkennens und Handelns? Psyche, 41, 193–327.

Sashin, J.I. (1985). Affect tolerance. A model of affect-response using catastrophe theory. Journal of Social and Biological Structure, 8, 175–202.

Thomä, H. & Cheshire, N. (1991). Freud's Nachträglichkeit and Strachey's „deferred action": Trauma, constructions and the direction of causality. International Review of Psycho-Analysis, 18, 407–427.

Waelder, R. (1966). Über psychischen Determinismus und die Möglichkeit der Voraussage im Seelenleben. Psyche, 20, 5–28.

Werthmann, H.-V. (1982). Wissenschaftliche Erklärungen in der Psychoanalyse. Psyche, 36, 888–907.

Durcharbeiten – working through

In „Erinnern, Wiederholen und Durcharbeiten" skizzierte Freud (1914g) den für die Psychoanalyse so zentralen Vorgang der Aktualisierung des neurotischen Konflikts in der Übertragungsneurose, die in hervorragender Weise die Bearbeitung der Erinnerungslücken ermöglicht. Diese macht die Bearbeitung der Widerstände des Patienten notwendig, die sich gegen das Bewußtwerden der Übertragungsbeziehung und zu einem späteren Zeitpunkt gegen die Auflösung der

Übertragung richten. Freud warnt den enthusiastischen Anfänger jedoch davor, nicht enttäuscht zu sein, wenn das Benennen des Widerstands, z.B. „es fällt Ihnen schwer, mir gegenüber Ihren Ärger wegen der ausgefallenen Stunde zu äußern", nicht bereits zu einer grundlegenden Änderung im Verhalten und Erleben eines Patienten führt: „Man muß dem Kranken die Zeit lassen, sich in den ihm unbekannten Widerstand zu vertiefen, ihn durchzuarbeiten, ihn zu überwinden, indem er ihm zum Trotze die Arbeit nach der analytischen Grundregel fortsetzt" (1914g, S. 135).

Eine zeitgenössische Auffassung dieses Konzepts berücksichtigt zwar viele intrapsychische Parameter, wie z.B. Lernfähigkeit und -tempo eines Patienten, seine Schamanfälligkeit (→ Scham) hartnäckige charakterstrukturelle Probleme, wie eine narzißtische Haltung, wegen des vergangenen Leids als → Ausnahme behandelt werden zu wollen u.v.m., darf aber nicht übersehen, daß die erfolgreiche Durcharbeitung der Übertragungswiderstände beim Patienten auch in unterschiedlichem Ausmaß von der spezifischen Interaktion mit dem Analytiker, dessen Gegenübertragung, persönlichkeitsstrukturellen Eigenarten und neurotischen → Konflikten abhängig ist.

Vielleicht sollte man statt von Durcharbeiten eher von Durcherleben sprechen, um damit deutlich zu machen, daß das Sich-Konfrontieren mit Angst, Scham und Schuld auslösenden Beziehungsphantasien und -wünschen keineswegs nur einen kognitiven Akzent aufweist, etwa im Sinne von intellektuelle Zusammenhänge herstellen und entsprechende → Einsichten gewinnen, sondern einen schmerzlichen, mühsamen, aber letztendlich auch sehr befreienden Prozeß darstellt, an dem Analysand wie Analytiker mit starken Gefühlen beteiligt sind.

Literaturempfehlungen

Brenner, Ch. (1987). Working through: 1914–1984. Psychoanalytic Quarterly, 56, 88–108.

Cremerius, J.(1978). Einige Überlegungen über die kritische Funktion des Durcharbeitens in der Geschichte der Psychoanalyse. In S. Drews & R. Klüwer (Hg.), Alexander Mitscherlich zu Ehren (S. 196-214). Frankfurt/M.: Suhrkamp.

Fischer, G. (1989). Dialektik der Veränderung in Psychoanalyse und Psychotherapie. Modell, Theorie und systematische Fallstudie. Heidelberg: Asanger.

Greenson, R.R. (1982). Das Problem des Durcharbeitens. In ders., Psychoanalytische Erkundungen (S. 178-221). Stuttgart: Klett.

Lachauer, R. (1990). Die Bedeutung des Handlungsdialogs für den therapeutischen Prozeß. Psyche, 44, 1082–1099.

Rothstein (Ed.) (1988). How does treatment help? On the modes of therapeutic action of psychoanalytic psychotherapy. (Workshop Series of the APA, Monograph 4). New York: International Universities Press.

Tenzer, A. (1984). Piaget and psychoanalysis, II: The problem of working through. Contemporary Psychoanalysis, 20, 421–436.

Tschuschke, V. & Czogalik, D. (Hg.) (1990). Psychotherapie – Welche Effekte verändern? Zur Frage der Wirkmechanismen therapeutischer Prozesse. Berlin: Springer.

Valenstein, A.F. (1985). Working through and resistance to change: Insight and the action system. In H.P. Blum (Ed.) (1985), Defense and resistance: Historical perspective and current concepts (pp. 353–373). New York: International Universities Press.

Einsicht – insight

Die Psychoanalyse als Methode, unbewußte Vorgänge bewußt zu machen, und als Therapie für psychisch leidende Menschen ist auf das Konzept der Einsicht angewiesen. Vormals unbekannte und nicht bewußte Sinnzusammenhänge werden kraft Reflexion und analytischem → Durcharbeiten dem Betreffenden einsichtig. Kritiker aber haben der Psychoanalyse seit ihren Anfängen vorgehalten, daß Einsichten über die Lebensgeschichte therapeutisch nutzlos seien, und viele Witze über die Psychoanalyse nehmen darauf Bezug. Dennoch stellt die Einsicht eine unverzichtbare Lernerfahrung in der psychoanalytischen Vorgehensweise dar, auch wenn sich die psychoanalytische Therapie in ihrem modernen Verständnis nicht mehr als Einsichtstherapie bezeichnet. Denn schon für Freud (1895d) stand fest, daß eine lediglich den Intellekt ansprechende Aufklärung über den Zusammenhang der gegenwärtigen Symptome mit kindlichen → Konflikten beim Patienten wenig zu ändern vermag: „Affektloses Erinnern ist fast immer wirkungslos; der psychische Prozeß, der ursprünglich abgelaufen war, muß so lebhaft als möglich wiederholt, in statu nascendi gebracht werden und dann ‚ausgesprochen‘ werden" (S. 85).

Aus diesem Grund hat die Psychoanalyse seit ihren Anfängen den größten Nachdruck auf die Ermöglichung einer Reinszenierung früherer konflikthaft erfahrener Objektbeziehungen gelegt. Dies geschieht am besten mit Hilfe des Entstehenlassens einer Übertragungsneurose. Nicht die Deutung, daß ein Patient sich seinem Vater gegenüber unterwürfig verhalten hat und sich auch jetzt noch gegenüber seinem Vorgesetzten ähnlich benehme, schafft eine Einsicht mit einem hohen Veränderungspotential, sondern die in der Beziehung zum Analytiker wiederholte und gedeutete Verhaltensweise geht mit starken Emotionen einher.

Freilich sind aktivierte Emotionen nicht schon als solche wertvoll, sondern nur dann, wenn sie auf sinnvolle Weise mit Einsichten verknüpft werden können. Einsicht ohne Affekt führt zu intellektuellen Erkenntnissen, Affektmobilisierung ohne kognitive Restrukturierung lediglich zu kurzfristigen Verbesserungen des Wohlbefindens, zu sog. Übertragungsheilungen. Mit anderen Worten strebt die Psychoanalyse als Therapieverfahren eine Maximierung einer gefühlsmäßig involvierenden Einsicht an. Am besten – so lautet die Empfehlung – geschieht dies mit Hilfe von Übertragungsdeutungen, die die Hier-und-Jetzt-Beziehung fokussieren und eine Klärung der gegenwärtigen Beziehung vornehmen; aber natürlich können mitunter auch Interventionen, die Vorgänge außerhalb der Übertragung betreffen oder auf die Vergangenheit Bezug nehmen, zu starke Gefühle auslösenden Aha-Erlebnissen führen.

Intellektualisierte Einsichtsgewinnung – mit der Außenstehende oftmals die psychoanalytische Therapie gleichsetzen – läßt sich hingegen am besten als Widerstand gegen das Bewußtwerden einer affektiv bewegenden Übertragungsbeziehung einordnen.

Literaturempfehlungen

Hohage, R. & Kübler, J.C. (1987). Die Veränderung von emotionaler Einsicht im Verlauf einer Psychoanalyse. Eine Einzelfallstudie. Zeitschrift für Psychosomatische Medizin und Psychoanalyse, 33, 145–154.

Hohage, R. (1990). Emotionale Einsicht als therapeutischer Wirkfaktor. In V. Tschuschke & D. Czogalik (Hg), Psychotherapie – Welche Effekte verändern? Zur Frage der Wirkmechanismen therapeutischer Prozesse (S. 205–221). Berlin: Springer.

Horowitz, M.H. (1987). Some notes on insight and its failures. Psychoanalytic Quarterly, 56, 177–196.

Kerz-Rühling, I. (1986). Freuds Theorie der Einsicht. Psyche, 40, 97–123.

Krause, R. (1985). Über die psychoanalytische Affektlehre am Beispiel der Einsicht. In L.H. Eckensberger & E.D. Lantermann (Hg.), Emotion und Reflexivität (S. 267–290). München: Urban & Schwarzenberg.

Löw-Beer, M. & Thomä, H. (1988). Zum Verhältnis von Einsicht und Veränderung. Forum der Psychoanalyse, 4, 85–102.

Poland, W. (1988). Insight and the analytic dyad. Psychoanalytic Quarterly, 57, 341–369.

Empathie – empathy

In der Psychoanalyse wurde Empathie vor allem in behandlungstechnischer, aber auch in entwicklungspsychologischer Hinsicht erforscht.

Eine Person muß über mehrere ichstrukturelle Voraussetzungen verfügen, um die Fähigkeit zur Empathie entwickeln zu können. Neben einem grundlegenden Interesse für ein menschliches Gegenüber muß auch die Möglichkeit, vom eigenen Standpunkt und affektiven Erleben zu abstrahieren, die Perspektive des anderen auch gedächtnismäßig über einen längeren Zeitraum repräsentieren zu können, zumindest ansatzweise ausgebildet sein.

Empathie kann auch aus überwiegend defensiven Gründen eingesetzt werden; die Kenntnis der Motive und Gefühle eines Gegenübers erleichtert notwendig erscheinende Distanzierungsvorgänge und einen vorwegnehmenden Angriff, um sich z.B. gegen Beschämung, übergriffig erlebte Nähe, homoerotische Zutraulichkeit u.a.m. zu wehren, was auch als schizoide Empathie bezeichnet worden ist.

Unter behandlungstechnischen Gesichtspunkten beschrieb schon Freud die Empathie als Fähigkeit zum Fremdverstehen, und für den tiefenhermeneutischen Prozeß bildet die Empathie eine grundlegende Voraussetzung vor allem für das szenische Verstehen.

Empathie ist deshalb kein bloßes Mitfühlen, sondern eine „stellvertretende Introspektion" (Kohut, 1971); der Analytiker versucht, möglichst genau die Erlebniswelt, die → Affekte und Intentionen aus der Sicht des Patienten her zu verstehen, und zwar auch in den Anteilen, die dem Patienten nicht bewußt sind. Dabei entwirft er ein „Arbeitsmodell" vom Patienten (vgl. Greenson, 1982). Für den unbewußten Prozeß der Empathie kommt ihm die geschulte Fähigkeit entgegen, sich von den unbewußten Phantasien des Patienten bewegen und in entsprechende Rollenangebote und → projektive Identifizierungen (vorübergehend) verstricken zu lassen.

Hinsichtlich der Empathie als Wirkfaktor im engeren Sinn gehen die Ansichten allerdings auseinander: sehen die einen in ihr lediglich die kognitiven Voraussetzungen des Verstehensvorgangs, so betonen andere die therapeutisch heilende und mutative Wirkung einer präzisen, kontinuierlichen und tiefgreifenden Einfühlung.

Der empirischen Kleinkindforschung nahestehende Psychoanalytiker haben vor allem die Bedeutsamkeit der empathischen Verfügbarkeit eines Analytikers betont, die sich in mehreren Dimensionen ausdrückt: in seiner emotionalen Präsenz, seiner Kreativität, seiner Angsttoleranz für neue, noch unbekannte interaktive Konstellationen, aber auch in der schrittweisen Zurücknahme einer kontinuierlichen Verfügbarkeit u.a.m. (vgl. Emde, 1990).

Literaturempfehlungen

Basch, M.F. (1983). Empathic understanding: A review of the concept and some theoretical considerations. Journal of the American Psychoanalytic Association, 31, 101–126.

Beres, D. & Arlow, J.A. (1974). Fantasy and identification in empathy. Psychoanalytic Quarterly, 43, 26–50.

Bergmann, A. & Wilson, A. (1984). Thoughts about stages on the way to empathy and the capacity for concern. In J. Lichtenberg, M. Bornstein & D. Silver (Eds.) (1984b), Empathy II (pp. 59–80). Hillsdale, NJ: Analytic Press.

Buie, D.H. (1981). Empathy: Its nature and limitations. Journal of the American Psychoanalytic Association, 29, 281–307.

Greenson, R.R. (1960). Empathy and its vicissitudes. International Journal of Psycho-Analysis, 41, 418–428 (dt.: Zum Problem der Empathie. Psyche, 15 (1961), 142–154).

Emde, R.N. (1990). Mobilizing fundamental modes of development: empathic availability and therapeutic action. Journal of the American Psychoanalytic Association, 38, 881–913.

Lichtenberg, J., Bornstein, M. & Silver, D. (Eds.) (1984a, b). Empathy I and II. Hillsdale, NJ: Analytic Press.

Stern, D.B. (1988). Not misusing empathy. Contemporary Psychoanalysis, 24, 598–611.

Erogene Zone – erogenous zone

Innerhalb der psychosexuellen Entwicklung, die einst als Hauptentwicklungsachse der Psychoanalyse betrachtet wurde, nehmen die phasenspezifischen Partialtriebe eine besondere Stellung ein. Diese sind jeweils an ein bestimmtes Organ, das Freud (1905d) als Triebquelle bezeichnet hat, gekoppelt. Die Triebquellen oder Erregungsursprünge wurden von Freud als erogene Zonen bestimmt. Mund, After, Penis, Klitoris und Vagina sind in der oralen, analen (→ anale Phase) und phallisch-klitoridalen Phase die jeweilige erogene Zone. Diese weisen eine empfindungsreiche Schleimhaut auf und ermöglichen rhythmische muskuläre Bewegungen.

Vor allem von Tomkins (1987) wurde in den letzten Jahren die Bedeutung der erogenen Zonen angezweifelt; nach ihm wird der → Sexualtrieb zur Gänze von → Affekten ausgelöst. Lichtenberg (1989) hat dem entgegengehalten, daß Freud zwar die Bedeutung der erogenen Zonen als primäre Motivatoren *über*schätzt und die Bedeutung der erwachsenen Bezugspersonen für das Kind dabei *unter*schätzt hat, daß die Existenz erogener Zonen aber nach wie vor zu berücksichtigen ist. So besteht das Lustgefühl beim Daumenlutschen – im Unterschied zu anderen Lustgefühlen – eben in den speziellen Eigentümlichkeiten der daran beteiligten erogenen Zone, der empfindungsreichen Schleimhaut der Lippen und des Mundes. Aber die wenigen empirischen Untersuchungen, die es zu dieser Thematik gibt (z.B. Spitz, 1964), weisen darauf hin, wie wichtig das Verhalten der Bezugspersonen für das Entstehen sinnlicher Lust und sexueller Erregung und Erregbarkeit beim Kind ist. Einige Autoren (wie z.B. Olivier, 1987) haben darauf aufmerksam gemacht, daß Mädchen im allgemeinen von beiden Eltern weniger liebevoll erotische Stimulierung erfahren als Jungen von ihren Müttern, was bei vielen erwachsenen Frauen neben anderen Ursachen zu einem unterentwickelten Potential an Sinnlichkeit und sexueller Lust führen kann.

Literaturempfehlungen

Erikson, E.H. (1968). Kindheit und Gesellschaft. Stuttgart: Klett.

Freud, S. (1905d). Drei Abhandlungen zur Sexualtheorie. GW X, 27–145.

Lichtenberg, J.D. (1983). Psychoanalysis and infant research. Hillsdale, NJ.: Analytic Press.

Lichtenberg, J.D. (1989). Psychoanalysis and motivation. Hillsdale, NJ.: Analytic Press.

Mertens, W. (1992). Entwicklung der Psychosexualität und der Geschlechtsidentität, Bd 1. Stuttgart: Kohlhammer.

Spitz, R. (1964). Zum Problem des Autoerotismus. Psyche, 18, 241–272.

Extremtraumatisierung – extreme traumatization

Bei den in der Psychoanalyse beschriebenen Extremtraumatisierungen in Form besonders belastender, äußerst massiver oder grausamer Vorkommnisse liegt es nahe, daß sich Psychoanalytiker vor allem mit den traumatischen Erfahrungen der Judenverfolgung und des Völkermords beschäftigt haben. Dennoch geschah dies – vor allem in Deutschland – erst mit einiger Verzögerung, beginnend mit dem Werk von Alexander und Margarete Mitscherlich „Die Unfähigkeit zu trauern" (1967).

Die psychischen Konsequenzen der nationalsozialistischen Greueltaten sind dabei vor allem an den Angehörigen der zweiten Generation (und in den letzten Jahren auch der dritten Generation), d.h. an den Kindern der in den KZs umgebrachten, gefolterten, entflohenen, befreiten, ersten (Eltern-)Generation, untersucht worden.

Wiederholt wurde dabei gefunden, daß diese zweite Generation unter einer nahezu unerträglichen psychischen Last litt und zu dekompensieren drohte. Denn die Angehörigen dieser zweiten Generation sollten Reparations- und Substitutionsfunktionen für ihre Eltern ausführen, Erniedrigungen wiedergutmachen, den

Glauben an die Auserwähltheit wieder herstellen, eine Wiederholung des Schrecklichen mit Hilfe einer übermäßigen Wachheit und Kampfbereitschaft verhindern. Daß dabei Ablösung und Individuation von den Eltern schier unmöglich erscheinen und ödipale Konflikte (→ Ödipuskomplex) kaum ausgetragen werden können, hat deshalb auch zu dem Konzept des „Überlebens-Komplexes" geführt (Ahlheim, 1985).

Ilse Grubrich-Simitis (1979) weist auf das fast vollständige Fehlen von Äußerungen zur Gegenübertragung von Psychoanalytikern hin, die sich in den vergangenen Jahrzehnten mit den Spätfolgen von KZ-Insassen beschäftigt haben, was auch als „Einfühlungsverweigerung" in die archaisch grausame und psychotische Qualität der Vernichtungsmaschinerie der Konzentrationslager beschrieben worden ist und sicherlich mit → Schuld- und → Schamgefühlen der Deutschen in Verbindung gebracht werden kann. Dennoch läßt sich eine „Verschwörung des Schweigens" angesichts entsetzlicher und in höchstem Maße traumatisierender Ereignisse auch an anderen Orten dieser Welt feststellen.

In den letzten Jahren haben Psychoanalytiker und Psychotherapeuten die Auswirkungen nationalsozialistischer Weltanschauungen auf Idealbildungs-, Identitätsprozesse und Verleugnungsvorgänge untersucht (z.B. Rosenkötter, 1981; Massing & Beushausen, 1986; Heimannsberg & Schmidt, 1988; Buchholz, 1989; Massing, 1991). Anita Eckstaedt (1989), die sich intensiv mit den psychischen Folgeerscheinungen des Nationalsozialismus bei der „zweiten Generation" der Täter, also bei den Kindern jener Eltern, die das „Dritte Reich" miterlebt und mitgetragen haben, beschäftigt hat, fand bei den heute 30-50jährigen gehäuft eine narzißtische Störung, die sich am besten mit dem Konzept der „ichsyntonen Objektmanipulation" beschreiben läßt. Ohne jedes Unrechtsgefühl werden andere Menschen für die eigene Verfügbarkeit mißbraucht.

Literaturempfehlungen

Ahlheim, R. (1985). „Bis ins dritte und vierte Glied". Das Verfolgungstrauma in der Enkelgeneration. Psyche, 39, 330–354.

Bergmann, M.S. & Jucovy, M.E. (Eds.) (1982). Generations of the holocaust. New York: Basic Books.

Eckstaedt, A. (1989). Nationalsozialismus in der „zweiten Generation". Psychoanalyse von Hörigkeitsverhältnissen. Frankfurt/M.: Suhrkamp.

Grubrich-Simitis, I. (1979). Extremtraumatisierung als kumulatives Trauma. Psyche, 33, 991–1023.

Kestenberg, J. (1974). Kinder von Überlebenden der Naziverfolgungen. Psyche, 28, 249–265.

Levine, H.B. (1982). Toward a psychoanalytic understanding of children of survivors of the holocaust. Psychoanalytic Quarterly, 51, 70–92.

Massing, A. (1991). Die Reinszenierung nationalsozialistischer Weltbilder im psychotherapeutischen Prozeß. Forum der Psychoanalyse, 7, 20–30.

Mitscherlich, A. & Mitscherlich, M. (1967). Die Unfähigkeit zu trauern. München: Piper.

Niederland, W.G. (1981). The survivor syndrome: further observations and dimensions. Journal of the American Psychoanalytic Association, 29, 413–425.

Rosenkötter, L. (1981). Die Idealbildung in der Generationenfolge. Psyche, 35, 593–610.

Westernhagen, D. v. (1987). Die Kinder der Täter. Das dritte Reich und die Generationen danach. München: Kösel.

Fetischismus – fetishism

Galten den portugiesischen Seeleuten die Kultfiguren derjenigen Völker, denen sie auf ihren Seefahrten begegneten, als „feitico" (von „factitius": künstlich gemacht), als Träger und Symbole magischer Macht, so verstand Freud (1927e) die Fetischbildung als Form des männlichen Schutzes und des Triumphes über die Kastrationsdrohung. Der Knabe verleugnet die Wahrnehmung des anscheinend „kastrierten" weiblichen Genitals, weil diese die Möglichkeit der eigenen Kastration (→ Kastrationskomplex) heraufbeschwört. Die Wahl eines Fetischs ist somit ein Ersatz für den fehlenden Phallus der Frau und bedeutet eine pathologische Konstituierung der Realität in bezug auf die Wahrnehmung des Weiblichen und der Geschlechterdifferenz. Beim Heranwachsenden und Erwachsenen dienen ein Teil des eigenen Körpers oder desjenigen des Geschlechtspartners (z.B. sein Fuß), ein Gegenstand (z.B. sein Schuh) zur Vorbereitung des sexuellen Aktes oder werden auch währenddessen benötigt, um zu einer sexuellen Befriedigung zu gelangen. Der Fetisch dient entsprechend der klassisch psychoanalytischen Sichtweise zur Stützung einer fragilen männlichen Identität (→ Geschlechtsidentität), die durch intensive Kastrationsängste bedroht ist.

Diese Argumentation wird von neueren Autoren als androzentrisch eingeschätzt. Schon ab den dreißiger Jahren haben Psychoanalytiker (z.B. Balint, 1935; Payne, 1939; Winnicott, 1951; Khan, 1979) postuliert, daß der Fetisch eine Verdichtung von Elementen der (präödipalen) mütterlichen Welt aufweist und deshalb eher auf die Suche nach der mütterlichen Brust oder dem mütterlichen Genitale und nicht auf einen imaginären Phallus verweist. Vor allem Störungen des → Körperbildes und damit einhergehende → Ängste vor genitaler Beschädigung, die auf eine beeinträchtigte Mutter-Kind-Interaktion zurückgehen, führen zur Verwendung eines Fetischs, der die Funktion hat, das Körperbild auf magische Weise wiederherzustellen. Diese Betrachtungsweise stellt sicher, daß auch Mädchen und Frauen Fetische benützen, wenngleich dies weniger offen als bei Männern zutage tritt.

Wahrscheinlich ist es sinnvoll, von dem *überdeterminierten* Charakter des Fetischs auszugehen und dabei die verschiedenen Entwicklungsbedürfnisse und -konflikte eines Kindes zu berücksichtigen. Denn nach McDougall (1972) z.B. will der Knabe deshalb die genitale Körperöffnung seiner Mutter nicht wahrnehmen, weil sie Beweis für die sexuellen Beziehungen seiner Eltern ist, und nach Chasseguet-Smirgel (1986) dient der Fetisch auch der Erschaffung eines „analen Penis", der die Funktion hat, den „genitalen Penis" des Vaters und damit auch das mütterliche Begehren und die → Urszene zu verleugnen.

Aufgrund von Verschiebung und Substitution können auch andere psychische Tätigkeiten fetischistischen Charakter erhalten, wie etwa ein spezieller Gebrauch des Sprechens, das z.B. phallische Bedeutungen annehmen kann (Weich, 1989).

Literaturempfehlungen

Chasseguet-Smirgel, J. (1986). Kreativität und Perversion. Frankfurt/M.: Nexus.

Freud, S. (1927e). Fetischismus. GW XIV, 311–317.

Grunberger, B. (1988). Versuch über den Fetischismus. In ders., Narziß und Anubis. Die Psychoanalyse jenseits der Triebtheorie, Bd.1 (S. 123-157). München: Verlag Internationale Psychoanalyse.

Hopkins, J. (1984). The probable role of trauma in the case of foot and shoe fetishism: Aspects of the psychotherapy of a six-year-old girl. International Review of Psycho-Analysis, 11, 79–91.

Kohon, G. (1987). Fetishism revisited. International Journal of Psycho-Analysis, 68, 213–228.

Kramer Richards, A. (1990). Female fetishes and female perversions: Hermine Hug-Hellmuth's „A case of female foot or more properly boot fetishism" reconsidered. Psychoanalytic Review, 77, 11–23.

Richards, A.D. (1989). A romance with pain. A telephone perversion in a woman. International Journal of Psycho-Analysis, 70, 153–164.

Weich, M.J. (1989). The fetishistic use of speech. International Journal of Psycho-Analysis, 70, 245–253.

Genitale Stufe – genital stage

Die von Freud (1905d, 1915c, 1923e) als psychosexuelle Entwicklungsstufe bezeichnete genitale Phase läßt sich in zwei Entwicklungsabschnitte unterteilen: in die phallische Phase oder *infantile* Genitalorganisation und in die mit der Pubertät beginnende genitale Organisation der Psychosexualität, die das Primat der *genitalen* Sexualität gegenüber den prägenitalen Partialtrieben herstellt. Ob die sog. Latenzzeit (→ Latenzperiode), beginnend mit dem 6.–7. Lebensjahr bis hin zum Einsetzen der Pubertät im 10.–11. Lebensjahr, tatsächlich als Zäsur gelten darf, ist heutzutage umstritten.

In den letzten Jahren wurden zunehmend Vorläufer der genitalen Phase beschrieben. So bezeichnen manche Autoren die orale Phase als *Vorläufer* der *frühen* genitalen Phase, die anale und urethrale Phase als *frühe* genitale Phase (Roiphe, 1968) und die phallisch-narzißtische als *präödipal* genitale oder *proto-*genitale Phase (Glover & Mendell, 1982). Diese veränderte Nomenklatur geht vor allem auf Beobachtungen zurück, daß die Genitalien lange Zeit, bevor sie die führende → erogene Zone in der phallisch-narzißtischen und phallisch-ödipalen Phase werden, schon intensive Lust-, aber auch → Angstgefühle auslösen. Der innere Zusammenhang, den Freud bereits in der epigenetischen Entwicklung der Psychosexualität vom oralen Lusterleben bis hin zum genital-sexuellen Empfinden postulierte, erfährt in dieser – anhand von Beobachtungsstudien vorgenommenen – Konzeptualisierung eine empirische Unterstützung und Ausweitung. Denn nicht nur das „Ludeln" und Lutschen sind in der sog. oralen Phase des kleinen Kindes wichtig, sondern auch schon das Spiel mit den Genitalien, das neben Lustgefühlen auch den Explorationstrieb, das Kennenlernen des eigenen Körpers und die Differenzierung des eigenen vom Körper der Mutter auf lustvolle – in Ansätzen eben bereits genitale – Weise ermöglicht.

Die genitale Phase der infantilen Genitalorganisation wurde in der älteren psychoanalytischen Literatur häufig auch als phallisch-ödipale Phase bezeichnet. Diese Gleichsetzung von phallisch und ödipal wurde von Edgcumbe und Burgner (1975) kritisiert, weil hiermit nicht zwischen der Entwicklung der Objektbeziehungen und der Psychosexualität unterschieden wird. Die Autoren sehen es deshalb als nützlich an, eine phallisch-narzißtische Phase auf einem noch vorödipalen Niveau von einer phallisch-ödipalen Phase zu unterscheiden. Während bei phallisch-narzißtischen Triebäußerungen exhibitionistische und narzißtische Komponenten im Vordergrund stehen, geht es bei phallisch-ödipalen Verhaltensweisen eindeutig um rivalisierende Triebäußerungen in einem ödipal triangulären Kontext.

Ist es angemessen, bei Mädchen ebenfalls von einer phallischen Phase zu sprechen? Freuds (1923e) Begründung, daß in den unbewußten → Phantasien beider

Geschlechter nur der Phallus als einziges Geschlecht existiere, wird heutzutage von einer Anzahl von Psychoanalytikern abgelehnt (Cherazi, 1986; Bernstein, 1990; Rohde-Dachser, 1991). Statt dessen plädieren diese für eine Sichtweise, die körperliche Eigenerfahrung des Mädchens stärker zu berücksichtigen und dies auch terminologisch zum Ausdruck zu bringen.

Literaturempfehlungen

Bernstein, D. (1990). Female genital anxieties, conflicts and typical mastery modes. International Journal of Psycho-Analysis, 71, 151–165.

Cherazi, S. (1986). Female psychology: A review. Journal of the American Psychoanalytic Association, 34, 141–150 (dt.: Zur Psychologie der Weiblichkeit. Ein kritischer Überblick. Psyche, 42 (1988), 307–327).

Edgcumbe, R. & Burgner, M. (1975). The phallic-narcissistic phase. A differentiation between preoedipal and oedipal aspects of phallic development. Psychoanalytic Study of the Child, 30, 161–179.

Freud, S. (1905d). Drei Abhandlungen zur Sexualtheorie. GW V, 33–145.

Glover, L. & Mendell, L. (1982). A suggested developmental sequence for a preoedipal genital phase. In D. Mendell (Ed.), Early female development. Current psychoanalytic views (pp. 127–174). New York: Spectrum.

Heigl-Evers, A. & Weidenhammer, B. (1988). Der Körper als Bedeutungslandschaft. Die unbewußte Organisation der weiblichen Geschlechtsidentität. Bern: Huber.

Mertens, W. (1992). Entwicklung der Psychosexualität und der Geschlechtsidentität, Bd 1. Stuttgart: Kohlhammer.

Rohde-Dachser, Ch. (1991). Expedition in den dunklen Kontinent. Weiblichkeit im Diskurs der Psychoanalyse. Berlin: Springer.

Geschlechtsidentität – gender identity

Objektbeziehungs- und narzißmustheoretische Ansätze führten in den zurückliegenden 20 bis 30 Jahren zu einer Abkehr von einer von vielen als allzu isoliert erlebten Beschäftigung mit der Psychosexualität. Diese wurde vielmehr in ein Geflecht von verinnerlichten Objektbeziehungen, Selbstaspekten und Identitätsthemen eingebettet gesehen. Als Bezugsrahmen für die Erforschung männlicher und weiblicher Psychosexualität entwickelte sich allmählich das Konzept

der Geschlechtsidentität, das heute – vor allem in der amerikanischen Psychoanalyse – einen breiten Raum einnimmt und angesichts von Diskussionen und
Reflexionen über die Geschlechterdifferenz (vgl. Rohde-Dachser, 1991) einen
bedeutsamen Stellenwert in der zeitgenössischen Psychoanalyse aufweist. Das
Wissen um die Entstehung der Geschlechtsidentität läßt z.B. die Freudsche Auffassung, daß Weiblichkeit erst in Auseinandersetzung mit der Wahrnehmung des
Geschlechtsunterschiedes im 4.–5. Lebensjahr beginne, als überholt erscheinen
(vgl. Fast, 1991).

Mittlerweile hat es sich eingebürgert, die Geschlechtsidentität in drei Komponenten zu unterteilen: die Kern-Geschlechtsidentität, die Geschlechtsrolle bzw.
Geschlechtsrollen-Identität und die Geschlechtspartner-Orientierung (vgl. z.B.
Money, 1965; Person & Ovesy, 1983). Während die Kern-Geschlechtsidentität
das uranfängliche, zunächst noch sprachlose Erleben darstellt, hinsichtlich des
biologischen Geschlechtes entweder ein Junge oder ein Mädchen zu sein, bildet
die Geschlechtsrolle die Fortsetzung der Kern-Geschlechtsidentität auf einem
höheren, symbolisch sprachlichen Niveau. Die Geschlechtspartner-Orientierung
bezieht sich auf das bevorzugte Geschlecht des Liebespartners; während diese in
der Kindheit zunächst noch bisexuell ist (→ Bisexualität), erfährt sie in der Pubertät eine hetero- oder homosexuelle Ausgestaltung (→ Homosexualität).

In Fortführung des Freudschen Konzepts des Triebschicksals werden bei der
Thematik der Geschlechtsidentität neben der – allerdings auch schon immer sozial vermittelten – psychosexuellen Entwicklung vor allem kognitive Selbstka-
tegorisierungsprozesse, Interaktionen und → Identifikationen mit Mutter und
Vater erforscht. Diese von rollentheoretischen Vorstellungen beeinflußte Sozialisationstheorie darf allerdings nicht den genuin psychoanalytischen Ansatz aus
den Augen verlieren; dieser besteht vor allem in der Transferierung unbewußter
→ Phantasien seitens der Eltern, die die geschlechtlichen Möglichkeiten ihrer
Kinder betreffen. Die in diesem dichten Erfahrungsfeld nicht selten konfligie-
renden Erwartungen und Zuschreibungen machen die mitunter leidvolle Geschichte der Geschlechtsidentität eines Menschen aus.

Ob dabei die Redeweise von der Geschlechtsidentität eine typisch amerikanische Schöpfung darstellt und aus soziokultureller Sicht eher dem (amerikanischen) Bedürfnis entspringt, die Vielfalt und Widersprüchlichkeit des Lebendigen in relative starre und damit auch unanalytische Kategorien zu pressen, die die
Möglichkeit einer Ganzheitlichkeit vortäuschen sollen, wurde vor allem von
May (1991) diskutiert.

Literaturempfehlungen

Blum, H.P. (1988). Shared fantasy and reciprocal identification, and their role in gender disorders. In H.P. Blum, Y. Kramer, A.K. Richards & A.D. Richards (Eds.), Fantasy, myth, and reality. Essays in honor of Jacob A. Arlow (pp. 223–338). Madison, Conn.: International Universities Press.

Dahl, K.E. (1988). Fantasies of gender. Psychoanalytic Study of the Child, 43, 351–365.

Fast, I. (1991). Von der Einheit zur Differenz. Psychoanalyse der Geschlechtsidentität. Berlin: Springer.

Formanek, R. (1982). On the origins of gender identity. In D. Mendell (Ed.), Early female development. Current psychoanalytic views (pp. 1–24). Jamaica, NY: Spectrum.

Frankel, S.A. & Sherick, I. (1979). Observations of the emerging sexual identity of three and four years old children. International Review of Psycho-Analysis, 6, 297–309.

Heigl-Evers, A. & Weidenhammer, B. (1988). Der Körper als Bedeutungslandschaft. Die unbewußte Organisation der weiblichen Geschlechtsidentität. Bern: Huber.

May, R. (1991). Männlichkeit aus psychoanalytischer Sicht. In R. Friedman & L. Lerner (Hg.), Psychoanalyse des Mannes (S. 171–190). Berlin: Springer.

Mertens, W. (1992). Entwicklung der Psychosexualität und der Geschlechtsidentität, Bd 1. Stuttgart: Kohlhammer.

Money, J. (1986). Lovemaps. Clinical concepts of sexual/erotic health and pathology, paraphilia and gender transposition in childhood, adolescence, and maturity. New York: Irvington Publishers.

Olesker, W. (1990). Sex differences during the early separation-individuation process: Implications for gender identity formation. Journal of the American Psychoanalytic Association, 38, 325–346.

Reiche, R. (1991). Geschlechterspannung. Frankfurt/M.: Fischer.

Rohde-Dachser, Ch. (1991). Expedition in den dunklen Kontinent. Weiblichkeit im Diskurs der Psychoanalyse. Berlin: Springer.

Schmauch, U. (1985). Frühe Kindheit und Geschlecht. Anmerkungen zur frühkindlichen Sozialisation von Mädchen und Jungen. In B. Naumann & E. Böhmer (Hg.), Theorien weiblicher Subjektivität (S. 92–117). Frankfurt/M.: Verlag Neue Kritik.

Stoller, R.J. (1985). Presentation of gender. New Haven: Yale University Press.

Tyson, P. (1991) Männliche Geschlechtsidentität und ihre Wurzeln in der frühkindlichen Entwicklung. In R. Friedman & L. Lerner (Hg.), Psychoanalyse des Mannes (S. 1–20). Berlin: Springer.

Gleichschwebende Aufmerksamkeit – evenly suspended attention

Als Pendant zur Grundregel für den Analysanden, nach Möglichkeit alle Assoziationen freimütig mitzuteilen, empfahl Freud (1912e, S. 376f.) dem Analytiker, „sich nichts besonderes merken zu wollen und allem, was man zu hören bekommt, die nämliche gleichschwebende Aufmerksamkeit ... entgegenzubringen". Denn wenn man zu stark seinen Neigungen und theoretischen Voreingenommenheiten folge, „ist man in der Gefahr, niemals etwas anderes zu finden, als man bereits weiß ... Die Regel für den Arzt läßt sich so aussprechen: Man halte alle bewußten Einwirkungen von seiner Merkfähigkeit ferne und überlasse sich völlig seinem unbewußten Gedächtnisse, oder rein technisch ausgedrückt: Man höre zu und kümmere sich nicht darum, ob man sich etwas merke". Die von Freud als Empfehlungen ausgesprochenen Regeln, die sich *für ihn* als die günstigsten herausgestellt hatten, wurden gleichwohl zu ehernen Lehrsätzen der psychoanalytischen Erkenntnishaltung und Methodologie.

Die Aufforderung, allen Einfällen und Themen eines Analysanden eine gleiche Aufmerksamkeit zuteil werden zu lassen und über eine längere Zeit erst einmal zuzuhören, ist gegenüber der (alltagspsychologischen) Verführung, das Individuell-Idiosynkratische in eine vertraute Theorie einordnen zu wollen, sicherlich wertvoll. Denn die psychoanalytische Erkenntnistätigkeit besteht nur in einem geringen Umfang in induktiven und deduktiven Schlußfolgerungsprozessen. Viel bedeutsamer für einen tiefenhermeneutischen Erkenntnisvorgang ist das empathische Erfassen der unbewußten Szenen (→ Empathie), die in der Übertragungsbeziehung im Verlauf einer analytischen Therapie entstehen. Dazu braucht sich der Analytiker nicht alle Details einer Rede seines Patienten zu merken (obgleich die geschulte Auswertung von Verbatimprotokollen zeigt, wie manchmal in wenigen – scheinbar belanglosen – Sätzen das konflikthafte Material mitgeteilt werden kann).

Vertrauen in das eigene Gedächtnis ist nach Freud vor allem auch deshalb angezeigt, weil die Triebabkömmlinge immer wieder danach streben, an die → Oberfläche zu gelangen, so daß die repetitive Natur der unbewußten Beziehungsinszenierungen penibel festgehaltenes, inhaltliches Material überflüssig erscheinen läßt. Dennoch ist sicherlich richtig, wenn Thomä und Hohage (1984) schreiben, daß es weder die theorielose Erkenntnis noch die selektionsfreie und ungesteuerte Aufmerksamkeit geben kann, zumal auch eine Intervention immer eine Fokussierung der Aufmerksamkeit mit sich bringt.

Gegen ein vorschnelles Zum-Abschluß-Bringen des hermeneutischen Zirkels bleibt aber trotzdem Freuds Empfehlung der gleichschwebenden Aufmerksamkeit für den psychoanalytischen Erkenntnisprozeß beherzigenswert und aus methodologischer Sicht zugleich eine zutreffende Beschreibung eines kreativen

Vorgangs, der nicht mit den herkömmlichen induktiven und deduktiven Schlußverfahren erfaßt werden kann.

Hinz (1991) hat deshalb auch in Anlehnung an Peirce (1976) und Loch (1981, 1988) von einem *abduktiven* Verfahren gesprochen und darunter verstanden, daß sich der Psychoanalytiker hierbei von seinen Vermutungen leiten läßt, wobei die Oberflächenphänomene ihn nicht davon abhalten dürfen, nach einem verborgenen Sachverhalt zu suchen. Weder werden die Sachverhalte empiristisch als Wahrnehmungsevidenzen erfahren, noch werden sie rationalistisch unter theoretische Regelmäßigkeiten subsumiert. Vielmehr geht es bei der psychoanalytischen Hermeneutik um eine Übersetzungskunst, die eine Einfühlung in den zunächst nicht zugänglichen Sinnzusammenhang, eine Probeidentifizierung, ein Erraten anhand projizierter eigener Erlebnisse und eine Konstruktion des verborgenen Sinnes erforderlich macht. Es verwundert nicht, daß diese Vorgehensweise öfters mit der des Detektivs verglichen worden ist (z.B. Balint, 1964; Lorenzer, 1985; Hinz, 1991). Während Worte als verbale Inhalte einer Kommunikation vom unbewußten Beziehungsproblem ablenken können, vermittelt die affektive Kommunikation „hinter" den Worten oder „unterhalb" verbaler Inhalte, auf die sich der Analytiker im Prozeß der gleichschwebenden Aufmerksamkeit einstimmt, dem geschulten Beobachter einen Zugang zu den unbewußten Beziehungsphantasien seines Analysanden.

Literaturempfehlungen

Bittner, G. (1968). Erraten als psychoanalytische Technik. Psyche, 22, 384–397.

Erdheim, M. (1988). Zum Problem der gleichschwebenden Aufmerksamkeit. Psyche, 42, 221–224.

Ginzburg, C. (1983). Indizien: Morelli, Freud und Sherlock Holmes. In U. Eco & T.A. Seboek (Hg.), Der Zirkel oder Im Zeichen der Drei (S. 125–179). München: Fink.

Hinz, H. (1991). Gleichschwebende Aufmerksamkeit und die Logik der Abduktion. Jahrbuch der Psychoanalyse, 27, 146–175.

Körner, J. (1985). Vom Erklären zum Verstehen in der Psychoanalyse. Untersuchungen zur psychoanalytischen Methode. Göttingen: Verlag für Medizinische Psychologie im Verlag Vandenhoeck & Ruprecht.

Lorenzer, A. (1985). Der Analytiker als Detektiv, der Detektiv als Analytiker. Psyche, 39, 1–11.

Lüders, W. (1988). Gleichschwebende Aufmerksamkeit. Psyche, 42, 216–220.

Schwaber, E.A. (1983). Psychoanalytic listening and psychic reality. International Review of Psycho-Analysis, 10, 379–392.

Schwaber, E.A. (1986). Reconstruction and perceptual experience. Further thoughts on psychoanalytic listening. Journal of the American Psychoanalytic Association, 34, 911–932 (dt.: Rekonstruktion und Wahrnehmungserleben: Weiterführende Gedanken zum psychoanalytischen Zuhören. In P. Kutter, R. Páramo-Ortega & P. Zagermann (Hg.) (1988), Die psychoanalytische Haltung. Auf der Suche nach dem Selbstbild der Psychoanalyse (S. 207–230). München: Verlag Internationale Psychoanalyse).

Thomä, H. & Hohage, R. (1984). Schwankungen der „gleichschwebenden Aufmerksamkeit" und ihre therapeutische Bearbeitung. Zeitschrift für Psychosomatische Medizin und Psychoanalyse, 30, 232–237.

Handlungssprache – action language

In der amerikanischen Psychoanalyse hat sich seit den 60er Jahren eine Anzahl von Psychoanalytikern kritisch gegenüber der psychoanalytischen → Metapsychologie geäußert, ihre Wissenschaftlichkeit, Notwendigkeit und Nützlichkeit bezweifelt und sie zum größten Teil dafür verantwortlich gemacht, daß die psychoanalytische Theoriebildung stagniere (z.B. Holt, 1967; Rosenblatt & Thickstun, 1970; Kubie, 1975; Peterfreund, 1975; Gill, 1977). Die Metapsychologie stelle in einer veralteten, von Reifikationen strotzenden Sprache einen Bezugsrahmen dar, der Pseudoerklärungen in naturwissenschaftlichen Termini vortäusche, anstatt eine theoretisch konsistente Sprache für klinisch erfahrungsnahe Sinnzusammenhänge zu entwickeln. „Es ist an der Zeit, mit der Mixtur physikochemikalischer und biologischer Begriffe der Freudschen Metapsychologie aufzuhören. Dies ist die Sprache von Kraft, Energie, Besetzung, Mechanismus und Sublimation in Kombination mit der Sprache von Funktion, Struktur, Trieb, Objekt, Anpassung." Mit diesem Kampfruf beschrieb der amerikanische Psychoanalytiker und Psychologieprofessor Roy Schafer (1975, S. 41) sein Programm einer Handlungssprache, in der alle physikalistischen und mechanistischen Konzepte, Metaphern und Ausdrucksweisen durch eine Begrifflichkeit ersetzt werden sollten, die seiner Meinung nach für eine psychologische Betrachtung des Menschen allein legitim und konstitutiv ist. Eine genauere Betrachtung psychoanalytischer Metaphern zeige z.B., daß sie als Abkömmlinge kindlicher psychosexueller → Phantasien identifiziert werden können, nach der psychisches Erleben mit einem Organ gleichgesetzt wird, das einverleiben, verdauen, zurückhalten und ausstoßen kann. Was für kindliche Phantasien gilt, sollte jedoch nicht in eine wissenschaftliche Theorie Eingang finden dürfen.

Schafers (1976, 1982) anspruchsvoller Versuch, eine neue Sprache für die Psychoanalyse zu finden und dabei Anthropomorphisierungen und Verdinglichungen zu vermeiden, beinhaltet vor allem die Regel, keine Substantive und solche Adjektive zu verwenden, die Reifizierungen zur Folge haben könnten. So ist die Feststellung: „X hat ein Zwangssymptom und verdrängt seine Wut" aufzulösen in eine Reihe von Handlungen, wobei auch Denken und Emotionen als Handeln aufzufassen sind: (,, … man soll eine Handlung durch ein Verb im Aktiv und, falls angebracht und nützlich, durch ein Adverb oder einen adverbialen Ausdruck, die die Art und Weise der Handlung bestimmen, kennzeichnen" (Schafer, 1976, S. 364). Formulierungen von Handlungen können deshalb eine hohe Komplexität aufweisen und paradoxe und einander widersprechende Elemente enthalten.

Schafers Handlungssprache hat sich aus verschiedenen Gründen nicht durchsetzen können; abgesehen von dem Bruch mit einer vertraut und liebgewordenen

Begrifflichkeit bedeutet seine methodologische Nähe zum Sprachpositivismus doch ein Aufgeben zentraler psychoanalytischer Theoreme. Die postulierte Intentionalität des Handelnden übersieht den Ereignischarakter tief im Körperlichen wurzelnder → Wiederholungszwänge, sein rigoroser Versuch, alle naturwissenschaftlichen Konzepte aus der psychoanalytischen Metapsychologie zu tilgen, impliziert einen verborgenen Reduktionismus, und seine konsequente Ausmerzung aller Metaphern läßt die Tatsache unberücksichtigt, daß alle Wissenschaften Metaphern verwenden.

Dennoch bewirkte die Schafersche „action language" einen kräftigen Anstoß, sich mit der Metapsychologie Freuds auseinanderzusetzen. Will man diese nicht für alle Zeiten als sakrosankt erklären, so muß eine Auseinandersetzung mit ihr ermöglicht und vorgenommen werden: Ehlert (1985, S. 1017) sieht z.B. in der Sozialisationstheorie von Lorenzer, speziell in dessen Theorie der Interaktionsformen (z.B. 1977, 1980), einen „rationaleren Rahmen für eine neue Metatheorie der Psychoanalyse".

Literaturempfehlungen

Buchholz, M.B. (1985). Handlung, Selbst, Dialog. Zur Integration von Handlungssprache und Selbstpsychologie. Psyche, 39, 1031–1057.

Ehlert, M. (1985). Handlungssprache und Metapsychologie. Überlegungen zu Schafers „neuer Sprache" für die Psychoanalyse. Psyche, 39, 981–1020.

Ellman, S.J. & Moskowitz, M.B. (1980). An examination of some recent criticism of psychoanalytic „metapsychology". Psychoanalytic Quarterly, 49, 631–662.

Schafer, R. (1982). Eine neue Sprache für die Psychoanalyse. Stuttgart: Klett.

Schönle, O. (1981). Die Konzeption R. Schafers und ihr Resultat, die „action language". In W. Mertens (Hg.), Neue Perspektiven der Psychoanalyse (S. 124–160). Stuttgart: Kohlhammer.

Spiro, A.M. (1979). A philosophical appraisal of R. Schafer's „A New Language for Psychoanalysis". Psychoanalysis and Contemporary Thought, 2, 253–291.

Tress, W. (1986). Zur intentionalen Sprache der Handlung als dem Fundament einer wissenschaftlichen Psychoanalyse. Eine handlungs- und sprachphilosophische Kritik an R. Schafer. Jahrbuch der Psychoanalyse, 18, 100–139.

Wurmser, L.(1983). Plädoyer für die Verwendung von Metaphern in der psychoanalytischen Theoriebildung. Psyche, 37, 673–700.

Homosexualität – homosexuality

Männliche Homosexualität

Das psychoanalytische Modell männlicher Homosexualität wurde von Freud zu Beginn der 20er Jahre vorgestellt und blieb – abgesehen von Ausarbeitungen bis in die 40er Jahre – nahezu unverändert. Und selbst noch vor einigen Jahren konnte Stoller (1978, S. 541) seine Verwunderung darüber ausdrücken, daß das Thema der männlichen Homosexualität die psychoanalytische Gemeinschaft offensichtlich nicht zu kreativem Denken und zur Weiterentwicklung ätiologischer und psychodynamischer Theorien angeregt habe.

Freud (1905d, 1922b) hatte postuliert, daß jeder Junge zunächst eine bisexuelle Orientierung aufweist (→ Bisexualität) und daß es von der relativen Stärke der weiblichen oder männlichen Dispositionen abhängig ist, wie die vorherrschenden ödipalen → Identifikationen ausfallen. Bleibt die narzißtische Identifikation mit der Mutter zu stark erhalten, führt dies beim Jungen zu dem negativ ödipalen Begehren in Form einer sexuellen Unterwerfung unter den Vater (→ Ödipuskomplex). Diese entwicklungspsychologische Konzeptualisierung räumte mit dem Stigma einer angeborenen Nervenerkrankung auf; folgerichtig betonte Freud deshalb, daß Homosexualität keine Krankheit sei und homosexuelle Männer im Prinzip für den Beruf des Psychoanalytikers in Frage kämen. Dennoch war auch Freud nicht gänzlich frei von den jahrhundertelangen Vorurteilen gegenüber männlicher Homosexualität, wenn er die homosexuelle Partnerwahl letztlich auf einen Entwicklungsstillstand der psychosexuellen Reifung zurückführte, was auch zu der autoerotischen und narzißtischen Färbung der Beziehung von Homosexuellen beitrage.

Rado (1940), der die Freudsche Annahme einer angeborenen Bisexualität kritisierte, stellte das Postulat auf, daß männliche Homosexualität ein reparativer Ersatz sei und auf die angstvolle Vermeidung der Heterosexualität zurückgehe. Diese Auffassung wurde als die „klassische" psychoanalytische Position bekannt. Bieber (1962), der den Thesen Rados weitgehend verpflichtet blieb, führte eine neunjährige klinische Studie an 106 homosexuellen Patienten durch und kam zu dem oft zitierten Befund, daß sich die Mütter von späteren Homosexuellen als intrusiv, besitzergreifend und sexuell verführerisch, die Väter hingegen als feindselig, ablehnend und abweisend charakterisieren lassen. Die Mutter dränge ihren Jungen in die Rolle des ödipalen Ersatzpartners und entwerte den Vater.

Waren schon die Ergebnisse Biebers im Vergleich mit einer Kontrollgruppe statistisch nicht signifikant, so entbehren seine ätiologischen Thesen jedweder Krankheitsspezifität. Denn diese familiendynamische Konstellation findet sich auch bei vielen anderen neurotischen Störungen. Empirische Studien konnten auch die These von der reparativen und defensiven Funktion der homosexuellen Partnerwahl zurückweisen (West, 1977).

Auch die Arbeiten von Socarides (1968, 1978), der bei seinen homosexuellen Patienten gehäuft eine Borderline-Störung (→ Borderline) diagnostizierte und in der homosexuellen Handlung eine narzißtische Restitution und Stabilisierung erblickte, sind nach Ansicht von Kritikern nicht dazu angetan, eine allgemeine Theorie der Ätiologie zu begründen (vgl. R.M. Friedman, 1991).

Wie R.M. Friedman (1991) aufgezeigt hat, ist die männliche Homosexualität nach wie vor weitgehend eine terra incognita. Auch die empirischen Arbeiten von Sexualwissenschaftlern, die mit pfadanalytischen Methoden arbeiten, haben bislang keine eindeutige Ätiologie nachweisen können. Dennoch scheint für aufgeschlossene Psychoanalytiker mittlerweile festzustehen, daß ein ausschließlich psychodynamisches Verständnis des homosexuellen Mannes nicht mehr ausreicht. Aus diesem Grund plädiert R.C. Friedman (1988) für einen *biopsychosozialen* Forschungsansatz. Die intensive Beschäftigung mit dieser Thematik in jüngster Zeit hat darüberhinaus deutlich gemacht, daß nicht weniger als homosexuelle Partnerorientierungen auch heterosexuelle Lebensentwürfe – als das scheinbar Selbstverständliche – mit ihren Sehnsüchten, ihren Konflikten und ihrem Scheitern einer sorgfältigen Erforschung bedürfen.

Weibliche Homosexualität

Die Thematik weiblicher Homosexualität hat – nicht unähnlich derjenigen von Männern – zu der resignativen Einstellung geführt, daß es vielleicht so viele Theorieansätze über die Entstehung weiblicher Homosexualität geben würde wie weibliche Homosexuelle – ein Standpunkt, den übrigens auch schon Freud im Hinblick auf männliche und weibliche Homosexualität vertreten hat.

Ist schon die weibliche Psychosexualität für Freud und viele nachfolgende Psychoanalytiker ein „dunkler Kontinent" geblieben, so gilt dies vermutlich noch mehr für die weibliche Homosexualität bzw. für homosexuelle Lebensentwürfe.

Was jedoch im Fall der weiblichen Homosexualität erschwerend hinzukommt, ist das Gestrüpp der erst in den letzten zwei Jahrzehnten konsequent hinterfragten Vorannahmen über die weibliche psychosexuelle Entwicklung. Denn in Kontrast zu Freuds fortschrittlicher Einstellung zu sog. → Perversionen schlichen sich in seine Konstruktionen über die Weiblichkeit viele patriarchalische Vorurteile seiner Zeit ein (vgl. Rohde-Dachser, 1991). Diese haben auch die viele Jahre lang als gültig akzeptierten Theorien über die weibliche Homosexualität geprägt. Vor allem die Forschungsergebnisse über die Entstehung der → Geschlechtsidentität haben aufzeigen können, daß eine weibliche Kern-Geschlechtsidentität schon in den ersten 18 Monaten entsteht und sehr stark sozialisationsvermittelt ist. Erst auf dem Hintergrund einer angemessenen Theorie über die weibliche psychosexuelle Entwicklung kann folglich über die Psychodynamik und Ätiologie lesbischer Partnerwahlen und Lebensentwürfe nachgedacht werden.

Wenn bis zum heutigen Tag aus den erwähnten Gründen noch keine geschlossene und als gültig ausgewiesene Theorie über weibliche Homosexualität(en) vorliegen kann, so mutet es wie ein verzweifelter, aber auch verwegener Versuch von Siegel (1988) an, trotz aller bereits vorhandenen Einwände noch einmal eine scheinbar stringente Theorie vorzulegen. Präödipale Traumatisierungen ($\rightarrow$ Trauma) mit einem daraus resultierenden defizitiären Körpererleben seien letztlich für die Entstehung weiblicher Homosexualität verantwortlich zu machen. Wie so viele andere Propositionen im Bereich psychoanalytischer Klinik leidet aber auch diese emphatisch vorgetragene Schlußfolgerung einer zweifelsohne engagierten und erfahrenen Psychoanalytikerin darunter, daß hierbei die rekonstruktiv gewonnenen Erkenntnisse über eine Subgruppe von lesbischen Patientinnen vorschnell verallgemeinert werden.

Literaturempfehlungen

männliche Homosexualität:

Dannecker, M. (1989). Zur Konstitution des Homosexuellen. Zeitschrift für Sexualforschung, 2, 337–348.

Friedman, R.C. (1986). Toward a further understanding of homosexual men. Journal of the American Psychoanalytic Association, 34, 193–206.

Friedman, R.C. (1988). Male homosexuality. A contemporary psychoanalytic perspective. New Haven: Yale University Press (dt.: Männliche Homosexualität. Eine zeitgenössische psychoanalytische Perspektive. Berlin: Springer 1992).

Friedman, R.M. (1991). Das psychoanalytische Modell der Homosexualität: Eine historische und theoretische Kritik. In R. Friedman & L. Lerner (Hg.), Psychoanalyse des Mannes (S. 77–113). Berlin: Springer.

Isay, R.A. (1990). Schwul sein. Die psychologische Entwicklung des Homosexuellen. München: Piper.

Künzler, E. (1991). Buchbesprechung von Friedman, R. C. (1988). Male homosexuality. A contemporary psychoanalytic perspective. Zeitschrift für Sexualforschung, 4, 75–80.

Morgenthaler, F. (1984). Homosexualität, Heterosexualität, Perversion. Frankfurt/M.: Qumran.

Socarides, C.W. & Volkan, V.D. (Eds.) (1991). The homosexualities. Reality, fantasy, and the arts. Madison, Conn.: International Universities Press.

weibliche Homosexualität:

Eisenbud, R.-J. (1986). Lesbian choice: Transferences to theory. In J. Alpert (Ed.), Psychoanalysis and women (dt: Psychoanalyse der Frau jenseits von Freud (S. 226–246). Berlin: Springer 1992).

Elise, D. (1986). Lesbian couples: The implications of sex differences in separation-individuation. Psychotherapy, 23, 305–310.

Khan, M. (1989). Entfremdung bei Perversionen. Frankfurt/M.: Suhrkamp.

McDougall, J. (1974). Über die weibliche Homosexualität. In J. Chasseguet-Smirgel (Hg.), Psychoanalyse der weiblichen Sexualität (S. 233–287). Frankfurt/M.: Suhrkamp.

Quinodoz, J.-M. (1986). Identifizierung und Identität in der weiblichen Homosexualität. Zeitschrift für psychoanalytische Theorie und Praxis, 1, 82–94.

Quinodoz, J.-M. (1989). Female homosexual patients in psychoanalysis. International Journal of Psycho-Analysis, 70, 55–63.

Schmidt-Honsberg, L. (1989). Gedanken zur weiblichen Homosexualität. Psyche, 43, 238–255.

Siegel, E.V. (1988). Female homosexuality. Choice without volition. Hillsdale, NJ: Analytic Press (dt.: Weibliche Homosexualität. Psychoanalytische und therapeutische Praxis. München: Reinhardt 1992).

Wolfson, A. (reporter) (1987). Towards the further understanding of homosexual women. Journal of the American Psychoanalytic Association, 35, 165–173.

Hysterie – hysteria

Die Auffassung von der Hysterie als einem schwer zu fassenden Krankheitsbild (Krohn, 1979), die negativen Konnotationen im allgemeinen Sprachgebrauch und die unklaren Diagnosen bei männlichen Hysterikern (z.B. „funktionelle Störung", vegetative Dystonie") haben in der Neuauflage des „Diagnostic and Statistic Manual of Mental Diseases" (DSM-III-R) dazu geführt, daß der Begriff „hysterisch" gegen „histrionisch" ausgetauscht wurde. Mehr als fraglich bleibt freilich, ob diese terminologische Änderung – der „Histrion" war im alten Rom ein Komödiant, der possenhafte oder derbe Späße vorführte (vgl. Hoffmann, 1979; Israel, 1983) – dieses Krankheitsbild tatsächlich besser verstehen läßt.

Denn viele Autoren haben schon darauf aufmerksam gemacht, daß die Symptomatologie der Hysterie nie eindeutig und abschließend definiert werden konnte, weil ihre realen Erscheinungsformen einem permanenten soziokulturellen

Wandlungsprozeß unterworfen sind. Die hysterischen Konfliktlösungen verändern sich gleichsam mit den epochalen Leidenszuständen der Gesellschaft; aus diesem Grunde bleibt die Natur des Hysterischen unscharf und rätselhaft (vgl. Krohn, 1979). Wenn manche Autoren also die Auffassung vertreten, daß die Hysterie in westlichen Kulturen im Schwinden begriffen ist, dann wird hierbei der Symptomwandel dieser Störung übersehen.

Bei der als *klassisch* bezeichneten Psychodynamik der Hysterie wurde aus psychoanalytischer Sicht davon ausgegangen, daß die ödipalen Strebungen (→ Ödipuskomplex) als konflikthaft erlebt werden. Es kommt deshalb zu einer Regression auf phallisch-narzißtische Phantasien, die sich um den Besitz eines omnipotenten Phallus drehen. Das phallisch-narzißtische Verhalten des hysterischen Patienten, das sich z.B. im ständigen Heischen nach Aufmerksamkeit und im Imponiergehabe äußern kann, läßt sich somit als spezifische Abwehr gegen die verdrängten ödipalen Wünsche und → Phantasien erklären.

Der *männliche* Hysteriker kann aber auch in eine passive Einstellung ausweichen. Er gibt dann die Rivalität zu anderen Männern (die im Unbewußten seinen Vater verkörpern) auf, um sich deren Liebe zu erhalten und aktiviert seine analen (→ anale Phase) Einverleibungswünsche (und nimmt auf diese Weise den väterlichen Penis in sich auf).

Die *weibliche* Hysterikerin wird von der Angst bewegt, vom Vater als penisloses Wesen nicht geachtet zu werden. Ihre intensiven ödipalen Inzestwünsche, die hinter phallischer Rivalität verborgen sind, müssen aufgrund intensiver Schuldgefühle abgewehrt werden.

Dieses Potential an Konflikten stellt eine ständige Bedrohung für das seelische Gleichgewicht hysterischer Patienten dar. Viele haben deshalb im Lauf ihrer Entwicklung typische → Charakterzüge aufgebaut, die dazu dienen, sie vor dem Akutwerden ihrer Triebimpulse zu schützen. Entsprechend sind dann auch ihre Beziehungen zu anderen Menschen geprägt. Es entsteht ein hysterischer Charakter: schillerndes Verhalten, Unechtheit, Mehr-Scheinen-als-Sein, Infantilität. Sexuelle Störungen sind in der Regel die Folge des ödipalen Konflikts und der entsprechenden regressiven Abwehr.

Gingen Wittels (1931) und Reich (1933) in ihren Auffassungen noch von einer ausschließlich ödipalen Determinierung des hysterischen Charakters aus, so kam es seit den Arbeiten von Grunberger (1952) und Marmor (1953) zu einer Relativierung dieser Sichtweise. Es wurden seitdem auch orale Konflikte zur Erklärung hysterischer Phänomene herangezogen, ja Marmor stellte sogar in Frage, ob die hysterischen Patienten überhaupt den genitalen Primat erreicht hätten. Das bei sehr vielen Patienten anzutreffende starke Abhängigkeitsbedürfnis, ihre Anklammerungen und ihr starkes Beachtetwerdenwollen würden allesamt für eine orale Genese der Hysterie sprechen. Schon im Jahr 1953 stellte Marmor deshalb die These auf, daß die frühen Störungen der Mutter-Kind-Beziehung – triebtheoretisch gesprochen – zu „oralen Fixierungen" führen und dem nachfolgenden Ödipuskomplex einen starken prägenitalen Einschlag geben.

Unter Einbeziehung eines Aufsatzes von Knight über die → Borderline- Persönlichkeit, der im gleichen Jahr erschien, wandte sich Marmor (1953) gegen die bisherigen psychoanalytischen Bemühungen, Klassifikationen psychischer Störungen allein nach Maßgabe der psychosexuellen Fixierungsstellen vorzunehmen. Dabei hatte schon Freud darauf aufmerksam gemacht, daß die Wahl der Neurose immer vom Stand der Triebentwicklung und der Ich-Entwicklung (→ Ich-Funktionen) abhängig ist.

Rangell (1969) kritisierte die in der Psychoanalyse immer noch geläufige Koppelung von Hysterie und → Konversion. Anhand des Beispiels von einem jungen Mann mit einem steifen Hals und Erstickungsanfällen führte Rangell aus, daß die Symptomatologie neben der ödipalen Problematik (so war der steife Hals der symbolische Ausdruck einer verbotenen Erektion wegen inzestuöser Triebwünsche) ebenso auf eine multiple präödipale Grundlage zurückging: Die Spasmen der Halsmuskeln symbolisierten nicht allein den bedrohten Phallus, sondern ebenfalls unbewältigte orale und anale Wünsche, Bedrohungen und Ängste. Die Erstickungsanfälle könnten auch ein verzweifeltes Weinen und ein passives Verlangen nach der Mutter, sozusagen den erstickten Schrei nach der Liebe der Mutter ausdrücken, den diese nicht mehr hören kann.

Die fünfziger Jahre hatten in der psychoanalytic community eine Verunsicherung bezüglich einer einheitlichen ödipalen Genese der Hysterie mit sich gebracht. Dies führte in der Folgezeit dazu, daß Psychoanalytiker damit begannen, verschiedene Formen der Hysterie zu beschreiben, wobei immer stärker neben die psychosexuelle Entwicklung Aspekte der Ich-Funktionen und der Objektbeziehungen traten.

Easser und Lesser (1965) z.B. grenzten von der „hysterischen" die sog. „hysteroide" Persönlichkeit ab. Für beide gilt, daß sie sich beim Lösen von Konflikten im Übermaß von Emotionen und weniger von klaren Überlegungen leiten lassen; sie reagieren stark auf die vermeintlichen Erwartungen ihrer Mitmenschen, vor allem, weil sie auf das Geliebt- und Gemochtwerdenwollen intensiv angewiesen sind; sie haben eine nur schwache Frustrationstoleranz, sind deshalb rasch enttäuscht, wütend und geben schnell auf. Sie leugnen gerne die Verantwortung für ihre eigenen Wünsche und Affekte, geben sich unschuldig, naiv und unbedarft. Die hysteroide Persönlichkeit zeichnet sich durch eine generell größere Pathologie aus, ist impulsiver im Verhalten und vor allem auch größeren Stimmungsschwankungen unterworfen. Ist die hysterische Persönlichkeit noch einigermaßen sozial integriert und beziehungsfähig, so daß sie, wenngleich auch konfliktreiche, so aber doch konstante Beziehungen aufrechterhalten kann, so zeigt die hysteroide Persönlichkeit schwerwiegende Probleme in der Gestaltung und Aufrechterhaltung von Beziehungen.

Während sich der genetische Konflikt der hysterischen Persönlichkeit hauptsächlich durch die Abwehr ödipaler Wünsche charakterisieren läßt, besteht derjenige der hysteroiden Persönlichkeit überwiegend in der Abwehr passiver und anklammernder Wünsche. Die Autoren weisen auch bereits darauf hin, daß die hysterische Persönlichkeit auf ein prägenitales Niveau regredieren kann, um sexuellen Wünschen aus dem Weg zu gehen, und daß andererseits die hysteroide Persönlichkeit zu Formen der Sexualisierung greifen kann, um ihre oralen Wünsche (im weitesten Sinn) abzuwehren.

Noch stärker als bei Easser und Lesser wird bei Elisabeth Zetzel (1968) deutlich, daß Betrachtungen über die Hysterie nicht nur die psychosexuelle Entwicklungslinie berücksichtigen, sondern mit der Theorieentwicklung Schritt halten und d.h. von den vor allem in den 50er und 60er Jahren erfolgten Ausarbeitungen der analytischen Ich- und Objektbeziehungs-Psychologie Gebrauch machen müssen. Die Autorin unternahm eine weitere Differenzierung der bereits von Easser und Lesser (1965) vorgenommenen Unterteilung in vier Gruppen, die auf einem Kontinuum angeordnet werden können und u.a. auch Grade der Analysierbarkeit darstellen.

1. Die „wirklich guten Hysterikerinnen"

Das Hauptsymptom dieser Gruppe von Frauen ist die Unfähigkeit, eine sexuell befriedigende Partnerschaft mit einem Mann, den sie lieben, einzugehen und aufrechtzuerhalten. Ansonsten sind sie in allen anderen Sparten des Lebens, insbesondere im Arbeitsbereich, funktionstüchtig und erfolgreich. Sie haben eine gute Ambivalenztoleranz (→ Ambivalenz) erworben, konnten zu beiden Eltern gute Beziehungen haben und primitive Abwehrmechanismen wie → Projektion, → projektive Identifizierung, → Spaltung und → Idealisierung aufgeben. Weniger befriedigend verlief hingegen die postödipale Zeit, oftmals auch durch äußere Ereignisse mitbedingt (bei weiblichen Patienten z.B. erfolgte ein vorübergehender oder teilweiser Verlust des Vaters auf der Höhe der ungelösten ödipalen Situation des Kindes). Häufig waren sie das älteste oder begabteste Kind oder der erklärte Liebling des Vaters.

Enttäuscht von ihrer mangelhaften sexuellen Erlebnisfähigkeit, suchen sie als Erwachsene einen Analytiker auf. Sie können gut zwischen Phantasie und Wirklichkeit, zwischen Übertragungsneurose und relativ übertragungsfreier Beziehung unterscheiden, sind in der Lage, → Angst und → Depression zu ertragen und sich erreichbaren Menschen und realistischen Idealen anzunähern, anstatt sich nach den unerreichbaren (Vater-)Männern ein Leben lang in Sehnsucht zu verzehren.

2. Die „potentiell guten Hysterikerinnen"

Diese Patientinnen weisen zwar eine prinzipiell analysierbare hysterische Störung auf, sind jedoch weniger bereitwillig und fähig, die mit der Analyse verbundenen Verpflichtungen und Belastungen einzugehen. Ihre zwischenmenschlichen Beziehungen sind weniger stabil und offenkundig ambivalent, ihre beruflichen Leistungen weisen Brüche auf, und sie sind nicht so erfolgreich. Die Abwehrmechanismen sind etwas weniger reif als bei der ersten Gruppe, und insbesondere sind die zwanghaften Charakterzüge geringer ausgeprägt, die bei den „wirklich guten Hysterikerinnen" starken regressiven Schwankungen im analytischen Behandlungsverlauf entgegenwirken. Sie sind insgesamt passiver als die reifen Hysterikerinnen, stellen größere Ansprüche an ihre Mitmenschen und haben zugleich aber auch eine größere Angst vor ihren Wünschen nach Abhängigkeit und Versorgtwerden. Nach Zetzel sind diese Patienten für eine Analyse oftmals noch zu jung, doch kann es einem erfahrenen Analytiker durchaus gelingen – wenn die Anfangsschwierigkeiten überwunden werden können – zufriedenstellende analytische Resultate zu erzielen.

3. Die „sogenannten guten Hysterikerinnen" mit einer zugrundeliegenden depressiven Charakterstruktur mit manifester hysterischer Symptomatik

Das Hauptproblem dieser Gruppe liegt in einer überwiegend negativen Selbsteinschätzung und in ihrer Neigung, die eigene Weiblichkeit abzuwerten, wobei diese Selbstwertproblematik und die damit einhergehenden Depressionen nicht selten hinter einer gut funktionierenden Fassade von Atttraktivität und Charme kaschiert werden. Der ausgeprägte Mangel an Selbstachtung ist meistens dafür verantwortlich, daß diese Frauen gewöhnlich erst in höherem Alter – zwischen 35 und 40 –, wenn sie sich gleichsam endgültig geschlagen fühlen, therapeutische Hilfe suchen. Nach Zetzel bleibt es bei den meisten Frauen aus dieser Gruppe fraglich, ob sie überhaupt einen ödipalen Konflikt erleben konnten oder nur zu dyadischen Beziehungen fähig waren. Häufig haben sie den Vater zumindest einige Jahre lang übermäßig idealisiert, vor allem weil auch die präödipale Beziehung zur Mutter unbefriedigend war. Sie können zwar erhebliche depressive Gefühle ertragen, fühlen sich dabei aber passiv und hilflos.

Die manifesten Symptome entsprechen den gängigen Klischees über hysterisches Verhalten. Trotz zum Teil guter Begabungen und sozialer Funktionstüchtigkeit außerhalb der analytischen Situation sind nach Zetzels Einschätzung nur wenige dieser Frauen (und dann nur in langen und schwierigen Analysen) analysierbar, wobei besonders die Phase der Beendigung der Analyse ein Problem darstellt. Die Übertragung ist gekennzeichnet von ungewöhnlich starker Abhängigkeit, vom Gefühl, abgelehnt zu werden, was zumeist eine Projektion der eigenen negativen Selbstbeurteilung ist, und von Durchbrüchen von Trennungsangst.

4. Die „sogenannten guten Hysterikerinnen", deren manifeste hysterische Symptomatik sich als pseudo-ödipal oder pseudo-genital erweist

In ihrer manifesten Symptomatik zeigen diese Frauen das Bild einer „blühenden Hysterie". Ihre zunächst genital erscheinende Fassade täuscht darüber hinweg, daß sie außerstande sind, eine echte ödipale Dreieckssituation zu erkennen, geschweige denn zu ertragen. Schon die präödipale Beziehung weist zu beiden Elternteilen schwerwiegende Mängel auf. Nicht selten finden sich in den ersten Lebensjahren reale Trennungen von einem oder von beiden Eltern und/oder schwierige Familienverhältnisse, Krankheiten der Eltern oder der Patientin und eine feindselig abwertende Beziehung zur Mutter. In der analytischen Behandlung entwickeln sie schnell intensive sexualisierte Übertragungsphantasien und sind deshalb häufig auch unfähig, eine analysierbare Übertragungsneurose entstehen zu lassen, weil das Als-Ob der Übertragung zu schnell verloren geht. Grundlegende → Ich-Funktionen sind beeinträchtigt, die → Realitätsprüfung und die Selbst- und → Objektkonstanz sind unzureichend entwickelt, und es herrschen eher frühe und primitive Abwehrmechanismen vor. Die Analysierbarkeit ist nach Zetzel bei dieser letzten Gruppe so gut wie nicht gegeben.

Spätestens seit diesen drei Arbeiten, also Ende der 60er Jahre, war in der psychoanalytischen Theoriebildung ein Stand erreicht, der es nunmehr ermöglichte, diagnostische Subgruppen der Hysterie zu unterscheiden. Paradoxerweise bilden dabei diejenigen Individuen, die auf den ersten Blick am wenigsten als hysterisch imponieren, diejenige Form der Hysterie, die auf eine überwiegend ödipale Ätiologie zurückzuführen ist. Die lärmende Form der Hysterie, die auch in so viele populärpsychologische Darstellungen eingeflossen ist und die sich durch Theatralik, Anspruchlichkeit, Unechtheit, Suggestibilität, geringe Frustrationstoleranz, Sexualisierung usw. auszeichnet, wird hingegen nunmehr als „hysteroid" (Easser und Lesser, 1965), als „sogenannter guter Hysteriker" (Zetzel, 1968) oder als „infantile Persönlichkeit" (Kernberg, 1978; Sugarman, 1979) bezeichnet und auf eine präödipale Ätiologie zurückgeführt.

    Khan (1974) vertrat die These, daß der Hysteriker in seiner frühen Kindheit Mängel im „good enough mothering" mit einer vorzeitigen und zu ausschließlichen sexuellen Entwicklung zu kompensieren versucht. Diese Sexualisierung soll die → Leere im Kind kompensieren helfen, die entsteht, wenn eine Mutter zu wenig die Ich-Interessen ihres Kindes fördert (oder aufgrund ihres eigenen Mangels an Kreativität die körperlichen Erfahrungen ihres Kindes sexualisiert). Wenn der erwachsene Hysteriker mit sexuellen Gesten und Aufforderungen wirbt, kommt es nach Khan (1974) zu einer méconnaisance, weil das Gegenüber nicht erkennen kann, daß die sexuellen Wünsche etwas ganz anderes signalisieren als sinnliche Leidenschaftlichkeit und Erotik, nämlich Bedürfnisse nach Zuwendung und Fürsorge. Der Hysteriker empfindet Groll darüber, wieder und wieder mit einem Menschen konfrontiert zu werden, der seine Ich-Interessen nicht erkennen kann und er hat Angst davor, daß der andere in einer nahen zwischenmenschlichen Situation entdeckt, wie wenig Kreativität und lebendige Affektivität es in ihm gibt.

Auch für Mentzos (1982) existiert keine wie auch immer bestimmte Krankheitseinheit „Hysterie", sondern nur ein relativ leicht identifizierbarer *hysterischer Modus der neurotischen Konfliktverarbeitung*. Dieser läßt sich bei einem breiten Spektrum von Störungen antreffen, von normalpsychologischen Erscheinungsformen bis hin zu sehr schwer gestörten Patienten.

Der Kern dieses Konfliktverarbeitungsmodus besteht nach Mentzos (1980, 1982) darin, daß der Betreffende sich in einen Zustand versetzt, der ihn sich selbst und den Zuschauern gegenüber in gewissen Aspekten seines Selbst *anders* darstellt, als er in Wirklichkeit ist. Hysterie läßt sich somit begreifen als vorübergehend inszenierte Veränderung der eigenen Selbstrepräsentanz.

Nach Rupprecht-Schampera (1992) haben die bisherigen Hysterietheoretiker in ihrer Postulierung von Untergruppen (benigne und maligne Formen) und der Annahme einer unterschiedlichen Genese der Hysterie (z.B. dyadische versus triadische Konflikte) das Zusammenwirken präödipaler und ödipaler Faktoren übersehen. In dem von ihr skizzierten Modell tragen beide Eltern zu einem Entwicklungstrauma (→ Trauma) des Kindes bei: in Reaktion auf eine mehr oder weniger pathologische Mutter-Kind-Beziehung sucht das Kind Ersatz für wichtige Entwicklungsbedürfnisse beim Vater, der jedoch in seiner triangulierenden Funktion versagt; die spezifische Hysteriegenese stellt sich jedoch erst dann ein, wenn die unzureichende Vater-Kind-Beziehung zusätzlich sexualisiert wird. Die Enttäuschung über den in seiner Väterlichkeit versagenden Vater wird jedoch massiv verleugnet und mit Hilfe einer → Idealisierung des Vaters und des Mannes zusätzlich abgewehrt. Die ödipal-inzestuösen Triebwünsche fallen der → Verdrängung anheim, die Realitätswahrnehmung kann intensiv eingeschränkt (→ Realitätsprüfung) und das Erwachsenwerden mit dem stärkeren Verantwortlichsein bekämpft werden, um sich nicht mit den Schuldgefühlen (→ Schuld) konfrontieren zu müssen. Das Kindlichbleiben konfrontiert den Betreffenden freilich auch wiederum mit seinem mangelhaften Getrenntsein von der Mutter. Das Dilemma der hysterischen Frau besteht also nicht darin, auf das Begehren nach dem unerreichbaren Vater nicht verzichten zu können, sondern die Idealisierung des Vaters, den sie als ödipalen Vater längst besessen hat, nicht aufgeben zu können. Denn das Aufrechterhalten dieser Idealisierung hilft ihr, an der Illusion festhalten zu können, daß Trennung und Individuation von der Mutter geglückt sind. Dieses als „mißglückter Separationsversuch" beschriebene Modell der Hysteriegenese gilt nach Rupprecht-Schampera entsprechend auch für den Mann.

Von den ersten Spuren einer Beschreibung der weiblichen Hysterie im ägyptischen Kahun Papyrus (um 1900 v. Chr.), wo als Therapie vorgeschlagen wurde, den Uterus mittels wohlriechender Substanzen wieder an den ursprünglichen Ort zu locken, bis hin zum ödipalen Narrativ Freuds, den Differenzierungen Zetzels und Kernbergs entsprechend struktureller Kriterien und der Einbeziehung familiendynamischer Überlegungen (z.B. Rupprecht-Schampera, 1992) ist im Nachdenken über jene rätselhafte Krankheit Hysterie ein weiter Weg zurückgelegt worden.

Literaturempfehlungen

Braun, Chr. v. (1985). Männliche Hysterie – weibliche Askese. Zum Paradigmenwechsel in den Geschlechterrollen. In Psychoanalytisches Seminar Zürich (Hg.), Frauensichten – Bei Lichte betrachtet wird es finster (S. 41–80). Frankfurt/M.: Athenäum.

Hoffmann, S.O. (1979). Charakter und Neurose. Ansätze zu einer psychoanalytischen Charakterologie. Frankfurt/M.: Suhrkamp.

Israel, L. (1983). Die unerhörte Botschaft der Hysterie. München: Reinhardt.

Kernberg, O.F. (1978). Borderline-Störungen und pathologischer Narzißmus. Frankfurt/M.: Suhrkamp.

Khan, M.M.R. (1974) La rancune de l'hystérique. Nouvelle Revue de Psychanalyse, 10, 151–158 (dt.: Der Groll des Hysterikers. Forum der Psychoanalyse, 4 (1988), 169–176).

Krohn, A. (1979). Hysteria. The elusive neurosis. Psychological Issues, 12, Monograph 45/46. New York: International Universities Press.

Loch, W. (1985). Anmerkungen zur Pathogenese und Psychodynamik der Hysterie. Jahrbuch der Psychoanalyse, 17, 135–174.

Mentzos, S. (1980). Hysterie. Zur Psychodynamik unbewußter Inszenierungen. München: Kindler.

Mentzos, S. (1982). Neurotische Konfliktverarbeitung. Frankfurt/M.: Fischer.

Rangell, L. (1969). Die Konversion. Psyche, 23, 121–147.

Schaps, R. (1982). Hysterie und Weiblichkeit. Wissenschaftsmythen über die Frau. Frankfurt/M.: Campus.

Shapiro, D. (1965). Neurotic styles. New York: Basic Books.

Sugarman, A.(1979). The infantile personality: Orality in the hysteric revisited. International Journal of Psycho-Analysis, 60, 501–513.

Zetzel, E. (1968). The so-called good hysteric. International Journal of Psycho-Analysis, 49, 256–260 (dt.: Der sogenannte gute Hysteriker. In dies., Die Fähigkeit zu emotionalem Wachstum (S. 230–246). Stuttgart: Klett 1974).

Ich-Defekt – ego defect

Das Konzept des Ich-Defekts mag manchem als Erfindung der 70er Jahre und als Abrücken von der genuin konfliktorientierten Betrachtungsweise der Psychoanalyse erscheinen; tatsächlich findet es sich aber schon bei Freuds (1937c) Nachdenken über das Problem unendlicher Analysen. Implizit ist es in der Thematik der Grundstörung von Balint (1968) enthalten, und Kinderanalytiker haben seit geraumer Zeit darauf aufmerksam gemacht (z.B. Redl, 1951; Weil, 1953, 1956). A. Freud (1974) unterscheidet zwei Arten kindlicher Psychopathologie: das neurotische Konfliktgeschehen (→ Konflikt), das für angstneurotische, phobische, zwanghafte und hysterische Störungen verantwortlich ist, und den entwicklungsmäßigen Defekt, auf den psychosomatische und → Borderline-Störungen zurückgehen.

Ein entwicklungsmäßiger Defekt bezieht sich auf die als → Ich-Funktionen beschriebenen Kompetenzen eines Kindes, die infolge von Entwicklung und Sozialisation zumeist schon in den ersten zwei Lebensjahren entstehen. In der deutschsprachigen Literatur hat sich die Terminologie der strukturellen Ich-Störung (im Unterschied zur funktionellen Ich-Störung, d.h. einer konfliktneurotisch bedingten funktionellen Beeinträchtigung des Ichs) eingebürgert (Fürstenau, 1977, 1986). Als Synonyme werden häufig verwandt: „Frühstörung", „frühe Ich-Störung", präödipale Störung", „Entwicklungspathologie".

Nach einem Vorschlag von Pine (1990) soll mit Defizit das Versagen der kindlichen Bezugspersonen bezeichnet werden, so wie Kohut (1973) z.B. von einem Defizit elterlichen → Spiegelns oder an Idealisierungsmöglichkeiten gesprochen hat. Die Annahme, daß jeder entwicklungsmäßige Defekt automatisch mit einem elterlichen Defizit zu tun haben muß, stellt jedoch einen nicht zulässigen Reduktionismus dar. Denn strukturelle Ich-Störungen können auch auf eine angeborene Störung, eine frühe Traumatisierung (z.B. Unfall) oder eine Krankheit des Kindes zurückgehen.

Bezüglich der Diagnostik haben verschiedene Autoren auf die Gefahr eines vorschnellen Diagnostizierens von strukturellen Ich-Störungen hingewiesen (z.B. Coen, 1986; Streeck, 1983; Weidenhammer, 1987).

Die Verlockung, angesichts verbal geäußerter „Unfähigkeiten" eines Patienten in einer eher objektivierenden, psychiatrischen und klinisch-psychologisch diagnostischen Vorgehensweise strukturelle Ich-Störungen diagnostizieren und klassifizieren zu wollen, kann eine genuin psychoanalytische Wahrnehmungseinstellung, die verbalen Äußerungen nicht sofort für bare Münze zu nehmen, übersehen lassen. Die theoretisch klar gegebene Dichotomie von strukturellen Ich-Störungen versus funktionellen Ich-Störungen bzw. neurotischen Konflikten läßt sich zudem in der Praxis nur selten antreffen. Strukturelle Ich-Störungen haben häufig zumindest ansatzweise einen neurotischen Überbau (Eagle, 1988; Killingmo, 1989).

Das therapeutische Verständnis im Umgang mit strukturellen Ich-Störungen hat sich in den zurückliegenden zwei Jahrzehnten bei sehr vielen Psychoanalytikern verändert. Es hat sich die Erkenntnis durchgesetzt, daß eine ausschließlich mit Deutungen operierende Psychoanalyse den strukturell ich-gestörten Patienten nicht optimal erreicht, ja bei manchen Patienten sogar zu iatrogenen Schädigungen führen kann. Vor allem Fürstenau (1977, 1986) hat beschrieben, wie die „Unterstellung eines fiktiven Normal-Ichs" (1977, S. 204) z.B. bei einem schizoid sich versteigenden oder entschwebenden Patienten diesen verfehlen muß und der klassische Psychoanalytiker dabei in die Gefahr kommt, selbst als beziehungslos schizoid erlebt zu werden.

In der deutschsprachigen Psychoanalyse haben in den letzten Jahren Heigl-Evers und Heigl (z.B. Heigl-Evers & Heigl, 1983, 1988; Heigl-Evers & Nitzschke, 1991) das Prinzip „Antwort" dem Prinzip „Deutung" gegenübergestellt. Während bei dem Prinzip „Deutung" innerseelische Zusammenhänge rekonstruiert werden, geht es bei dem Prinzip „Antwort" um das Aufzeigen eines interaktionell-dialogischen Zusammenhangs. Ziel dieser auch „psychoanalytisch-interaktionell" genannten Therapie ist eine Nachreifung von Substrukturen des Ichs, die eine schrittweise Ablösung von pathologischen inneren Objekten und eine Neu-Identifikation mit einem therapeutisch antwortenden Objekt erforderlich macht.

Nach Killingmo (1989) geht es bei den Patienten auf höherem Funktionsniveau um das *Entschlüsseln* von Bedeutungen, bei strukturell ich-gestörten Patienten hingegen um den *Aufbau* von Bedeutungen. Bestimmte Empfindungen konnten von diesen Menschen in ihrer Kindheit niemals als bedeutungsvolle Interaktionen erlebt werden, weil zu wenig Einfühlung in die kindlichen → Affekte stattgefunden hat, so daß sie als „sinnlose" Elemente ständig externalisiert werden müssen.

Bei der empirischen Diagnostik von Ich-Funktionen anhand von Ratingsskalen mit Hilfe der von Bellak und Mitarbeitern entwickelten Vorgehensweise (Bellak und Goldsmith, 1984) taucht das Problem einer zu geringen Raterübereinstimmung auf (vgl. Davies-Osterkamp, Hartkamp, Heigl-Evers & Standke, 1992), was vermutlich an einer noch zu globalen Operationalisierung der verschiedenen Merkmale liegt.

Literaturempfehlungen

Blanck, G. & Blanck, R. (1978). Angewandte Ich-Psychologie. Stuttgart: Klett.

Blanck, G. & Blanck, R. (1980). Ich-Psychologie II. Psychoanalytische Entwicklungspsychologie. Stuttgart: Klett.

Coen, S.J. (1986). The sense of defect. Journal of the American Psychoanalytic Association, 34, 47–67.

Eagle, M. (1988). Neuere Entwicklungen in der Psychoanalyse. Eine kritische Würdigung. München: Verlag Internationale Psychoanalyse.

Ehlers, W. & Enke, H. (1988). Zur objektivierenden Diagnostik präödipaler Störungen. Zeitschrift für Psychosomatische Medizin und Psychoanalyse, 34, 325–337.

Fürstenau, P. (1986). Wandlungen des Verständnisses und der Therapie psychogener Störungen in jüngster Zeit. In K.P. Kisker, H. Lauter, J.-E. Meyer, C. Müller & E. Strömgren (Hg.), Psychiatrie der Gegenwart 1 (S. 411–441). Berlin: Springer, 3. Auflage.

Heigl-Evers, A. & Heigl, F. (1988). Zum Prinzip „Antwort" in der psychoanalytischen Therapie. In R. Klußmann, W. Mertens & F. Schwarz (Hg.), Aktuelle Themen der Psychoanalyse (S. 85–97). Berlin: Springer.

Heigl-Evers, A. & Nitzschke, B. (1991). Das Prinzip „Deutung" und das Prinzip „Antwort" in der psychoanalytischen Therapie. Anmerkungen zur theoretischen Begründung zweier therapeutischer Angebote, die an unterschiedliche Patientengruppen gerichtet sind. Zeitschrift für psychosomatische Medizin und Psychoanalyse, 37, 115–127.

Killingmo, B. (1989). Conflict and deficit: Implications for technique. International Journal of Psycho-Analysis, 70, 65–79.

Pine, F. (1990). Drive, ego, object and self. A synthesis for clinical work. New York: Basic Books.

Streeck, U. (1983). Abweichungen vom „fiktiven Normal-Ich". Zum Dilemma der Diagnostik struktureller Ich-Störungen. Zeitschrift für psychosomatische Medizin und Psychoanalyse, 29, 334–349.

Thomä, H. (1981). Schriften zur Praxis der Psychoanalyse: Vom spiegelnden zum aktiven Psychoanalytiker. Frankfurt/M.: Suhrkamp.

Weidenhammer, B. (1987). Störungen des diagnostischen Urteilsprozesses bei präödipalen Pathologien. Zeitschrift für psychosomatische Medizin und Psychoanalyse, 33, 353–362.

Ich-Funktionen – ego functions

Die ich-psychologische Orientierung der Psychoanalyse führte schon relativ bald zu dem Versuch, das globale Konstrukt des Ichs durch verschiedene Funktionen zu definieren (vgl. A. Freud, 1936; Hartmann, 1939). Seitdem hat die Erforschung von Ich-Funktionen vor allem die amerikanischen Psychoanalytiker, die auf eine präzise ichstrukturelle Diagnostik in bezug auf → Ich-Defekte und auf die Einschätzung des Niveaus der Ich-Organisation großen Wert legen, zu immer neuen Bemühungen geführt, einen Katalog von Ich-Funktionen vorzulegen (z.B. Greenspan & Cullander, 1973; Bellak & Meyers, 1975; Kernberg, 1976; Blanck & Blanck, 1978, 1980).

So sind unter anderem beschrieben worden: die Art und Qualität der Objektbeziehungen, die → Realitätsprüfung, die interne Selbstregulierungsfähigkeit, die Frustrationstoleranz, die Fähigkeit zur → Signalangst, die Affekttoleranz und -differenzierung und die Selbst-Objekt-Differenzierung.

Eine eingeschränkte Fähigkeit zur Selbst-Objekt-Differenzierung bringt z.B. mit sich, daß der Betreffende zu projektiven (→ Projektion), introjektiven und paranoiden Verkennungen der Realität neigt, was wiederum zu Schwierigkeiten im Kontaktbereich und zu Störungen der Beziehungsfähigkeit führt. Psychotische, präpsychotische, schizoide und paranoide Krankheitsbilder können in dieser mangelhaft ausgeprägten Ich-Funktion ihre Ursache haben.

Eine mangelhafte Affektdifferenzierung führt zu Problemen, → Affekte bei sich selbst und beim Gegenüber wahrnehmen, benennen und mit ihnen umgehen zu können. Damit entfällt nicht nur die Signalfunktion bestimmter Affekte (z.B. Ärger wahrnehmen zu können), sondern auch deren kommunikative Funktion (z.B. Ärger zum Ausdruck bringen und mitteilen zu können), die bestimmte Handlungskonsequenzen zur Folge hat (z.B. Auseinandersetzung). Die Einschränkung dieser Fähigkeit wurde in unterschiedlichem Ausmaß vor allem bei psychosomatischen Patienten diagnostiziert und häufig als → Alexithymie konzeptualisiert.

Eine mangelhafte Frustrationstoleranz, zurückgehend auf die Erfahrung, daß die geäußerten Wünsche und Intentionen auf keine oder nur mangelhafte Resonanz stoßen und deshalb nicht das Erleben einer zuverlässig erfolgenden Bedürfnisbefriedigung und des Etwas-Bewirken-Könnens zur Folge haben, findet sich häufig bei depressiven (→ Depression) und narzißtisch gestörten Individuen. Während bei depressiven Menschen zumeist eine Wendung des Enttäuschungsärgers gegen sich selbst stattfindet, leiden narzißtisch gestörte Menschen unter einer kaum noch beherrschbaren narzißtischen Wut (Kohut, 1973b), die sich aufgrund ihrer raschen Kränkbarkeit anläßlich geringfügiger Versagungserlebnisse einstellt und nach imperativer Abfuhr drängt.

Der Umgang mit Patienten, deren Ich-Funktionen eingeschränkt sind, so daß von → Ich-Defekten unterschiedlicher Intensität ausgegangen werden muß, verlangt entsprechend der Überzeugung vieler zeitgenössischer Psychoanalytiker nach einer modifizierten psychoanalytischen Vorgehensweise (z.B. Fürstenau, 1977, 1986; Killingmo, 1989; Heigl-Evers & Nitzschke, 1991).

Literaturempfehlungen

Blanck, G. & Blanck, R. (1978). Angewandte Ich-Psychologie. Stuttgart: Klett.

Blanck, G. & Blanck, R. (1980). Ich-Psychologie II. Psychoanalytische Entwicklungspsychologie. Stuttgart: Klett.

Greenspan, S.I. (1989a). The development of the ego. Implications for personality theory, psychopathology, and the psychotherapeutic process. Madison, Conn.: International Universities Press.

Greenspan, S.I. (1989b). The development of the ego: Biological and environmental specificity in the psychopathological developmental process and the selection and construction of ego defenses. Journal of the American Psychoanalytic Association, 37, 605–638.

Heigl-Evers, A. & Nizschke, B. (1991). Das Prinzip „Deutung" und das Prinzip „Antwort" in der psychoanalytischen Therapie. Anmerkungen zur theoretischen Begründung zweier therapeutischer Angebote, die an unterschiedliche Patientengruppen gerichtet sind. Zeitschrift für psychosomatische Medizin und Psychoanalyse, 37, 115–127.

Killingmo, B. (1989). Conflict and deficit: Implications for technique. International Journal of Psycho-Analysis, 70, 65–79.

Pine, F. (1990). Drive, ego, object and self. A synthesis for clinical work. New York: Basic Books.

Robbins, M. (1989). Primitive personality organization as an interpersonally adaptive modification of cognition and affect. International Journal of Psycho-Analysis, 70, 443–459.

Zepf, S. (1987). Ich-Funktionen und Interaktionsformen. In J. Belgrad, B. Görlich, H.D. König & G. Schmid Noerr (Hg.), Zur Idee einer psychoanalytischen Sozialforschung. Dimensionen szenischen Verstehens (S. 136–150). Frankfurt/M.: Fischer.

Ich-Ideal – ego ideal

Viele Jahre stand die Betrachtung des Ich-Ideals im Schatten der Beschäftigung
mit dem Über-Ich, ähnlich wie bei den Themen → Scham und → Schuld. Das
führte auch dazu, daß die Funktionen des Ich-Ideals nur ungenau und manchmal
widersprüchlich beschrieben wurden. Und trotz zunehmenden Interesses an diesem Thema kann Milrod (1990) immer noch eine mangelnde Übereinstimmung
bezüglich der Definitionen, der funktionellen und entwicklungspsychologischen
Aspekte konstatieren.

Diese besteht z.B. hinsichtlich der folgenden Fragen: Ist das Ich-Ideal sowohl
funktionell als auch entwicklungsmäßig vom → Über-Ich zu unterscheiden, oder
stellt es eine Funktion des Über-Ichs dar? Geht in das Ich-Ideal der ursprüngliche
primäre Narzißmus des kleinen Kindes ein, so daß es zu einer wunscherfüllenden
Instanz wird? Wie sehen die Vorläufer des ödipalen Ich-Ideals aus?

Vom Ich-Ideal muß zunächst das ideale oder gewünschte Selbstbild unterschieden werden, das sich der komplexen Dynamik und Interferenz nur zum ge-
ringeren Teil realitätsbezogener und von außen, z.B. von den Eltern, vermittelter,
sonst aber magisch überhöhter oder kompensatorisch aufgeblähter Vorstellungen
verdankt. Von Milrod (1982) wird es als Vorläufer des Ich-Ideals bezeichnet. Erst
mit zunehmender Fähigkeit zur → Realitätsprüfung und zum Aufgeben grandios
narzißtischer → Phantasien nähert es sich allmählich denjenigen Selbstrepräsentanzen an, die einen stärkeren Realitätsbezug haben. Bei den von Kohut (1971)
beschriebenen narzißtischen Störungen bleibt das archaisch ideale Selbstbild allerdings aufgrund vertikaler oder horizontaler → Spaltung vorhanden und führt
zu Beeinträchtigungen im Erleben und sozialen Verhalten.

Gegenüber den kindlich grandiosen und omnipotenten Aspekten als ideal
phantasierter Selbstbilder bezieht sich das Ich-Ideal in der Regel auf moralische
und ethische Werte. Der Unterschied zwischen dem grandiosen Selbstbild eines
„Superman, der Eisentüren aufsprengt" und dem entpersonifizierten Ich-Ideal
„Wir wollen von unserem Reichtum auch etwas für die Armen abgeben" ist doch
erheblich. Gleichwohl kann auch das Ich-Ideal seine ursprüngliche Abstammung
von den elterlich gelebten und verbal vertretenen Wertvorstellungen nicht verleugnen. Deshalb eignet auch dem Ich-Ideal eines Erwachsenen noch jene idealisierte und magische Qualität, und das Streben, entsprechend den Ich-Ideal-Vor-
stellungen zu leben, wird zu einem nimmer endenden Kampf.

Wenn man davon ausgeht, daß das Ich-Ideal eine Subfunktion des Über-Ichs
darstellt, läßt sich diese am besten als richtungsgebende, im Unterschied zu den
verbietenden und grenzensetzenden Funktionen beschreiben. Das Ich-Ideal verkörpert als struktureller Niederschlag von → Identifizierungen mit den Bezugspersonen des Kindes einen stets präsenten und als äußerst wichtig erlebten Maß-

stab, an dem Wünsche, Handlungsimpulse und Verhaltensweisen hinsichtlich ihrer (gruppenspezifisch) sozial verträglichen und ethischen Implikationen und Konsequenzen eingeschätzt werden.

Die Freudsche (1914c) Idee einer Verschiebung des infantilen Narzißmus auf das Ich-Ideal hat bei manchen Psychoanalytikern zu der Annahme geführt, daß das Ich-Ideal zum Nachfolger des primären Narzißmus werde (vgl. z.B. Chasseguet-Smirgel, 1976; Zagermann, 1985), eine narzißtisch wunscherfüllende Instanz sei oder eine regressive Fusionierung mit dem primären Narzißmus anstrebe. Demgegenüber ist festzuhalten, daß nur das Ich oder das Selbst ein narzißtisches Hochgefühl erleben kann, wenn es entsprechend den Werten des Ich-Ideals lebt.

Literaturempfehlungen

Blos, P. (1972). The genealogy of the ego ideal. Psychoanalytic Study of the Child, 27, 93–97.

Chasseguet-Smirgel, J. (1976). Some thoughts on the ego ideal. Psychoanalytic Quarterly, 45, 345–373.

Chasseguet-Smirgel, J. (1981). Das Ich-Ideal. Psychoanalytischer Essay über die ,Krankheit der Idealität'. Frankfurt/M.: Suhrkamp.

Hoffmann, S.O. & Trimborn, W. (1979). Die Bedeutung sozialer Faktoren für die Entstehung psychischer Substrukturen (Instanzen). In J. Cremerius, S.O. Hoffmann & W. Trimborn (Hg.), Psychoanalyse, Über-Ich und soziale Schicht. Die psychoanalytische Behandlung der Reichen, der Mächtigen und der sozial Schwachen (S. 83–96). München: Kindler.

Jacobson, E. (1964). The self and the object world. New York (dt.: Das Selbst und die Welt der Objekte. Frankfurt/M.: Suhrkamp 1973).

Lampl-de Groot, J. (1962). The ego ideal and the superego. Psychoanalytic Study of the Child, 17, 94–106 (dt.: Ich-Ideal und Über-Ich. Psyche, 17 (1963), 321–332).

Milrod, D. (1982). The wished-for self image. Psychoanalytic Study of the Child, 37, 95–120.

Milrod, D. (1990). The ego ideal. Psychoanalytic Study of the Child, 45, 43–60.

Sandler, J., Holder, A. & Meers, D. (1963). The ego ideal and the ideal self. Psychoanalytic Study of the Child, 18, 139–158.

Zagermann, P. (1985). Ich-Ideal, Sublimierung, Narzißmus. Darmstadt: Wissenschaftliche Buchgesellschaft.

Idealisierung – idealization

Viele Jahre lang galt die Idealisierung behandlungstechnisch als eine Abwehr feindseliger ödipaler Strebungen (→ Ödipuskomplex): Die ödipale → Ambivalenz gegenüber Vater und Mutter kann nicht ertragen werden, und aus diesem Grund muß ein Patient – meist in Form einer Reaktionsbildung – ödipale Aggression gegen seinen Analytiker abwehren.

Kohut (1973a, 1979) hat mit seinem Narzißmus-Konzept die Diskussion über die Rolle der Idealisierung sowohl in der Entwicklung des Kindes und Heranwachsenden als auch in der psychoanalytischen Therapie neu belebt. Insbesondere sein Konzept der idealisierenden Übertragung hat darauf aufmerksam gemacht, daß Idealisierung keineswegs nur ein Abwehrverhalten ödipaler oder präödipaler Art (z.B. als subsidiäre Funktion bei der → Spaltung, → Projektion und → Verleugnung im Rahmen von → Borderline-Störungen), sondern eine wichtige wachstumsfördernde Funktion aufweist. Dabei ist es nicht immer einfach, die defensiven, triebbefriedigenden, struktur- und entwicklungsfördernden Aspekte von Idealisierungen klar und eindeutig voneinander zu trennen.

Nach Kohut (1973a) kommt es im Verlauf einer idealisierenden Übertragung zu unvermeidbaren Enttäuschungen am idealisierten Analytiker. Anhand dieser Störungen des narzißtischen Gleichgewichts können mit Hilfe der Einfälle des Patienten und genetischer Rekonstruktionen die lebensgeschichtlich erfahrenen Enttäuschungen herausgearbeitet werden; die im Hier und Jetzt erfahrenen Begrenzungen eines zunächst als ideal benötigten Analytikers lassen allmählich das Bedürfnis eines Patienten, andere Menschen als omnipotent zu erleben und für seine Entwicklung brauchen zu müssen, geringer werden. Eine zu frühzeitige Deutung der idealisierenden Übertragung kann auf die Angst des Analytikers zurückgehen, daß durch das fortgesetzte Idealisieren seine eigenen Omnipotenz- und Grandiositätswünsche stimuliert werden; ebenso kann natürlich eine zu lange aufrechterhaltene narzißtische Allianz Ausdruck des narzißtischen Bedürfnisses des Therapeuten sein.

Gedo (1975) grenzt Pseudo-Idealisierungen von genuin idealisierenden Übertragungen ab und beschreibt die ersteren als defensive Idealisierung eines bereits ganzheitlich wahrgenommenen Objekts, von dem aber traumatisierende Enttäuschungen ausgegangen sind. Diese führten reaktiv zur narzißtischen Enttäuschungswut, die mit der Pseudo-Idealisierung in Schach gehalten werden soll.

Unter entwicklungspsychologischem Gesichtspunkt sind nicht nur die von Kohut (1973a) beschriebenen Formen der Idealisierung der Eltern-Imagines entsprechend psychosexueller Phasen in der Kindheit bedeutsam, sondern vor allem auch Idealisierungsprozesse in der → Adoleszenz. In diesem Entwicklungsabschnitt, als „dem narzißtischen Alter" (Grunberger, 1976) kommt es zu einer Zunahme der Idealisierung des Selbst mit einer korrespondierenden Entwertung der Eltern und einer verstärkten und neuen Form der Idealisierung anderer Erwachsener und deren Wertvorstellungen. Eingeschränkte → Realitätsprüfung, starke Selbstbezogenheit und -überschätzung, aber auch Entfremdungs- und Einsamkeitsgefühle können die Folge sein. Die idealisierten Personen außerhalb der eigenen Familie verkörpern in der Regel Anteile des Selbst, häufig unter Verwendung von → Spaltungs- und → Verleugnungsmechanismen.

Bei der Suche nach Möglichkeiten eigener Trieb- und Affektbeherrschung und der Idealisierung einer besseren und gerechteren Welt werden die eigenen Eltern als autoritätsgläubig, unaufrichtig und materialistisch, andere Personen als uneigennützige und triebfreie Vorbilder betrachtet, denen nachzueifern es sich lohnt. Die Externalisierung eigener konflikthafter Anteile des Selbst ist sicherlich ein ubiquitärer Vorgang der Adoleszenz, die Reintegration muß aber nicht notwendigerweise im Erwachsenenalter erfolgen.

Aus psychoanalytisch-sozialpsychologischer Sicht haben Alexander und Margarete Mitscherlich (1967) aufgezeigt, wie in autoritätsbesessenen Gesellschaften die Beziehung zu Autoritäten nur mit Hilfe von Idealisierungen ertragen werden kann und zumeist in eine → Identifizierung mit dem Aggressor einmündet.

Literaturempfehlungen

Chasseguet-Smirgel, J. (1981). Das Ich-Ideal. Psychoanalytischer Essay über die „Krankheit der Idealität". Frankfurt/M.: Suhrkamp.
Chused, J.F. (1987). Idealization of the analyst by the young adult. Journal of the American Psychoanalytic Association, 35, 839–859.
Gedo, J. (1975). Forms of idealization in the analytic transference. Journal of the American Psychoanalytic Association, 23, 485–505.
Grunberger, B. (1976). Vom Narzißmus zum Objekt. Frankfurt/M.: Suhrkamp.
Kohut, H. (1973a). Narzißmus. Frankfurt/M.: Suhrkamp
Mitscherlich-Nielsen, M. (1973). Probleme der Idealisierung. Psyche, 27, 1106–1127.
Mitscherlich, A. & Mischerlich, M. (1967). Die Unfähigkeit zu trauern. München: Piper.
Rosenkötter, L. (1981). Die Idealbildung in der Generationenfolge. Psyche, 35, 593–599.

Identifizierung – identification

Der Identifizierung kommt in der psychoanalytischen Theorie ein bedeutender Stellenwert zu. Vor allem in den Arbeiten „Zur Einführung des Narzißmus" (1914c), „Trauer und Melancholie" (1916–17g), „Der Untergang des Ödipuskomplexes" (1924d) entwickelte Freud im Zusamenhang mit den Einverleibungsvorgängen bei der Melancholie, der Beschäftigung mit der Objektwahl, der Bewältigung und dem Untergang des → Ödipuskomplexes seine Auffassung über die Identifizierung, die für die Herausbildung der kindlichen Persönlichkeit so entscheidend ist. Am bekanntesten wurde Freuds Auffassung, daß ein Kind eine aus verschiedenen Gründen nicht mehr lebbare Liebesbeziehung mit einer Elternfigur dadurch zu bewältigen versucht, indem es sich unbewußt mit für ihn wichtigen Eigenschaften von Mutter oder Vater identifiziert und auf diese Weise die Liebesbeziehung in sich aufbewahrt. Aber auch die Identifizierung mit den erotischen und kraftvollen Eigenschaften des mächtigen, gleichgeschlechtlichen Rivalen in der ödipalen Konstellation ist nach Freud ein Anreiz für das Kind, so werden zu wollen wie der beneidete Elternteil. Die ödipale Identifizierung diente Freud auch als Modell für die Entstehung des → Über-Ichs; die Abgrenzung, welche Identifizierungen das Ich bereichern (operative und kognitive Identifizierungsmodi nach Hoffmann und Trimborn (1979)), und welche zur Konstitution des Über-Ichs und des → Ich-Ideals beitragen (normative und finale Identifizierungsmodi), fiel Freud noch schwer. Aufgrund der erst unvollständig entwickelten ichstrukturellen Betrachtungsweise (→ Ich-Funktionen) gelang es ihm auch noch nicht vollständig, Identifizierungsprozesse altersmäßig zu differenzieren und die unterschiedlichen Auswirkungen auf die Persönlichkeitsentwicklung zu beschreiben.

Nur wenige psychoanalytische Autoren haben in der Folgezeit die Vorgänge der Introjektion und Identifizierung als Synonyme betrachtet; die meisten plädieren für eine entwicklungsmäßige Differenzierung dieser Begriffe. Die Introjektion wird als der ontogenetisch frühere Vorgang der → Internalisierung einer Objektbeziehung aufgefaßt. Bei der Introjektion sind Selbst und Objekt noch nicht klar voneinander differenziert, die Wahrnehmung des Objekts ist stärker affekt- und triebabhängig, d.h. sehr stark von der → Projektion eigener Selbstbilder bestimmt, und dementsprechend ist die Introjektion eher diffus und global (weshalb manche Autoren auch von einer globalen Identifikation sprechen; vgl. Kernberg, 1976).

Eine andere Unterscheidung zwischen Introjektion und Identifizierung geht davon aus, daß die Introjektion an der Objektrepräsentanz geschieht, die Identifizierung hingegen an der Selbstrepräsentanz (vgl. Sandler & Rosenblatt, 1962; Schafer, 1968). Bei der Introjektion werden die Vorstellungen von einem Objekt

– genauer: die Autorität des Objekts – zu einem Introjekt, wobei die innere Beziehung zu dem Objekt bestehen bleibt, das Introjekt nicht depersonifiziert und später häufig wie ein Fremdkörper erlebt wird; bei der Identifikation wird die Selbstrepräsentanz verändert.

Jacobson (1964, S. 50f.) unterscheidet entsprechend entwicklungspsychologischen Unterschieden in der kognitiven und affektiven Reife zwischen einem „primitiven Typus der Identifizierung" (dies entspricht der von anderen Autoren so genannten Introjektion, die durch eine Kontaminierung von Selbst- und Objektimagines zustandekommt), und reifen, selektiven Identifizierungen, die sich intentional und auswählend auf bestimmte Aspekte eines anderen Menschen beziehen. Damit einhergehend verändern sich auch die Wünsche: von dem Bestreben, Teil des Liebesobjekts zu bleiben oder es zu einem Teil des eigenen Selbst zu machen, hin zu dem Wunsch, ihm real ähnlich zu werden und damit auch eine Trennung zu realisieren. Verschiedene, dem Trennungs- und Individuationsansatz M. Mahlers nahestehende Autoren, wie z.B. Blanck und Blanck (1978, 1980), haben deshalb auch die Nützlichkeit des Konzepts der selektiven Identifizierung für die moderne psychoanalytische Entwicklungspsychologie betont.

Ich- und Über-Ich-Identifikationen werden ebenfalls nach entwicklungspsychologischen Gesichtspunkten differenziert, wenngleich eine deutliche Trennung sicherlich selten vorkommt. Hoffmann und Trimborn (1979) konzeptualisierten ein differenziertes Schema einer Taxonomie von Identifikationsinhalten, untergliedert in Identifikationsmodus, -angebot, -erlebnis und strukturellen Niederschlag. Im normativen Modus heißt das Identifizierungsangebot: „So mußt du sein" und schlägt sich strukturell im Über-Ich nieder. Im finalen Modus heißt es: „So sollst du werden" und schlägt sich im → Ich-Ideal nieder. Im kognitiven Modus heißt es: „So kannst du es sehen" und schlägt sich im Ich nieder.

Die von A. Freud (1936) beschriebene Identifizierung mit dem Angreifer ist eine Sonderform der Identifizierung, die häufig der Bewältigung eines traumatisierenden Erlebnisses dient und dem passiv Erlittenen eine aktive Reaktion entgegensetzt. Im Geltungsbereich eingeschränkter als die ubiquitären Identifizierungen im Entwicklungsprozeß, sind die Identifizierungen mit dem Aggressor dennoch von hoher Erklärungskraft für viele Phänomene vor allem der → Über-Ich-Entwicklung und der Behandlungspraxis. So läßt sich z.B. ein reduziertes Selbstwertgefühl bei narzißtisch depressiven Stimmungsbeeinträchtigungen mit einem Übermaß an Selbstkritik in Zusammenhang bringen, das auf Identifizierungen mit einem elterlichen Aggressor zurückgeht (vgl. Blum, 1987).

Literaturempfehlungen

Blanck, G. & Blanck, R. (1978). Angewandte Ich-Psychologie. Stuttgart: Klett.

Blanck, G. & Blanck, R. (1980). Ich-Psychologie II. Psychoanalytische Entwicklungspsychologie. Stuttgart: Klett.

Blum, H. P. (1986). On identification and its vicissitudes. International Journal of Psycho-Analysis, 67, 267–276.

Blum, H.P. (1987). The role of identification in the resolution of trauma: The Anna Freud memorial lecture. Psychoanalytic Quarterly, 56, 609–627.

Compton, A. (1985a). The concept of identification in the work of Freud, Ferenczi and Abraham. Psychoanalytic Quarterly, 54, 200–233.

Freud, A. (1936). Das Ich und die Abwehrmechanismen. München: Kindler 1974.

Gattig, E. (1988). Primäre Identifizierung – die Internalisierung einer Interaktion. In E. Gattig & S. Zepf (Hg.), Selbstverständigungen. Aus der Werkstatt der Psychoanalyse (S. 1–14). Berlin: Springer.

Halperin, S. & Shakow, C. (1989). The development of identification in Freudian theory. Psychoanalytic Review, 76, 33–374.

Hoffmann, S.O. & Trimborn, W. (1979). Die Bedeutung sozialer Faktoren für die Entstehung psychischer Substrukturen (Instanzen). In J. Cremerius, S.O. Hoffmann & W. Trimborn (Hg.), Psychoanalyse, Über-Ich und soziale Schicht. Die psychoanalytische Behandlung der Reichen, der Mächtigen und der sozial Schwachen (S. 83–96). München: Kindler.

Jacobson, E. (1964). The self and the object world. New York (dt.: Das Selbst und die Welt der Objekte. Frankfurt/M.: Suhrkamp 1973).

Kanzer, M. (1985). Identification and its vicissitudes. International Journal of Psycho-Analysis, 66, 19–30.

Meissner, W.W. (1972). Notes on identification: III. The concept of identification. Psychoanalytic Quarterly, 41, 224–260.

Sandler, J. & Rosenblatt, B. (1962). The concept of the representational world. Psychoanalytic Study of the Child, 17, 128–145 (dt.: Der Begriff der Vorstellungswelt. Psyche (1984), 38, 235–253).

Schafer, R. (1968). Aspects of internalization. New York: International Universities Press.

Silverman, M.A. (1986). Identification in healthy and pathological character formation. International Journal of Psycho-Analysis, 67, 181–191.

Stork, J. (1988). Das menschliche Schicksal zwischen Individuation und Identifizierung. Problemata, 121. Stuttgart: frommann-holzboog.

Intellektualisierung – intellectualization

A. Freud (1936) beschrieb als einen typischen Abwehrmechanismus der → Adoleszenz die Intellektualisierung, zusammen mit einer asketischen Einstellung, die der Abwehr der durch die körperlichen Reifungsprozesse verstärkten aggressiven und sexuellen Impulse dienen (→ Aggression; → Sexualtrieb). Die forcierte intellektuelle Beschäftigung von Jugendlichen mit Themen der Liebe und Sexualität und dem Sinn des Lebens stellt eine Form der Bewältigung aktueller Triebkonflikte (→ Konflikt) dar.

In dem unstillbaren Verlangen, über abstrakte Themen zu denken und zu reden, z.B. über die Idealbilder (→ Ich-Ideal) von Freundschaft und ewiger Treue, kommt beim Jugendlichen die Besorgnis seines eigenen Ichs zum Ausdruck, „das spürt, wie wenig haltbar alle seine neuen und stürmischen Objektbeziehungen geworden sind … Was sich im Intellektuellen äußert, wäre also eine Schilderung der Triebvorgänge" (A. Freud, 1936/1974, S. 124).

Die asketische Lebenseinstellung kann im allgemeinen nicht die völlige → Verdrängung von Triebimpulsen gewährleisten. Erst das „Durchdenken des Triebkonflikts", seine Intellektualisierung, stellt eine effektivere Form der Bewältigung und Abwehr dar. Daß die Intellektualisierung in der Adoleszenz kein durchgängiges Charaktermerkmal, sondern eher eine Abwehrmaßnahme darstellt, wird auch an der geringen Konsistenz des Verhaltens des Adoleszenten deutlich: „Seine hohe Auffassung der Liebe und der Verpflichtungen des Liebenden hat keinen Einfluß auf die ständigen Treulosigkeiten und Gefühlsroheiten, die er sich bei seinen wechselnden Verliebtheiten zuschulden kommen läßt" (A. Freud, 1936/1974, S. 125).

Gleichzeitig erleichtert dieser Prozeß aber auch die Anpassung an die intellektuellen Erfordernisse der Erwachsenenwelt. Nach Mogul (1980) hat diese adoleszente intellektualisierende Lebensweise deshalb auch den Sinn, Unabhängigkeit und den Abschied von noch vorhandenen Resten kindlich magischen Denkens zu demonstrieren.

Zwar überwiegend als adoleszenzspezifischer Abwehrvorgang eingeschätzt, kann die Intellektualisierung auch im Erwachsenenalter andauern. Sie hat dann vor allem die Funktion, eine Distanz zu affektiven und triebhaften Erlebnissen in der Interaktion mit einem anderen Menschen aufrechtzuerhalten.

Dementsprechend tritt sie behandlungstechnisch auch als ein Widerstand des Analysanden gegen die freie Assoziation auf; die theoretisierende und verallgemeinernde Redeweise hat dann die Funktion, die individuellen, mit bestimmten Affektnuancen versehenen Vorstellungen ins Intellektuell-Abstrakte zu befördern, wo sie als unverbindliche Gedanken betrachtet werden können. In der Gegenübertragung löst dies meist Langeweile aus. Nicht jede intellektuelle Schlußfolgerung – wie z.B. bei der Generalisierung von → Einsichten – stellt allerdings eine Rationalisierung dar.

Literaturempfehlungen

Freud, A. (1936). Das Ich und die Abwehrmechanismen. München: Kindler 1974.
Mogul, S.L. (1980). Asceticism in adolescence and anorexia nervosa. Psycho-analytic Study of the Child, 35, 155–175.

Internalisierung – internalization

Internalisierung wird zumeist als Oberbegriff für eine Anzahl psychoanalytischer „Verinnerlichungsbegriffe", wie z.B. Inkorporation, Introjektion, → Identifizierung, verwendet. Dabei wird davon ausgegangen, daß nicht so sehr Teile des Objekts verinnerlicht werden, sondern Aspekte von Objektbeziehungs- bzw. Inter-aktions-Repräsentanzen (→ Repräsentanz) (allerdings mit fließenden Übergängen zwischen beiden), wobei die verinnerlichten Beziehungsaspekte sowohl auf reale Interaktionen mit Personen in der Außenwelt, aber auch auf vorgestellte und phantasierte Objektbeziehungen verweisen.

Internalisierungen verändern nicht nur die Vorstellungswelt (i.S.v. Sandler & Rosenblatt, 1962), sondern auch Ich- und → Über-Ich-Funktionen. Nach Loewald (1973) und Schafer (1968) lassen sich unterschiedliche Ausprägungen der Umwandlung einer noch an bestimmten Personen haftenden Objektbeziehung zu einer entpersonifizierten, inneren Struktur unterscheiden. Kohuts (1973a) Konzept der „umwandelnden Verinnerlichung" zielt auf diesen von Loewald angesprochenen Aspekt der schrittweisen, entwicklungsentsprechenden Ent- oder Depersonifizierung ab. Durch diesen Vorgang bleiben nur die abstrakten Funktionen, die früher die Bezugsperson für das Kind erfüllte, als psychische Struktur oder persistierende Kompetenz – z.B., sich selbst zu trösten und aufzumuntern – übrig (vgl. Tolpin, 1971). Wenn man die Internalisierung als Kontinuumsbegriff sieht, ist die umwandelnde Verinnerlichung am oberen Endpunkt einer kontinuierlichen Skala angeordnet; am unteren Ende hat noch keine wirkliche Internalisierung stattgefunden, sondern lediglich eine → Phantasie von Inkorporation stattgefunden. Dementsprechend läßt sich die Inkorporation auch als Vorstufe der Internalisierung betrachten, wenngleich auch entwicklungspsychologisch spätere Internalisierungsvorgänge von Einverleibungsphantasien begleitet sein können (vgl. Schafer, 1968).

Nach Khantzian und Mack (1983) und Gaddini (1987) kommt es bei Affektregulierungsstörungen (→ Affektregulierung) in der Mutter-Kind-Beziehung zu späteren Schwierigkeiten bei der Internalisierung von fürsorglichen Aspekten der Mutter. Die Folge davon können selbstbeschädigende, masochistische Einstellungen (→ Masochismus) und Handlungen sein (vgl. Hirsch, 1989).

Literaturempfehlungen

Behrends, R.S. & Blatt, S.J. (1985). Separation-individuation and internalization. Psychoanalytic Study of the Child, 40, 11–39.

Gaddini, R. (1987). Early care and the roots of internalization. International Review of Psycho-Analysis, 14, 321–333.

Khantzian, E.J. & Mack, J.E. (1983). Self-preservation and the care of the self. Psychoanalytic Study of the Child, 38, 209–232.

Kohut, H. (1973a). Narzißmus. Frankfurt/M.: Suhrkamp.

Loewald, H.W. (1973). On internalization. International Journal of Psycho-Analysis, 54, 9–17 (dt.: Über Verinnerlichung. In ders., Psychoanalyse. Aufsätze aus den Jahren 1951–1979 (S. 46–64). Stuttgart: Klett-Cotta, 1986).

Meissner, W.W. (1981). Internalization in psychoanalysis. Psychological Issues, Monograph 50. New York: International Universities Press.

Sandler, J. & Rosenblatt, B. (1962). The concept of the representational world. Psychoanalytic Study of the Child, 17, 128–145 (dt.: Der Begriff der Vorstellungswelt. Psyche, 38 (1984), 235–253).

Schafer, R. (1968). Aspects of internalization. New York: International Universities Press.

Schafer, R. (1976). A new language for psychoanalysis. New Haven, London: Yale University Press. (dt.: Eine neue Sprache für die Psychoanalyse. Stuttgart: Klett 1982).

Tolpin, M. (1971). On the beginnings of a cohesive self. Psychoanalytic Study of the Child, 26, 316–352.

Introspektion – introspection

Wenn eine Analyse empfohlen wird oder indiziert erscheint, heißt es in der Regel, daß der betreffende Analysand genügend Introspektionsfähigkeit aufweisen müsse, damit der analytische Prozeß fruchtbar werden könne.

Und auch vom Analytiker erwartet man, daß seine Introspektion genügend geschult ist, um seine Gegenübertragungsgefühle und -phantasien wahrnehmen zu können (vgl. Kohut, 1977). Was aber hat man unter Introspektion zu verstehen? Im psychoanalytischen Sinn ist hierbei in erster Linie an eine Binnenwahrnehmung gedacht, die das Ziel hat, bewußte und vorbewußte Gründe (und in der analytischen Therapie auch die unbewußten Gründe), Intentionen und Auswirkungen von Handlungen auf ehrliche Weise zu erforschen, auch wenn die dabei zutage tretenden → Einsichten und Erkenntnisse für das eigene Selbstverständnis schmerzlich sind, dem → Ich-Ideal zutiefst widerstreben und → Scham- und → Schuldgefühle auslösen. Für den neurotischen Menschen – und mehr oder weniger ist dies jeder – ist es zumeist schwer, ein einigermaßen objektives Bild seines Selbst zu entwerfen. Überhaupt fällt es ihm schwer, sich mit sich selbst zu konfrontieren. Hektische Aktivitäten können dann z.B. verhindern, daß er über sich selbst nachdenken muß. Narzißtische Anspruchshaltungen geben ihm häufig das Gefühl, eine → Ausnahme zu sein; die anderen sind diejenigen, die schuld sind oder eine Psychotherapie nötig haben. Spaltungsvorgänge (→ Spaltung) teilen die Mitmenschen in gute und in böse auf, und auch man selbst gehört solange zu den ausschließlich guten und rechtschaffenen Personen, bis diese schwarz-weiß malende Zuordnung in das andere Extrem kippt und Verzweiflungs- und Wertlosigkeitsgefühlen Platz macht. Selbstkritik kann nur schwer ertragen werden und wird häufig externalisiert; angesichts der ungerechten Behandlung seines Gegenübers hat man dann das Recht, sich von ihm zu distanzieren. Verantwortung für die eigenen, inneren → Konflikte kann nicht übernommen werden, → Verdrängungen, → Projektionen und → Verleugnungen sind an der Tagesordnung.

Nach Rauchfleisch (1982, S. 102f.) müssen folgende ichstrukturelle Bedingungen gegeben sein, damit es zu einer introspektiven Auseinandersetzung mit der eigenen Person kommen kann: Spaltungsmechanismen sollten nicht zu stark ausgeprägt sein; eine Ablösung von den primären Bezugspersonen, die bislang stellvertretend psychische Vorgänge klassifizierten und einordneten, sollte ansatzweise geglückt sein; bestimmte → Ich-Funktionen, wie z.B. die → Realitätsprüfung, dürfen nicht allzusehr beeinträchtigt sein und eine → Regression im Dienste des Ichs, die für eine differenzierte Binnenwahrnehmung notwendig ist, sollte keine Angst auslösen. Wenn z.B. eine brüchige Abwehr gegen als böse und vernichtend wahrgenommene Introjekte besteht, bereitet jede Form der regressiven Betätigung massive Angst- bis Panikgefühle. Eine genauere Analyse zeigt auch, daß die Befürchtung, der Liebe und Wertschätzung von anderen Menschen verlustig zu gehen, aber auch vom eigenen → Über-Ich und → Ich-Ideal verurteilt zu werden, einer der Hauptgründe dafür ist, eine ehrliche Selbstprüfung und -einschätzung zu verhindern. Nur selbstsichere und sich geliebt fühlende Menschen sind deshalb auch zu einer einigermaßen objektiven Einschätzung ihrer Person fähig, können sich mit ihren Schwächen, aber auch mit ihren Vorzügen, ihren Leidenschaften und Lastern, aber auch mit ihren Tugenden vorurteilslos erkennen.

Entwicklungspsychologisch wurde beschrieben, wie Kinder und Heranwachsende erst allmählich Introspektionsfähigkeit lernen (Yorke, Kennedy & Wiseberg, 1980). Zwar weisen schon Kinder erste Ansätze für Reflexionsfähigkeit auf, und Adoleszente sind dazu in der Lage, eigene Gefühlsregungen und Phantasien zu erfassen und differenziert zu beschreiben, wie z.B. beim Schreiben von Tagebüchern; es fehlt dem Jugendlichen aber noch die Fähigkeit, mit heftigeren Gefühlsregungen umzugehen und sich mit der Wahrheit – auch bezüglich vergangener Beziehungserfahrungen mit seinen Eltern – gänzlich zu konfrontieren. Die Analyse der Übertragungsbeziehung im Hier und Jetzt ist mit Adoleszenten (→ Adoleszenz) oder jungen Erwachsenen deshalb in der Regel auch schwierig.

Die Psychoanalyse als Therapieverfahren hat unter anderem zum Ziel, unbewußte psychische Vorgänge bewußt zu machen. Mit Hilfe der Introspektion, der damit gewonnenen Einsichten und des immer wieder erneuten Durchlebens verschiedener Konfliktaspekte in der Übertragungsbeziehung gelingt es, alte, affektiv aufgeladene Verbindungen aufzulösen und neue Sinnzusammenhänge herzustellen.

Literaturempfehlungen

Coen, S.J. (1989). Intolerance of responsibility for internal conflict. Journal of the American Psychoanalytic Association, 37, 943–964.

Gray, P. (1973). Psychoanalytic technique and the ego's capacity for viewing intrapsychic activity. Journal of the American Psychoanalytic Association, 21, 474–494.

Gray, P. (1986). On helping analysands observe intrapsychic activity. In A. Richards & M. Willick (Eds.), Psychoanalysis. The science of mental conflict. Essays in honor of Charles Brenner (pp. 245–262). Hillsdale, NJ.: Analytic Press.

Hurvich, M. (1972). Zum Begriff der Realitätsprüfung. Psyche, 26, 853–880.

Kohut, H. (1977). Introspektion, Empathie und Psychoanalyse. Psyche, 25, 831–855.

Kris, A.O. (1990). Helping patients by analyzing self-criticism. Journal of the American Psychoanalytic Association, 38, 605–636.

Rauchfleisch, U. (1982). Ich-psychologische Aspekte der Introspektion. In Th. Wagner-Simon & G. Benedetti (Hg.), Sich selbst erkennen. Modelle der Introspektion (S. 95–105). Göttingen: Vandenhoeck & Ruprecht.

Yorke, C., Kennedy, H. & Wiseberg, S. (1980). Some clinical and theoretical aspects of two developmental lines. In S.I. Greenspan & G.H. Pollock (Eds.), The course of life, vol. 1: Infancy and early childhood (pp. 619–637). Adelphi, Maryland: Mental Health Study Center.

Isolierung – isolation

In der psychoanalytischen Literatur hat es sich seit Freud (1926d) eingebürgert, in der Isolierung einen der → Zwangsneurose nahestehenden Abwehrmechanismus zu sehen. Dabei verbirgt nach Freud die abstrakte metapsychologische Formulierung höchst sinnliche Vorgänge: dem zwangsneurotischen Patienten, der bemüht ist, äußerst rational und gefühlsentleert, und das heißt affektisoliert, seine Einfälle vorzutragen, geht es im Grund um das Tabu der Berührung, und damit um die Vermeidung einer körperlich erotischen Berührung, eines aggressiven Kontaktes, aber auch einer autoerotischen Berührung. „Die Isolierung ist … Aufhebung der Kontaktmöglichkeit, Mittel, ein Ding jeder Berührung zu entziehen, und wenn der Neurotiker auch einen Eindruck durch eine Pause isoliert, gibt er uns symbolisch zu verstehen, daß er die Gedanken an sich nicht in assoziative Berührung mit anderen kommen lassen will" (1926d, S. 151f).

Schafer (1968) hat in seiner dynamischen Mikroanalyse verschiedener Abwehrmechanismen ebenfalls aufgezeigt, daß der Isolierung intrapsychische → Phantasien vorausgehen, wie etwa sich nicht an sexuellen und sadistischen Verhaltensweisen analer, phallischer und genitaler Herkunft wie Beschmutzen, Geschlechtsverkehr beobachten, Onanieren, ein Baby produzieren usw. zu beteiligen, daß aber in dem Gebrauch der Isolierung immer noch Reste dieser Phantasien enthalten sind, was Schafer dazu veranlaßt, in Abwehrmechanismen immer auch verborgene Befriedigungsmöglichkeiten zu sehen.

Obwohl die Elemente, die voneinander isoliert werden können, auch derselben psychischen Kategorie (wie Handlungen, Vorstellungen) angehören können (vgl. Eissler, 1959), sind sich die meisten Psychoanalytiker darin einig, daß es bei der Isolierung letztlich um die Vermeidung eines bedeutsamen → Affekts geht, der mit bestimmten Triebabkömmlingen assoziiert ist.

Von einer modernen affekttheoretischen und psycholinguistischen Perspektive ausgehend, hat Killingmo (1990) herausgearbeitet, daß Affekte nicht den Triebimpulsen nachgeordnet sind, sondern eine eigene, grundlegend affektive Kommunikation verkörpern, die der sprachlichen Kommunikation vorausgeht. Damit wird aus dem bisherigen, eher engen Verständnis von Isolierung ein umfassendes Prinzip psychischer Organisation, das sich in der affektiven Verständigung von den ersten körpersprachlichen Ausdrucksphänomenen bis hin zur Äußerung symbolisch-semantischer Inhalte erstreckt.

Literaturempfehlungen

Eissler, K.R. (1959). On isolation. Psychoanalytic Study of the Child, 14, 29–60.
Killingmo, B. (1990). Beyond semantics: A clinical and theoretical study of isolation. International Journal of Psycho-Analysis, 71, 113–126.
Schafer, R. (1968). The mechanisms of defence. International Journal of Psycho-Analysis, 49, 49–62.

Kastrationskomplex – castration complex

Unter Komplex ist in der Psychoanalyse die Gesamtheit überwiegend unbewußter → Phantasien und → Ängste zu verstehen, die das bewußte Erleben und Verhalten mehr oder weniger stark neurotisch beeinträchtigen. Am bekanntesten sind die Ausdrücke „Ödipuskomplex" und „Kastrationskomplex", die beide in einer engen Verbindung zueinander stehen. Aufgrund des anatomischen Geschlechtsunterschieds sind die Struktur des Kastrationskomplexes und dessen psychische Auswirkungen bei Mädchen und Jungen verschieden.

Beim Jungen wird die Kastration als eine vom Vater ausgehende Drohung aufgefaßt, die sich auf die ödipalen Impulse bezieht und intensive Kastrationsangst zur Folge hat. Die Überwindung des Kastrationskomplexes besteht in der Unterdrückung, Verdrängung und Sublimierung der sexuellen Liebesstrebungen in bezug auf die Mutter, auch mit Hilfe der → Identifizierung mit den väterlichen Verboten und Geboten, was zur Errichtung eines väterlich orientierten → Über-Ichs und zur → Latenz führt. Als Vorläufer von Kastrationsphantasien sind prägenitale Erfahrungen anzunehmen, so z.B. der Verlust der Mutterbrust beim Abstillen, der Verlust der Faeces, das Ausfallen der Milchzähne, ja vielleicht schon die Geburt selbst. Diese Eindrücke beziehen sich allesamt auf Erfahrungen, in denen etwas, was ursprünglich als zum eigenen Körper gehörend erlebt wurde, verloren gehen kann. Sie bekommen ab dem Zeitpunkt der Entdeckung des anatomischen Geschlechtsunterschieds *nachträglich* die Konnotation einer Kastration.

Nach Tyson (1989) können aus heutiger Sicht die männliche Kastrationsangst, wie auch der weibliche Penisneid, nur noch als Entwicklungsmetapher verstanden werden, die sich aus den verschiedenen Phasen der Entstehung und Konsolidierung männlicher Geschlechtsidentität verstehen läßt.

Die weibliche Kastrationsangst wird in der Psychoanalyse hingegen unterschiedlich konzeptualisiert. Freud vertrat die Auffassung, daß man bei Frauen von einer Kastrationsangst im Sinne einer Realgefahr nicht sprechen kann. Und weil diese Angst bei weitem nicht so stark ausgeprägt sei wie beim Jungen, würden auch die ödipalen Wünsche nur ganz allmählich – wenn überhaupt – aufgegeben werden. Die Wahrnehmung des nicht vorhandenen Penis führe hingegen zu dem Eindruck des Kastriertwordenseins und zu einem starken Penisneid. Diese Interpretation ist bekanntlich seit den 20er Jahren umstritten.

Sowohl Kinderbeobachtungen als auch die Äußerungen erwachsener Frauen weisen auf eine Angst hin, ebenfalls an den Genitalien verletzt werden zu können. Aber ist es der imaginäre Penis, dessen Verletzung vom Mädchen befürchtet wird? Art und Ausmaß des Verletztwerdens müssen aus heutiger Sicht differenziert werden. So ging z.B. M. Klein schon (1929) davon aus, daß sich diese Verletzungsangst nicht auf den Phallus, sondern auf das Innere des Körpers bezieht und eine → Projektion der eigenen destruktiven Impulse gegen den Bauch der Mutter verkörpert.

Lampl-de Groot (1936) vermutete, daß in die Kastrationsangst eines Mädchens unbewußte Angstinhalte anderer Herkunft eingehen. Es kann aber auch die Phantasie bestehen, wegen Onanie mit dem Verlust des Penis in der Vergangenheit bestraft worden zu sein, denn die Klitorisonanie des kleinen Mädchens fokussiert die erotische Aufmerksamkeit eindeutig auf die Genitalregion. Thomä (1967, S. 832) hat allerdings die Frage aufgeworfen, „ob man die realitätsferne Angst um ein Glied, das das Unbewußte mit dem → Körperschema der Vergangenheit verbindet, terminologisch besonders kennzeichnen sollte".

Wenn man die Kastrationsangst wörtlich nimmt – als Angst vor dem Abschneiden des Penis und der Hoden –, kann man sich wie Horney (1926) und mit ihr viele Feministinnen die berechtigt erscheinende Frage stellen, warum ein Mädchen diese Angst haben sollte, und sie als männliches Vorurteil (die Phantasie eines fünfjährigen Knaben wurde zur „wissenschaftlichen" Theorie erhoben) entlarven. Dabei wird aber aus einer Erwachsenensicht übersehen, daß das kleine Mädchen die unbewußte, aber auch bewußte → Phantasie haben kann, neben ihren Genitalien ebenfalls einen Penis zu besitzen, der noch wachsen wird.

Wenn man hingegen davon ausgeht, daß sich Kastration im weiteren Sinn auf die Verletzung oder Verstümmelung der weiblichen Genitalien (Klitoris, Labien, Vagina, äußere und innere Schamlippen) z.B. anhand der pharaonischen Beschneidung (vgl. Lightfoot-Klein, 1989) bezieht, wäre auch von einer weiblichen Kastrationsangst auszugehen. Nach Mayer (1985) besteht die weibliche Kastrationsangst allerdings primär in der Angst vor einer Zerstörung der genuin weiblichen Genitalien, vor allem des inneren genitalen Raumes, der als kostbare Höhle wahrgenommen werden kann.

Dabei bleibt aber ausgeklammert, daß sich die Kastrationsangst zwar in erster Linie auf das tatsächliche Geschlecht bezieht, aber in der Phantasie durchaus von einer Zweigeschlechtlichkeit (→ Bisexualität) ausgegangen wird und deshalb auch ein imaginärer Penis abgeschnitten oder verletzt werden kann (vgl. Fast, 1991). *Primäre* weibliche Kastrationsangst und *sekundäre* phallische Kastrationsangst brauchen sich nicht auszuschließen, sondern stehen vermutlich in einer komplizierten Beziehung zueinander.

In einer übertragenen Form haben aus feministischer Perspektive Frauen im Patriarchat ihre Kastration längst erfahren: In der Fehlbenennung weiblicher Genitalien (vgl. Lerner, 1980) und gar im Totschweigen derselben; aber auch in der Enteignung und Abwertung des weiblichen Körpers und seiner spezifischen Funktionen, z.B. der Menstruation (Waldeck, 1988a,b; Olbricht, 1990). Der männliche Brust-, Gebär- und Menstruationsneid ist aus psychoanalytischer Sicht an dieser Form weiblicher Kastration maßgeblich beteiligt.

Eine noch grundlegendere Angst als die der Kastration beschrieb Jones (1927) mit der Aphanisis, die sich als Angst vor dem Erlöschen der sexuellen Genußfähigkeit überhaupt verstehen lasse und bei beiden Geschlechtern auftreten kann.

Literaturempfehlungen

Cooper, A.M. (1986). What men fear: The facade of castration anxiety. In I. Fogel, F.M. Lane, & R.S. Liebert (Eds.), The psychology of men. New psychoanalytic perspectives (pp. 113–130). New York: Basic Books.
Fast, I. (1991). Von der Einheit zur Differenz. Psychoanalyse der Geschlechtsidentität. Berlin: Springer.
Kerz-Rühling, I. (1991). Psychoanalyse und Weiblichkeit. Eine Studie zum Wandel psychoanalytischer Konzepte. Zeitschrift für psychoanalytische Theorie und Praxis, 6, 293–316.
Lerner, H.E. (1980). Elterliche Fehlbenennung der weiblichen Genitalien als Faktor bei der Erzeugung von „Penisneid" und Lernhemmungen. Psyche, 34, 1092–1104.
Martin, E. (1989). Die Frau im Körper. Weibliches Bewußtsein, Gynäkologie und die Reproduktion des Lebens. Frankfurt/M.: Campus.
Mayer, E.L. (1985). „Everybody must be just like me": Observations on female castration anxiety. International Journal of Psycho-Analysis, 66, 331–348.
Mertens, W. (1992). Entwicklung der Psychosexualität und der Geschlechtsidentität, Bd. 1: Geburt bis viertes Lebensjahr. Stuttgart: Kohlhammer.
Staewen-Haas, R. (1970). Identifizierung und weibliche Kastrationsangst. Psyche, 24, 23–39.
Thomä, H. (1967). Konversionshysterie und weiblicher Kastrationskomplex. Psyche, 21, 827–847.
Tyson, P. (1989). Infantile sexuality, gender identity, and obstacles to oedipal progression. Journal of the American Psychoanalytic Association, 37, 1051–1069.
Waldeck, R. (1988a). Der rote Fleck im dunklen Kontinent. Teil 1: Das Tabu der Menstruation. Zeitschrift für Sexualforschung, 1, 189–205.
Waldeck, R. (1988b). Der rote Fleck im dunklen Kontinent. Teil II: Die Verletzung der Frau. Zeitschrift für Sexualforschung, 1, 337–350.

Körperbild – body image

Hatte schon Freud grundlegende Gedanken zur Körperlichkeit aus entwicklungspsychologischer und klinischer Perspektive geäußert, z.B. in seinen Ausführungen über den → Kastrationskomplex oder über die hysterische → Konversion, wurde in den 20er Jahren von Schilder (1925) eine differenzierte Arbeit über psychodynamische Aspekte des individuellen Körpererlebens vorgestellt. Dieser Autor führte bereits die auch von späteren Autoren beibehaltene Unterscheidung von Körperschema und Körperbild ein. Während das erstere die neurophysiologische Basis des Körperbildes darstellt und die zentralnervöse Verarbeitung aus multimodalen sensorischen Afferenzen beeinhaltet, stellt das Körperbild die Integration der entwicklungsbezogenen Körpererfahrungen dar, wie sie sich vor allem anhand der psychosexuellen Entwicklung ergeben.

Das Körperbild oder exakter die Körperbilder sind → Repräsentanzen, die aufgrund von Empfindungen und Wahrnehmungen des Körperinneren und der Körperoberfläche entstehen. Sie beginnen mit den ersten, gastro-intestinalen und koenästhetischen Leibesempfindungen des Säuglings, können später prinzipiell sprachlich symbolisiert werden und begründen zentrale Dimensionen des Selbsterlebens, des Selbstwertgefühls und der → Geschlechtsidentität. Körperbilder entwickeln sich vor allem in der Interaktion mit den bedeutsamen anderen, und nach Torras De Beà (1987) entstehen die später wahrnehmbaren Körperbilder eines Kindes oder Heranwachsenden bereits als phantasmatische Konstruktionen im Erleben der Eltern, wenn diese z.B. den Körper ihres Neugeborenen als zart, schmächtig, grazil, robust, tolpatschig u.a.m. imaginieren. Eine leicht gebogene Nase z.B., die von den Eltern als narzißtische Kränkung ihres Schönheitsempfindens erlebt wird, kann für ihr Kind über viele Jahre zum Brennpunkt starker → Schamgefühle und körperlich begründeter Minderwertigkeitsgefühle werden (z.B. Lax, 1972; Kohut, 1977). Der von Mahler et al. (1975) beschriebene Prozeß der Trennung und Individuation betrifft vor allem auch die Trennung der Körperrepräsentanzen und läßt in seiner gelungenen Form erkennen, inwieweit körperliche Funktionen, die einst von der Mutter ausgeübt wurden, verinnerlicht werden konnten (→ Internalisierung). Manche Autoren, wie z.B. Hirsch (1989), weisen auf die zentrale Dimension der Verwendung des Körpers als Objekt hin, was sich insbesondere bei → Borderline- und narzißtischen Störungen, aber z.B. auch bei Schmerzpatienten beobachten läßt.

Literaturempfehlungen

Anzieu, D. (1991). Das Haut-Ich. Frankfurt/M.: Suhrkamp.

Brähler, E. (Hg.) (1986). Körpererleben. Berlin: Springer.

Dolto, F. (1987). Das unbewußte Bild des Körpers. Weinheim: Quadriga.

Du Bois, R. (1990). Körper-Erleben und psychische Entwicklung. Göttingen: Hogrefe.

Grunert, J. (Hg.) (1977). Körperbild und Selbstverständnis. München: Kindler.

Hirsch, M. (Hg.) (1989). Der eigene Körper als Objekt. Zur Psychodynamik selbstdestruktiven Körperagierens. Berlin: Springer.

Kafka, J.S. (1992). Körperphantasien. Praxis der Psychotherapie und Psychosomatik, 37, 81–91.

Kapfhammer, H.-P. (1993). Entwicklung der Emotionalität und des körperlichen Erlebens. Stuttgart: Kohlhammer.

Müller-Braunschweig, H. (1986). Psychoanalyse und Körper. In E. Brähler (Hg.), Körpererleben. (S. 19–33). Berlin: Springer.

Laufer, M.& Laufer, M.E. (1989). Adoleszenz und Entwicklungskrise. Stuttgart: Klett.

Pankow, G. (1982). Körperbild, Übergangsobjekt und Narzißmus. Jahrbuch der Psychoanalyse, 14, 84–109.

Reiff, H. (1988). Die trianguläre Struktur von Körper, Körperschema und Körperbild. Forum der Psychoanalyse, 4, 216–228.

Reiff, H. (1989). Haut, Körper und Symbol. Zur Rolle des Körperbildes in der psychoanalytischen Psychosomatik. Jahrbuch der Psychoanalyse, 25, 236–255.

Rosenfeld, D. (1984). Hypochondrias, somatic delusion and body scheme in psychoanalytic practice. International Journal of Psycho-Analysis, 65, 377–387.

Torras De Beà, E. (1987). Body schema and identity. International Journal of Psycho-Analysis, 68, 175–184.

Konflikt – conflict

In der klassischen Psychoanalyse wird den (inneren) Konflikten eines Menschen ein zentraler Stellenwert eingeräumt. Bereits in den Studien über Hysterie (1895d) beschreibt Freud den Konflikt als den zentralen Faktor in der Ätiologie der Neurose. Bestand dieser für ihn zunächst in einer „Unverträglichkeit im Vorstellungsleben", im Auftreten einer peinlichen und mit den übrigen Gedanken nicht zu vereinbarenden Vorstellung, so erbrachte eine spätere Spezifizierung die

These, daß die abgewehrten peinlichen Vorstellungen meistens dem Sexualleben entstammen. Anstößige, mit Kindheitserinnerungen in Verbindung stehende sexuelle Vorstellungen, als Abkömmlinge des Es, geraten mit dem moralischen, ethischen und ästhetischen Empfinden einer Person, dem → Über-Ich, in Kollision. Das neurotische Symptom entsteht nach dieser Auffassung als Kompromißbildung zwischen der abgewehrten Vorstellung und der verdrängenden Instanz.

„Wir haben gelernt, daß libidinöse Triebregungen dem Schicksal der pathogenen → Verdrängung unterliegen, wenn sie in Konflikt mit den kulturellen und ethischen Vorstellungen des Individuums geraten. Unter dieser Bedingung wird niemals verstanden, daß die Person von der Existenz dieser Vorstellungen eine bloß intellektuelle Kenntnis habe, sondern stets, daß sie dieselben als maßgebend für sich anerkenne, sich den aus ihnen hervorgehenden Anforderungen unterwerfe. Die Verdrängung, haben wir gesagt, geht vom Ich aus; wir könnten präzisieren: von der Selbstachtung des Ichs. Dieselben Eindrücke, Erlebnisse, Impulse, Wunschregungen, welche der eine Mensch in sich gewähren läßt oder wenigstens bewußt verarbeitet, werden vom anderen in voller Empörung zurückgewiesen oder bereits vor ihrem Bewußtwerden erstickt. Der Unterschied der beiden aber, welcher die Bedingung der Verdrängung enthält, läßt sich leicht in Ausdrücke fassen, welche eine Bewältigung durch die Libidotheorie ermöglichen. Wir können sagen, der eine habe ein Ideal in sich aufgerichtet, an welchem er sein aktuelles Ich mißt, während dem anderen eine solche Idealbildung abgehe. Die Idealbildung wäre von seiten des Ichs die Bedingung der Verdrängung" (1914c, S. 160f.).

Nachdem Freud (1923b) das Instanzenmodell ausgearbeitet hatte, bezeichnete er das → Über-Ich, dessen Substruktur → Ich-Ideal er schon im Narzißmuskonzept einführte, als die gewährende und verbietende Instanz, die sich mittels der Verinnerlichung (→ Internalisierung) der von den Eltern vermittelten soziokulturellen Normen gebildet hat.

In diesem Instanzenmodell nimmt das Ich eine vermittelnde Position zwischen dem triebhaften Anteil der Persönlichkeit, dem Es, dem normativen Anteil, dem Über-Ich, und der Realität ein. Das von den Eltern vermittelte Realitätsprinzip, bestehend aus Sitten, Gebräuchen, Normen und den von der jeweiligen Gesellschaft vorgeschriebenen Wegen der Triebbefriedigung, verlangt vom Kind eine Anpassung an diese Bedingungen. Das Ich hat demzufolge die Aufgabe, die nach Sofortbefriedigung drängenden Impulse, die entsprechend dem Lustprinzip funktionieren, mit dem Realitätsprinzip in Einklang zu bringen.

Das *intersystemische* Konfliktmodell wurde in der Folgezeit zu der wichtigsten Erklärungsfolie neurotischer Erscheinungen. Pathologische Entwicklungen gehen auf den Konflikt zwischen den Instanzen Es, Ich und Über-Ich und der Realität zurück. Es sind vor allem ödipale Triebwünsche (→ Ödipuskomplex), die – in starker Eigendynamik im Rahmen der psychosexuellen Entwicklung entstanden – verdrängt werden müssen, einer → Regression unterliegen, zu einem Wiederauftauchen infantiler Triebziele führen, vom Über-Ich mißbilligt werden und schließlich in eine Symptombildung einmünden.

Neben dem Konflikt zwischen dem Ich und der Realität beschrieb Freud auch zwei weitere Konstellationen: den Konflikt zwischen dem Ich und dem Es und den Konflikt zwischen dem Ich und dem Über-Ich.

Spätere Autoren fügten den intersystemischen Konflikten (z.B. Es versus Über-Ich) noch die *intrasystemischen* Konflikte hinzu (z.B. Konflikte zwischen Komponenten des Über-Ichs, etwa in Form eines Loyalitätskonfliks; oder Konflikte zwischen Komponenten des Es, z.B. in Form sich widersprechender Triebimpulse), denen Freud relativ wenig Aufmerksamkeit gewidmet hatte (vgl. schematische Darstellung bei Deutsch und Senghaas, 1972, und Mertens, 1974, S. 120).

Ist nun dieses klassisch psychoanalytische Konfliktmodell noch gültig?

Bereits seit einigen Jahrzehnten mehren sich die Zweifel daran, ob das strukturelle Modell von Es, Ich und Über-Ich als Erklärung und Klassifikation von psychischen Konflikten noch ausreichend ist oder durch neue Modellvorstellungen zu ersetzen ist. Beim klassischen Modell muß eine Trennung zwischen den drei Instanzen der Persönlichkeit stattgefunden haben; zum anderen muß die Ich-Organisation einen bestimmten Entwicklungsstand erreicht haben, damit Verdrängung als Abwehrmechanismus stattfinden kann. Die strukturelle Terminologie, die zwar noch bei einigen Analytikern bis zum heutigen Tag Verwendung findet (siehe z.B. Brenner, 1979) ist entsprechend objektbeziehungstheoretischer Vorstellungen einer Sichtweise gewichen, bei der von präödipalen Konflikten gesprochen wird, die lange vor dem ödipalen Konflikt, dem Paradigma des intrapsychischen Konflikts bei Freud, entstehen.

Das Konfliktmodell im Rahmen objektbeziehungstheoretischer Konzeptualisierungen benützt als Grundeinheit die Interaktionserfahrungen eines Kindes mit seinen Eltern, also die Selbst-Objekt-Beziehungen, in denen, vor allem wenn es sich um immer wiederkehrende Beziehungsmodi handelt, konflikthafte Erfahrungen grundgelegt werden. Diese Erfahrungen können als Propositionen in Wenn-dann-Form ausgedrückt werden, z.B.:

– „Wenn ich mich ganz auf einen anderen Menschen einlasse, werde ich über kurz oder lang enttäuscht (die dann entstehende Trennungsangst oder den Trennungsschmerz kann ich nicht aushalten); aus diesem Grund habe ich Abwehrmöglichkeiten entwickelt, die Beziehung zu einem anderen Menschen niemals so intensiv werden zu lassen, daß ich von dieser Beziehung abhängig werden könnte."

– „Wenn ich einem anderen Menschen nachgebe und meine Autonomie aufgebe, könnte der andere dies ausnützen und mich völlig unterjochen. Dann würde ich eine rasende Wut bekommen, könnte alles kurz und klein schlagen, was zur Folge hätte, daß ich ganz starke Schuld- und Schamgefühle entwickeln würde."

Objektbeziehungstheoretiker wie dann später auch Selbsttheoretiker machten darauf aufmerksam, daß es außer den psychosexuellen und aggressiven Triebimpulsen (→ Aggression) des ödipalen Erlebens Bedürfnisse gibt, die für die gesunde Entwicklung des Kindes eine herausragende Bedeutung haben, wobei aber der pathogene Faktor nicht nur in der moralischen Verurteilung der kindlichen Triebimpulse gesehen wird, sondern auch in manchen Fällen vor allem in der Unfähigkeit der Eltern, in bestimmten Entwicklungsphasen angemessen auf die Entwicklungsbedürfnisse ihres Kindes einzugehen.

Die z.B. von Kohut (1973a) beschriebenen narzißtischen Störungen beruhen nicht auf einer Verdrängung verpönter sexueller Triebregungen; vielmehr geht es hierbei um das Verhältnis des betreffenden Menschen zu seinem nur mangelhaft idealisierten Ich-Ideal und Über-Ich bzw. zu seinen abgespaltenen narzißtischen Impulsen. Dem Betreffenden ist es – hauptsächlich aufgrund ungenügender → Empathie seiner Eltern – nicht gelungen, die im Verlauf der frühen Kindheit idealisierten Eltern bzw. deren → Repräsentanzen und das als allmächtig phantasierte Selbstbild in ein reifes Selbsterleben zu integrieren. Die ausgebliebene oder nur mangelhaft sekundärprozeßhafte Verfügung über objekt-idealisierende und grandios narzißtische Impulse macht eine Abspaltung dieser archaisch gebliebenen Impulse notwendig; die Folgen sind im späteren Entwicklungsverlauf eine übergroße Abhängigkeit von bestimmten Führern (z.B. Lehrern, Vorgesetzten usw.), deren Zuwendung und Bestätigung nahezu suchtartig benötigt werden, und immer wieder durchbrechende Größenphantasien (→ Phantasie), deren Frustration zu übertriebenen Schamgefühlen (→ Scham) und narzißtischer Wut führen.

Bei einigen Objektbeziehungstheoretikern und bei den meisten Selbstpsychologen wurden die Ursachen für psychische Störungen im gestörten Eltern-Kind-Dialog gesucht und die Auswirkungen der chronischen äußeren Konflikte für das Entstehen ichstruktureller Defizite verantwortlich gemacht. Stillschweigend wurde bei einigen Theoretikern aus dem Modell des inneren neurotischen Konflikts ein Frustrations-Konflikt-Modell, was mit der genuin psychoanalytischen Auffassung nicht mehr allzuviel Gemeinsamkeit aufweist (vgl. Eagle, 1988; Killingmo, 1989).

Während das Modell des inneren neurotischen Konflikts an bestimmte ichstrukturelle Voraussetzungen geknüpft ist, trifft dies für die Annahme des äußeren, interpersonellen Konflikts nicht zu. Aus entwicklungspsychologischer Sicht muß deshalb geklärt werden, welche Voraussetzungen für das Entstehen eines inneren Konflikts aus heutiger Sicht notwendig sind. Weil Vorläufer des → Über-Ichs und der Empathiefähigkeit beim Kind früher entstehen, als Freud angenommen hatte, geschieht die Verinnerlichung der Verbote bei interpersonellen Konflikten vermutlich schon ab dem zweiten Lebensjahr und nicht erst in der ödipalen Phase (→ Ödipuskomplex). Wie wird aus dem mehr oder weniger traumatisierend erlebten äußeren Konflikt der verinnerlichte Konflikt? Welche Transformationen finden hierbei statt (vgl. Eagle, 1988; Killingmo, 1989)?

Auch die polarisierende Unterscheidung von → traumatischer Neurose und Psychoneurose – dort der Einfluß eines oder mehrerer Traumata, hier die Auswirkungen eines intrapsychischen Konflikts – ist letztlich wohl nur beim Vorliegen von Extremtraumatisierungen sinnvoll. Denn Sozialisation aus psychoanalytischer Sicht kann nicht ohne Traumatisierungen gedacht werden; zu denken ist hierbei vor allem an die sog. kumulativen Traumata (z.B. in Form wenig einfühlsamer Eltern, die auf wichtige Entwicklungsbedürfnisse ihrer Kinder nicht angemessen reagieren, aber z.B. auch überfordernde Delegationen), an ein Individuationstrauma (wo die Ablösung und Individuation des Kindes nicht gelingen, vgl. Müller-Pozzi, 1985), an ein Verlusttrauma (wo ein Elternteil oder ein Geschwister krank wird oder gar stirbt, z.B. Furman, 1986) an universelle Traumata (wie die Geburt eines Geschwisters, die Entdeckung des anatomischen Geschlechtsunterschieds oder das Gewahrwerden des Sterbens) und schließlich auch an die in der Gegenwart intensiv diskutierten Traumatisierungen aufgrund sexueller und körperlicher Mißhandlung. Bei nahezu jedem anfänglich lediglich als psychoneurotisch eingestuften Fall stößt man über kurz oder lang auf dahinterliegende Traumatisierungen, so daß es sinnvoll erscheint, traumatisierende Sozialisationsbedingungen als Basis für das Entstehen eines psychoneurotischen Konflikts anzunehmen. Die Angst eines Kindes vor seinen eigenen Triebimpulsen und Phantasien läßt sich somit aus heutiger Sicht nicht mehr allein intrapsychisch betrachten, auch wenn dieser Konflikt auf den ersten Blick als verinnerlichter Trieb-Abwehr-Konflikt erscheint.

In der analytischen Therapie wird aus dem verinnerlichten Konflikt und deren Manifestationen im neurotischen Erleben, in Verhaltensweisen und Symptomen, der Übertragungskonflikt, dessen Bewußtmachung im Hier und Jetzt der analytischen Beziehung zum vorrangigen Ziel einer Behandlung gehört (vgl. z.B. Fischer, 1989; Müller-Pozzi, 1991).

Literaturempfehlungen

Brenner, Ch. (1986). Elemente des seelischen Konflikts. Theorie und Praxis der modernen Psychoanalyse. Frankfurt/M.: Fischer.

Eagle, M. (1988). Neuere Entwicklungen in der Psychoanalyse. Eine kritische Würdigung. München: Verlag Internationale Psychoanalyse.

Fischer, G. (1989). Dialektik der Veränderung in Psychoanalyse und Psychotherapie. Modell, Theorie und systematische Fallstudie. Heidelberg: Asanger.

Greenberg, J. & Mitchell, S. (1983). Object relations in psychoanalytic theory. Cambridge, Mass.: Harvard University Press.

Hohage, R. (1985). Das Selbst zwischen Ambivalenz und Ambiguität. Zur Theorie des unbewußten Konflikts. Forum der Psychoanalyse, 1, 189–200.

Hohl, J. (1983). Neurotischer Konflikt. In W. Mertens (Hg.), Psychoanalyse. Ein Handbuch in Schlüsselbegriffen (S. 76–83). München: Urban & Schwarzenberg.

Horowitz, M. & Zilberg, N. (1983). Regressive alterations of the self concept. American Journal of Psychiatry, 140, 284–289.

Killingmo, B. (1989). Conflict and deficit: Implications for technique. International Journal of Psycho-Analysis, 70, 65–79.

Kutter, P. (1989). Moderne Psychoanalyse. Eine Einführung in die Psychologie unbewußter Prozesse. München: Verlag Internationale Psychoanalyse.

Kris, A.O. (1984). The conflicts of ambivalence. Psychoanalytic Study of the Child, 39, 213–234.

Mentzos, S. (1982). Neurotische Konfliktverarbeitung. Einführung in die psychoanalytische Neurosenlehre unter Berücksichtigung neuer Perspektiven. München: Kindler.

Müller-Pozzi, H. (1991). Psychoanalytisches Denken. Eine Einführung. Bern: Huber.

Sandler, J. (1974). Psychological conflict and the structural model: Some clinical and theoretical implications. International Journal of Psycho-Analysis, 55, 53–62.

Konversion – conversion

Das Konversionskonzept Freuds ist im wesentlichen durch drei Momente bestimmt: Es geschieht eine Umsetzung von psychischer Energie ins Körperliche; in den Konversionssymptomen kommen verdrängte Phantasien auf symbolische Weise zum Ausdruck; die Konversion ist ein neurotischer Verarbeitungsmodus der Hysterie.

Heutzutage besteht kein Zweifel darüber, daß die Vorstellung, bei der Konversion werde psychische Energie in somatische Innervation konvertiert, d.h. ins Körperliche umgesetzt, nicht mehr aufrechterhalten werden kann. Richtig bleibt aber nach wie vor, daß in den Konversionserscheinungen verdrängte Vorstellungsinhalte zum Ausdruck kommen können, z.B. bei einer jungen Frau, die kurz vor der geplanten Hochzeitsreise Lähmungen bekommt. War ursprünglich der Abwehrmodus der Konversion eng mit den → Konflikten der ödipalen Phase (→ Ödipuskomplex) in Zusammenhang gebracht worden, so wurde von späteren Autoren dieser Zusammenhang gelockert. Schon bei Fenichel (1955) tauchen „prägenitale Konversionssymptome" auf, und Rangell (1959) sowie Thomä (1962) haben dafür plädiert, das Konversionskonzept zu erweitern, so daß auch präödipale Symptomentwicklungen damit beschrieben werden können (vgl. Hoffmann & Egle, 1984, 1989). Mentzos (1971) hat im Anschluß an Gedankengänge von Lorenzer (1970) die Desymbolisierung als eine → „Regression auf ein ontogenetisch niedrigeres Symbolisierungsniveau" (S. 674) gekennzeichnet, die sich freilich nicht nur bei dem Vorgang der Konversion findet, hierbei aber eine besondere Charakteristik aufweist. Diese besteht darin, daß die Konfliktdarstellung in einer Körpersprache bzw. in einem veränderten Selbsterleben geschieht. In Selbsterleben und -darstellung regrediert der Betreffende auf Ausdrucksmodi, in denen beeinträchtigte körperliche (aber auch psychische) Funktionen zum Ausdruck kommen. Die bei der regressiven Desymbolisierung erfolgte Übersetzung in eine entwicklungspsychologisch frühere Körpersprache (z.B. „ich bin ein kleines Kind, das noch nicht aufrecht stehen und gehen und deswegen auch bestimmte Handlungen verweigern kann") ist eine wichtige Unterstützung der Verdrängung und erlaubt gleichzeitig auch eine gewisse Entlastung. Nach Mentzos (1982) kann das für sich selbst und andere Anders-Erscheinenwollen sowohl in einer pseudoregressiven („kleines, bedürftiges Mädchen") als auch in pseudoprogressiver Form („verführerischer Vamp") erscheinen.

Anhand ichstruktureller und objektbeziehungstheoretischer Kriterien entwarf Rudolf (1992) ein Ordnungssystem verschiedener Formen körperlicher Symptombildung; entsprechend dieser Einschätzung finden sich Konversionssymptome schwerpunktmäßig bei Objektbeziehungskonflikten mit triangulärer Struktur, gefolgt von skeletomuskulären Störungen, psychovegetativen Störungen, depressiven Somatisierungen und schließlich den Psychosomatosen am unteren Ende dieses Kontinuums, wo massive Dialog-Störungen in der frühen Mutter-Kind-Beziehung zu dieser Form der psychosomatischen Erkrankung geführt haben.

Literaturempfehlungen

Eggers, C. (1987). Konversionssymptome und -syndrome bei Kindern und Jugendlichen. Jahrbuch der Psychoanalyse, 21, 159–176.

Fenichel, O. (1955). The psychoanalytic theory of neurosis. New York: Norton.

Hirsch, M. (1989). Psychogener Schmerz. In M. Hirsch (Hg.) (1989), Der eigene Körper als Objekt. Zur Psychodynamik selbstdestruktiven Körperagierens (S. 278–306). Berlin: Springer.

Hoffmann, S.O. & Egle, U. (1984). Zum Beitrag von J.J. Groen über das psychogene Schmerzsyndrom – zugleich ein Plädoyer für die Erweiterung des Konversionsbegriffes. Psychotherapie, Psychosomatik, Medizinische Psychologie, 34, 25–26.

Lorenzer, A. (1970). Kritik des psychoanalytischen Symbolbegriffs. Frankfurt/M.: Suhrkamp.

Mentzos, S. (1971). Die Veränderung der Selbstrepräsentanz in der Hysterie: Eine spezifische Form der regressiven De-Symbolisierung. Psyche, 25, 669–684.

Mentzos, S. (1982). Neurotische Konfliktverarbeitung. München: Kindler.

Rangell, L. (1969). Die Konversion. Psyche, 23, 121–147.

Rudolf, G. (1992). Körpersymptomatik als Schwierigkeit der Psychotherapie. Praxis der Psychotherapie und Psychosomatik, 37, 11–23.

Thomä, H. (1962). Bemerkungen zu neueren Arbeiten über die Theorie der Konversion. Psyche, 16, 801–813.

Laioskomplex – laius complex

Nicht nur die Tatsache, daß Freud sich auf die relativ späte, hellenistische Fassung des Ödipusmythos, auf das Drama des Sophokles, bezog, als er den → Ödipuskomplex beschrieb, sondern auch seine ausschnitthafte Betrachtungsweise des Dramas hat die Frage nach den Konsequenzen dieser selektiven Verwendung für die Freudsche Theoriebildung nach sich gezogen (vgl. Vogt, 1986). Eine dieser Konsequenzen ist die nahezu vollständige Ausblendung der Vorgeschichte des Dramas und damit auch der Eltern Laios und Iokaste des Ödipus, die sich überraschenderweise auch noch bei einigen zeitgenössischen Psychoanalytikern antreffen läßt.

Devereux (1953) war einer der ersten Autoren, der die Vernachlässigung des aggressiven Verhaltens von Laios und Iokaste in der Freudschen Rezeption des Ödipusdramas angesprochen und die ausschließliche Betonung der Triebwünsche des ödipalen Kindes auf die geringe Wertschätzung, die Eltern im 19. Jahrhundert gegenüber ihren Kindern hatten, zurückgeführt hat.

Heutzutage ist davon auszugehen, daß die alleinige Thematisierung der kindlichen Triebwünsche eine unvollständige psychoanalytische Sichtweise darstellt (z.B Eissler, 1968; Rangell, 1955, 1973; Blos, 1987; Bergmann, 1990). Es gibt, wie Ross (1982) aufgezeigt hat, bei nahezu allen Männern, die Väter werden, ein regressives Potential an aggressiven und pathologischen → Phantasien und Handlungsbereitschaften, die sich vor allem dem männlichen Kind gegenüber in direktem Verhalten, im besonderen auch auf passive Weise, wie dem nahezu allgegenwärtigen Problem der väterlichen Abwesenheit, äußern.

Laios ist der Prototyp des schlechten Vaters: Als Kleinkind wurde Laios selbst verlassen. Labdakus, sein Vater und König von Theben, starb, als Laios ein Jahr alt war. Als sein Onkel den Thron für sich beanspruchte, wurde Laios ausgesetzt und gezwungen, durch Griechenland zu wandern, bevor er nach Theben zurückkehren durfte, um König zu werden. Laios zeigte – so Ross (1982) – die gleiche Konstellation von Charaktereigenschaften, die moderne psychoanalytische Forscher mit Vater-Abwesenheit in Zusammenhang gebracht haben: Störungen der → Geschlechts-Identität, Probleme mit der Impulskontrolle, unmodulierte Aggressivität (→ Aggression), kognitive Beeinträchtigungen und pathologischen Narzißmus.

Ohne die Zurkenntnisnahme der Vorgeschichte muß das Drama des Ödipus geheimnisvoll und offensichtlich auch unmotiviert wirken. Letztlich steht aber hinter Ödipus eine Geschichte von Generationen, in der eine unheilvolle Konvergenz von enttäuschenden und verletzenden Handlungen und Fehlwahrnehmungen zwischen Vater und Sohn zum Ausdruck kommt, die schließlich in einem tragischen Desaster endet. Aufgrund der unterschiedlichen Machtverteilung und

Reflektionsmöglichkeiten in der Eltern-Kind-Beziehung müssen die Taten des Laios aber stärker gewichtet werden. Als eine analytische Allegorie betrachtet, stellt der Ödipus-Mythos deshalb nicht nur die phantasmatische Fiktion eines vier- bis fünfjährigen Knaben dar, sondern auch das Ergebnis einer schlechten Vaterschaft über Generationen hinweg.

Diese Vater-Sohn-Dynamik, die in der tragischen Verstrickung des Ödipus ihren Ausdruck findet, darf auch nicht vernachlässigt werden, wenn es wie in den letzten Jahren eine Hinwendung zum frühen Vater und zur frühen Triangulierung gegeben hat. Dieser frühe Vater wird von psychoanalytischen Theoretikern als jemand beschrieben, der dem Kind (unablässig) hilft, sich von der Mutter zu trennen und damit seine eigene Individualität zu entdecken, die Geschlechts-Identität zu etablieren und Triebabkömmlinge, vor allem aggressiver Natur, zu modulieren und zu kontrollieren. Dabei wird aber manchmal übersehen, daß diese „guten" triangulierenden Väter vorläufig noch mehr geistreiche Ideen und Wunschphantasien der Theoriebildung zu sein scheinen als Menschen aus dem wirklichen Leben. Klinischer Ausdruck der abwesenden Väter sind neben ichstrukturellen Beeinträchtigungen unter anderem Schlafstörungen und Alpträume bei kleinen Jungen, die Herzog (1980, 1982) mit den Stichworten des „Erlkönig-Syndroms" und des „Vaterhungers" beschrieben hat. In einer Untersuchung von Vätern mit einer Borderline-Persönlichkeits-Organisation (→ Borderline) fand Lansky (1987), daß diese Männer bei der Geburt ihrer Kinder dekompensierten; der von ihnen so wahrgenommene Ausschluß aus der ehelichen Dyade führte zu einem enormen Zuwachs an Eifersucht und → Neid, zu einer Destabilisierung ihrer Abwehr und zu einem daraus resultierenden massiven Ausagieren (→ Agieren) ihrer → Konflikte in Form von Wutausbrüchen und Gewaltanwendungen, Alkoholismus und Suizidhandlungen.

Nach Van der Sterren (1952) ist der ödipale Haß des Knaben auf seinen Vater nur die oberste, manifeste Schicht, hinter der das latente Thema des noch viel stärkeren Hasses auf die Mutter lauert. Denn im Mythos willigt die Mutter Iokaste ein, daß Laios ihren Sohn aussetzen und umbringen will. Und später heiratet sie den zurückgekehrten Ödipus und kümmert sich nicht um das Inzesttabu.

Zwar wunderte sich auch schon Freud (1916–1917a, S. 342f.) über die → Verleugnung der Iokaste, der zufolge schon viele Männer davon träumten, mit ihrer Mutter zu schlafen („Doch wer alles dies für nichtig achtet, trägt die Last des Lebens leicht"; Sophokles), zwar unterstellt Ferenczi (1912) Iokaste ein Beherrschtwerden vom Lustprinzip und Steiner (1985) geht mit Velacott (1971) davon aus, daß es angesichts der narzißtischen Verlockung, einen 20 Jahre jüngeren, berühmten Helden zu ehelichen, erneut mit ihm Kinder zu bekommen und weiterhin die Königin von Theben zu bleiben, nicht verwunderlich sei, daß diese Vorteile sie die Wahrheit übersehen lassen – doch wurde in der bisherigen Psychoanalyse vielleicht die Rolle der sexuell verführerischen Mutter zu wenig gewichtet (vgl. Bross, 1988). Freuds Skotome, seine Reaktionsbildungen und → Idealisierungen in Bezug auf seine eigene Mutter haben vermutlich dazu beigetragen, daß er die aggressiven und sexuell verführerischen Seiten von Müttern zu wenig oder überhaupt nicht in seine Theoriebildung aufgenommen hat.

Neuere historische Untersuchungen (z.B. Boswell, 1988) zeigen auf, daß das Aussetzen von Kindern eine übliche Praxis von der späten Antike angefangen über die Renaissance bis hinein in das 18. Jahrhundert gewesen ist. Das Wegschicken der Kinder stellte eine Lösung des praktischen Problems unerwünschter Kinder dar. Es war weder in römischen Zeiten noch im Mittelalter ein moralisches Problem; Eltern hatten freie Verfügungsgewalt über ihre Kinder. „Hänsel und Gretel" ist somit nicht nur ein Märchen. Noch vor 200 Jahren wurde z.B. in der Diozese von Lyon *ein Drittel* der geborenen Kinder weggegeben. Und im 17. und 18. Jahrhundert überquerten ganze Schiffsladungen mit Kindern aus den „almshouses" der großen Städte Europas den Atlantik, um amerikanische Kolonien bevölkern zu helfen. Diese Tradition wurde sogar vereinzelt noch bis 1929 fortgesetzt (Brinich, 1990).

Sind die Motive für die jüdische Massenvernichtung im nationalsozialistischen Deutschland zumindest teilweise in einer Verschiebung der laios- und iokastehaften Aggressionen zu suchen, die vor allem *deutsche* Eltern gegenüber ihren Kindern hatten, aber nicht ausleben konnten (vgl. Bergmann & Jucovy, 1982)? Ene Analyse von demographischen Daten des 18. Jahrhunderts ergibt den Befund, daß die Todesrate von deutschen Kindern um ein Vielfaches höher war als diejenige anderer europäischer Länder und deutscher Juden (vgl. Ende, 1979/80; Dundes, 1981; Rosenman, 1988).

Eissler (1968) hat in kulturkritischer Sicht die Frage gestellt, ob nicht die Periodizität von Kriegen im christlich-abendländischen Kulturbereich damit zusammenhängen könne, daß am Anfang der christlichen Religion die Tötung des Sohnes eine gottgefällige Tat ist. Nach Bergmann (1990) wurde in der jüdischen Religion zwar der gängige Brauch des Opferns von Kindern aufgegeben, aber die aggressive Dynamik zwischen Eltern und Kind lebte dennoch fort: immer war es die ältere Generation, die die Söhne in den Krieg schickte, um sie dort der Vernichtung preiszugeben. Und ist die Behauptung allzu spekulativ, daß gegenwärtig der tägliche Tod von Tausenden von Kindern in den Ländern der Dritten Welt von der Elterngeneration der reichen Industrienationen wissentlich bewirkt wird?

So wichtig die Ergänzung der → Affekte von Eltern gegenüber ihrem Kind für das ödipale Drama auch sein mag, so dürfen dennoch die triebhaften Bedürfnisse des Kindes nicht ausgeklammert werden. Im Unterschied zu der geschilderten vollständigen Sichtweise verkommt nämlich in einigen neueren, populärpsycho-

logischen Abhandlungen das dialektische Spannungsverhältnis zwischen triebhafter Körperlichkeit des Kindes und ebenso triebhaftem Erleben des Vaters
(bzw. der Eltern) zu einer einseitigen Schuldzuweisung in Form einer kausalisti-
schen Verführungstheorie (→ sexueller Kindesmißbrauch) bei gleichzeitiger
Entsexualisierung des Kindes. Aus einer zeitgenössischen, interaktionellen
Sichtweise müssen deshalb die Dialektik elterlicher und kindlicher → Phantasi-
en und Impulse berücksichtigt und der Ödipuskomplex als Ergebnis der unbewußten Interaktionsthemen betrachtet werden, die zwischen Eltern und Kind
nicht zur Sprache kommen dürfen. Dabei hat sich der Fokus der im engeren Sinn
sexuellen Wünsche mehr auf die Seite der Eltern verlagert; zwar begehrt das Kind
seine Eltern im psychosexuellen Sinn, aber die Sexualisierung dieser Beziehung
geht schwerpunktsmäßig von den Eltern aus. Genaugenommen müssen deshalb
psychosexuelle, sexualisierte, aggressive und narzißtische Wünsche und Phantasien zwischen Eltern und Kind ausgehandelt, abgewehrt, unterdrückt oder modifiziert werden.

Familiendynamisch betrachtet, ist deshalb ein Kind von klein auf mit den ödipalen, laios- und iokastehaften Phantasien seiner Eltern konfrontiert und muß darauf reagieren; entwicklungspsychologisch dauert es allerdings einige Jahre, bis es
eigene ödipale Impulse erleben kann. Die wichtigsten Entwicklungslinien sind
hierbei die sich entfaltende Psychosexualität und die der Objektbeziehungen.

Literaturempfehlungen

Bergmann, M. (1990). Im Schatten des Moloch. Praxis der Psychotherapie und
    Psychosomatik, 35, 57–70.
Bloch, D. (1985). The child's fear of infanticide and the primary motive force of
    defense. Psychoanalytic Review, 72, 573–588.
Blos, P. (1989). Sohn und Vater. Diesseits und Jenseits des Ödipuskomplexes.
    Stutttgart: Klett.
Bross, M. (1988). Oedipus and Iocasta: A re-examination of Freud's drama of
    destiny. In G.H. Pollock & J.M. Ross (Eds.), The oedipus papers. Classics in
    Psychoanalysis (pp. 317–338). Monograph 6, Madison, Conn.: International
    Universities Press.
Eissler, K. (1968). Zur Notlage unserer Zeit (Ein Schreiben an Herrn Prof. Alex-
    ander Mitscherlich anläßlich seines 60. Geburtstages). Psyche, 22, 641–657.
Ende, A. (1979/80). Battering and neglect: German childrearing, 1860–1978.
    Journal of Psychohistory,7, 249–279.
Naiman, J. (1992). Freud's Iokasta and Sophokles' Iokasta: clinical implications
    of the difference. International Journal of Psycho-Analysis, 73, 95–101.

Piers, M.W. (1976). Das Problem des Kindermordes. Psyche, 30, 41–435.

Quinodoz, D. (1991). „Ich habe Angst, mein Kind zu töten" oder: ausgesetzter Ödipus, adoptierter Ödipus. Zeitschrift für psychoanalytische Theorie und Praxis, 6, 47–61.

Rascovsky, A. & Rascovsky, M. (1968). On the genesis of acting out and psychopathic behavior in Sophocles' Oedipus: Notes on filicide. International Journal of Psycho-Analysis, 49, 390–394.

Rascovsky, A. & Rascovsky, M. (1972). The prohibition of incest, filicide, and the sociocultural process. International Journal of Psycho-Analysis, 53, 271–276.

Rosenman, S. (1988). The myth of the birth of the hero revisited: disasters and brutal child rearing. American Imago, 45, 1–44.

Ross, J.M. (1982). Oedipus revisited. Laius and the „laius complex". Psychoanalytic Study of the Child, 37, 169–200.

Seidenberg, R. (1963). Sacrificing the first you see. Psychoanalytic Review, 53, 175–180.

Sies, C. (1988). Dehumanisierungsprozesse in der ödipalen Situation. Psyche, 42, 873–895.

Sterren, D. van der (1974). Ödipus. Nach den Tragödien des Sophokles. Eine psychoanalytische Studie. München: Kindler.

Vogt, R. (1986). Psychoanalyse zwischen Mythos und Aufklärung oder das Rätsel der Sphinx. Frankfurt/M.: Edition Qumran/Campus.

Latenzperiode – latency period

Die Latenzperiode galt in der herkömmlichen Psychoanalyse als ein Lebensabschnitt zwischen dem 6.–7. und dem 10.–11. Lebensjahr, in dem das ständige Beschäftigtsein mit sexuellen → Phantasien und Onanieimpulsen zurücktritt, als Ruhe vor den Stürmen der Pubertät. Die Sexualisierung der Beziehung, wie sie bei vier- und fünfjährigen Kindern anzutreffen ist, verringert sich deutlich, und zärtliche Impulse gewinnen die Oberhand. Gefühle wie → Scham und Ekel werden stärker, moralische Einstellungen nehmen zu. Erikson (1950) bezeichnete die Latenzzeit deshalb auch als „psychosexuelles Moratorium" oder als Schule des Lebens. Um diese Aufgabe erfüllen zu können, verfügt das Kind über stabile → Identifizierungen, Sicherungen und Abwehrformationen, die ihm helfen, innere Konflikte mitsamt ihren Abkömmlingen und Erscheinungsformen vom Bewußtsein fernzuhalten: das Kind hat die vorübergehende stabile Identität des Latenzalters erreicht. Reifung und Entwicklung haben beim normalen Kind im Alter von 7 +/- 1 Jahren zu größerer Selbständigkeit und → Autonomie geführt. Seine kognitiven Fähigkeiten ermöglichen neue Anpassungsmechanismen und erlauben auch die Unterdrückung und Kontrolle von Triebimpulsen sowie die Aufschiebung von Handlungen; sekundärprozeßhaftes Denken und Handeln ersetzen immer stärker das primärprozeßhafte, animistische und assoziative Vorstellen und Phantasieren (→ Primärvorgang/Sekundärvorgang). Diese Ersetzung bedingt auch die infantile Amnesie und begünstigt die Unterdrückung und → Verdrängung ödipal-inzestuöser Strebungen (vgl. Shapiro & Perry, 1976).

An mehreren Stellen seines Werkes versuchte Freud, das Einsetzen der sexuellen Latenzperiode und die damit zusammenhängende Auflösung des → Ödipuskomplexes biologisch zu begründen, so z.B., wenn er eine Analogie zum Ausfallen der Milchzähne zog (vgl. Freud, 1924d).

Verschiedene Psychoanalytiker haben vorgeschlagen, die Latenz – in Analogie zur Adoleszenz – in zwei oder drei Abschnitte zu unterteilen, so z.B. in die frühe, mittlere und späte Latenz (z.B. Bornstein, 1951; Kaplan, 1965; Williams, 1972).

Neuerdings bezweifeln Kinderanalytiker die Existenz einer Latenzphase, wobei Latenz freilich auch eine Frage des Kriteriums ist: Gegenüber den ständigen und aufregenden Neuentdeckungen, den stürmischen Eroberungen und Enttäuschungen, den intensiven Wutgefühlen und Ängsten der ödipalen Hochblüte sind die Jahre zwischen 6 und 10 tatsächlich um vieles ruhiger und weniger triebhaftaufregend (vgl. Sandler & Freud, 1989).

In Ottomeyers (1989) sozialpsychologisch-psychoanalytischer Betrachtungsweise der „Sinnlichkeitsmodellierung" innerhalb moderner Industriegesellschaften ist die Latenzzeit ein Ausdruck westlichen Zivilisationszwanges; ethnopsychoanalytische Untersuchungen zeigen nämlich auf, daß in anderen Kulturen Liebesspiele bei den sechs-, sieben- oder achtjährigen Kindern eine beliebte Hauptbeschäftigung sind und von der Unterdrückung des → Sexualtriebes keine Rede sein kann. Das hatte freilich auch schon Freud (1925d) in einer Fußnote zu seiner Autobiographie eingeräumt, als er schrieb, daß die Latenzperiode wohl nur in jenen Gesellschaften auftrete, in der eine Unterdrückung der infantilen Sexualität eine Rolle spiele.

Literaturempfehlungen

Fraiberg, S. (1972). Some characteristics of genital arousal and discharge in latency girls. Psychoanalytic Study of the Child, 27, 439–475.

Gavshon, A. (1990). The analysis of a latency boy: The developmental impact of separation, divorce, and remarriage. Psychoanalytic Study of the Child, 45, 217–233.

Golding, H.J. (1974). Jump-rope rhymes and rhythms of latency development in girls. Psychoanalytic Study of the Child, 29, 431–450.

Kaplan, E.B. (1976). Manifestations of aggression in latency and preadolescent girls. Psychoanalytic Study of the Child, 31, 63–78.

Ottomeyer, K.(1989). Zur Sozialisation der Sinnlichkeit. In Psychoanalytisches Seminar Zürich (Hg.), Psychoanalyse als sozialwissenschaftliche Methode (S. 71–105). Frankfurt/M.: Athenäum.

Palmer, A.J. (1988). Heidi's metaphoric appeal to latency. A journey through the oedipus complex. Psychoanalytic Study of the Child, 43, 387–397.

Sarnoff, C. (1971). Ego structure in latency. Psychoanalytic Quarterly, 40, 387–412.

Sarnoff, C. (1976). Latency. New York: Aronson.

Silverman, M.A. (1982). The latency period. In D. Mendell (Ed.), Early female development. Current psychoanalytic views (pp. 203–226). New York: Spectrum.

Leere – emptiness

Gefühle und Empfindungen der Leere sind – zusammen mit Sinnlosigkeitsgefühlen und narzißtischen → Depressionen – ein im Klientel der letzten Jahre häufig beschriebenes Symptom vor allem bei → Borderline- und narzißtischen Störungen. So sprechen z.B. Balint (1963) und McDougall (1984) von Affektentleerung oder Winnicott (1965) vom falschen Selbst.

Nach Jacobson (1964) und Kernberg (1978) ist es für die Erfahrung von Sinnhaftigkeit des eigenen Erlebens und Handelns entscheidend wichtig, daß man sich mit einem integrierten Selbst (also z.B. nicht nur mit einem partiellen, triebhaften Wunsch) innerlich in Verbindung mit einem ganzheitlich wahrgenommenen anderen Menschen (der somit nicht nur als bedürfnisbefriedigend, sondern auch als eigenständig wollendes und erlebendes Individuum erfahren wird) setzen kann. Genau dies fällt einem Menschen mit einer narzißtischen oder Borderline-Störung in der Regel aber schwer, und dadurch kann bei ihm kaum das Gefühl entstehen, in ein Netz menschlicher Beziehungen eingebunden zu sein. Hinzu kommt die von Winnicott (1958) beschriebene Unfähigkeit solcher Menschen, allein zu sein und Einsamkeit zu ertragen. Alleinsein ist aufgrund des intensiven Angewiesenseins auf narzißtisch unterstützende → Selbstobjekte und der mangelnden Verinnerlichung einer empathischen Verbundenheit mit anderen Menschen nur schwer möglich und wird deshalb häufig, z.B. durch hektische soziale und sportliche Aktivitäten oder Einnahme von Alkohol und Drogen, zu bewältigen versucht. Nach Krause (1990, S. 654) lassen sich Leerezustände affekttheoretisch folgendermaßen begründen: Vor allem negative → Affekte haben die Funktion, einen bislang bestehenden Beziehungsmodus zu verändern. Wenn Eltern unfähig sind, die aggressiven Affekte (→ Aggression) ihres Kindes angemessen zu dekodieren und verständnisvoll darauf zu reagieren, lernt ein Kind, auf spezifische Affekte zu verzichten, um nicht als gefährlich erlebte affektive Reaktionen auszulösen. Beziehungsänderungswünsche können dann aber nicht mehr signalisiert werden; es kommt zu einer starken Verarmung im Ausdrucksverhalten, einer überspielenden falschen Freundlichkeit oder anderen Deckaffekten und einer häufig extrem ausgeprägten Erwartung an die Einfühlung des Interaktionspartners. Die Leerezustände, die nach außen hin als solche häufig nicht erkennbar sind, fühlen sich wie Versteinerungszustände an, denen der Betreffende aber durch kompensatorische Maßnahmen (extremes Risikoverhalten, Sucht, perverse Handlungen, Selbstverstümmelungen) zu entkommen versucht.

Aus psychoanalytisch-sozialpsychologischer Sicht haben Moeller und Maaz (1991) von „Entselbstung" gesprochen und darunter die Ferne von den eigenen Gefühlen, die ungestillten Bedürfnisse nach verläßlichen Freundschaften und inniger Liebe verstanden; die Sozialisationsverhältnisse in einer kapitalistisch geprägten Leistungsgesellschaft lassen demnach massenhaft dieses Syndrom entstehen.

Differentialdiagnostisch ist zu berücksichtigen, daß Selbstbeschreibungen von Patienten: „ich fühl' mich häufig so leer" nicht unbedingt auf frühe, ichstrukturelle Störungen, sondern auf neurotische Erlebniszusammenhänge verweisen können, wie z.B. auf sexuelle und aggressive Gehemmtheiten (vgl. Coen, 1986). In diesem Zusamenhang kann das Leersein im buchstäblichen Sinn bedeuten, kein erfüllendes Begehren oder keine aggressiven Affekte in sich verspüren zu dürfen.

Literaturempfehlungen

Balint, M. (1963). On being empty of oneself. International Journal of Psycho-Analysis, 44, 470–480.

Coen, S.J. (1986). The sense of defect. Journal of the American Psychoanalytic Association, 34, 47–67.

LaFarge, L. (1989). Emptiness as defense in severe regressive states. Journal of the American Psychoanalytic Association, 37, 965–995.

Kohut, H. (1973a). Narzißmus. Frankfurt/M.: Suhrkamp.

McDougall, J. (1984). The „disaffected" patient: Reflections on affect pathology. Psychoanalytic Quarterly, 53, 386–409.

Moeller, M. & Maaz, J. (1991). Die Einheit beginnt zu zweit. Hamburg: Rowohlt.

Singer, M. (1977a). The experience of emptiness in narcissistic and borderline states: I. Deficiency and ego defects versus dynamic defensive models. International Review of Psycho Analysis, 4, 159–169.

Singer, M. (1977b). The experience of emptiness in narcissistic and borderline states: II. The struggle for a sense of self and the potential for suicide. International Review of Psycho-Analysis, 4, 471–479.

Singer, M. (1988). Fantasy or structural defect? The borderline dilemma as viewed from analysis of an experience of nonhumanness. Journal of the American Psychoanalytic Association, 36, 31–60.

Lehranalyse

Davon ausgehend, daß „Analyiker in ihrer eigenen Persönlichkeit nicht durchwegs das Maß an psychischer Normalität erreicht haben, zu dem sie ihre Patienten erziehen wollen", und daß man nicht verlangen könne, „daß der zukünftige Analytiker ein vollkommener Mensch sei, ehe er sich mit der Analyse beschäftigt hat, also daß nur Personen von so hoher und so seltener Vollendung sich diesem Beruf zuwenden", stellt Freud (1937c, S. 94) die Frage: „Wo und wie soll aber der Ärmste sich jene ideale Eignung erwerben, die er in seinem Berufe brauchen wird?" und gibt die Antwort: „In der Eigenanalyse, mit der seine Vorbereitung für seine zukünftige Tätigkeit beginnt. Aus praktischen Gründen kann diese nur kurz und unvollständig sein, ihr hauptsächlicher Zweck ist, dem Lehrer ein Urteil zu ermöglichen, ob der Kandidat zur weiteren Ausbildung zugelassen werden kann. Ihre Leistung ist erfüllt, wenn sie dem Lehrling die sichere Überzeugung von der Existenz des → Unbewußten bringt, ihm die sonst unglaubwürdigen Selbstwahrnehmungen beim Auftauchen des Verdrängten vermittelt und ihm an einer ersten Probe die Technik zeigt, die sich in der analytischen Tätigkeit allein bewährt hat. Dies allein würde als Unterweisung nicht ausreichen, allein man rechnet darauf, daß die in der Eigenanalyse erhaltenen Anregungen mit deren Aufhören nicht zu Ende kommen, daß die Prozesse der Ichumarbeitung sich spontan beim Analysierten fortsetzen und alle weiteren Erfahrungen in dem neu erworbenen Sinn verwenden werden. Das geschieht auch wirklich, und soweit es geschieht, macht es den Analysierten tauglich zum Analytiker".

Trotz dieser auf den ersten Blick plausiblen und vernünftig klingenden Empfehlung und Einschätzung Freuds hinsichtlich der Notwendigkeit einer Eigenanalyse für den zukünftigen Analytiker wurden die Art und Weise der Durchführung der Lehranalyse, ihre immanenten Schwierigkeiten und Begrenzungen, ihr institutionelles Eingebettetsein in eine Ausbildungsstätte immer wieder problematisiert.

Insbesondere wurde und wird der Trend zu immer längeren, institutionell geforderten Lehranalysen (die an einigen DPV-Instituten im Durchschnitt etwa 1000 Stunden betragen) kritisiert. Thomä (1991) erblickt in der überwertigen Stellung der Lehranalyse, die wegen ihrer Länge und des damit verbundenen finanziellen und zeitlichen Aufwandes zu einer „Supertherapie" geworden sei, den Grund dafür, daß die psychoanalytische Theorieentwicklung schon seit geraumer Zeit stagniere. Der Kraftakt, der für die persönliche Analyse zu erbringen ist, verringere die Motivation für eine gehaltvolle Auseinandersetzung mit psychoanalytischer Theorie und vor allem für eine immer notwendiger werdende Therapieforschung. Die forschungsferne Ausbildung führe zu einer unkritischen Rezeption aller möglichen Modeerscheinungen oder zum Festhalten an – nach Thomäs Meinung – längst überholten metapsychologischen Positionen mit Anleihen aus der Naturwissenschaft des 19. Jahrhunderts. Um vor allem der Forschung auf die Sprünge zu helfen, schlägt Thomä eine Eingrenzung der Lehranalyse auf 300 bis 400 Stunden vor.

Thomäs Anliegen, die empirische Forschung zu stärken, kann man gewiß unterstützen; ob sie allein zum Garanten des Fortschritts werden kann, erscheint fraglich. Offensichtlich wird gelegentlich übersehen, zu welchen erstaunlichen Erkenntnissen über das menschliche Seelenleben die Psychoanalyse auch ohne Varianz-, Faktoren- oder Pfadanalyse, ohne maschinelle Codierung und Computerauswertung gekommen ist.

Was den Lehranalysanden betrifft, wurde z.B. festgestellt, daß er größere Schwierigkeiten haben kann, zu regredieren (→ Regression), als ein Patient in einer Heilanalyse. Auch wenn er weiß, daß die Praxis, dem Weiterbildungsausschuß des Instituts Inhaltliches aus der Lehranalyse zu berichten, schon vor vielen Jahren an den meisten Instituten abgeschafft worden ist, erleben manche Kandidaten sich dennoch nie ganz frei von einer Beurteilungsangst, wenn sie z.B. von demütigenden Schwächen oder perversen Phantasien erzählen. Der Druck, als angehender Analytiker vernünftig sein zu müssen und nicht allzu gestört sein zu dürfen, kann somit die freie Assoziation beeinträchtigen. Er kann es, aber er muß es nicht: Es ist immer wieder erstaunlich, mit welchem Mut Lehranalysanden über sich selbst sprechen können. Und die ängstlich Angepaßten, die glauben, sich keine gravierende Blöße geben zu dürfen, stellen vielleicht weniger ein Problem der Lehranalyse dar als ein Problem der Auswahl.

Lehranalysanden bekommen auch ungleich mehr als ein Patient von der (oftmals allerdings nur vermeintlichen) Realität ihres Lehranalytikers mit. Wenn dieser am Institut an Fallseminaren mitarbeitet, kann man ihm noch ausweichen; was aber, wenn der Lehranalysand Gerüchte über seinen Analytiker von anderen Lehranalysanden aufschnappt? Kann er dann noch ungestört frühere Erfahrungen übertragen? Oder, was bewirkt der Umstand, daß er mit der unausweichlichen Tatsache seiner Couch-Geschwister schon recht bald konfrontiert wird?

Um diesen tendenziell problematischen Phänomenen einer institutionalisierten Lehranalyse abzuhelfen, wurde in einigen Ländern und in einigen Instituten das sog. offene Ausbildungssystem praktiziert. Hier kann sich der am späteren Beruf des Psychoanalytikers interessierte Anwärter einen Analytiker außerhalb der Institution suchen; die Analyse beginnt somit als eine rein private Angelegenheit, die nicht mit der Institution kontaminiert ist. Die Machtposition, die Lehranalytiker nach Auffassung von Kritikern (wie z.B. Cremerius, 1987, 1989) haben, das (vermeintliche) „Herrschaftsinstrument" des Ausbildungsausschusses, würde damit gegenstandslos.

Aber bringt es wirklich einen Vorteil, wenn Lehranalysen als „persönliche Analysen" außerhalb der Institution durchgeführt werden? Bedeutet diese Modalität nicht lediglich eine Verlagerung der gruppendynamischen Rivalitäten einer Institution auf die Pseudo-Institution der recht bald auch namentlich bekannten Analytiker, die „persönliche Analysen" durchführen? Wie Thomä (1991a, S. 403) zu Recht betont, „gehen selbstverständlich auch von ‚deinstitutionalisierten Institutionen' und von der größtmöglichen Liberalität und Offenheit Einflüsse auf den Kandidaten aus. Es ist sogar aus psychoanalytischer Sicht wahrscheinlich, daß Strukturarmut bis hin zum fiktiven blanc screen – das psychoanalytische Institut als leere Rorschachtafel – besonders beunruhigend wirkt". Offener und verdeckter Machtmißbrauch lassen sich zudem viel leichter feststellen und problematisieren, wenn die Personen in einer Institutsöffentlichkeit arbeiten.

Welches sind gravierende Probleme auf seiten der Lehranalytiker? Treurniet (1989a, S. 72) kommt in seiner sehr realitätsnahen Analyse der Störanfälligkeiten der Lehranalyse zu dem Schluß, daß die gruppendynamische Realität der Ausbildungssituation Rivalitäts- und narzißtische Probleme unter den Lehranalytikern anspricht und stärker provoziert als bei jemanden, der keine Lehranalysen durchführt. „Ein Lehranalytiker muß in der Lage sein, in der ‚Glashaus'-Atmosphäre eines Instituts zu arbeiten; er muß die oft hinterhältigen Vergleiche mit seinen Altersgenossen ertragen; wirkliches Lob und Kritik annehmen und bei sich behalten und analysieren; Analysanden nach angemessener Zeit loslassen; er muß darauf verzichten, ungelöste Übertragungsbedürfnisse auszubeuten, unbedingt vollkommene Produkte ‚hervorzubringen', mit anderen Analytikern zu konkurrieren, indem er seine eigenen Analysanden dazu benutzt … Die Möglichkeiten unbewußter Bündnisse und Kollusionen zwischen dem Lehranalytiker und dem omnipotenten Anteil in seinem Patienten/Kandidaten sind zahllos und verbergen sich häufig hinter der Maske einer Pseudoloyalität zum Kandidaten und Patienten".

Die Abstinenz des Lehranalytikers wird einer besonders harten Probe unterzogen, denn es schmeichelt der Eigenliebe, die klügsten und fähigsten „Kinder" hervorzubringen, was einige Lehranalytiker auch zu besonderen Auswahlstrategien veranlaßt; oder es kursieren Gerüchte darüber, wer seinen Analysanden besonders verwöhnt, indem er das ortsübliche Honorar kürzt, Vergünstigungen gewährt, Bücher ausleiht, Patienten überweist, ihm genehme Supervisoren empfiehlt und ähnliches mehr. Aber ist diese Auffassung nicht zu rigide? Darf ein gewisses Quantum Elternstolz auf einen besonders begabten Analysanden, der noch dazu den gleichen Beruf ergreift wie sein Analytiker, nicht auch sein?

Nach Treuniet (1989b, S. 10) verbergen jedoch solche narzißtischen Einstellungen häufig die ödipal bedingten Kindesmord-Phantasien gegenüber einem Analysanden, der schließlich einmal seinen Analytiker überrunden wird. „Aus Abwehrgründen kann also eine Kollusion entstehen – und häufig genug gibt es sie wirklich –, nämlich die Wahrnehmung dieser Konkurrenz auf Leben und Tod zu vermeiden, womit einer des anderen Scheitern besiegelt. Das Mißlingen der Analyse ist die eigene Bestrafung, und so vermeiden beide die notwendige Einsicht insbesondere in unsere Wünsche, einander zu kastrieren und zu ermorden … Versteckte Formen aggressiver Gegenübertragung, die darauf abzielen, die nach uns kommende junge Generation zu verstümmeln und zu zerstören, lassen sich an Phänomenen erkennen wie Schulen- und Jüngerbildung, Vermeidung der Analyse, wechselseitige → Idealisierungen und Nichteinhalten angemessener Distanz nach Beendigung der Analyse. … All diese Manöver fördern solche Identifikationen mit dem Lehranalytiker, die Wiederholungen erzwingen, anstatt Originalität zu erlauben".

Ein Lehranalytiker steht somit im Rampenlicht seiner jeweiligen Institutsöffentlichkeit; seine Eignung wird häufig an der Qualität seiner Lehranalysanden gemessen. Unbearbeitete Omnipotenzphantasien und unbewältigte Aggressionsprobleme (→ Aggression) drohen gerade bei diesem Beruf zur Gefahr für die Analysanden wie für die Institution zu werden. Nicht zuletzt aus diesem Grund wird deshalb auch für eine ganz besonders sorgfältige Auswahl bei der Ernennung zum Lehranalytiker plädiert. Da Lehranalytiker-Aspiranten aber keine Übermenschen sind, müssen auch hierbei Zugeständnisse gemacht werden.

Bei der Sichtung von Literatur, die sich mit den Problemen der Lehranalyse beschäftigt, erhält man nicht selten den Eindruck, als seien psychoanalytische Institute besonders machtbesessene, autoritäre, sich gegen jegliche Kritik abschirmende Gebilde, die eingeschüchterte, willenlose, normopathische Kreaturen als kümmerlichen Nachwuchs heranbilden. Es ist an der Zeit, diese total verzerrte Einschätzung als Fiktion zurückzuweisen; sie vermag zwar vorübergehend rebellische, ödipale Impulse zu befriedigen und sich der Sympathie jener zu versichern, die unter ungelösten Spannungen in diesem Bereich leiden – ein dermaßen sensibler Bereich wie die Lehranalyse braucht aber mehr noch als andere Themen eine differenzierte und ausgewogene Betrachtung.

Literaturempfehlungen

Balint, M. (1966). Über das psychoanalytische Ausbildungssystem. In ders., Die Urformen der Liebe und die Technik der Psychoanalyse (S. 265–286). Frankfurt/M.: Fischer.

Beland, H. (1992). Kritischer Kommentar zu Helmut Thomäs Aufsatz über „Idee und Wirklichkeit der Lehranalyse". Psychoanalyse. Klinik und Kulturkritik, 46, 99–114.

Bernfeld, S. (1984). Über die psychoanalytische Ausbildung (1952). Psyche, 38, 437–459.

Cremerius, J. (1987). Wenn wir als Psychoanalytiker die psychoanalytische Ausbildung organisieren, müssen wir sie psychoanalytisch organisieren. Psyche, 41, 1067–1096.

Cremerius, J. (1989). Lehranalyse und Macht. Die Umfunktionierung einer Lehr-Lern-Methode zum Machtinstrument der institutionalisierten Psychoanalyse. Forum der Psychoanalyse, 5, 190–208.

Kernberg, O.F. (1984). Institutional problems of psychoanalytic education. Journal of the American Psychoanalytic Association, 34, 799–834.

Simenauer, E. (1984). Aktuelle Probleme der Lehranalyse. Psyche, 38, 289–306.

Streeck, U. & Werthmann, V. (Hg.) (1992). Lehranalyse und psychoanalytische Ausbildung. Göttingen: Vandenhoeck & Ruprecht.

Thomä, H. (1991a). Idee und Wirklichkeit der Lehranalyse. Ein Plädoyer für Refomen (I). Psyche, 45, 385–433.

Thomä, H. (1991b). Idee und Wirklichkeit der Lehranalyse. Ein Plädoyer für Refomen (II). Psyche, 45, 481–505.

Thomä, H. (1992). Stellungnahme zum kritischen Kommentar Herrmann Belands zu meinem Aufsatz „Idee und Wirklichkeit der Lehranalyse." Psychoanalyse. Klinik und Kulturkritik, 46, 115–144.

Wiesse, J. (Hg.) (1992). Chaos und Regel. Die Psychoanalyse in ihren Institutionen. Göttingen: Vandenhoeck & Ruprecht.

Masochismus – masochism

Die bereits von Freud (1924c) beschriebenen und unterschiedenen Phänomene des sexuellen und moralischen Masochismus finden sich auch heute noch im psychoanalytischen Klientel und gehören nach Wurmser (1991) mit zu den schwierigsten behandlungstechnischen Problemen.

Am bekanntesten wurde innerhalb der Psychoanalyse die ödipale Psychodynamik (→ Ödipuskomplex) des Masochismus: ödipal-sexuelle Impulse können nur dann erlebt werden, wenn eine Unterwerfung unter ein strenges → Über-Ich stattgefunden hat; auf diese Weise wird die Angst vor einer noch schlimmeren Strafe in Form der Kastration (→ Kastrationskomplex) bewältigt. Im Zuge ichpsychologischer und narzißmustheoretischer Überlegungen wurde diese triebdynamische Interpretation um Auffassungen ergänzt, die vor allem die struktur- und kohäsionsfördernde Funktion des Masochismus betonen (z.B. Stolorow, 1975).

Vor allem die genauere Erforschung der Selbstwertregulation (z.B. Kohut, 1971) hat auf die enge Verbindung zwischen masochistischen Phänomenen und narzißtischer Pathologie aufmerksam gemacht. Präödipale Traumatisierungen des Kindes beeinträchtigen die Entwicklung eines stabilen und kohärenten Erlebens des eigenen Selbst (→ Selbstkohäsion). Eine masochistische Aktivität kann deshalb bei Menschen mit einer narzißtischen Störung auf Borderline-Niveau (→ Borderline) den Versuch darstellen, das Erleben für das eigene Selbst zurückzugewinnen oder zu stärken. Bekannt wurde vor allem der Ausdruck von Morgenthaler (1974) über die „Plombenfunktion" perverser Inszenierungen (→ Perversion), d.h., daß diese die narzißtischen Lücken im Selbst füllen sollen.

Der Masochismus ist von der Selbstbestrafung zu unterscheiden, bei der es zu einer Wendung der → Aggression gegen das eigene Selbst kommt.

Voraussetzung für den Masochismus ist somit eine Beziehung zu einem anderen Menschen. Deutlich ist dies natürlich für den sexuellen Masochisten, in dessen sadomasochistischen → Phantasien und Handlungen die Inszenierung zwischen einem liebeshungrigen Kind und einem strafenden, aber auch sexuell entgegenkommenden Elternteil auftaucht.

Und ebenso liegt auch dem moralischen Masochismus das Bedürfnis zugrunde, geliebt werden zu wollen, wobei die betreffende Person als Kind die Erfahrung gemacht hat, daß sein Liebesbedürfnis nicht in der Weise von seinen Eltern befriedigt worden ist, wie es sich dies gewünscht hat (so kann z.B. ein Vater aufgrund seiner eigenen ödipalen Abwehr seine Tochter nur sehr verhalten lieben, was in dieser die Erfahrung der Nicht-Liebe entstehen läßt). Für Berliner (1958) ist deshalb die masochistische Haltung „die Bitte um die Zuneigung eines hassenden Liebesobjekts" (S. 46). Die ursprünglich Freudsche Definition, die den Masochismus aus dem ödipalen Schuldgefühl (→ Schuld) oder Strafbedürfnis hervorgehen sah, erscheint Berliner deshalb auch vor allem im Hinblick auf die präödipalen Mutter-Vater-Kind-Beziehungen ergänzungsbedürftig. Für ihn ist Masochismus auch kein Triebphänomen wie Sadismus oder → Aggression. Vielmehr ist „Masochismus … eine durch libidinöse Bedürfnisse motivierte Abwehrreaktion gegen den Sadismus eines anderen Menschen" (S. 48).

Die Verleugnung und die Libidinisierung des Leidens sind dabei die vorherrschenden Abwehrmechanismen. Das Nichtgeliebtwordensein, Ablehnung, Demütigung oder Mißhandlung werden als Erfahrungen verleugnet (→ Verleugnung) und im eigenen Erleben als Zuwendung der Eltern definiert. Die Verinnerlichung dieser Erfahrungen wird zu einem Bestandteil des → Über-Ichs und des Charakters (→ Charakterneurose; → Charakterzug). Der Vorteil dieser Abwehr besteht darin, daß die traumatisierenden Erlebnisse ichsynton und damit gleichsam zu etwas Selbstverständlichem werden und nicht mehr als undurchschaubare, Angst und Verzweiflung auslösende Erfahrungen („warum verhält er sich nur immer wieder so gemein und ablehnend zu mir, wo er doch mein eigener Vater ist, den ich so gern lieben würde?") erlebt werden müssen.

Eine bei vielen masochistischen Patienten anzutreffende Dynamik ist zudem auch die versteckte Dimension von Allmacht und Kontrolle. Die sorgfältige Inszenierung des masochistischen Rituals läßt ein Erleben entstehen, die Situation vollkommen kontrollieren zu können, was eine aktive Umkehrung des einst in der Kindheit passiv und vor allem äußerst demütigend und angsteinflößend Erlebten bedeutet.

Die → Identifikation mit dem Aggressor – und bei narzißtisch gestörten Patienten das Sich-Einfühlen mit dem als grandios erlebten Sadisten – ermöglicht zudem eine Teilnahme an dessen phantasierter Größe und Macht.

Masochistische Erlebnisweisen und Charakterzüge sind vom sog. normalen Masochismus zu unterscheiden. So sind z.B. zwanghafte Verhaltensweisen, die eine magische Versicherung gegenüber dem Auftauchen beunruhigender Triebimpulse darstellen („wenn ich fleißig arbeite, kann mir nichts passieren") sowie die Generalisierung einer angemessenen und realistischen Selbstkritik zu einer depressiv gedrückten Stimmung nach Kernberg (1988) gleichsam Bestandteile des normalen Masochismus, die mit der Entwicklung des Über-Ichs einhergehen. Die Fähigkeit, Anstrengungen und Entbehrungen auf sich zu nehmen, um damit einen zukünftigen Erfolg zu erreichen („saure Wochen, frohe Feste"), wurzeln ebenfalls in dieser normal masochistischen Tendenz.

Damit die ganz gewöhnliche Heterosexualität nicht zur langweiligen Begegnung verkommt, ist nach Kernberg (1988) eine Toleranz gegenüber polymorph perversen kindlichen Triebimpulsen wichtig, die dafür sorgt, daß jemand sexuelle Erregung erleben und dabei z.B. masochistische und sadomasochistische Phantasien und Erlebnisse haben kann.

Die depressiv-masochistische Persönlichkeitsstörung stellt nach Kernberg (1988) hingegen eine neurotische Persönlichkeitsstörung auf einer höheren Ebene der Persönlichkeits- oder Ich-Organisation dar, die sich durch gute Angsttoleranz, Impulskontrolle, Sublimierungsfähigkeiten und ein zwar sehr strenges, aber gut integriertes → Über-Ich auszeichnet. Menschen mit dieser Störung sind zu tiefergehenden Objektbeziehungen fähig. Nach Kernberg (1988) lassen sich vor allem die folgenden vorherrschenden Verhaltensmuster antreffen (vgl. S. 1007):

Menschen mit einer depressiv-masochistischen Persönlichkeitsstörung sind ernsthaft, humorlos, übergewissenhaft, nahezu ohne Unterbrechung mit der Güte und dem Umfang ihrer Arbeitsleistung befaßt, zuverlässig, selbstkritisch und haben ein hohes Anspruchsniveau an ihre eigenen Leistungen. Eher rücksichtsvoll und milde gegenüber anderen, können sie gelegentlich aber auch sehr hart in ihren Urteilen über ihre Mitmenschen werden, vor allem, wenn sie sich von deren Leistungen enttäuscht fühlen. Wenn es ihnen nicht gelingt, entsprechend ihren hohen Leistungsanforderungen an sich selbst zu leben, werden sie niedergeschlagen und depressiv (→ Depression). Stärker gestörte Persönlichkeiten lassen sich häufig von ihrer Umwelt ausbeuten und mißhandeln. Des weiteren sind sie stark abhängig von Liebe, Anerkennung und Unterstützung anderer Menschen, fühlen diesen gegenüber auch oft sehr schnell Schuldgefühle aufgrund ihrer unbewußten → Ambivalenz gegenüber dem geliebten und gebrauchten Objekt. Sie sind sehr rasch enttäuschbar, wenn ihre Erwartungen nicht erfüllt werden. Im Unterschied zur narzißtischen Persönlichkeitsstörung, die übermäßig abhängig von äußerer Bewunderung ist, ohne Liebe und Dankbarkeit empfinden zu können, reagieren die depressiv-masochistischen Persönlichkeiten mit Dankbarkeit und Liebe auf Zuwendung und Anerkennung.

Nach Meyers (1988) klinischen Erfahrungen entstehen behandlungstechnische Schwierigkeiten nicht selten wegen falscher theoretischer Prämissen, nämlich:

1. daß der Masochist leiden ‚möchte‘, weil Schmerz und Demütigung für ihn Ersatz sexueller Lust sind;
2. daß der Masochist sein Strafbedürfnis befriedigen muß, weil er aufgrund inzestuöser oder aggressiver Impulse Schuldgefühle hat (dies trifft für die Zwangsneurose zu, nicht für den Masochismus);
3. daß seine selbstschädigende Haltung Ausdruck seines eigenen, gegen sein Selbst gerichteten Sadismus (was auch zur Pathologie der Zwangsneurose gehört) oder vielleicht sogar seines Todestriebes sind.

Die Behandlung masochistischer Charakterprobleme gilt seit langem als analytische Herausforderung, die das Können des Analytikers gelegentlich auf eine harte Probe stellt. Wie Meyers (1988) aufgezeigt hat, hängt dies vor allem auch mit der Komplexität der Ätiologie und der Vielfältigkeit der Funktionen, denen masochistische Einstellungen dienen können, zusammen. Betrachtet man die zahlreichen Veröffentlichungen zum Thema Masochismus (vgl. z.B. Maleson, 1984), so wird deutlich, daß in nahezu jeder Arbeit eine unterschiedliche Funktion des Masochismus konzeptualisiert wird, die jeweils auf ein bestimmtes entwicklungspsychologisches Niveau genetisch zurückgeführt werden kann. Oftmals kann nur die Zusammenschau der verschiedenen Funktionen bei ein und demselben Patienten ein komplettes Verständnis seiner Psychodynamik liefern.

Meyers (1988) ordnet den verschiedenen Funktionen des Masochismus (Masochismus aufgrund ödipaler Schuld; Masochismus zur Aufrechterhaltung früher Objektbeziehungen; Masochismus zur Kontrolle der Beziehung und schließlich zur Definition des eigenen Selbst im Rahmen einer erforderlichen Selbst-Objekt-Differenzierung) unterschiedliche behandlungstechnische Interventionen zu.

Während es um den von Freud noch postulierten sog. weiblichen Masochismus eher still geworden ist (vgl. Benjamin, 1990; Bernstein, 1983; Blum, 1976; Caplan, 1984), ist der moralische oder psychische Masochismus (und Sadomasochismus) ein häufig diskutiertes und mittlerweile gut erforschtes psychoanalytisches Thema (vgl. z.B. Blos, 1991; Blum, 1991; Novick und Novick, 1991; Kernberg, 1991; Rothstein, 1991).

Literaturempfehlungen

Asch, S.S. (1988). The analytic concepts of masochism: A reevaluation. In R.A. Glick & D.I. Meyers (Eds.), Masochism: Current psychoanalytic perspectives (pp. 93–115). Hillsdale, NJ: Analytic Press.

Galenson, E. (1988). The precursors of masochism: Protomasochism. In R.A. Glick & D.I. Meyers (Eds.), a.a.O. (pp. 189–204). Hillsdale, NJ: Analytic Press.

Glenn, J. (1989). From protomasochism to masochism: A developmental view. Psychoanalytic Study of the Child, 44, 73–86.

Grodzicki, W.D. (1967). Bemerkungen zur Struktur masochistischen Verhaltens im Zusammenhang mit Übertragungs- und Gegenübertragungsvorgängen. Jahrbuch der Psychoanalyse, 4, 181–201.

Grossman, W.I. (1986). Notes on masochism: A discussion of the history and development of a psychoanalytic concept. Psychoanalytic Quarterly, 40, 379–413.

Grunert, J. (1981a). Leiden am Selbst. Zum Phänomen des Masochismus. München: Kindler.

Kernberg, O.F. (1988). Clinical dimensions of masochism. Journal of the American Psychoanalytic Association, 36, 1005–1029.

Maleson, F. (1984). The multiple meanings of masochism in psychoanalytic discourse. Journal of the American Psychoanalytic Association, 32, 325–357.

Meyers, H. (1988). A consideration of treatment techniques in relation to the function of masochism. In R.A. Glick & D.I. Meyers (Eds.), a.a.O. (pp. 175–188). Hillsdale, NJ: Analytic Press.

Novick, J. & Novick, K.K. (1991). Some comments on masochism and the delusion of omnipotence from a developmental perspective. Journal of the American Psychoanalytic Association, 39, 307–331.

Rohde-Dachser, Ch. (1986). Ringen um Empathie. Ein Interpretationsversuch masochistischer Inszenierungen. Forum der Psychoanalyse, 2, 44–58.

Scheunert, G. (1976). Das masochistische Phantasma als Abwehrmaßnahme. Jahrbuch der Psychoanalyse, 9, 161–173.

Wurmser, L. (1991). Der goldleuchtende Dolch. Masochistische Übertragung. Über-Ich-Übertragung und Gegenübertragung. Forum der Psychoanalyse, 7, 1–19.

Metapsychologie – metapsychology

Freuds Metapsychologie ist schon seit einigen Jahren in Verruf geraten. Insbesondere wird ihr vorgeworfen, daß sie für Stagnationen in der psychoanalytischen Theorienbildung verantwortlich sei, lediglich Pseudoerklärungen bereitstelle, eine naturwissenschaftliche Basis suggeriere und damit zugleich eine hermeneutische Forschung (die Bedeutungszusammenhänge rekonstruiert und nicht nach Ursachen und Wirkungen forscht) behindere, einen interdisziplinären Austausch mit anderen Wissenschaften erschwere und aus diesen Gründen schleunigst als Forschungsparadigma aufzugeben sei (vgl. z.B. Peterfreund, 1975; Schafer, 1975; Gill, 1976; Thomä & Kächele, 1985). Die Intention Freuds, seine hermeneutisch gefundenen und klinisch erschlossenen Regelmäßigkeiten auf eine naturwissenschaftliche Erklärungsbasis zu stellen, ist nach Habermas (1968) als → „szientistisches Selbstmißverständnis" einzustufen: Nach Habermas' Einschätzung war Freud ein Hermeneutiker, ohne dies vollständig akzeptieren zu können. Freud selbst sah in der Metapsychologie „die Vollendung der psychoanalytischen Forschung" (1915c, S. 280). Eine metapsychologische Betrachtungsweise liegt nach Freud dann vor, „wenn es uns gelingt, einen psychischen Vorgang nach seinen *dynamischen*, *topischen* und *ökonomischen* Beziehungen zu beschreiben" (a.a.O., S. 280f.). Obwohl Freud damit die Option verband, miteinander ringende Kräfte triebhaft-organischer Art (dynamisch), nach Maßgabe des Lust-Unlust-Prinzips (ökonomisch) im psychischen Apparat (topisch) zu lokalisieren, um damit psychische Erscheinungen besser beschreiben und erklären zu können, war er sich der Vorläufigkeit metapsychologischer Annahmen vor allem in späteren Jahren sehr wohl bewußt: „Solche und ähnliche Vorstellungen gehören zu einem spekulativen Überbau der Psychoanalyse, von dem jedes Stück ohne Schaden und Bedauern geopfert oder ausgetauscht werden kann, sobald eine Unzulänglichkeit erwiesen ist. Es bleibt genug zu berichten übrig, was der Beobachtung näher steht" (1925d, S. 58).

Rapaport und Gill (1959) arbeiteten eine Systematisierung der Metapsychologie aus. Der dynamische und der ökonomische Gesichtspunkt blieben; der topische wurde durch den strukturellen ersetzt und der genetische und adaptive wurden neu hinzugefügt. Diese fünf Gesichtspunkte setzten sich in den darauffolgenden Jahren als Set metapsychologischer Perspektiven in der psychoanalytischen Theoriebildung durch, bis es in den 70er Jahren zu der oben erwähnten Kritik kam. Heute herrscht in der psychoanalytischen community allenthalben Unsicherheit über den Status und die wissenschaftliche Angemessenheit der Metapsychologie.

Wendet sich die Hauptstoßrichtung der Kritik vor allem gegen die in den metapsychologischen Gesichtspunkten enthaltene energetische Betrachtungsweise, die dem – mittlerweile überholten – naturwissenschaftlichen Denken des 19. Jahrhunderts verhaftet sei (vgl. z.B. König, 1981; Thomä & Kächele, 1985), gehen andere davon aus, daß die Kritik an der Energie-Metapher das wesentliche Verständnis der Psychoanalyse verfehlt, es sei denn, man wollte zusammen mit der Metapsychologie auch unbewußte psychische Prozesse ausschalten. Und manche amerikanischen Psychoanalytiker, die zunächst in der Systemtheorie eine Alternative zur herkömmlichen Metapsychologie erblickt haben (z.B. Holt, 1978), betrachten ihren Enthusiasmus mittlerweile mit Skepsis und plädieren nunmehr stärker dafür, daß sich die Psychoanalyse mit ihren eigenen Mitteln eine ihrem Gegenstand angemessene Theorie schaffen solle.

Nitzschke (1985, S. 281) fordert deshalb, die Metapsychologie beizubehalten, aber die Ein-Körper-Energetik Freuds durch eine „Zwei-Körper-Psychologie" zu erweitern, um „das Wechselspiel der emotionalen Reaktionen mehrerer Körper" in einer metapsychologischen Theorie abbilden zu können. Ohne Metapsychologie, im Sinne einer Theorie des → Unbewußten, degeneriere die Psychoanalyse zu einer rein geisteswissenschaftlichen Hermeneutik oder zu einer flachen empiristischen Theorie, die glaubt, ohne Konstrukte über das Unbewußte auskommen zu können.

Literaturempfehlungen

Butzer, R.J. (1991). Zur Dechiffrierung des Freudschen Triebbegriffs. Zeitschrift für Sexualforschung, 4, 1–32.

Ehlert, M. (1985). Handlungssprache und Metapsychologie. Überlegungen zu Schafers „neuer Sprache" für die Psychoanalyse. Psyche, 39, 981–1020.

Görlich, B., Lorenzer, A. & Schmidt, A.(Hg.) (1980). Der Stachel Freud. Beiträge und Dokumente zur Kulturismus-Kritik. Frankfurt/M.: Suhrkamp.

Holt, R. (1981). The death and transfiguration of metapsychology. International Review of Psycho-Analysis, 8, 129–143.

Holt, R. (1989). Freud reappraised. A fresh look at psychoanalytic theory. New York: Guilford Press.

Jeron, M. (1981). Hermeneutik und Energetik – zur Interpretation der Psychoanalyse durch Paul Ricoeur. In W. Mertens (Hg.), a.a.O. (S. 161–196).

König, W. (1981). Zur Neuformulierung der psychoanalytischen Metapsychologie: vom Energie-Modell zum Informationskonzept. In W. Mertens (Hg.), a.a.O. (S. 83–123).

Mertens, W. (Hg) (1981). Neue Perspektiven der Psychoanalyse. Stuttgart: Kohlhammer.

Modell, A.H. (1984). Gibt es die Metapsychologie noch? Psyche, 38, 214–234.

Nitzschke, B. (1985). Der eigene und der fremde Körper. Bruchstücke einer psychoanalytischen Gefühls- und Beziehungstheorie. Tübingen: Konkursbuchverlag.

Sies, C. & Brocher, T. (1986). Die Bedeutung der Autopoiese für die Metapsychologie. Jahrbuch der Psychoanalyse, 19, 142–173.

Wurmser, L. (1983). Plädoyer für die Verwendung von Metaphern in der psychoanalytischen Theoriebildung. Psyche, 37, 673–700.

Narrative Konstruktion – narrative construction

Freud vertrat nach Aufgabe der hypnotischen Technik und der darin enthaltenen suggestiven Elemente die Auffassung, daß die nunmehr gefundene Vorgehensweise der freien Assoziation eine größere Objektivität impliziere, weil die Deutungen des Analytikers sich eng an die Einfälle des Analysanden anlehnen. Dieser Auffassung schlossen sich sehr viele Analytiker bis zum heutigen Tage an.

Die Konstruktionen und Rekonstruktionen werden zwar als vorläufig betrachtet, weil sie immer wieder einer Revision und Elaborierung im Sinne eines hermeneutischen Zirkels unterliegen, aber an ihrem Wahrheitsgehalt wurde selten gezweifelt. Freud ging es zwar nicht um das Auffinden der faktischen Wahrheit („wie die Verhältnisse damals tatsächlich gewesen sind"), aber er glaubte, mit Rekonstruktionen die historische Wahrheit („wie der Analysand damals die Verhältnisse erlebt hat") erreichen zu können. Das Wahrheitskriterium für die historische Wahrheit ist hierbei die Korrespondenz des in der Rekonstruktion aufgefundenen Erlebnisses mit dem (phantasiemäßig angeeigneten) Ereignis in der Kindheit.

Spence (1982) und Schafer (1983) haben demgegenüber am konsequentesten die Auffassung vertreten, daß eine rekonstruktive Deutung lediglich eine *narrative* Konstruktion des Analytikers darstellt, die weit von der historischen Wahrheit entfernt ist. Rekonstruktive Deutungen werden mit einem Evidenz- und Zufriedenheitsgefühl erlebt, wenn es zu einer „narrativen Passung" kommt. Dieses Kriterium hat aber weniger mit dem zu tun, was ein Analysand vor zwanzig oder dreißig Jahren in seiner Kindheit erlebt hat, sondern eher mit beziehungspragmatischen und ästhetischen Eigenschaften. Die „Schönheit" einer Deutung bemißt sich daran, wie gut sie sich mit dem derzeitigen Selbstverständnis des Analysanden in Übereinstimmung bringen läßt. Andere Stimmungen und Seinszustände lassen andere narrative Konstruktionen entstehen.

Diese Relativierung der Möglichkeit einer wahrheitsgetreuen Rekonstruktion wirkt auf den ersten Blick ernüchternd. Ist dann nicht jede Deutung zulässig? Worin unterscheiden sich psychoanalytische Deutungen z.B. von denen humanistischer Schulrichtungen oder von astrologischen Deutungskünsten? Der Relativismus der narrativen Wahrheits-Position erscheint aber stimmig, wenn man eine andere Erkenntnis der modernen Psychoanalyse hinzuzieht: Der Analytiker ist nicht länger unbeteiligter und deshalb objektiver Beobachter und Deuter, sondern Mitspieler und Mitgestalter von Szenen, deren Analyse hinsichtlich ihrer Entstehungsgeschichte im Hier und Jetzt und deren Durcharbeitung zum wichtigsten Anliegen einer psychoanalytischen Behandlungsauffassung werden. Die Einfälle des Patienten nehmen deshalb auch immer den Beziehungseinfluß des Analytikers in die Auswahl, Gestaltung und Ausarbeitung ihrer Erzählungen mit

auf. Von daher liegt es nahe, die Entwürfe des Patienten als gemeinsam gestaltete Szenen und die Rekonstruktionen des Analytikers als synergistische Phanta-
sieproduktionen zu betrachten, die nicht nur oder kaum die historische Wahrheit
des Patienten betreffen, sondern auch viel von dem bewußten und unbewußten
biographischen Hintergrund des Analytikers beinhalten.

Trotzdem erscheint es sinnvoll, in den psychoanalytischen Rekonstruktionen
Mutmaßungen zu erblicken, die zwar immer aufs neue entworfen und revidiert
werden, die aber dennoch eine Annäherung an das historisch Erlebte ermöglichen. Denn die moderne transaktionelle Sichtweise geht zwar von der Unmöglichkeit einer objektivistischen Haltung aus, hält aber gerade aus diesem Grund
die Reflexion der Gegenübertragung für eine unverzichtbare Erkenntnisleistung.
Wie Sass und Woolfolk (1988) aufgezeigt haben, lassen sich Autoren wie Spence und Schafer trotz vordergründig hermeneutischen Anspruchs zu sehr von einer
impliziten naturwissenschaftlichen Methodik, der Möglichkeit einer unkontami-
nierten Datenerhebung, leiten. Denn nur so läßt sich ihr extremer Relativismus
verstehen. Weil sich menschliches Handeln aber immer interaktiv und selbstreflexiv im Dialog mit anderen Menschen vollzieht, muß das Streben nach einer ge-
haltvollen Erkenntnis im humanwissenschaftlichen Bereich eine interaktive Er-
kenntnisrelation zur Grundlage haben, es sei denn, man untersucht reflexhaft
gesteuertes Verhalten. Projektive Elemente im hermeneutischen Prozeß werden
deshalb niemals gänzlich auszuschalten sein; aber die Reflexion des eigenen
Selbstverständnisses ermöglicht die Vorstellung eines Kontinuums der Annähe-
rungsmöglichkeiten an das damals Erlebte.

Literaturempfehlungen

Bernardi, R.E. (1989). The role of paradigmatic determinants in psychoanalytic
understanding. International Journal of Psycho-Analysis, 70, 341–357.
Cremerius, J. (1984). Die Konstruktion der biographischen Wirklichkeit im analytischen Prozeß. In ders., Vom Handwerk des Psychoanalytikers: Das Werk-
zeug der psychoanalytischen Technik, Bd. 2 (S. 398–465). Stuttgart: frommann-holzboog.
Freud, S. (1937d). Konstruktionen in der Analyse. GW XVI, 43–56.
Loewenstein, E.A. (1991). Psychoanalytic life history: Is coherence, continuity,
and aesthetic appeal necessary? Psychoanalysis and Contemporary Thought,
14, 3–28.
Sass, L.A. & Woolfolk, R.L. (1988). Psychoanalysis and the hermeneutic turn: A
critique of „Narrative truth and historical truth". Journal of the American Psychoanalytic Association, 36, 429–454.

Schafer, R. (1983). The analytic attitude. New York: Basic Books.

Schelling, W.A. (1985). Zum Verständnis der Lebensgeschichte: diagnostische und methodische Gesichtspunkte. Zeitschrift für Psychosomatische Medizin und Psychoanalyse, 31, 205–214.

Spence, D.P. (1982). Narrative truth and historical truth. Meaning and interpretation in psychoanalysis. New York: Norton.

Wetzler, S. (1985). The historical truth of psychoanalytic reconstructions. International Review of Psycho-Analysis, 12, 187–197.

Negativ ödipale Phase – negativ oedipal phase

Der vollständige → Ödipuskomplex besteht nach Freud (1923e) aus seiner positiven und negativen Form. Während diese Annahme für den Jungen keine Probleme aufzuwerfen scheint, sind die Existenz, Phänomenologie und der entwicklungspsychologische Zeitpunkt des Auftretens einer negativ ödipalen Phase beim Mädchen umstritten. Denn es existiert in der bisherigen psychoanalytischen Literatur keine Klarheit, weder über die Äußerungsformen der negativ ödipalen Phase, noch darüber, ob diese vielleicht eher Bestandteil der präödipalen Entwicklung sei, ob sie überhaupt auftreten müsse, der regressiven Abwehr diene u.a.m.

Die eindrucksvolle Psychodynamik der präödipalen Zeit veranlaßte Freud (1931b) im fortgeschrittenen Alter zu der Frage, ob der Ödipuskomplex wirklich der Kern aller neurotischen Erscheinungen sei. Aber dieser Gedanke läßt sich seines Erachtens doch beibehalten, wenn man zu der Auffassung kommt, „das Weib gelange zur normalen positiven Ödipussituation erst, nachdem es eine vom negativen Komplex beherrschte Vorzeit überwunden (hat). Wirklich ist während dieser Phase der Vater für das Mädchen nicht viel anderes als ein lästiger Rivale, wenngleich die Feindseligkeit gegen ihn nie die für den Knaben charakteristische Höhe erreicht. Alle Erwartungen eines glatten Parallelismus zwischen männlicher und weiblicher Sexualentwicklung haben wir ja längst aufgegeben" (S. 518f.).

An anderer Stelle dieses Aufsatzes macht Freud deutlich, daß die zärtlich-sinnlichen Strebungen der negativ ödipalen Phase des Mädchens gegenüber seiner Mutter noch bis in das vierte, fünfte Lebensjahr hinein andauern können und nicht mit prägenitalen Triebimpulsen zu verwechseln seien. Die erotischen Impulse seiner Mutter gegenüber beginnen für das Mädchen, wenn es passiv erfahrene Erlebnisse des Gestreichelt- und Beschmustwerdens um eine aktive Handlung zu ergänzen versucht. „Die so überraschende sexuelle Aktivität des Mädchens gegen die Mutter äußert sich der Zeitfolge nach in oralen, sadistischen und endlich selbst phallischen, auf die Mutter gerichteten Strebungen. Die Einzelheiten sind hier schwer zu berichten, denn es handelt sich häufig um dunkle Triebregungen, die das Kind nicht psychisch erfassen konnte zur Zeit, da sie vorfielen, die darum erst eine nachträgliche Interpretation erfahren haben ... Mitunter begegnen sie uns als Übertragungen auf das spätere Vaterobjekt, wo sie nicht hingehören und das Verständnis empfindlich stören" (a.a.O., S. 531). Freud führt des weiteren aus, daß die aktiven phallischen Wunschregungen des Mädchens vor allem auch durch die Geburt eines Geschwisters neuen Auftrieb erhalten können: „Das kleine Mädchen will der Mutter dies neue Kind gemacht haben, ganz so wie der Knabe, und auch seine Reaktion auf dies Ereignis und sein Benehmen gegen das Kind ist dasselbe" (S. 533).

Es gibt nicht viele Äußerungen und Bezugnahmen von Freud über die negativ ödipale Phase beim Mädchen, aber viele Jahre wurde stillschweigend davon ausgegangen, daß der positiven Form des Ödipuskomplexes beim Mädchen die sog. negativ ödipale Phase vorausgeht, in der das Mädchen seiner Mutter gegenüber eine aktive Liebeshaltung einnimmt und dabei den Vater durchaus schon als (ödipal triangulären) Rivalen erlebt. Diese Liebesbeziehung zur Mutter werde erst durch die narzißtische Enttäuschung und Wut beendet, die das Mädchen erfährt, wenn es die Penislosigkeit seiner Mutter voll wahrzunehmen wagt. Erst dann komme es zu dem einschneidenden → Objektwechsel, zur libidinösen Hinwendung zum Vater.

Lampl-de Groot (1927) sah die negative ödipale Phase nicht so eindeutig zeitlich abgehoben (und damit der positiven Phase vorausgehend) wie Freud, sondern betrachtete sie als Teil des gesamten Ödipuskomplexes. Brunswick (1940) datierte diese Phase hingegen wiederum früher und schlug die Bezeichnung „aktiver Ödipuskomplex" vor. Beide Autorinnen gingen allerdings stillschweigend davon aus, daß in dieser Phase auch schon ödipal-trianguläre Objektbeziehungserfahrungen gemacht werden können. Fenichel (1945) hingegen bezweifelte, ob sich eine negativ ödipale Phase regelmäßig bei jedem Mädchen feststellen läßt. Schon diese wenigen Beispiele zeigen, daß dieses Phänomen Psychoanalytikern offensichtlich Schwierigkeiten bereitet hat.

Edgcumbe et al. (1976) haben aufgrund einer empirischen Untersuchung von acht Kindern in analytischer Behandlung an der Hampstead Child Therapy Clinic in London bezweifelt, ob es weiterhin sinnvoll sei, von der Existenz einer derartigen Phase auszugehen, weil sich zumindest in ihrer Untersuchungsgruppe keine eindeutigen Anzeichen dafür ergeben hatten. Roth (1988) kommt allerdings zu einer anderen Auffassung. Wenn sich das Mädchen mit seiner Mutter identifiziert, gibt es auch die passive Kleinkindrolle auf und nimmt eine aktive Haltung gegenüber seiner Mutter ein. In diesem Zusammenhang treten Wünsche auf, die Mutter auch sinnlich-sexuell glücklich und zufrieden zu machen, sie zu stimulieren, zu füttern und ein Kind mit ihr zu haben. Im Unterschied zu den präödipalen Wünschen mit passivem Ziel, nämlich gestreichelt, gehalten, versorgt, bewundert zu werden, ist nunmehr die Aktivität, für die Mutter etwas zu tun, mit dem letztendlichen Ziel, diese sinnlich zu erregen, ein hervorstechender Zug. Dieses Bestreben stellt auch kein oral-symbiotisches Verlangen dar, mit der Mutter glückselig zu verschmelzen, obwohl natürlich solche frühen Wünsche in diese homoerotische Haltung miteinfließen können, sondern eine wichtige und eigenständige Etappe auf dem Weg zu einer integrierten Liebesfähigkeit. Wenn diese Wünsche von der Mutter abgewehrt und damit für das Mädchen konflikthaft werden, fehlt die für das positiv ödipale Erleben notwendige Sicherheit, sich der Mutter als Rivalin ebenbürtig fühlen zu können. Allzu häufig werde aber vor allem von männlichen Psychoanalytikern dieser Entwicklungsabschnitt übersehen oder fehlgedeutet, z.B. als Wunsch nach präödipaler Symbiose oder als regressive Flucht vor der positiv ödipalen Übertragung. Für Roth (1988) gibt es starke Evidenzen dafür, daß die negativ ödipale Phase durch Aktivität und stärker werdende Genitalität gekennzeichnet ist; sie ist objektbeziehungstheoretisch als triangulär bei bereits gut entwickelter Selbst-Objekt-Differenzierung aufzufassen und folgt deshalb zeitlich auf die präödipale genitale Phase i.S. von Glover und Mendell (1982). Im aktiven Begehren erlebt sich das Mädchen gleichwertig mit der Mutter, was sein Selbstvertrauen als kleine Frau stärkt und es für das ödipale Erleben rüstet. In der analytischen Therapie führt die erfolgreiche Durcharbeitung dieser Phase zu einer Vertiefung und Intensivierung der positiv ödipalen Übertragungsgefühle.

Literaturempfehlungen

Edgcumbe, R., Lundberg, S., Markowitz, R. & Salo, F. (1976). Some comments on the concept of the negative oedipal phase in girls. Psychoanalytic Study of the Child, 31, 35–61.

Heigl-Evers, A. & Weidenhammer, B. (1988). Der Körper als Bedeutungslandschaft. Die unbewußte Organisation der weiblichen Geschlechtsidentität. Bern: Huber.

Jaffe, D.S. (1983). Some relations between the negative oedipus complex and aggression in the male. Journal of the American Psychoanalytic Association, 31, 957–984.

Lester, E.P. (1990). Gender and identity issues in the analytic process. International Journal of Psycho-Analysis, 71, 435–444.

Mertens, W. (1992). Entwicklung der Psychosexualität und der Geschlechtsidentität, Bd 1. Stuttgart: Kohlhammer.

Parens, H., Pollock, L., Stern, J. & Kramer, S. (1976). On the girl's entry into the
oedipus complex. Journal of the American Psychoanalytic Association, Sup-
plement: Female Psychology, 24, 79–107.

Parens, H. (1990). On the girl's psychosexual development: Reconsiderations
suggested from direct observation. Journal of the American Psychoanalytic
Association, 38, 743–772.

Ogden, T.H. (1987). The transitional oedipal relationship in female development.
International Journal of Psycho-Analysis, 68, 485–498.

Ogden, T.H. (1989). The primitive edge of experience. Northvale, NJ: Jason
Aronson.

Roth, S. (1988). A woman's homosexual transference with a male analyst. Psychoanalytic Quarterly, 57, 28–55.

Neid – envy

In den letzten Jahren hat die Beschäftigung mit dem Thema Neid deutlich zuge-
nommen; zum einen sicherlich wegen der Auseinandersetzung mit Borderline-
Persönlichkeitsstörungen und pathologischem Narzißmus, zum anderen wegen
des erneuten Interesses an Affekten überhaupt (vgl. z.B. Joffe, 1969; Spielman,
1971; Frankel & Sherick, 1977; Neubauer, 1982; Etchegoyen, Lopez & Rabih,
1987; Schneider, 1988).

Während Freud (1916–17a) Neid weitgehend mit Penisneid gleichsetzte,
führte Abraham (1921) den Neid auf die oral-sadistische Phase der psychosexuellen Entwicklung zurück. Nach M. Klein (1957), deren Ansichten über den Neid
am bekanntesten wurden, stellt dieser Affekt einen oral- und anal-sadistischen
Ausdruck aggressiv-destruktiver Triebimpulse dar, der schon beim Säugling in
Erscheinung tritt und eine angeborene, konstitutionelle Basis hat.

Nicht alle Psychoanalytiker haben jedoch diese Ansicht über den Neid als einen angeborenen Affekt, der wiederum Abkömmling eines destruktiven Triebimpulses ist, geteilt (Joffe, 1969). Vor allem diejenigen Forscher, die einen stärker interaktionellen und sozialisationstheoretischen Ansatz bevorzugen, gehen
davon aus, daß Auftreten und Stärke des Neidaffekts von mehreren Faktoren, wie
z.B. von der Selbstwertregulierung, abhängig sind, deren Qualität wiederum auf
das Affekt-Attunement der Mutter in den ersten Lebensjahren ihres Kindes zu-

rückgeht (→ Empathie). Nach Joffe (1969) vergleicht sich das Kind mit derjenigen Person, auf die es neidisch ist (häufig ein Geschwister) und fühlt sich diesem gegenüber weniger wert; diese Einschätzung erfordert aber bereits sekundärprozeßhafte Denkfähigkeiten, so z.B. auch die Fähigkeit, sich einen ersehnten, zukünftigen Endzustand zu phantasieren.

Frankel und Sherick (1977) beließen es nicht bei rekonstruktiven Spekulationen, sondern unternahmen psychoanalytisch geschulte Beobachtungen an Kindern verschiedenen Alters von ein bis fünf Jahren. Dabei konnten sie feststellen, daß Neid mit großer Wahrscheinlichkeit nicht vor anderthalb Jahren auftritt; zuvor ist ein Kind an Dingen interessiert, die eine andere Person besitzt und möchte diese auch haben, ohne von der Person selbst Kenntnis zu nehmen. Eine Orientierung an den Subphasen der Trennung und Individuation nach Mahler et al. (1975), an der psychosexuellen Entwicklung und an der Ich-Entwicklung läßt interessante Differenzierungen und verschiedene Neidinhalte erkennen. Wirklicher Neid setzt eine partielle Subjekt-Objekt-Differenzierung sowie eine Überwindung eines frühkindlichen Omnipotenzgefühls voraus. Neid wirkt sich normalerweise als Entwicklungsstimulus aus; wo er überstark wird und nicht durch entsprechende Handlungen bewältigt werden kann, führt er zu chronischer Unzufriedenheit und depressiven Verstimmungen. In pathologischer Form tritt er vor allem bei narzißtischen und Borderline-Störungen auf, wo intensive Neidgefühle zu aggressiven Entwertungen anderer Menschen und der Beziehungen zu ihnen führen und nur mit Hilfe von Spaltungsvorgängen und defensiven Idealisierungen vorübergehend zwischenmenschlicher Kontakt möglich ist.

Auf die Probleme bei der → Durcharbeitung der neidbedingten Abwertung des Analytikers, die nicht selten auch zum Phänomen der negativen therapeutischen Reaktion führen, hat neben Kernberg (1988) vor allem Rosenfeld (1990) aufmerksam gemacht.

Literaturempfehlungen

Boris, H.N. (1990). Identification with a vengeance. International Journal of Psycho-Analysis, 71, 127–140.

Cullander, C.C.H. (1988). Envy, the most painful affect: Its relation to entitlement and helplessness. In V.D. Volkan & T.C. Rodgers (Eds.), Attitudes of entitlement. Theoretical and clincial issues (pp. 63–78). Charlottesville, Virginia: University Press of Virginia.

Etchegoyen, R.H., Lopez, B.M. & Rabih, M. (1987). On envy and how to interpret it. International Journal of Psycho-Analysis, 68, 49–61.

Frankel, S. & Sherick, I. (1977). Observations on the development of normal envy. Psychoanalytic Study of the Child, 32, 257–281.

Joffe, W.G. (1969). A critical review of the status of the envy concept. International Journal of Psycho-Analysis, 50, 533–545.

Klein, M. (1957). Neid und Dankbarkeit. Psyche, 11, 241–255.

Neubauer, P.B. (1982). Rivalry, envy, and jealousy. Psychoanalytic Study of the Child, 37, 121–141.

Rosenfeld, H. (1990). Sackgassen und Deutungen. Therapeutische und antitherapeutische Faktoren bei der psychoanalytischen Behandlung von psychotischen, Borderline- und neurotischen Patienten. München: Verlag Internationale Psychoanalyse.

Schneider, M. (1988). Primary envy and the creation of the ego ideal. International Review of Psycho-Analysis, 15, 319–329.

Spielman, P.M. (1971). Envy and jealousy: An attempt at clarification. Psychoanalytic Quarterly, 40, 59–82.

Oberfläche – surface

Anläßlich der Fallbeschreibung von Dora erwähnt Freud (1905e, S. 169) seine neue, die eigentliche psychoanalytische Technik: „Ich lasse nun den Kranken selbst das Thema der täglichen Arbeit bestimmen und gehe also von der jeweiligen Oberfläche aus, welche das Unbewußte in ihm seiner Aufmerksamkeit entgegenbringt." Von der Oberfläche auszugehen, wurde bei Freud zum Paradigma einer archäologischen Forschungsarbeit auf seelischem Gebiet, das immer wieder Anlaß war, die Tätigkeit des Psychoanalytikers mit der „Technik der Ausgrabung einer verschütteten Stadt" (1895d, S. 201) zu vergleichen.

Mit der Oberfläche zu beginnen, wurde deshalb auch nicht erst seit Fenichels (1941) Versuch einer Systematisierung der psychoanalytischen Regeln zu einer wichtigen Richtlinie. Von der jeweiligen Oberfläche auszugehen, bedeutet nach Fenichel (1941) vor allem, den Punkt der größten emotionalen Wichtigkeit bei einem Patienten zu erkennen. „‚Oberfläche' heißt demnach nicht notwendigerweise das, worum sich Wort und Rede der Stunde drehen, sondern worüber er sprechen möchte, aber sich fürchtet, es zu tun" (Wurmser, 1987, S. 33).

Aber abgesehen von einigen Konkretisierungen bei Fenichel (1941) und Greenson (1967) – so z.B., daß in dynamischer Hinsicht Widerstände vor dem Inhalt betrachtet werden müssen, in struktureller Hinsicht das Ich vor dem Es zu analysieren ist – und kritischen Abgrenzungen gegenüber Tiefendeutungen der klassischen Kleinianer (z.B. Green, 1974) finden sich in der psychoanalytischen Literatur so gut wie keine weiteren Überlegungen, was Oberfläche in diesem behandlungstechnischen Kontext genaugenommen bedeuten kann. Einigkeit bestand lediglich darüber, daß selbstverständlich das äußere Erscheinungsbild, Kleidung, Gestik, Motorik, nonverbale Phänomene ebenfalls zur Oberfläche gehören (siehe z.B. Herdieckerhoff, 1985).

Levy und Inderbitzin (1990) unternahmen den Versuch, das Konzept der analytischen Oberfläche differenzierter zu bestimmen. Anhand der behandlungstechnischen Vorgehensweisen von vier bekannten Psychoanalytikern (Merton M. Gill, Paul Gray, Anton Kris und Evelyne A. Schwaber) führten sie aus, was diese Autoren implizit zum Ausgangspunkt ihrer analytischen Interventionen machen. So sind es in dem Ansatz von Gill (1982) die mehr oder weniger verdeckten Anspielungen auf die Übertragungsbeziehung, die Anlaß für die Analyse der Übertragungswiderstände bieten; bei Gray (1986) die Denkprozesse des Analysanden im Hier und Jetzt der analytischen Stunde, vor allem anhand der Unterbrechungen der freien Assoziation, hinter denen eine zumeist gefährliche Übertragungsphantasie erkennbar wird; bei Kris (1982) die Kontinuitäten und Diskontinuitäten der freien Assoziation nicht nur in der Anfangszeit einer Analye, sondern über den gesamten Analysenverlauf hinweg; und bei Schwaber (1983, 1986) schließlich die Konstruktion der psychischen Realität aus der Sicht des Patienten und nicht aus der theoretisch präformierten Sicht des Analytikers.

Diese Bestimmungen können zum Nachdenken darüber anregen, welche theoretischen Annahmen der gleichschwebenden Aufmerksamkeit Struktur verleihen. Obgleich diese Ansätze Gemeinsamkeiten aufweisen, sind sie doch Schwerpunktsetzungen. Jeder Ansatz, der ausschließlich verfolgt wird, weist Nachteile auf. Gegen Gills Fokussierung der Übertragungsbeziehung kann z.B. eingewendet werden, daß dabei die → Durcharbeitung vergangener Erfahrungen zu kurz kommt; bei Schwaber kann moniert werden, daß sie die Erforschung unbewußter Prozesse und → Konflikte vernachlässigt. Dennoch wird die gleichschwebende Aufmerksamkeit erleichtert, wenn sie auf der Folie von expliziten Bestimmungen der analytischen Oberfläche geschieht.

Literaturempfehlungen

Gill, M.M. (1982). Analysis of transference, vol. 1. Psychological Issues, Monogr. 53. New York: International Universities Press.

Gray, P. (1986). On helping analysands observe intrapsychic activity. In A. Richards & M. Willick (Eds.), Psychoanalysis: The science of mental conflict – Essays in honor of Charles Brenner (pp. 245–262). Hillsdale, NJ: Analytic Press.

Green, A. (1974). Surface analysis, deep analysis (the role of the preconscious in psychoanalytic technique). International Review of Psycho-Analysis, 1, 415–423.

Kris, A. (1982). Free association: Method and process. New Haven: Yale Universities Press.

Kris, A.O. (1990). The analyts's stance and the method of free association. Psychoanalytic Study of the Child, 45, 25–41.

Levy, S.T. & Inderbitzin, L.B. (1990). The analytic surface and the theory of technique. Journal of the American Psychoanalytic Association, 38, 371–391.

Paniagua, C. (1985). A methodological approach to surface material. International Review of Psycho-Analysis, 12, 311–325.

Paniagua, C. (1991). Patients' surface, clinical surface, and workable surface. Journal of the American Psychoanalytic Association, 39, 669–685.

Schwaber, E.A. (1983). Psychoanalytic listening and psychic reality. International Review of Psycho-Analysis, 10, 379–392.

Schwaber, E.A. (1986). Rekonstruktion und Wahrnehmungserleben: Weiterführende Gedanken zum psychoanalytischen Zuhören. In P. Kutter, R. Páramo-Ortega & P. Zagermann (Hg.), Die psychoanalytische Haltung (S. 207–230). München: Verlag Internationale Psychoanalyse, 1988).

Objektkonstanz – object constancy

Hartmann (1952) prägte den Begriff „Objektkonstanz", um damit den Fortschritt im Objektbeziehungsniveau zu beschreiben, der sich ergibt, wenn ein Kind das Stadium der bedürfnisbefriedigenden Objektbeziehung aufgeben kann, in dem die Mutter für das Kind in dessen innerem Erleben nur existiert, wenn und solange sie die Bedürfnisse ihres Kindes befriedigt.

Diese Bedeutung von Objektkonstanz bezieht sich deshalb auf die Fähigkeit eines Kindes, eine Beziehung aufrechtzuerhalten, die relativ unabhängig von Bedürfnisbefriedigung ist.

Nach Edgcumbe und Burgner (1975) muß ein Kind die kognitive Fähigkeit haben, eine Vorstellung von seiner Mutter aufrechterhalten zu können, wenn sie a) außerhalb seiner Sichtweite ist und b) für das Kind momentan unbefriedigend ist. Diese Autoren setzen Objektkonstanz entwicklungspsychologisch später an als solche Autoren, die Objektkonstanz mit einer konstanten Bindung (die Mutter ist nicht mehr austauschbar) gleichsetzen.

Objektkonstanz bedeutet aber noch mehr als nur eine konstante → Bindung an die mütterliche Bezugsperson. So enthält für Mahler, Pine und Bergman (1975) die Objektkonstanz auch Entwicklungsthemen der Individuation und nicht nur solche der Bindung. Objektkonstanz nach Mahler et al. (1975) meint die Versicherung der eigenen Existenz, ohne die Befürchtung haben zu müssen, verlassen zu werden; Objektkonstanz ist somit der Garant dafür, sein eigenes Leben leben zu dürfen, obwohl das Kind aufgrund seiner wachsenden Unabhängigkeit daran erinnert wird, daß seine Mutter und es selbst getrennte Personen sind. Von Borderline-Patienten z.B. weiß man, wie gefährdend für ihr eigenes Erleben der Mangel einer derartigen Struktur ist. Denn ohne diese innere Struktur erlebt jemand Impulse nach Unabhängigkeit so, als ob er von der Mutter verlassen worden wäre. Objektkonstanz ist – so gesehen – die Basis, auf der ein Kind den Mut und das Vertrauen aufbaut, sein eigenes Leben leben zu dürfen (vgl. Modell, 1984).

Nach diesem geläufigen Verständnis wird Objektkonstanz auch mit der Fähigkeit in Zusammenhang gebracht, ganze Objektbeziehungen statt Teilobjektbeziehungen zu erfahren und gute und böse Objekte zu einem ganzheitlichen Objekt zu integrieren. Wenn das Kind von seiner egozentrischen Perspektive absehen kann, kann es die tatsächlichen Eigenschaften seiner Mutter adäquater wahrnehmen, und wenn die Mutter im Erleben des Kindes von der „Tyrannei momentaner subjektiver Stimmungen und Zustände befreit werden kann" (Sherwood, 1989, S. 20), kann sie mehr realitätsorientiert wahrgenommen werden – so lautete im Mahlerschen Kontext lange Zeit die Argumentation.

Für Sherwood (1989) ist jedoch das konstante Objekt etwas gänzlich anderes als das permanente Objekt oder das ganze Objekt. Objektpermanenz bezeichnet bekanntlich die Fähigkeit des Kindes, eine Vorstellung von einem Objekt zu entwerfen, auch wenn dieses Objekt nicht wahrgenommen wird. Objektpermanenz ist somit die Entdeckung, daß die Welt auch ohne die eigene Wahrnehmung fortbesteht. Ähnlich ist es mit dem ganzen Objekt: dieses wird herkömmlich beschrieben als ein integriertes Objektbild, das in der inneren Repräsentanzenwelt (→ Repräsentanz) existiert. Das kleine Kind entdeckt, daß die Mutter in einer viel größeren Welt lebt, als die unmittelbaren Interaktionen mit ihr ahnen lassen. Die Mutter lebt in ihrer eigenen Welt und hat Beziehungen zu anderen Menschen.

Die allmähliche Konstituierung des ganzen Objekts oder ganzheitlicher Objektbeziehungen bedeutet also einen wichtigen Entwicklungschritt: der rein egozentrische Bezugsrahmen des Kindes wird weniger egozentrisch, objektiver.

Nach Sherwood unterscheidet sich aber nun der Status der konstanten Objektrepräsentanz erheblich von permanenten und ganzen Objektrepräsentanzen. Nach seiner Auffassung besteht Objektkonstanz in der Überzeugung, daß das Kind weiterhin bemuttert wird, auch wenn die Mutter außerhalb der Sichtweite ihres Kindes mit anderen Interaktionen beschäftigt ist. Ihr Sichkümmern und ihre Fürsorglichkeit werden weiterhin gespürt, auch wenn die Mutter vorübergehend nicht anwesend ist. Dies braucht aber keine realistische Einschätzung oder ein realistisches Gefühl zu sein; es stellt eher eine *Illusion* des Kindes dar. Denn selbst eine sehr liebevolle Mutter wird nicht dauernd an ihr Kind denken oder immer einfühlsam sein.

Das konstante Objekt ist gemäß dieser Auffassung eine Konstruktion des Kindes, eine Übergeneralisierung von wichtigen Erfahrungen, die das Kind gemacht hat, und deshalb ist – ganz im Unterschied zum permanenten und ganzen Objekt – die egozentrische Wahrnehmung geradezu die Voraussetzung für das Erleben der Objektkonstanz. Nach Sherwood kommt es zwar kognitiv betrachtet zu einer Dezentrierung, gefühlsmäßig bleibt jedoch das egozentrische Erleben bestehen. Dieses ist aber die Bedingung dafür, daß das Kind überhaupt zu einer Selbstkonstanz hinfinden kann.

Literaturempfehlungen

Fischer, G. (1987). Libidinöse Objektkonstanz und soziale Wechselseitigkeit. Von der Objektkonstanz zur Beziehungskonstanz. Forum der Psychoanalyse, 3, 300–313.

Lax, R.F., Bach, S. & Burland J.A. (Eds.) (1985). Self and object constancy. Clinical and theoretical perspectives. New York: Guilford Press.

Leon, I. (1987). Object constancy as a developmental line. Bulletin of the Menninger Clinic, 51, 144–157.

Melito, R. (1983). Cognitive aspects of splitting and libidinal object constancy. Journal of the American Psychoanalytic Association, 31, 515–524.

Sherwood, V.R. (1989). Object constancy: The illusion of being seen. Psychoanalytic Psychology, 6, 15–30.

Solnit, A.J. (1982). Developmental perspectives on self and object constancy. Psychoanalytic Study of the Child, 37, 201–218.

Tähka, V. (1988). On the early formation of the mind. II. From differentiation to self and object constancy. Psychoanalytic Study of the Child, 43, 101–134.

Objektwechsel – object change

Wodurch kommt es, daß das kleine Mädchen, das doch die ersten Lebensjahre eine intensive Liebesbeziehung zu seiner Mutter unterhalten hat, sich eines Tages stärker seinem Vater zuwendet und Phantasien von ausschließlicher Gemeinsamkeit und erotischer Intensität ihm gegenüber entwickelt? Diese Frage hat Psychoanalytiker nahezu ein ganzes Jahrhundert beschäftigt. Für den gesunden Menschenverstand scheint die Antwort einfach zu sein: Was ist naheliegender, als hierfür eine angeborene heterosexuelle Ausrichtung anzunehmen, die sich eben beim drei-, vier-, fünfjährigen Kind allmählich zu manifestieren beginnt?

Freud wollte es sich aber nicht so einfach machen, indem er auf eine biologische Argumentation zurückgriff, sondern es war ihm ein Anliegen, diesen Wechsel des Liebesobjektes psychologisch und psychoanalytisch abzuleiten und zu verstehen. Wie aber sieht diese psychoanalytische Ableitung bei Freud aus? Zusammenfassend betrachtet handelt es sich um eine Anzahl von narzißtischen Kränkungen aus der Phase der präödipalen Mutterbindung, die eines Tages nicht länger ertragen werden können und schließlich den Ausschlag dafür geben, sich dem Vater zuzuwenden.

Entsprechend den Wünschen aus den einzelnen psychosexuellen Entwicklungsphasen ist es zunächst der Ärger, hinsichtlich der oralen unersättlichen Begierden nicht genügend befriedigt worden zu sein, d.h. zu wenig und nicht genügend lange Milch bekommen zu haben, die Liebe der Mutter u.U. mit einem verhaßten Neuankömmling, einem jüngeren Geschwister, teilen zu müssen, in der phallischen Phase die lustvolle Betätigung am Genitale verboten bekommen zu haben, und schließlich gipfeln die Vorwürfe in der wütenden Anklage, von der Mutter den beneideten Penis des Jungen vorenthalten oder wieder weggenommen bekommen zu haben. „Eine Überraschung war es aber, aus den Analysen zu erfahren, daß das Mädchen die Mutter für seinen Penismangel verantwortlich macht und ihr diese Benachteiligung nicht verzeiht. Sie hören, wir schreiben auch dem Weib einen → Kastrationskomplex zu" (Freud, 1933a, S. 133).

Nach Parens et al. (1976), die sich in ihren Kinderbeobachtungen vor allem für die Frage interessierten, ob eine Kastrationserfahrung der ausschlaggebende Grund dafür ist, daß sich das kleine Mädchen seinem Vater in einer heterosexuellen Weise zuwendet, ließen sich für diese klassische psychoanalytische Annahme keine empirischen Belege finden.

Besteht die Kastrationsangst bei Mädchen nicht eher in der Angst, daß die genuin weiblichen Genitalien beschädigt werden, und nicht in der Phantasie, einstmals einen Penis besessen und ihn nunmehr verloren zu haben (vgl. Bernstein, 1990)? Muß auch nicht eher davon ausgegangen werden, daß das Mädchen überwiegend von der Erfahrung seines eigenen Geschlechts ausgeht und das männliche Genitale als „normabweichend" erlebt (vgl. Mayer, 1985)? Oder ist in der Phantasie eine bisexuelle anatomische Beschaffenheit durchaus vorstellbar (vgl. Fast, 1991), so daß einmal mehr die Angst über die Beschädigung des männlichen, zum anderen mehr die Befürchtung, daß das eigene weibliche Genitale beschädigt sein könnte, existiert?

Die oftmals, nicht nur anhand der Berichte von Frauen in Therapie, beobachtbare Feindseligkeit zwischen Tochter und Mutter erfährt in einem sozialpsychologischen und soziologischen Bezugsrahmen eine andere Erklärung. Nach Herman und Lewis (1986) sehen Jungen wie Mädchen in ihrer Mutter in den ersten drei bis vier Lebensjahren eine mächtige, lebensspendende und mit allen Fähigkeiten ausgestattete Frau, die aber nach und nach immer mehr von ihrer überlegenen und omnipotenten Stellung in den Augen ihrer Kinder verliert. Kinder beiderlei Geschlechts werden sich mit zunehmendem Alter immer mehr der Tatsache der gesellschaftlichen Benachteiligung ihrer Mutter vis à vis dem Vater bewußt. Während sich nun aber der Junge mit der stärker werdenden Konsolidierung seiner → Geschlechtsidentität mehr oder weniger verächtlich von seiner Mutter, als der ersten Identifikationsfigur, abwenden kann, in der Hoffnung, mit dem Größerwerden in den überlegeneren Status seines Vaters bzw. von Männern hineinzuwachsen, wird das Mädchen mit einer starken Belastung für sein Selbstwertgefühl konfrontiert.

Weitere Enttäuschungen kommen hinzu: Die Tochter muß erkennen, daß ihre eigene Mutter sich nicht nur den überlegenen Männern unterwirft, sondern diese auch noch liebt, daß sie den Bruder gegenüber der Tochter häufig bevorzugt und daß sie als ödipale Mutter ihre Tochter aus der Beziehung zum ödipalen Vater ausschließt (→ Ödipuskomplex). Was liegt in dieser Konstellation oftmals näher, als sich dem Vater mit aller Kraft zuzuwenden, ihm, den das Mädchen als Verkörperung von Privilegien und → Autonomie betrachtet, und von dem es nun eine Befreiung von ihrem minderwertigen Schicksal als heranwachsende Frau erwartet?

So plausibel diese Argumentation der genannten Autoren auf den ersten Blick auch ist, dem inkriminierten Biologismus (z.B. einer naturwüchsigen Rivalität zwischen Mutter und Tochter) entkommen sie nur scheinbar; auch sie müssen bei ihrer Beweisführung von einem offensichtlich naturwüchsigen Streben ausgehen, nämlich dem Wunsch nach Hinwendung zu einem Vater-Mann, der höhere gesellschaftliche Privilegien genießt, also statt eines libidinös-aggressiven Impulses ein narzißtisches Streben unterstellen.

Nach Ogden (1987) läßt sich die Freudsche Hypothese, daß sich das kleine Mädchen enttäuscht und beschämt wegen seines Penismangels von der Mutter ab- und dem Vater zuwendet, aus klinischer Sicht als eine häufig zu beobachtende *pathologische Variante* des normalen ödipalen Erlebens auffassen. Wenn eine Mutter z.B. bewußt oder unbewußt der Auffassung ist, daß Weiblichkeit einen Mangelzustand darstellt, dessen man sich schämen muß, ist zu erwarten, daß sich ihre Tochter nicht nur mit dem mütterlichen Schamerleben und dem Gefühl eines Mangels identifiziert, sondern sich auch durch ihre Mutter narzißtisch verletzt fühlt. Die Folge davon wird sein, daß sich das Mädchen verärgert und enttäuscht von der Mutter abwendet und dem Vater oder der männlichen Welt mit ihren einseitig intellektuellen und technischen Interessen zuwendet, in der Hoffnung, daß der Vater – oder die Beschäftigung mit männlichen Tätigkeiten – dieses narzißtische Defizit reparieren und auffüllen wird. Die narzißtische Wunde wird in der Phantasie als eine körperliche Wunde oder Beschädigung konkretisiert. Die liebevolle Zuwendung und Anerkennung vom Vater wird sehnsüchtig gebraucht, um das Selbstwertgefühl des Mädchens wieder einigermaßen herzustellen. Das Mädchen wird auf diese Weise ganz stark abhängig von der Liebe des Vaters und später von der Liebe anderer Männer, um eine narzißtische Balance zu finden. Als unbewußte → Phantasie ausgedrückt, könnte dies heißen, daß der Penis des Vaters im Geschlechtsverkehr oder das Kind mit dem Vater als etwas betrachtet wird, das das Selbst des Mädchens oder der Frau vervollständigt.

Ogden (1987) weist darauf hin, daß für die Tochter mit dieser Mutteridentifizierung im günstigen Fall aber auch die Chance besteht, durch die Erwiderung ihrer romantischen und liebevollen Gefühle von seiten des Vaters die Erfahrung zu machen, daß es jemand gibt, der sie aufrichtig liebt und nicht der Ansicht ist, daß ihr körperlich etwas fehlt, wodurch sich ihr Selbstwertgefühl und ihr weibliches Identitätsgefühl festigen können.

Im weniger günstigen Fall macht die Tochter die Erfahrung, daß ihr Selbstwertgefühl von der äußeren Anerkennung und Liebe ihres Vaters abhängig bleibt, so daß es sich nicht in der inneren Überzeugung, eine wertvolle und liebenswerte Frau zu sein, gründet. Das führt dann in der Adoleszenz und im Erwachsenenalter zu der drangartigen Suche nach Männern, die für das eigene Selbstwertgefühl unbedingt benötigt werden. Solche Frauen können ihre eigenen Fähigkeiten nicht wertschätzen, sondern brauchen immer die bewundernde Anerkennung der Männer. Für diese klinische Subgruppe würde also die Freudsche Behauptung, daß Frauen narzißtischer sind als Männer, durchaus zutreffen.

Aber erführe nicht dieses rätselhafte Thema – wie und warum es zum Objektwechsel kommt – eine Klärung, wenn man davon ausgeht, daß das Mädchen nach heutigen Erkenntnissen von klein auf eine erotische Beziehung zu seinem Vater unterhält, auch wenn ihm diese wegen väterlicher Abwesenheit oder Mangels an erotischem Interesse manchmal nicht einfach gemacht wird? Und erlebt das Mädchen nicht von klein auf seine Mutter, die sich dem Vater zuwendet, und identifiziert sich im besten Fall mit diesem Verhalten? Die Frage nach dem Objektwechsel beruht also z.T. auf nicht mehr haltbaren Prämissen. Ein angemesseneres Forschungsthema könnte eher z.B. die Frage sein, welche bewußten und unbewußten → Konflikte sich beim Mädchen ergeben, wenn es einerseits seinem Vater zärtlich zugewandt ist, zur gleichen Zeit aber erleben muß, daß seine Mutter die erotische Beziehung zum Vater unterdrückt und meidet.

Literaturempfehlungen

Bernstein, D. (1990). Female genital anxieties, conflicts and typical mastery modes. International Journal of Psycho-Analysis, 71, 151–165.

Blanck, G. (1984). The complete oedipus complex. International Journal of Psycho-Analysis, 65, 331–339.

Herman, J.L. & Lewis, H.B. (1986). Anger in the mother-daughter relationship. In T. Bernay & D.W. Cantor (Eds.), The psychology of today's woman. New psychoanalytic visions (pp. 139–169). Hillsdale, NJ: Analytic Press.

Kerz-Rühling, I. (1991). Psychoanalyse und Weiblichkeit. Eine Studie zum Wandel psychoanalytischer Konzepte. Zeitschrift für psychoanalytische Theorie und Praxis, 6, 293–316.

Luquet-Parat, C.J. (1974). Der Objektwechsel. In J. Chasseguet-Smirgel (Hg.), Psychoanalyse der weiblichen Sexualität (S. 120–133). Frankfurt/M.: Suhrkamp.

Mayer. E.L.(1985). „Everybody must be like me": Observations on female castration anxiety. International Journal of Psycho-Analysis, 66, 331–348.

Montgrain, N. (1983). On the vicissitudes of female sexuality: The difficult path from „anatomical destiny" to psychic representation. International Journal of Psycho-Analysis, 64, 169–187.

Rohde-Dachser, Ch. (1991). Expedition in den dunklen Kontinent. Weiblichkeit im Diskurs der Psychoanalyse. Berlin: Springer.

Ödipuskomplex – oedipus complex

Während die intellektuelle Beschäftigung mit der Figur des König Ödipus aus dem Drama von Sophokles zum abendländischen Kulturgut gehört und vor allem im 19. Jahrhundert nahezu jeden Dichter und Philosophen beschäftigt hat, gab die psychoanalytische Auffassung, daß jeder Mensch einen recht und schlecht gelösten Ödipuskomplex in sich berge, in der Öffentlichkeit zwar zu vielen Witzen und mittlerweile auch Filmen Anlaß, führte jedoch selten zu einem Nachdenken über die eigenen → Konflikte. „Man kann nicht behaupten, daß die Welt der psychoanalytischen Forschung für die Aufdeckung des Ödipuskomplexes sehr dankbar gewesen ist" (Freud 1916–17a, S. 212). Nach Grunberger (1988) scheint sich die weitverbreitete Aversion gegenüber der Psychoanalyse vor allem gegen den Ödipuskomplex zu richten, wobei der Widerstand gegen ihn in den → Lehranalysen mindestens ebenso heftig sei wie in den herkömmlichen Analysen. Und Politzer (1974, S. 32) vermutet, daß „die Widerstände gegen die Freudsche Erkenntnis der Unlust entspringen, die tragische Triebnatur des Menschen und damit den hoch symbolischen Charakter des Ödipuskomplexes als verbindlich anzuerkennen". Galt aber immerhin die Anerkennung des Ödipuskomplexes lange Zeit als identitätsstiftendes Essential innerhalb der psychoanalytischen Gemeinschaft, so hat sich diese Eindeutigkeit in der gegenwärtigen psychoanalytischen Theoriebildung aufgelöst. Auch so manche Schüler Freuds glauben nicht mehr so recht an die ätiologische Bedeutung dieses Komplexes für psychische Störungen, sondern behaupten, daß andere, zumeist in einem viel früheren Lebensalter grundgelegte Erfahrungen zu Defiziten im psychischen Funktionsaufbau führen. Die durch die Dynamik des Ödipuskomplexes ausgelösten psychischen Konflikte scheinen entsprechend dieser Sichtweise nur noch eine nachgeordnete Bedeutung zu haben. Wenngleich auch diese Ansicht im folgenden verneint wird, so zwingen doch der Fortschritt der psychoanalytischen Theoriebildung und neue entwicklungspsychologische Erkenntnisse zu Revisionen. Es läßt sich auch darüber streiten, ob die neueren entwicklungspsychologischen und klinischen Konzeptualisierungen noch mit dem alten Begriff des Ödipuskomplexes bezeichnet werden sollten.

Freuds Charakterisierung des sog. vollständigen Ödipuskomplexes bot vielfältige Möglichkeiten, verschiedene neurotische Phänomene, wie z.B. hysterische Sexualstörungen (→ Hysterie), zwangsneurotische Symptome und → Charakterzüge (→ Zwangsneurose), Kleinheitsgefühle, aber auch phallisch narzißtische Überheblichkeit, das → Scheitern am Erfolg, → Masochismus, Unterwürfigkeit, Passivität, ständiges Konkurrierenmüssen u.a.m. zu verstehen. Bei übertriebener Passivität (→ Passivität – Aktivität) z.B. wird der *positive* Ödipuskomplex mit dem *negativen* Ödipuskomplex abgewehrt; bei ständigem Mit-

Männern-Konkurrierenmüssen wird der negative Ödipus (mit vertrauensvollen, homoerotischen, anlehnenden Tendenzen) mit dem forcierten positiven Ödipus abgewehrt (vgl. Kuiper, 1962; Mitscherlich-Nielsen, 1962).

„Man gewinnt nämlich den Eindruck, daß der einfache Ödipuskomplex überhaupt nicht das häufigste ist, sondern einer Vereinfachung oder Schematisierung entspricht, die allerdings oft genug praktisch gerechtfertigt bleibt. Eingehendere Untersuchung deckt zumeist den *vollständigeren* Ödipuskomplex auf, der ein zweifacher ist, ein positiver und ein negativer, abhängig von der ursprünglichen - → Bisexualität des Kindes, d.h. der Knabe hat nicht nur eine ambivalente Einstellung zum Vater und eine zärtliche Objektwahl für die Mutter, sondern er benimmt sich auch gleichzeitig wie ein Mädchen, er zeigt die zärtlich feminine Einstellung zum Vater und die ihr entsprechende eifersüchtig-feindselige gegen die Mutter. Dieses Eingreifen der Bisexualität macht es so schwer, die Verhältnisse der primitiven Objektwahlen und Identifizierungen zu durchschauen, und noch schwieriger, sie faßlich zu beschreiben. Es könnte auch sein, daß die im Elternverhältnis konstatierte → Ambivalenz durchaus auf die Bisexualität zu beziehen wäre" (Freud, 1923b, S. 261).

Nach Boehm (1930) verspüren Knaben in der negativen Ödipuseinstellung nicht nur feindselige Impulse gegenüber der Mutter, weil sie den Vater für sich allein haben wollen, sondern weil ihnen auch bewußt wird, welche Wichtigkeit Mütter, aber auch Schwestern und ganz allgemein die Frauen für den Vater haben. → Neid auf die Bevorzugung von Frauen und auf deren körperliche und sexuelle Attraktivität für Männer und Rachegelüste sind die Folge. Und Rangell (1973, S. 199) wies darauf hin, daß der Ödipuskomplex aus verschiedenen Kombinationen von Komponenten bestehe, die eine geometrische Zahl klinischer Möglichkeiten ergeben. Wenn man zum positiven und negativen Ödipuskomplex noch „die reziproken Affekte der Eltern gegenüber dem Kind hinzuzählt [→ Laioskomplex], und zwar gegenüber der Tochter wie dem Sohn, so beginnt man, das menschliche Konfliktpotential in seiner ganzen Fülle zu erfassen. Heterosexuelle und homosexuelle Liebe, homoaggressive und heteroaggressive Impulse vom Kind gegen beide Eltern und von jedem Elternteil gegen jedes Kind durchziehen wie ein Gewebe oder Netz alle Familienbeziehungen."

Nach Freud lassen sich die Bestimmungsstücke des Ödipuskomplexes in der → Bisexualität erblicken, die sowohl eine homosexuelle (→ Homosexualität) als auch eine heterosexuelle Objektwahl erlaubt, in der infantilen Sexualität (→ Sexualtrieb), die sich in prägenitalen Partialtrieben manifestiert, und in der Bildung des → Über-Ichs (mit den Verboten des Inzests und des Patrizids), das von Freud als Erbe des Ödipuskonflktes bezeichnet wurde. Aus heutiger Sicht müssen die folgenden theoretischen Weiterentwicklungen bei der Betrachtung des Ödipuskomplexes berücksichtigt werden: die Einbeziehung ichstruktureller Voraussetzungen (z.B. Rohde-Dachser, 1987), wie sie sich vor allem aus der präödipalen Mutter-(Vater-)Kind-Beziehung ergeben; die Tatsache einer frühen Triangulierung, die eine ödipale Triangulierung erst ermöglicht; die Revision der Sichtweise über die Entstehung der → Geschlechtsidentität (z.B. Mertens, 1992); die Erforschung der bewußten und unbewußten ödipalen → Konflikte der Eltern („Laios" und „Iokaste"), die komplementär zu den kindlichen Strebungen sind; die Existenz von Über-Ich-Vorläufern und damit auch die Relativierung der väterlichen Sozialisierungsleistungen; die Weiterentwicklung der Sozialisationsperspektive anhand der Thematisierung der → Adoleszenz und des Erwachsenenalters (z.B. Blos, 1989) und schließlich die Kritik an der androzentrischen Sichtweise und eine Neukonzeptualisierung der weiblichen Sozialisation (z.B. Rohde-Dachser, 1991).

Ichpsychologische und objektbeziehungstheoretische Betrachtungen und Konkretisierungen der Entwicklung in den ersten drei bis vier Lebensjahren führten zu einer genaueren Bestimmung des psychischen Entwicklungsniveaus des Kindes, das für das Erleben eines „reifen Ödipuskomplexes" eine notwendige Voraussetzung ist. Indikatoren dieses Entwicklungsstandes sind z.B. eine adäquate Bewältigung der Trennungsangst (→ Angst), die Festigung eines basalen Sicherheitsgefühls und Vertrauens, die Konsolidierung des Gefühls für das eigene Selbst, die Überwindung des Stadiums der Teil-Objektbeziehungen, das Erreichthaben von Ambivalenztoleranz (→ Ambivalenz) und damit eine Verringerung von Spaltungsprozessen (→ Spaltung), die Fähigkeit zur besseren Affektkontrolle und zum Alleinsein, die Ablösung von frühen Abwehrmechanismen und der allmähliche Erwerb der Fähigkeit zur → Verdrängung.

Unter dem Blickwinkel familienstruktureller und -dynamischer Aspekte kann sich der sog. reife Ödipuskomplex nur innerhalb einer vollständigen Dreieckskonstellation oder Triade entwickeln (Rohde-Dachser, 1987). Vater, Mutter und Kind müssen sich als die drei Pole dieser Struktur und als einigermaßen voneinander getrennte Individuen wahrnehmen und erleben können; zwischen diesen drei Personen müssen reziproke und positive Beziehungen mit einer entwickelten Beziehungsrepräsentanz (→ Repräsentanz). bestehen. Das Kind muß es ferner zulassen können, die Beziehung zwischen den Eltern auch als sinnlich sexuell zu erleben und damit auch den Geschlechts- und Generationsunterschied (→ Urszene) zu realisieren.

Psychoanalytiker werden heutzutage häufig mit Patienten konfrontiert, die einen unreifen, sog. *strategischen* Ödipuskomplex (Rohde-Dachser, 1987) aufweisen. Hierunter sind Sozialisationsschicksale von Individuen mit unvollständigen familiären Dreieckskonstellationen zu verstehen. Ich- und Triebentwicklung des Kindes sind nicht synchron verlaufen; zum Erleben einer reifen ödipalen Dreieckskonstellation fehlen wichtige ichstrukturelle Voraussetzungen (→ Ich-Funktionen) beim Kind und zumeist auch bei den Eltern (Chasseguet-Smirgel, 1986; Hirsch, 1988).

Obwohl Freud die Möglichkeit eines anderen Verlaufs des Ödipuskomplexes beim Mädchen offen gelassen hatte, wurden seine Ansichten von vielen seiner Schüler doch als eherne Gesetzmäßigkeiten festgeschrieben und anderslautende Hypothesen (wie z.B. von Horney oder Jones) verworfen. Dies änderte sich erst in den 60er und 70er Jahren, als auf breiter Front das androzentrische Denken vieler Psychoanalytiker einer immer stärker werdenden Kritik unterzogen wurde. Eine wichtige Erkenntnis war z.B., daß das kleine Mädchen schon im ersten und zweiten Lebensjahr eine weibliche Kern-Geschlechtsidentität entwickelt und nicht erst – wie Freud postuliert hatte – im ödipalen Alter. Im klinischen Kontext zwar häufig rekonstruierbar, stellt der berühmt-berüchtigte → Penisneid aus heutiger Sicht nur mehr eine Entwicklungsmetapher dar. Deshalb konnte auch die Annahme, das Mädchen müsse die genitale Zone wechseln (vom Penisäquivalent der Klitoris zur Vagina) nicht aufrechterhalten werden. Auch die These, daß das Mädchen kein dem Jungen entsprechendes Über-Ich entwickele, ist heute der Auffassung gewichen, daß Über-Ich und Über-Ich-Vorläufer nicht weniger entwickelt seien, daß aber die Inhalte des Über-Ichs andere sind als beim Knaben (vgl. Bernstein, 1989). Die Neukonzeptualisierung des weiblichen Ödipuskomplexes macht – wie auch beim Jungen – eine Einbeziehung von diffizilen entwicklungspsychologischen und familiendynamischen Voraussetzungen erforderlich (vgl. Mertens, 1992).

Seit M. Klein (1927) „Frühstadien des Ödipuskonfliktes" postulierte, ist die Auseinandersetzung darüber, wann denn nun genau die ödipalen Impulse des Kindes beginnen würden, nicht abgerissen. Zwar ist M. Klein aus heutiger Sicht darin beizupflichten, daß schon im ersten Lebensjahr protogenitale Manifestationen beim Kind zu beobachten sind, doch fehlt in den ersten drei oder vier Lebensjahren noch die konsequent empfundene Rivalität gegenüber dem gleichgeschlechtlichen Elternteil auf dem Hintergrund phallischer Triebimpulse (mit den entsprechenden Ängsten und Vergeltungsphantasien), die ein wesentliches Kriterium des klassischen Ödipuskomplexes ist; es fehlt auch ein Erkennen der sexuellen Beziehung zwischen den Eltern.

Chasseguet-Smirgel (1988) beschrieb „eine archaische Matrix des Ödipuskomplexes" und verstand darunter den primären Wunsch eines Kindes, eine dem Bauch der Mutter analoge Welt zu finden, in der es keine Geschlechtsunterschiede, keine Konfrontation mit dem Realitätsprinzip, keine Neid- und Haßgefühle auf Rivalen gibt. Dieser Wunsch nach einem utopischen Ort, in dem nur das Lustprinzip waltet, ist noch fundamentaler als der von M. Klein beschriebene Impuls, in der Phantasiewelt den Penis des Vaters und die Kinder im Bauch der Mutter zu zerstören.

Thematisieren diese Arbeiten die innere Beziehungs- und Phantasiewelt eines Kindes weitgehend ohne Präzisierung ichstruktureller Entwicklungskomponenten, so wird in anderen Arbeiten versucht, den Ödipuskomplex entsprechend dem bis dahin erreichten Entwicklungsstand eines Kindes genauer zu diagnostizieren. In Abhängigkeit vom jeweils erreichten Niveau der Persönlichkeitsorganisation läßt sich differenzieren, welche spezifischen Impulse und Abwehrmöglichkeiten bei einem Individuum mit einem → Borderline- oder neurotischen Organisationsniveau auftreten (z.B. Rohde-Dachser, 1987; Hirsch, 1988). Diese Einbeziehung des Entwicklungsstandes der → Ich-Funktionen macht auch eine gründliche Neukonzeptualisierung des weiblichen und des männlichen Ödipuskomplexes möglich (vgl. Mertens, 1992).

Die Differenzierung entsprechend ichstruktureller Entwicklungskomponenten läßt auch folgende Unterscheidung noch zwingender werden: Zwar existiert die ödipale *Situation* für ein Kind schon ab dem Zeitpunkt, zu dem seine Eltern unbewußte → Phantasien über ihr Kind produzieren, ödipale *Impulse* im eigentlichen Sinn können aber beim Kind erst zu einem späteren Zeitpunkt entstehen. Das bedeutet aber auch, daß die ödipalen Konflikte der Eltern die gesamte Familiendynamik beeinflussen, mit der ein Kind von klein auf konfrontiert wird. Viele interpersonelle Konflikte, die das Kind lange vor dem ödipalen Konflikt erlebt, sind aus der Sicht der Eltern ödipal; nachträglich, d.h. mit dem Erlebenkönnen des ödpalen Konflikts, werden aber auch die früheren interpersonellen Auseinandersetzungen und Konflikte als ödipal interpretiert.

Es gibt viele Auslegungen des Ödipusdramas (vgl. z.B. Fromm, 1979; Groen-Prakken, 1991; Quinodoz, 1991; Rascovsky & Rascovsky,1968; Steiner, 1985, 1990; Velacott, 1971), und an der Freudschen Rezeption wird heutzutage immer häufiger Kritik geübt (z.B. Blos, 1987; Ross, 1982; Rosenman, 1988), während es in den Jahrzehnten zuvor nur eine Handvoll Analytiker, angefangen mit Ferenzci (1912, 1933), gegeben hat, die darauf hinwiesen, daß im Ödipusmythos auch Laios (→ Laioskomplex) schon das Schicksal eines verstoßenen Sohnes erlitten hatte.

So wird bemängelt, daß Freud die Taten des Laios und der Iokaste ausgeblendet hat. Das heutige Wissen um Kindsmißhandlung und → sexuelle Verführung, um die Aussetzung und Tötung von Kindern über Jahrhunderte hinweg, zwingt zu einer anderen Lesart: die Angst des Laios vor seinem noch ungeborenen Sohn, die väterliche Rivalität und Eifersucht, aber natürlich auch die Triebimpulse beider Eltern angesichts ihrer heranwachsenden Kinder dürfen deshalb nicht vernachlässigt werden.

Die unterschiedlichen Interpretationen lassen sich entsprechend der Verwendung von zwei Erkenntnisebenen unterscheiden: Zum einen wird das Drama wie eine reale Krankengeschichte gelesen und der metaphorische und dramatische

Aussagengehalt des Sophokleischen Dramas (und des Mythos) zurückgestellt; bei der zweiten Vorgehensweise wird die Geschichte des Ödipus wie ein inneres Drama aufgefaßt, als eine Schöpfung der inneren Repräsentanzenwelt (→ Repräsentanz), die mit Hilfe des Rückgriffs auf äußere Begebenheiten zu einer externalisierten Erzählstruktur führt (vgl. Drews, 1991). Die verschiedenen Interpretationen führen deutlicher, als dies eine trockene Definition vermag, vor Augen, wie viele Dimensionen der Ödipuskomplex umfaßt und wie zahlreich die Deutungslinien sind, die sich in einem individuellen Fall einstellen können.

Nach Erich Fromm (1979) läßt sich der Mythos nicht als Symbol der inzestuösen Liebe zwischen Mutter und Sohn verstehen, sondern als Symbol der Rebellion des Sohnes gegen die Autorität des Vaters in der patriarchalischen Familie; vor allem wenn man „Ödipus auf Kolonos" und „Antigone" als weitere Teile der Ödipus-Trilogie heranzieht, kann man erkennen, daß es bei dem dargestellten Stoff um den Kampf des Patriarchats mit dem Matriarchat geht. So weigert sich Antigone, das männliche Prinzip des autoritären Gehorsams und der rigiden Gesetzestreue anzuerkennen; stattdessen kämpft sie für die Anerkennung von Liebe und Gerechtigkeit. Fromm (1979, S. 290) kommt deshalb zu dem Schluß, daß „der Inzest nicht das Hauptthema, ja nicht einmal ein wesentliches Thema von Sophokles' Trilogie ist. … Wenn wir … die gesamte Trilogie betrachten, dann wird deutlich, daß sich die Trilogie mit dem Konflikt zwischen dem matriarchalischen Prinzip der Gleichheit und Demokratie, wie es Ödipus verkörpert, und dem Prinzip der patriarchalischen Diktatur von ‚Gesetz und Ordnung', das Kreon repräsentiert, befaßt. Während machtmäßig das Patriarchat Sieger bleibt, erleiden seine Prinzipien doch im Zusammenbruch Kreons eine Niederlage, als dieser erkennt, daß er nichts erreicht hat als den Tod."

Für Rascovsky und Rascovsky (1968) stehen Ausagieren (→ Agieren) und delinquentes Verhalten im Mittelpunkt des Ödipusdramas, das sie größtenteils wie eine Krankengeschichte der Gegenwart interpretieren. Ihre zentrale These ist, daß der *Sohnesmord* als latenter Inhalt dem manifesten Vatermord und Inzest zugrundeliegen. Mit M. Klein, Rosenfeld und anderen Autoren gehen sie davon aus, daß die Ereignisse während der Schwangerschaft, Geburt und ersten Lebensmonate derart viele Enttäuschungen mit sich bringen, daß die im ersten Lebensjahr entstehende → paranoid-schizoide Position kräftig genährt wird. So erklärt sich entsprechend dieser Auffassung z.B. die → Spaltung der Mutterfigur in eine rachsüchtige, verfolgende und verschlingende Sphinx und in eine idealisierte Iokaste. Erst als Ödipus diese Spaltung in sich aufheben kann, wird er sich dessen bewußt, daß es die geliebte Iokaste, seine eigene Mutter, war, die seiner Aussetzung zustimmte.

Im Verlauf des Dramas, das mit einer Rekapitulation des zurückliegenden delinquenten Agierens von Ödipus beginnt, löst sich nach und nach eine manische

160

Abwehr nach der anderen auf (so die → Verleugnungen, die omnipotente Einstellung, die → Idealisierung und Entwertung der Objekte), und die bislang im Verborgenen gebliebenen paranoiden Vorgänge der Spaltung und der → projektiven Identifizierung kommen zum Vorschein. Die manische Abwehr, hilft die immense Angst des Kindes, ausgesetzt und getötet zu werden, in Schach zu halten. Dic Existcnz dcr bösen Eltern wird verleugnet und mit Hilfe eines typischen Familienromans („Ödipus und Iokaste sind nicht meine wirklichen Eltern, sondern Polybos und Merope, die königlichen Herrscher von Korinth, die es mir an Liebe nicht mangeln ließen") substituiert. Als Ödipus davon Kunde erhält, daß Polybos und Merope nicht seine wirklichen Eltern sind, kann er die Verleugnung nicht länger aufrechterhalten. Es kommt zu einer → Regression auf die paranoidschizoide Position, und in einer → Identifizierung mit dem aggressiven Laios-Vater tötet er diesen in einem manischen Triumphgefühl. In der Figur der Sphinx begegnet ihm die abgespaltene, böse Mutter, deren gierige und verschlingende Aggressivität auf eine → Projektion seiner eigenen Triebimpulse zurückgeht. Omnipotent, wie er sich aufgrund seiner regressiven Position (→ Regression) fühlt, ist nur er allein in der Lage, das Rätsel der Sphinx zu lösen. Für die Autoren ist die verfolgende, kindstötende Mutter (als Sphinx verleugnet) und das idealisierte Bild der Iokaste die zweite Manifestation einer Spaltung, die eine→ Einsicht in den tatsächlichen Charakter seiner Mutter verhindert. Wiederum agiert Ödipus, indem er Iokaste, seine Mutter, zur Frau nimmt. Die Tragödie setzt zu jenem Zeitpunkt ein, als die Verleugnung der → Schuld und die manische Abwehr nicht länger funktionieren. Die innere Not ist auf das Unglück projiziert, von dem die Stadt Theben heimgesucht wird. Der blinde Seher Teiresias stellt jenen Teil der → Ich-Funktionen von Ödipus dar, der noch dazu in der Lage ist, die schmerzliche Realität einigermaßen unverstellt zur Kenntnis zu nehmen.

Auch bei der Interpretation von Quinodoz (1991, S. 49) wird davon ausgegangen, daß Ödipus zwei unterschiedliche Elternpaare hatte, Laios und Iokaste und Polybos und Merope, die man auch als erzeugendes und adoptierendes Elternpaar auffassen kann. Die allmähliche Enthüllung der Existenz der beiden Elternpaare gibt Anlaß zu der Interpretation, daß „Ödipus – angesichts des drohenden Konflikts, die Eltern, die er liebte, zu hassen – versucht hatte, dem Dilemma dadurch auszuweichen, daß er das alleinige Elternbild in zwei voneinander getrennte Paare spaltete, in die einen, die er ablehnte und nicht als seine Eltern anerkannte (Laios und Iokaste), und die anderen, für die er Zärtlichkeit empfand (die Eltern von Korinth, die ihn adoptiert hatten)." Aufgrund dieser Spaltung der elterlichen Objekte in gute und böse Elternteile konnte er das Austragen und die Bewältigung des Ambivalenzkonflikts gegenüber dem einen und einzigen Elternpaar umgehen und brauchte auch seine Grenzen nicht zu akzeptieren. So wird das Vaterbild in das einen kastrierenden(Laios) und eines beschützenden Vaters (Polybos), das Mutterbild in das einer sinnlichen (Iokaste) und einer zärtlichen Mutter (Merope) gespalten.

Nach Quinodoz kann die Spaltung in gute und böse Eltern eine andere Spaltung verdecken, nämlich die in geschlechtlich differenzierte Eltern, die miteinander eine sexuelle Beziehung haben, von der sie ihr Kind ausschließen (→ Urszene) und deshalb auch Enttäuschungshaß bei ihm auslösen, und in asexuelle und idealisierte Eltern. „Laios und Iokaste scheinen mir denjenigen Eltern zu entsprechen, die das Kind entdeckt, wenn es den Vater geschlechtlich von der Mutter differenziert und wenn es von der sexuellen Intimität des Paares angezogen ist, von der es sich ausgeschlossen fühlt. Die Rolle dieser Eltern ist es, die Triebbedürfnisse des Kindes *nicht zu befriedigen*: sich nicht entthronen, sich nicht heiraten zu lassen und das Kind herauszuhalten aus einer sexuellen Intimität, die dennoch seine Begierde erregt" (S. 51).

Quinodoz (1991) führt aus, daß sich das Kind weder ausschließlich mit den Herrschern von Theben noch mit denjenigen von Korinth identifizieren sollte, sondern mit denjenigen Eltern, die beide Aspekte in sich vereinigen. Denn die Herrscher von Theben lassen ihr Kind spüren, daß es trotz seiner Kleinheit eine sinnliche Stärke in sich trägt, die zu einer Bedrohung für die Eltern werden kann. Die Kraft der Eltern, sich davon nicht einschüchtern zu lassen, ist für ihr Kind Entwicklungsansporn, selbst groß werden zu wollen. Die Identifizierung mit den Eltern von Korinth, mit der Gewißheit gegenseitiger Zärtlichkeit, regt das Kind an, seine ödipal sinnlichen Impulse nicht auszuagieren, sondern zu sublimieren (→ Sublimierung).

Die analytische Arbeit zielt nach Quinodoz (1991, S.60) darauf ab, die Spaltung der Elternbilder rückgängig zu machen, den Haß mit der Liebe und die Liebe mit dem Haß zu integrieren: „Ich denke, daß sich die Lösung des Ödipuskomplexes dadurch vollzieht, daß man akzeptiert, ein Kind zu sein, das von seinen Eltern sowohl ausgesetzt als auch adoptiert wurde und das seinerseits fähig ist, diese zu adoptieren und auszusetzen, dank einer introjektiven Identifikation mit Eltern, die zugleich aussetzen und adoptieren."

Für Groen-Prakken (1991) sind in der Tragödie des König Ödipus besonders viele Geheimnisse und Rätsel enthalten: So sagt man dem jungen Ödipus in Korinth nicht, daß er ein Adoptivkind ist, und als Ödipus seine Adoptiveltern befragt, erhält er keine Antwort. Mit seinem Namen „Schwellfuß" kann er die ihm von seinen wirklichen Eltern zugefügte Verkrüppelung nicht in Zusammenhang bringen. Die Auskunft, die er von dem befragten Orakel erhält, daß er seinen Vater töten und seine Mutter heiraten werde, ist verwirrend, denn er hält seine Adoptiveltern für seine wirklichen Eltern. Als er seinen wirklichen Vater erschlägt, fragt er nicht, wer dieser war, und als er eine ältere Witwe, seine Mutter, heiratet, fragt er nicht, wie und wann ihr Mann gestorben ist.

Im Unterschied zur klassischen Deutung des Dramas, nach der sich Ödipus wegen seiner unerträglichen Schuldgefühle über den Vatermord und seine inzestuöse Beziehung zu seiner Mutter die Augen aussticht, postuliert Groen-Prakken, indem sie das Drama und den Mythos wie eine reale Krankengeschichte interpretiert, daß Schamgefühle (→ Scham) aufgrund der Verletzung seines Selbstgefühls sehr viel bedeutsamer sind als die Schuldgefühle (→ Schuld).

Die Theorie vom Ödipuskomplex implizierte in der ursprünglichen Freudschen Fassung ein nahezu ausschließlich intrapsychisches Geschehen im Kind. Es gelang nicht, die Polarität Verführung von seiten der Eltern versus kindliche Triebphantasien als familiendynamisches Geschehen zu begreifen, wobei freilich sexuelle Verführung nur eine von mehreren traumatisierenden Sozialisationsbedingungen (→ Trauma) darstellt. Das Zusammenwirken von Laios-, Iokaste- und Ödipuskomplex läßt psychische Pathologie als ein vielseitig determiniertes Geschehen erkennen, bei dem sich von der Geburt eines Menschen an interpersonelle und familiendynamische Prozesse ereignen. Auch wenn die ödipale Sichtweise nach wie vor auf die intrapsychische Dimension der kindlichen → Phantasien fokussiert, kann der Ödipuskomplex des vier-, fünf- oder sechsjährigen Kindes heutzutage nicht mehr ohne die zugrundeliegende familiendynamische ödipale Konstellation, die die ödipalen Konflikte der Eltern mit einschließt, betrachtet werden.

Literaturempfehlungen:

Blanck, G. (1984). The complete oedipus complex. The International Journal of Psycho-Analysis, 65, 331–339.

Blos, P. (1989). Sohn und Vater. Diesseits und Jenseits des Ödipuskomplexes. Stuttgart: Klett-Cotta.

Calogeras, R.C., Alston, T.E. & Schupper, F.X. (1976). Der Ödipuskomplex in der heutigen psychoanalytischen Theorie. Psyche, 30, 201–216.

Chasseguet-Smirgel, J. (1986b). Die Bedeutung der Introjektion des väterlichen Penis. Grundlage der Identifizierung und des Erwerbs der männlichen Identität. In J. Stork (Hg.), Das Vaterbild in Kontinuität und Wandlung. Zur Rolle und Bedeutung des Vaters aus psychoanalytiuscher Betrachtung und in psychoanalytischer Reflexion (S. 93–110). Stuttgart-Bad Cannstatt: frommannholzboog.

Chasseguet-Smirgel, J. (1988). Zwei Bäume im Garten. Zur psychischen Bedeutung der Vater- und Mutterbilder. München: Verlag Internationale Psychoanalyse.

Groen-Prakken, H. (1991). Oidipus' Scham – Über den Einfluß beschämender Ereignisse in den ersten Lebensjahren auf den späteren Lebenslauf. Zeitschrift für psychoanalytische Theorie und Praxis, 6, 35–46.

Grunberger, B. (1988). Von der Analyse des Ödipus zum Ödipus des Analytikers. In ders., Narziß und Anubis. Die Psychoanalyse jenseits der Triebtheorie (S. 25–53). München: Verlag Internationale Psychoanalyse.

Loewald, H.W. (1979). The waning of the oedipus complex. Journal of the American Psychoanalytic Association, 27, 751–775 (dt.: Das Dahinschwinden des Ödipuskomplexes. In ders. (1986), Psychoanalyse. Aufsätze aus den Jahren 1951–1979 (S. 377–400). Stuttgart: Klett-Cotta.

Loewald, H.W. (1985). Oedipus complex and development of self. Psychoanalytic Quarterly, 54, 435–443.

Pollock, G.H. & Ross, J.M. (Eds.) (1988). The Oedipus papers. Classics in psychoanalysis. Monograph 6, Madison, Conn.: International Universities Press.

Quinodoz, D. (1991). „Ich habe Angst, mein Kind zu töten" oder: ausgesetzter Ödipus, adoptierter Ödipus. Zeitschrift für psychoanalytische Theorie und Praxis, 6, 47–61.

Rohde-Dachser, Ch. (1987). Ausformungen der ödipalen Dreieckskonstellationen bei narzißtischen und Borderline-Störungen. Psyche, 41, 773–779.

Simon, B. (1991). Is the oedipus complex still the cornerstone of psychoanalysis? Three obstacles to answering the question. Journal of the American Psychoanalytic Association, 39, 641–668.

Sterren, D. van der (1974). Ödipus. Nach den Tragödien des Sophokles. Eine psychoanalytische Studie. München: Kindler.

Stork, J. (Hg.) (1987). Über die Ursprünge des Ödipuskomplexes. Versuch einer Bestandsaufnahme. Stuttgart-Bad Cannstatt: frommann-holzboog.

Tömmel, S. (1988). Ödipus oder Prometheus – soziopsychoanalytische Überlegungen zur „vaterlosen Gesellschaft". Luzifer-Amor, 1, 88–112.

Vogt, R. (1986). Psychoanalyse zwischen Mythos und Aufklärung oder das Rätsel der Sphinx. Frankfurt/M.: Edition Qumran/Campus.

Paranoid-schizoide Position – paranoid-schizoid position

Der von Melanie Klein (1952) eingeführte Ausdruck der paranoid-schizoiden Position bezeichnet eine Modalität des Erlebens von Objektbeziehungen, die zwar entwicklungspsychologisch der → depressiven Position vorausgeht, aber nicht auf die ersten Lebensmonate eines Kindes beschränkt ist, sondern als Erlebensmodalität immer wieder – auch beim Erwachsenen – auftreten kann und in einer dialektischen Beziehung zur depressiven Position steht. Nach Steiner (1990) können Fluktuationen zwischen diesen beiden Positionen auch innerhalb einer einzigen analytischen Stunde auftreten.

Für den klinischen Umgang vor allem mit frühgestörten Patienten erleichtert die Kenntnis der vorherrschenden Ängste und Abwehrformationen der paranoid-schizoiden Position das Verständnis klinischer Phänomene. Es sind sehr frühe paranoide Ängste, wie z.B. die Angst vor Zerstückelung, Vergiftung, Aufgefressenwerden, die, genetisch betrachtet, ein kleines Kind und bei ungenügender Bewältigung im weiteren Entwicklungsverlauf auch einen Erwachsenen bedrohen. Diese Ängste gehen auf eigene Triebregungen und Affekte zurück, die mütterliche Brust – die auf Grund von Frustrationserlebnissen als enttäuschend und abweisend erfahren wird – zu zerstückeln, auszusaugen, zu verschlingen oder auszuhöhlen. Cycon (1990, 1991) weist zu Recht darauf hin, daß auch der Vater schon sehr bald als Partialobjekt Teil der inneren und äußeren Welt des Kindes wird, so daß es bei der Konstituierung dieser Erlebniswelten nicht nur um die „gute" oder „böse" Mutterbrust geht. Zur Abwehr dieser bedrohlichen Impulse werden Vorgänge wie → Spaltung, frühe → Idealisierung und → projektive Identifizierung eingesetzt. Auf diese Weise entstehen idealisiert gute Teilobjektrepräsentanzen und damit korrespondierende, ausschließlich gute Selbstrepräsentanzen, wodurch die bösen (Teil-)Objektrepräsentanzen und die dazugehörigen verzweifelten und destruktiv-wütenden Erlebniszustände des eigenen Selbst vom eigenen Erleben ferngehalten werden können: „Dieses gute innere Partialobjekt bildet zusammen mit dem guten Selbst den innersten Kern des sich entwickelnden Ichs. In dieser paranoid-schizoiden Position ermöglicht die Fähigkeit zu klaren Spaltungen in Gut und Böse, daß das gute innere und äußere Objekt geschützt und bewahrt werden kann" (Cycon, 1990, S. 15). Diese Spaltung gelingt jedoch immer nur vorübergehend und auch nicht vollständig, so daß über kurz oder lang heftige paranoide Ängste auftreten, deren Vehemenz vor allem auf die Existenz der ausschließlich bösen Objektrepräsentanzen, die in einer introjektiven und projektiven Verbindung zu den eigenen bösen Selbstrepräsentanzen stehen, zurückgeht.

Wenn die Eltern ausreichend als → Container für die archaischen Trieb- und Affektzustände ihres Kindes zur Verfügung stehen können, kommt es allmählich zum Erleben der depressiven Position, bei der anfänglich ebenfalls noch Spaltungsvorgänge vorherrschen, aber dennoch schon ein ambivalenteres Erleben (→ Ambivalenz), Schuldgefühle (→ Schuld) wegen der eigenen Wut und eine Zurücknahme der → Projektionen und projektiven Identifizierungen gegenüber den Eltern möglich werden. Im ungünstigen Fall persistieren die psychischen Mechanismen der paranoid-schizoiden Position und führen zu präpsychotischen und psychotischen Erlebnisweisen.

Auch wenn man nicht von einem angeborenen → Aggressions- und Destruktionstrieb ausgeht, führt doch die ubiquitäre Existenz von frustrierenden Eltern-Kind-Interaktionen zusammen mit den noch wenig ausgebildeten → Ich-Funktionen nahezu zwangsläufig zu den beschriebenen psychischen Erlebnisweisen des Überwältigtwerdens durch heftige aggressive → Affekte. Aus diesem Grund findet sich wohl auch bei jedem Menschen in mehr oder minder starker Form dieser Erlebnismodus, dessen klinische Relevanz deshalb auch unumstößlich ist, wenn auch angesichts der neueren Befunde der psychoanalytischen Kleinkindforschung eine noch klarere theoretische Konzeptualisierung notwendig erscheint.

Literaturempfehlungen

Bott Spillius, E. (Hg.) (1990). Melanie Klein heute. Entwicklungen in Theorie und Praxis, Bd. 1: Beiträge zur Theorie. München: Verlag Internationale Psychoanalyse.

Carstairs, K. (1992). Paranoid-schizoid or symbiotic? International Journal of Psycho-Analysis, 73, 71–85.

Cycon, R. (1991). Über die Bedeutung und Wirkung projektiv-identifikatorischer Prozesse. Zeitschrift für psychoanalytische Theorie und Praxis, 6, 161–174.

Gergely, G. (1992). Developmental reconstructions: Infancy from the point of view of psychoanalysis and developmental psychology. Psychoanalysis and Contemporary Thought, 15, 3–55.

Kernberg, O.F. (1988). Schwere Persönlichkeitsstörungen. Theorie, Diagnose, Behandlungsstrategien. Stuttgart: Klett-Cotta.

Klein, M. (1957). Neid und Dankbarkeit. Psyche, 11, 241–255.

Klein, M. & Rivière, J. (1974). Seelische Urkonflikte. Liebe, Haß und Schuldgefühl. München: Kindler.

Rosenfeld, H.A. (1981). Zur Psychoanalyse psychotischer Zustände. Frankfurt/M.: Suhrkamp.

Rosenfeld, H.A. (1990). Sackgassen und Deutungen. Therapeutische und antitherapeutische Faktoren bei der psychoanalytischen Behandlung von psychotischen, Borderline- und neurotischen Patienten. München: Verlag Internationale Psychoanalyse.

Segal, H. (1983). Melanie Klein – Eine Einführung in ihr Werk. Frankfurt/M.: Fischer.

Steiner, J. (1990). Die Wechselwirkung zwischen pathologischen Organisationen und der paranoid-schizoiden und depressiven Position. In E. Bott Spillius (Hg.), Melanie Klein heute. Entwicklungen in Theorie und Praxis, Bd. 1: Beiträge zur Theorie (S. 408–431). München: Verlag Internationale Psychoanalyse.

Wilde, K. (1988). Paranoid-schizoide Mechanismen in der Analyse einer narzißtisch strukturierten Patienten. Jahrbuch der Psychoanalyse, 22, 118–137.

Passivität/Aktivität – passivity/activity

Diese in der klassischen Psychoanalyse häufig thematisierte Polarität wurde von feministischen Autoren vor allem deshalb als androzentrische Theoriebildung eingestuft, weil aktiv von einigen Psychoanalytikern zumeist mit männlich und phallisch, passiv hingegen mit kastriert und weiblich gleichgesetzt wurde, obwohl Freud vor einer zu leichtfertigen Zuordnung bereits gewarnt hatte. Als einer der ersten Autoren wandte sich Herman (1935) ausdrücklich gegen die scheinbar selbstverständliche Gleichsetzung von Männlichkeit und Aktivität, indem er vor allem auf den Einfluß soziokultureller Normen hinwies, die Frauen sichtbare sexuelle Aktivitäten untersagten. Die per männlicher Deklaration verfügte (scheinbare) Passivität der Frauen komme zudem dem Bedürfnis vieler neurotischer Männer entgegen, denen eine sexuell aktive Frau Angst einflößt.

Heutzutage ist davon auszugehen, daß Männer und Frauen in ihrem im engeren Sinn sexuellen Verhalten im gleichem Maße aktive und passive Elemente aufweisen: So ist die Vagina einerseits in dem Sinne passiv, indem sie den Penis des Mannes aufnimmt, andererseits aber aktiv in ihrer Fähigkeit zu kontraktilen Bewegungen. Phantasmatisch wird sie von Männern sogar häufig als verschlingend, aussaugend, festhaltend oder abbeißend (z.B. als „vagina dentata") wahrgenommen. Entwicklungspsychologische Untersuchungen (z.B. Kestenberg, 1968) verweisen darauf, daß schon kleine Mädchen genitale Empfindungen und Befriedigungen als aktive Körpererfahrungen ihrer sich entwickelnden Weiblichkeit wahrnehmen.

Die definitorische Verwirrung, was unter Passivität nun genau zu verstehen sei – z.B. das Abwarten gegenüber werbenden, erotischen Aufforderungen, das Bedürfnis, sich als Geschlechtspartner zu unterwerfen (wie es in der männlichen Homosexualität auftreten kann), die Sehnsucht, gestreichelt und liebkost zu werden, anstatt phallisch penetrierend (oder vaginal inkorporierend) zu sein, sich einschmeichelnd und unterwürfig zu verhalten, um etwas durchzusetzen u.v.m. – und die unübersehbaren patriarchalischen Vorurteile lassen es als ratsam erscheinen, die Dichotomie aktiv = männlich, passiv = weiblich in der herkömmlichen psychoanalytischen Verwendung endlich ad acta zu legen. Ob dies freilich so einfach geht, ob nicht die Erforschung der aktiven, vor allem der sexuell aktiven Bedürfnisse von Frauen und passiven Bedürfnisse von Männern, ein Thema ist, das „gesellschaftliche Sprengkraft" (Gambaroff, 1977, S. 23) hat, müßte vor allem auch von psychoanalytisch-sozialpsychologischer Seite noch genauer untersucht werden. Freilich gilt auch: „Betonte weibliche Passivität bedroht die Phallizität des Mannes, indem sie ihn immer wieder daran erinnert, daß Individuen – prinzipiell auch er selbst – des Phallischen verlustig gehen können" (Heigl-Evers & Weidenhammer, 1988, S. 80).

Die von Shapiro (1965), Krohn (1978) u.a. beschriebene *passive* Einstellung des hysterischen Menschen (→ Hysterie) ist eine mehr oder weniger gezielt eingesetzte Ich-Strategie. Vor sich selbst und anderen wird damit der Eindruck erweckt, unwissend, ignorant und naiv zu sein. Diese Haltung führt zu einer Verleugnung der bewußten Intentionalität von Handlungen, die für den hysterischen Menschen unbewußt mit aggressiv-feindseligen und sexuell-inzestuösen Strebungen und Affekten aufgeladen sein können. Solche Verleugnungen folgen dem Motto: „Wenn ich mich aus allem heraushalte und den Eindruck eines scheinbar unbeteiligten, aber auch naiven Kindes erwecke, wird für die anderen nicht deutlich, wie intensiv meine Impulse tatsächlich sind, und ich brauche dann auch keine Verantwortung dafür zu übernehmen." Vor allem in erotischen und sexuellen Interaktionen behält so der hysterische Mensch immer seine „reine Weste", denn es ist ja immer der andere, der etwas von ihm gewollt hat und der jetzt daraus die Konsequenz ziehen muß. „*Du* wolltest doch mit mir ein sexuelles Verhältnis anfangen; ich habe dem nur nachgegeben, um dich nicht zu enttäuschen." So bleibt der hysterische Mensch, obwohl gleichzeitig viele Verführungssignale von ihm ausgehen, vor sich selbst immer ein unschuldiger Mensch und muß es auch bleiben, denn seine Sexualität ist unbewußt immer noch mit inzestuösen Strebungen verbunden.

Literaturempfehlungen

Heigl-Evers, A. & Weidenhammer, B. (1988). Der Körper als Bedeutungsland-
schaft. Die unbewußte Organisation der weiblichen Geschlechtsidentität.
Bern: Huber.
Jacobson, E. (1976). Ways of female superego formation and the female castrati-
on conflict. Psychoanalytic Quarterly, 45, 525–538.
Kerz-Rühling, I. (1991). Psychoanalyse und Weiblichkeit. Eine Studie zum
Wandel psychoanalytischer Konzepte. Zeitschrift für psychoanalytische
Theorie und Praxis, 6, 293–316.
Kestenberg, J.S. (1968). Outside and inside, male and female. Journal of the
American Psychoanalytic Association, 16, 457–520.
Lerner, H.E. (1974). Early origins of envy and devaluation of women: Implica-
tions for sex role stereotypes. Bulletin of the Menninger Clinic, 38, 538–553.
Lerner, H.E. (1983). Female dependency in context: Some theoretical and tech-
nical considerations. American Journal of Orthopsychiatry, 53, 697–705.
Rohde-Dachser, Ch. (1991). Expedition in den dunklen Kontinent. Weiblichkeit
im Diskurs der Psychoanalyse. Berlin: Springer.
Schafer, R. (1974). Problems in Freud's psychology of women. Journal of the
American Psychoanalytic Association, 22, 459–485.

Penisneid – penis envy

Seit Freuds ersten Mitteilungen darüber blieb das Konzept des Penisneids – wie
das damit zusammenhängende des → Kastrationskomplexes – vor allem hinsichtlich der daraus von Freud abgeleiteten Schlußfolgerungen umstritten. Vielen
Feministinnen war diese Behauptung ein Anlaß, die Psychoanalyse von vornher-
ein als patriarchalisches Machwerk abzulehnen, ohne sich genauer mit ihr zu beschäftigen.

Angefangen von Horneys (1923) Unterscheidung in einen primären, überwiegend körperlich bedingten Penisneid und einen sekundären, gesellschaftlich er-
klärbaren Penisneid, in den bereits das Bewußtwerden der männlichen Privilegi-
en eingegangen ist, bis hin zu Chasseguet-Smirgels (1974) Erklärung, daß der
Penis ein Symbol für die größere → Autonomie des Jungen gegenüber dem weiblichen Körper der Mutter darstellt, wurde die rein anatomische Erklärung des Pe-
nisneides immer stärker eingeschränkt, so daß Grossman und Stewart (1977) ihn
schließlich lediglich noch als „Entwicklungsmetapher" einschätzten. Er ist somit

169

nicht länger der „gewachsene Fels" (Freud, 1937d), d.h. unverrückbares biologisches Faktum, sondern ein Sammelbecken für die vielfältigen Kränkungen, Zurücksetzungen, Traumatisierungen und Störungen der Mutter-Kind-Beziehung, die → Neid, Wut und Enttäuschung beim Kind auslösen und an Sichtbarem, wie dem Penis des Bruders, des Vaters, anderer Männer festgemacht werden. Ähnliches gilt vermutlich auch für den Brust- und Gebärneid von Jungen bzw. Männern (vgl. Benz, 1984), der für viele Autoren ein Analogon zum weiblichen Penisneid darstellt, obwohl er in der Vergangenheit – im Vergleich zum Penisneid – eher selten thematisiert wurde. Ergeben sich diese Einschätzungen hauptsächlich aus psychoanalytischer Rekonstruktion, so wäre es aus entwicklungspsychologischer Sicht wichtig, Neidreaktionen in bezug auf den anatomischen Geschlechtsunterschied in eine allgemeine Betrachtungsweise des ubiquitär vorhandenen Neiderlebens bei Kindern einzubetten (vgl. z.B. Frankel & Sherrick, 1977; Joffe, 1969) und zu untersuchen. Wenngleich Hinweise auf kindliche Neidäußerungen nicht nur psychoanalytischen Forschern, sondern auch fast allen Eltern bekannt sind, und auch mit Hilfe systematischer Kinderbeobachtungen (z.B. Mahler, Pine & Bergman, 1975) Anzeichen eines massiven Stimmungsabfalls im Zusammenhang mit der Entdeckung des anatomischen Geschlechtsunterschieds nachgewiesen werden konnten – deren Interpretation als Penisneid freilich auch auf theoretischen Schlußfolgerungen beruht –, so kann der in der Praxis nicht selten anzutreffende Penisneid nicht mehr zur Konstruktion der normalen Entwicklung weiblicher Geschlechtsidentität herangezogen, sondern muß in seinen weiteren charakterologischen Erscheinungsformen eher als klinischer Sonderfall einer gestörten Identitäts- und Neidaffekt-Entwicklung (häufig bei einer narzißtischen Persönlichkeitsstörung) gewertet und als Entwicklungsmetapher aufgefaßt werden.

Literaturempfehlungen

Benz, A. (1984). Der Gebärneid der Männer. Psyche, 38, 307–328.
Chasseguet-Smirgel, J. (1974). Psychoanalyse der weiblichen Sexualität. Frankfurt/M.: Suhrkamp.
Fast, I. (1991). Von der Einheit zur Differenz. Psychoanalyse der Geschlechtsidentität. Berlin: Springer.
Grossman, W.I. & Stewart, W.A. (1977). Penis envy: From childhood wish to developmental metaphor. In H.P. Blum (Ed.), Female psychology. Contemporary psychoanalytic views (pp. 193–212). New York: International Universities Press.

Kerz-Rühling, I. (1991). Psychoanalyse und Weiblichkeit. Eine Studie zum Wandel psychoanalytischer Konzepte. Zeitschrift für psychoanalytische Theorie und Praxis, 6, 293–316.

Lerner, H. E. (1980). Penis envy. Alternatives in conceptualization. Bulletin of the Menninger Clinic, 44, 39–48.

Rohde-Dachser, C. (1991). Expedition in den dunklen Kontinent. Weiblichkeit im Diskurs der Psychoanalyse. Berlin: Springer.

Wilkinson, S.W. (1991). Penis envy: Libidinal metaphor and experiential metonym. International Journal of Psycho-Analysis, 72, 335–346.

Perversion – perversion

Die von Freud und Nachfolgern (wie z.B. Sachs, 1923) als Perversionen bezeichneten Handlungen und (bewußten) Phantasien wurden als Abweichungen vom normalen Sexualakt definiert, der als koitale Handlung mit einer Person des entgegengesetzten Geschlechts aufgefaßt wurde. Zu einem späteren Zeitpunkt fügte Freud (1916–17a) dieser Definition noch das Kriterium einer Sexualbetätigung hinzu, die auf das Fortpflanzungsziel verzichtet, wo noch deutlicher als zuvor der normative Charakter von normal und abweichend deutlich wird. Rechnete Freud (1905b) die → Homosexualität zunächst nicht zu den Perversionen, sondern bezeichnete sie nur als „sexuelle Abirrung", so holte er dies einige Jahre später nach. Bis zum heutigen Tag herrscht in der psychoanalytischen Literatur keine Klarheit darüber, ob auch schon eine → Phantasie mit perversem Inhalt, aber ohne Handlungsvollzug, als Perversion bezeichnet werden sollte (Halberstadt-Freud, 1980; Reiche, 1986). Kritiker dieser Auffassung verweisen auf den nachweislichen Phantasiemangel bei perversen Menschen und auf den Zwang, Fragmente von Phantasien möglichst rasch in Handlungen umsetzen zu müssen (de M'Uzan, 1973; Chasseguet-Smirgel, 1988a,b; McDougall, 1988; Zagermann, 1988).

Waren die früheren Definitionen von Perversion mit ihrer Orientierung an Sexualziel und -objekt doch überwiegend triebtheoretisch konzipiert, so verwies Balint (1956) – objektbeziehungstheoretisch orientiert – zum ersten Mal auf den Mangel an Liebe oder auf die unreife Form der Zuwendung des Perversen zu seinem menschlichen Objekt. Bei perversen Menschen fehle zudem die Fähigkeit zur grenzenverwischenden → Regression in der heterosexuellen, genitalen Vereinigung. Die Vermeidung sexueller Intimität gehe mit einem Mangel an tatsäch-

licher „Eroberungsarbeit" einher – was eine Entsprechung in der „primären Liebe" habe: „Der Partner ist da, wenn man ihn braucht und so, wie man ihn sich
wünscht" (a.a.O., S. 158). Kuiper (1962) wie auch Stoller (1975) verwiesen auf
die den Perversionen innewohnende Befriedigung aggressiver und rachsüchtiger
Impulse und Affekte, deren Inszenierung oftmals Elemente der einst passiv erlebten Traumatisierungen enthält. Nach Stoller (1975) und Khan (1983) findet
sich neben einer intensiven feindseligen Thematik auch eine auffallende Vermeidung von Intimität, die mittels Prozessen der Dehumanisierung und der Fetischi-
sierung (→ Fetischismus) hergestellt wird.

Von Kernberg (1985) stammt die Unterscheidung von organisierter Perversion und polymorph-perversen Verhaltensweisen, die bei → Borderline-Patienten
anzutreffen sind. Die organisierte Perversion kann wiederum mit einem neurotischen, Borderline- oder psychotischen Niveau einhergehen und verweist bei psychotischem Organisationsniveau mit Sicherheit auf eine schwere psychische
Störung.

Freuds Leistung gegenüber den Sexualforschern seiner Zeit (wie Krafft-Ebing
und Havelock Ellis) bestand darin, daß er – ausgehend von der Annahme einer infantilen Sexualität (→ Sexualtrieb) – eine für die Kindheit als normal geltende
„polymorph-perverse Anlage" beschrieb, die als Erklärungsfolie für das Auftreten perverser Phantasien und Handlungen im Erwachsenenalter zu gelten hat. Damit rückte der auf den ersten Blick als anstößig und bizarr erscheinende Charakter mancher perverser Triebhandlungen (wie z.B. Exhibitionismus, Voyeurismus, Sadomasochismus, → Fetischismus, Pädophilie, Sodomie) in den Bereich
des Verstehbaren. Am bekanntesten wurde Freuds Auffassung, daß die Neurose
als „das Negativ der Perversion" zu gelten habe, was für ihn bedeutete, daß der
Neurotiker seine libidinösen Triebstrebungen zu massiv unterdrückt und verdrängt hat, wodurch keine wirkliche Integration und → Sublimierung der im Unbewußten fortbestehenden Impulse stattgefunden haben, während der spätere
Perverse entweder an seine kindlich polymorph-perversen Regungen fixiert ist,
die dissoziiert erhalten bleiben, oder regressiv (→ Regression) auf sie zurück-
greift. Legte dies zunächst den Eindruck nahe, daß der Perverse keinerlei Abwehrmechanismen ausgebildet habe, so beschrieb Freud (1927e) angesichts des
Fetischismus nun auch die für diese Störungen spezifischen Abwehrvorgänge der
→ Verleugnung und der Ichspaltung (→ Spaltung).

Diese einfache Formel wurde schon von Sachs (1923) einer Kritik unterzogen
und in der Folgezeit durch komplexere psychodynamische Erklärungen ersetzt.
Glover (1933) z.B. verwies in Anlehnung an M. Klein bereits auf frühe, präödipale Ängste und Bedrohungsgefühle; Payne (1939) betrachtete die Fetischbildung als Schutz vor archaischen oral-sadistischen Impulsen gegenüber der Mutter; Sperling (1959) fand bei Kindern mit abweichendem Sexualverhalten eine

Mutter-Kind-Beziehung, in der die Mütter auf indirekte Weise eigene perverse Wünsche befriedigten und somit die prägenitalen Impulse bei ihren Kindern deutlich verstärkten, und legte damit den Grundstein für psychodynamische Auffassungen, die neben die Eigendynamik von Triebvorgängen objektbeziehungs- und familiendynamische Ansätze hervorheben. Von Khan (1983) stammt die Beschreibung einer spezifischen Mutter-Kind-Interaktion, die zwar dem körperlichen Geschehen große Aufmerksamkeit widmet, ansonsten aber eher unpersönlicher Natur ist. Das Kind wird von der Mutter als ein „Ding-Geschöpf" und nicht als eine eigenständige Person begriffen. Socarides (1988) betont die frühe Kernstörung des Perversen – zurückgehend auf erhebliche Konflikte vor allem in der → Übungs- und → Wiederannäherungsphase mit einer „symbiotisch parasitären Mutter" und einem abwesenden oder feindseligen Vater – und begreift dessen Sexualverhalten als existentielle Notwendigkeit zum Überleben des Ichs. Ebenso weisen Kohut (1973a) und Morgenthaler (1974) auf die eminent wichtige Funktion perversen Verhaltens für die Regulation des Selbstwertgefühls und die Kohäsion des Selbst (→ Selbstkohäsion) hin. Die von Freud noch so sehr betonten ödipalen Konflikte haben in den neueren Theorien der Perversion somit nur noch eine sekundäre Bedeutung (siehe Stoller, 1979).

Perversionen scheinen eine spezifisch männliche Störung zu sein, denn die wenigen in der Literatur beschriebenen Fälle weiblicher Perversionen (z.B. Reiche, 1986; Raphling, 1989) erfüllen selten die Kriterien einer echten Perversion (vgl. Tibone, 1990). Dieser Umstand wird in der Regel mit der → Geschlechtsidentität in Zusammenhang gebracht, deren Entwicklung beim Jungen störanfälliger ist als beim Mädchen.

In nahezu allen neueren Theorieansätzen über die Perversion wird davon ausgegangen, daß die Konstituenten perverser Inszenierungen, wie z.B. Feindseligkeit und Triumph, in abgeschwächter Form auch im „normalen" Liebesleben antreffbar, ja sogar für sexuelle Erregung und Leidenschaftlichkeit unverzichtbar sind (z.B. Stoller, 1985, 1988). Kernberg (1985, 1991) sieht Spuren des kindlichen Sadomasochismus, Voyeurismus und Exhibitionismus in Phantasie und Tat als wesentlichen Teil einer gesunden Sexualität und von Liebesbeziehungen an. Weniger restriktive Auffassungen über das, was bereits als pervers zu gelten hat, finden sich z.B. auch bei Morgenthaler (1984), der für mehr Toleranz gegenüber dem von der Norm Abweichenden plädiert, oder bei Chasseguet-Smirgel (1986), die von der Ubiquität eines latenten „perversen Kernes" in jedem Menschen ausgeht.

Literaturempfehlungen

Chasseguet-Smirgel, J. (1986). Kreativität und Perversion. Frankfurt/M.: Nexus.

Chasseguet-Smirgel, J. (1988a). A woman's attempt at a perverse solution and its failure. International Journal of Psycho-Analysis, 69, 149–161.

Chasseguet-Smirgel, J. (1988b). Zwei Bäume im Garten. Zur psychischen Bedeutung der Vater- und Mutterbilder. München: Verlag Internationale Psychoanalyse.

Kaplan, L.J. (1991). Weibliche Perversionen. Von befleckter Unschuld und verweigerter Unterwerfung. Hamburg: Hoffmann und Campe.

Kernberg, O.F. (1985). Ein konzeptuelles Modell zur männlichen Perversion. Forum der Psychoanalyse, 1, 167–187.

Kernberg, O.F. (1989) A theoretical frame for the study of sexual perversions. In H.P. Blum & E.M. Weinshel (Eds.), The psychoanalytic core (pp. 243–263). New York: International Universities Press.

Kernberg, O.F. (1991). Sadomasochism, sexual excitement, and perversion. Journal of the American Psychoanalytic Association, 39, 333–362.

Khan, M.M.R. (1983). Entfremdung bei Perversionen. Frankfurt/M.: Suhrkamp.

Meyer zur Capellen, R. (1980). Empathiestörung, Perversion und Übergangsphänomene bei Borderline-Patienten. Psyche, 34, 246–264.

Morgenthaler, F. (1984). Homosexualität, Heterosexualität, Perversion. Frankfurt/M.: Qumran.

Roiphe, H. & Galenson, E. (1987). Preoedipal roots of perversion. Psychoanalytic Inquiry, 7, 415–430.

Socarides, C.W. (1988). The preoedipal origin and psychoanalytic therapy of sexual perversions. Madison, Conn.: International Universities Press.

Stoller, R.J. (1979). Die erotische Form von Haß. Reinbek: Rowohlt.

Phantasie – fantasy

Mit Laplanche und Pontalis (1972) und Bittner (1981) lassen sich bei dem bei Freud stets mehrdeutig gebliebenen, aber für die Psychoanalyse doch so zentralen Begiff der Phantasie folgende Bedeutungen unterscheiden: Phantasie als das Vermögen zu imaginieren i.S. von Einbildungskraft; Phantasien als Inhalte der phantasierten, imaginären Welt; und schließlich noch die schöpferische Aktivität, die diese Inhalte belebt.

Freud hat die Phantasietätigkeit als Gegensatz zum realitätsgerechten Denken aufgefaßt. Bei der Analyse von Jensens „Gradiva" charakterisierte er (1907a) den

Wahn als einen Zustand, bei dem Phantasien zur Oberherrschaft gelangt sind. In „Der Dichter und das Phantasieren" (1908e) beschrieb Freud die Phantasien des Erwachsenen als Fortsetzung des Kinderspiels; sie seien den Träumen verwandt und aus Wunschvorstellungen gebildet. Ihre Funktion sei es, sich Befriedigungsmöglichkeiten auszumalen, die in der Realität nicht gegeben sind.

Im triebpsychologischen Ansatz Freuds geht die Bildung von Phantasien immer auf die stimulierende Funktion von Triebimpulsen zurück. Phantasien ermöglichen eine Lustbefriedigung von Wünschen unabhängig vom „Triebobjekt" (Freud, 1911b). Das Phantasieren setzt voraus, daß ein Kind bereits über Vorstellungsrepräsentanzen verfügen kann, und mit der Sprachentwicklung weitet sich das zunächst noch signalgebundene Phantasieren in der Vorstellungswelt aus und kann auch zurückliegende oder zukünftige Ereignisse umfassen. Entsprechend der psychosexuellen Entwicklung verändern sich auch die hauptsächlichen Phantasien im Laufe der Zeit. Manche Phantasien werden dementsprechend aufgegeben, manche regressiv beibehalten (→ Regression), und einige davon unterliegen der Verdrängung, weil ihre Inhalte angstmachend oder beschämend sind.

Im Gegensatz zur Vorstellung beinhaltet eine Phantasie (als Inhalt) eher eine Szenen- oder Handlungsabfolge, bei der die → Realitätsprüfung mehr oder weniger suspendiert wird. Sie kann – vor allem in der Kindheit – der → Verdrängung unterliegen, wenn die Angst besteht, daß ihre Äußerung → Scham und → Angst auslöst und die Beziehung zu wichtigen Bezugspersonen gefährden könnte. Phantasien können flüchtige Bilder von primärprozeßhafter Qualität (→ Primärvorgang) enthalten, andere Phantasien elaborierte Geschichten mit einer logischen Abfolge aufweisen. Sie können an real Erlebtes anknüpfen oder Elemente davon verwenden. Phantasien können in topischer Hinsicht voll bewußt, vorbewußt, aber auch im dynamischen Sinn unbewußt sein, wenn sie verdrängt werden mußten. Unbewußte Phantasien können vorbewußte und bewußte Abkömmlinge bilden, die sich in harmloseren Vorstellungsbildern, z.B. in Tagträumen, aber auch in der freien Assoziation einer psychoanalytischen Sitzung manifestieren. Trotz dieser Verbindungsmöglichkeit müssen unbewußte Phantasien von bewußten Tagträumen, die prinzipiell verfügbar und kontrollierbar sind, grundsätzlich unterschieden werden (Inderbitzin & Levy, 1990).

Das Phantasieren im Sinne von bewußtem Tagträumen hat mehrere Funktionen: es hilft Lust, Wohlbehagen und das narzißtische Gleichgewicht zu stabilisieren; es hilft bei der Anpassung an die Realität und verschafft dem Phantasierenden auch eine gewisse Unabhängigkeit von dieser; Phantasien lassen sich zur Abwehr bedrohlicher oder beschämender Erfahrungen verwenden; und schließlich sind sie auch eine wichtige Quelle kreativer Handlungen.

Die psychoanalytische Kleinkindforschung hat die bei manchen Theoretikern vorherrschende Auffassung kritisiert, daß bereits Säuglinge Phantasien haben, mit der sie z.B. eine enttäuschende und irritierende Realität in eine tagtraumhaft erlebte Gegenwelt umwandeln können. Es dauert bis zum zweiten Lebensjahr, bis eine evokative Erinnerungsfähigkeit entsteht, mit deren Hilfe dann das Kind frühere, lustvollere und befriedigendere Interaktionserfahrungen aktiv evozieren kann. Statt des Phantasierens existieren beim Kind im ersten Lebensjahr jedoch andere Möglichkeiten des Umgangs mit frustrierender Realität: Das Kleinkind kann sein Gesicht abwenden, schreien, einschlafen oder auf andere Weise an die Mutter appellieren, die unbefriedigende Interaktion zu verändern.

Stolorow und Atwood (1989) betonen im selbstpsychologischen Bezugsrahmen die spezifische Funktion von Phantasien in solchen Interaktionssituationen, in denen wichtige und zentrale affektive Erfahrungen (→ Affekt) keine angemessene Resonanz von seiten wichtiger Bezugspersonen erfahren. Sensomotorische, bildhafte oder sprachlich symbolische Phantasiebilder dramatisieren und reifizieren dann die unbestätigt gebliebene emotionale Erfahrung und vermitteln ein Gefühl von Bedeutung und Realität.

In den letzten Jahren wurden vor allem von Kohut (1971) Größenphantasien als ubiquitäre narzißtische Motivationen des Kindes beschrieben. Vieles spricht aber dafür, daß Größen- und Allmachtsphantasien eher *reaktive* Erscheinungen sind, die – vor allem in extremer Ausprägung – entstehen, wenn das affektive Bedürfnis nach Anerkennung, Bewunderung und kindlichem Bewirkenkönnen und die Freude darüber von den Erwachsenen nicht liebevoll und anerkennend genug bestätigt worden ist.

Neben den Größenphantasien gibt es eine andere Klasse von Phantasien, die als Introjekte bezeichnet worden sind. Ebenfalls als Folge einer mangelhaften Anerkennung macht sich das Kind die Wahrnehmungen und Beurteilungen seiner Eltern in Form eines „bösen" Introjekts (z.B. als ständig kritisierende Stimme) zu eigen. Für Stolorow und Stolorow (1989) dient dieses Introjekt dazu, die Schwierigkeit des Kindes, seine affektive Erfahrung angesichts mangelnder Bestätigung aufrechtzuerhalten, zu dramatisieren. Die Substituierung seiner eigenen Erfahrung durch die Subjektivität seiner Eltern wird aus Angst vor Liebesverlust vorgenommen, führt aber zu einer mehr oder weniger großen Entfremdung von den eigenen, selbständig gemachten Erfahrungen.

Unbewußte Phantasien üben nicht nur Einfluß auf die Symptom- und Charakterentwicklung (→ Charakter) aus (Arlow, 1969; Sandler & Nagera, 1963), sondern aus psychoanalytischer Sicht vollziehen sich jede Wahrnehmung und jede Handlung auf der Folie von Phantasien, selbst wenn das Verhalten den Anschein ausschließlicher Realitätsorientierung und Anpassung an äußere Gegebenheiten nahelegt. Hieraus ergibt sich die eminent wichtige Bedeutung der Phantasie bzw. der Bewußtmachung und → Durcharbeitung von unbewußten Phantasien im analytischen Prozeß (Rizzuto, 1991). Das Ernstnehmen der subjektiven Erfahrungswelt eines Menschen – im Unterschied zum bloß behavioristischen Interesse an seinem Verhalten – ist deshalb eine zentrale Voraussetzung psychoanalytisch orientierter Erkenntnistätigkeit.

Literaturempfehlungen

Abrams, S. (1984). Fantasy and reality in the oedipal phase. A conceptual overview. Psychoanalytic Study of the Child, 39, 83–100.

Arlow, J.A. (1969). Unconscious fantasy and disturbances of conscious experience. Psychoanalytic Quarterly, 38, 1–27.

Beland, H. (1989). Die unbewußte Phantasie. Kontroversen um ein Konzept. Forum der Psychoanalyse, 5, 85–98.

Bittner, G. (1981). Die imaginären Szenarien. In A. Schöpf (Hg.), Phantasie als anthroplogisches Problem (S. 95–113). Würzburg: Königshausen und Neumann.

Blum, H., Kramer, Y., Richards, A.K. & Richards, A.D. (Eds.) (1988). Fantasy, myth, and reality: Essays in honor of Jacob A. Arlow. Madison, Conn.: International Universities Press.

Dowling, S. (1990). Fantasy formation. A child analyst's perspective. Journal of the American Psychoanalytic Association, 38, 93–111.

Hayman, A. (1989). What do we mean by „phantasy"? International Journal of Psycho-Analysis, 70, 105–114.

Inderbitzin, L.B. & Levy, S.T. (1990). Unconscious fantasy – a reconsideration of the concept. Journal of the American Psychoanalytic Association, 38, 113–130.

Laplanche, J. & Pontalis, J.-B. (1992). Urphantasie. Phantasien über den Ursprung, Ursprünge der Phantasie. Frankfurt/M.: Fischer.

Noy, P. (1986). Von der Phantasie zur Realität. Von Selbstbezogenheit zur Realitätsorientierung. Jahrbuch der Psychoanalyse, 19, 109–141.

Ogden, T. (1986). Trieb, Fantasie und psychologische Tiefenstruktur. Eine Reinterpretation einiger Aspekte des Werkes von Melanie Klein. Forum der Psychoanalyse, 2, 177–196.

Rizutto, A.-M. (1991). Shame in psychoanalysis: The function of unconscious fantasies. International Journal of Psycho-Analysis, 72, 297–312.

Sandler, J. (1976). Träume, unbewußte Phantasien und „Wahrnehmungsidentität". Psyche, 30, 769–785.

Sandler, J. & Nagera, H. (1963). Aspects of the metapsychology of fantasy. Psychoanalytic Study of the Child, 18, 159–194.

Sandler, J. & Sandler, A.-M. (1983). The second censorship, the „three-box model" and some technical implications. International Journal of Psycho-Analysis, 64, 413–433.

Schafer, R. (1968). Aspects of internalization. New York: International Universities Press.

Schöpf, A. (1981). Symbolisierungsfähige und nichtsymbolisierungsfähige Phantasie. In ders. (Hg.), Phantasie als anthropologisches Problem (S. 125–146). Würzburg: Königshausen und Neumann.

Shane, M. & Shane, E. (1990). Unconscious fantasy. Developmental and self-psychological considerations. Journal of the American Psychoanalytic Association, 38, 75–92.

Stolorow, R.D. & Atwood G.E. (1989). The unconscious and unconscious fantasy: An intersubjective-developmental perspective. Psychoanalytic Inquiry, 9, 364–374.

Primärvorgang/Sekundärvorgang – primary process/secondary process

Das von Freud (1895d, 1900a) bereits sehr früh entwickelte Konzept zweier unterschiedlicher Funktionsweisen, des Primär- und Sekundärvorganges, ist nach Ansicht verschiedener psychoanalytischer Forscher mindestens ebenso bedeutsam wie Freuds Erforschung des → Unbewußten. Diese unterschiedlichen Modi, die nach Freud in ihrer Benennung eine zeitliche Abfolge implizieren, finden sich im Denken, Wahrnehmen, Kommunizieren und in anderen → Ich-Funktionen. Der Primärvorgang zeichnet sich nach Freud durch archaische, primitive, chaotische, unstrukturierte Vorgänge aus, in denen weder Kausalität noch Realitätsorientiertheit eine Rolle spielen, und der im Wachleben allmählich vom Sekundärvorgang, mit einem eindeutigen Schwerpunkt auf dem logisch-diskursiven Denken, abgelöst wird.

Viele Jahre blieb die Ansicht vorherrschend, daß psychische Vorgänge, die primärprozeßhaft organisiert sind, chaotisch und unstrukturiert seien und ohne Rücksicht auf die Realität nach Triebentladung und Wunscherfüllung streben. Diese Ansicht begann sich ab den 50er Jahren allmählich zu verändern (Ehrenzweig, 1953; Holt, 1967; Moses, 1968). Vor allem Noy (1969, 1979) hat überzeugende Argumente für eine Revision der klassischen Sichtweise ausgearbeitet. Dieser Autor hat die Hypothesen aufgestellt, daß *jede* kognitive Funktion *auch* beim Erwachsenen nach diesen beiden Organisationsmodi operiert, daß diese Funktionsweisen sich *entwickeln* und sich hinsichtlich ihres optimalen Ausprägungsgrades unterscheiden lassen und daß ein gut entwickeltes kognitives Funktionieren eine Balance zwischen den beiden Modi erforderlich macht.

Während die Funktion des Sekundärprozesses darin besteht, Wahrnehmen, Denken und Handeln gemäß den Erfordernissen der Realität zu organisieren, ist die primärprozeßhafte Organisation für die Regulierung, Aufrechterhaltung und Entwicklung des Selbsterlebens (→ Selbstempfinden) zuständig: Für die Assimilation neuer Erfahrung in das Selbstsystem, für die Akkommodation des Selbst an die sich verändernden Erfahrungen und an die komplexer werdenden Realitäts erfordernisse, für die Integration des Selbst mit dem Ziel, die Kohäsion (→ Selbstkohäsion), Identität und Kontinuität aufrechtzuerhalten.

Nach Freud durchläuft der Primärvorgang keinerlei Entwicklung; seine archaischen Tendenzen, wie z.B. Bedürfnisbefriedigung auf dem schnellstmöglichen Weg, bleiben ein ganzes Leben lang in unveränderter Form bestehen. Anknüpfend an Holts (1967) Idee, der die Entwicklung des Primärprozesses in den ersten zwei Lebensjahren parallel zu der von Piaget beschriebenen Entwicklung der sensumotorischen Intelligenz sieht (aber noch von der Prämisse ausgeht, daß dann das sekundärprozeßhafte Denken das frühere primärprozeßhafte Denken überformt und nur das erstere sich weiterentwickelt), konzeptualisiert Noy (1969, 1979) folgende Betrachtungsweise: Auch der primärprozeßhafte Modus entwickelt sich entsprechend den kognitiven Voraussetzungen und Möglichkeiten und entsprechend den Selbstregulationsbedürfnissen weiter, die sich anhand des immer komplexer und differenzierter werdenden Selbstverständnisses eines Menschen ergeben. Läßt sich die Entwicklung des Sekundärprozesses beispielsweise mit Hilfe von Intelligenztests feststellen, so ist dies bei den Operationen des Primärprozesses schwieriger, weil sie sich weniger im offenen Verhalten zeigen, sondern sich überwiegend in der symbolischen Welt eines Individuums abspielen. Anhand von fünf typischen kognitiven Funktionen, der Kategorisierung, der erinnernden Vorstellung, der Selbstvorstellung und Realitätsvorstellung sowie dem kausalen Schlußfolgern demonstriert Noy die Fruchtbarkeit seiner Konzeption.

Das Erlernen der sekundärprozeßhaft organisierten, sprachlichen Zeichen erfordert beispielsweise ein Absehenkönnen von den Bedeutungen, die diese Zeichen in der primärprozeßhaften Welt eines Kindes aufweisen; gleichwohl bleibt auch die Sprache eines Erwachsenen immer an das Klangbild, die Intonation, den Rhythmus und andere nonverbale Vorgänge gebunden, die sich lange vor dem eigentlichen Spracherwerb im frühen Mutter-Kind-Dialog abgespielt haben. Oder: während „Milch" im primärprozeßhaften Modus als weiße Flüssigkeit mit Qualitäten von Wärme und Wohligkeit, Linderung von Hunger und Spannungen, lustvoller oraler Erotik kategorisiert wird, lernt das Kind einige Zeit später, daß Milch zur Kategorie der Flüssigkeiten gehört, sich von anderen weißen Flüssigkeiten unterscheidet, in einem Lebensmittelgeschäft gekauft werden kann usf. Beide Organisationsmodi bleiben aber im Erleben erhalten, sowohl die subjektive Bedeutung, die Milch für das Selbsterleben eines Menschen aufweist, als auch die objektive Bedeutung von Milch; und ebenso einsichtig ist, daß sich sowohl die primär- als auch die sekundärprozeßhafte Kategorisierung im Verlauf des Lebens weiterentwickeln.

Der bei schizophrenen Patienten antreffbare überwertige Gebrauch primärprozeßhafter Modi läßt ebenso wie das Überwiegen sekundärprozeßhafter Organisationsmodi beim „schizoid-zwanghaften" oder psychosomatischen Patienten erkennen, wie wichtig eine ausgewogene Balance zwischen diesen beiden Modi bleibt.

Leichsenring und Hiller (1990) fanden bei → Borderline-Patienten ein starkes Ausmaß an primärprozeßhaftem Denken bei einem gleichzeitigen Mangel an sekundärprozeßhaftem Denken. Aus diesem Grund erscheinen auch die Vorgehensweise der freien Assoziation und das klassische Setting bei diesen Patienten nicht indiziert, weil die starke Reduzierung realitätsbezogener Kommunikationsregeln das ohnehin schon gestörte Gleichgewicht von Primär- und Sekundärprozeß weiterhin labilisieren würde.

Noys Konzeptualisierung hat sich im üblichen psychoanalytischen Denken noch nicht so recht durchgesetzt. So postuliert Basch-Kahre (1985) z.B. – ohne auf die Ausführungen von Noy (1979) einzugehen –, daß das sekundärprozeßhafte Denken als ein Ergebnis der Integration von operationalem Denken, emotionalem und sensomotorischem und primärprozeßhaftem Denken betrachtet werden kann. Obwohl Psychoanalytiker herkömmlicherweise davon ausgehen, daß das sekundärprozeßhafte Denken den hauptsächlichen Denkmodus der nicht psychotischen Erwachsenen darstellt, ist Basch-Kahre (1985) davon überzeugt, daß die meisten Erwachsenen Denkmuster benützen, die nur gelegentlich sekundärprozeßhaft organisiert sind und ansonsten meist die anderen Modi gebrauchen.

Literaturempfehlungen

Basch-Kahre, E. (1985). Patterns of thinking. International Journal of Psycho-Analysis, 66, 455–470.

Fast, I. (1985). Event theory: A Piaget – Freud integration. Hilllsdale, NJ: Erlbaum.

Holt, R.R. (1967). The development of the primary process. In ders. (Ed.), Motives and thoughts. Psychological Issues 18/19 (pp. 344–383). New York: International Universities Press.

Klein, G.S. (1970). On inhibition, disinhibition and „primary process" in thinking. In ders., Perception, motives, and personality (pp. 281–296). New York: Knopf.

Leichsenring, F. & Hiller, W. (1990). Primär- und sekundärprozeßhaftes Denken bei Normalen, Neurotikern und Borderline-Patienten. Zeitschrift für Psychosomatische Medizin und Psychoanalyse, 36, 62–78.
Liebsch, B. (1986). Zum Verhältnis von Psychoanalyse und Genfer Konstruktivismus: Primärprozeß, Sekundärprozeß und kognitive Struktur. Psyche, 40, 220–247.
Noy, P. (1969). A revision of the psychoanalytic theory of the primary process. International Journal of Psycho-Analysis, 50, 155–178.
Noy, P. (1979). The psychoanalytic theory of cognitive development. Psychoanalytic Study of the Child, 34, 169–215.

Projektion – projection

Bei der Projektion werden einem Gegenüber eigene Affekte und Impulse unbewußt zugeschrieben. Objektbeziehungstheoretisch betrachtet, werden Anteile des eigenen Selbst in einer bestimmten, mit Affekten und Wünschen einhergehenden Interaktion mit einem anderen Objekt, einem Gegenüber, unterstellt, wobei der Betreffende felsenfest davon überzeugt ist, daß sein Interaktionspartner genau so ist, wie er ihn wahrnimmt. Die Projektion dient der Vermeidung von → Angst und der Aufrechterhaltung eines mit dem eigenen Selbstverständnis kompatiblen Bildes von sich selbst: nicht man selbst hat z.B. ausbeuterische und manipulierende Züge und Absichten, sondern der Partner, das andere Geschlecht, das Unternehmen, die Gesellschaft usf.

Projektionen können nicht nur zu andauernden → Konflikten in Beziehungen führen, sondern auch – je gestörter die → Realitätsprüfung ist – zu schweren wahnhaften Beeinträchtigungen.

Allerdings erfordert die Projektion entwicklungspsychologisch betrachtet ein höheres Strukturniveau; nach Kernberg (1989) ist z.B. die Fähigkeit, zwischen Selbst- und Objektrepräsentanzen differenzieren und → Ambivalenz ertragen zu können, Voraussetzung für den Abwehrvorgang der Projektion. Unterstützt die Projektion zunächst noch die → Verdrängung und dient deshalb auch der Anpassung, so schwächt ein länger anhaltender Gebrauch von Projektion die Realitätsprüfung und führt von daher auch zu negativen Konsequenzen für die Orientierung in der äußeren Welt.

Vom Abwehrmechanismus der Projektion ist die Externalisierung zu unterscheiden: jedermann kennt diese, wenn er z.B. vorübergehend einen anderen

Menschen für sein momentanes Mißgeschick verantwortlich macht, dabei aber mehr oder weniger oder auch recht bald weiß oder zu ahnen beginnt, daß dies der Entlastung seines Selbstwertgefühls dient. Kinder machen hiervon reichlich Gebrauch. Die Externalisierung bezieht sich auch in der Regel auf Schuldgefühle (→ Schuld); einem Kind fällt es bei unlustvollen Ereignissen zumeist schwer, für diese die Verantwortung zu übernehmen, während es sich bei den lustvollen Ereignissen gerne als intentionaler Akteur fühlt. Wenn der andere Schuld hat, kann man sich auch versuchsweise mit dessen Erleben probeidentifizieren (→ Identifizierung) und den Umgang mit Schuld antizipieren. Anders hingegen verhält es sich bei der Projektion: Hier geht es nicht um eine Reaktion auf ein ärgerliches Ereignis und um die Ablehnung von Verantwortung, sondern um die Abwehr eines inneren Triebimpulses oder → Affekts, dessen Zuordnung zum eigenen Selbst massive Angst und → Scham heraufbeschwören würde.

Der zunächst unumgängliche projektive Anteil an der Fremdwahrnehmung – vor allem zu Beginn einer Beziehung oder bei noch nicht allzu großer Vertrautheit – weicht normalerweise einer schrittweisen Zurücknahme der Projektionen, die auch als Vorausurteile bezeichnet werden können; eine Persistenz von Vorausurteilen führt hingegen zu deren Verfestigung und damit zu Vorurteilen, die als Aufhänger für Projektionen herhalten müssen.

Literaturempfehlungen

Ehlers, W. (1983). Abwehrmechanismen: Definition und Beispiele. Praxis der Psychotherapie und Psychosomatik, 28, 55–66.

Jaffe, D.S. (1968). The mechanism of projection: Its dual role in object relations. International Journal of Psycho-Analysis, 49, 662–677.

Juni, S. (1979). Theoretical foundations of projection as a defence mechanism. International Review of Psycho-Analysis, 6, 115–130.

Kernberg, O.F. (1989). Projektion und projektive Identifizierung. Entwicklungspsychologische und klinische Aspekte. Forum der Psychoanalyse, 5, 267–283.

Novick, J. & Kelly, K. (1970). Projection and externalization. Psychoanalytic Study of the Child, 25, 69–95.

Ornston, D. (1978). On projection. A study of Freud's usage. Psychoanalytic Study of the Child, 33, 117–166.

Projektive Identifizierung – projective identification

In den letzten Jahren wurde das von M. Klein (1946) in Zusammenhang mit der → paranoid-schizoiden Position eingeführte Konzept der projektiven Identifizierung, das lange Zeit ein Schattendasein unter den psychoanalytischen Abwehrmechanismen gefristet hatte, binnen kurzer Zeit zu einer ganz wesentlichen Verstehenshilfe vor allem für den Umgang mit schwerer gestörten Patienten. Bis auf einige wenige Autoren, die dieses Konzept für entbehrlich halten, hat sich somit das Verständnis für die Bedeutung der projektiven Identifizierung auf breiter Front – und nicht nur bei kleinianisch orientierten Autoren – durchgesetzt (z.b. Ermann, 1988; Hamilton, 1986, 1990; Hinz, 1989; Kernberg, 1991; Ogden, 1979, 1986b; Sandler, 1988). Gleichwohl blieb es nicht aus, daß die supponierten Bestandteile der projektiven Identifizierung einer kritischen Betrachtung unterzogen und alternative Erklärungen für den ohne Zweifel in der klinischen Praxis antreffbaren Vorgang vorgestellt wurden (Porder, 1987).

Der in der Formulierung von Klein zunächst noch rätselhaft anmutende Vorgang gewann durch Elaboration von seiten Grinbergs (1962, 1979) und Bion (1957, 1962) an konzeptueller Klarheit. Entsprechend dem von Ogden (1979) und Zwiebel (1988) aufgestellten Phasen-Modell läßt sich die erste Phase der Projektion noch ausschließlich intrapsychisch verstehen; z.B. werden das eigene Selbst bedrohende Selbstaspekte in der Repräsentanzenwelt den Objektrepräsentanzen zugeschlagen.

In der Induktionsphase, die sich an die Projektion anschließt, kommt es zu einer interaktionellen Einflußnahme: Der Projizierende möchte unbedingt erreichen, daß sich sein Gegenüber genauso verhält, wie es der Projektion entspricht. Zu diesem Zweck muß er einen verhaltensmäßigen und interaktionellen Druck auf ihn ausüben. Von den eigenen, unerträglichen Selbstaspekten z.B. eines sadistischen, manipulierenden und überbeanspruchenden Introjekts befreit, wird der andere – häufig auf nonverbale Weise – dazu gedrängt, sich sadistisch und manipulierend zu verhalten; so kann man sich selber nicht nur einigermaßen akzeptieren, sondern die „bösen" Anteile auch im Gegenüber kontrollieren und sich in der Illusion wiegen, mit diesem auf ganz besondere Weise verbunden zu sein.

In der Introjektions- oder Identifizierungsphase erlebt sich der Analytiker entsprechend den ihm angesonnenen Erwartungen. Grinberg (1979) beschrieb hierbei mit dem Konzept der „projektiven Gegenidentifikation" das Versagen, sich von den induzierten Erwartungen wieder lösen zu können; der Analytiker erlebt sich dann tatsächlich als sadistisch und manipulierend und handelt auch entsprechend, ohne den Vorgang der projektiven Identifizierung erkannt zu haben (wobei dieses Gegenübertragungsagieren, z.B. in Form einer Reaktionsbildung, auch als übermäßig freundliche Zuwendung geschehen kann).

183

Im positiven Fall gelingt es dem Analytiker jedoch, sich von den in ihm induzierten Affekten schrittweise zu distanzieren, nicht jedoch ohne die Affekte zunächst einmal in sich aufgenommen zu haben und als → Container für den Patienten zu fungieren. In dieser Phase des metaphorisch als Metabolisierung und Entgiftung bezeichneten Vorganges sind vor allem die Kompetenzen der Affekttoleranz und → Affektregulierung des Analytikers gefordert. In einer letzten Phase kommt es schließlich zu einer Reinternalisierung der vom Analytiker „entgifteten" und umgewandelten Selbst- und Beziehungsaspekte beim Patienten.

Die Induktionsvorgänge und die Fähigkeit des Analytikers, als Container zu fungieren, lassen sich noch besser verstehen, wenn man sich verdeutlicht, daß M. Klein von der Existenz angeborener → Phantasien beim kleinen Kind ausging. Brustwarze und Mund, Penis und Vagina beinhalten gleichsam vor aller Erfahrung ein körperliches Wissen über Behälter und etwas darin Enthaltenes. Jede Triebregung impliziert also schon von Beginn des Lebens an einen Bezug zu einem Objekt, wenngleich auch noch auf einer sehr archaisch-körperlichen Ebene. Diese Überlegungen sind auch dazu geeignet, aus entwicklungspsychologischer Sicht den kommunikativen Aspekt der projektiven Identifizierung zu verdeutlichen. Wenn der verzweifelt schreiende Säugling z.B. heftige Affekte und Phantasien in seiner Mutter auslöst, und wenn diese sich ihm als Container zur Verfügung stellt, gelingt eine existentiell überaus wichtige Kommunikation: die Modulation der unerträglichen Affektspannungen im Erleben der Mutter, ihr Begreifen der auf den ersten Blick sinn-losen Affekte schafft den Boden für ein Verstehen ihres Kindes. „In liebevollem, geduldigem Umgang vermittelt sie ihm das Gefühl, daß seine zunächst namenlose Qual in ihr geborgen und verstanden worden ist, so daß sie dann besser ausgehalten und toleriert werden kann" (Cycon, 1991, S. 167).

Porder (1991) hat eine andere Erklärung vorgeschlagen, als daß bei der projektiven Identifizierung „etwas im Analytiker induziert werde" und „daß dieser als ,Container' für die projizierten Affekte dienen solle". Die Induktionsphase entspricht demnach einer Eltern-Übertragung; gleichzeitig identifiziert sich der Patient mit dem (elterlichen) Aggressor im Analytiker und läßt diesen spüren, wie sadistisch er sich gegenüber dem Patienten verhält. → Identifikation mit dem Aggressor und eine Wendung vom Passiven ins Aktive auf seiten des Patienten führen dazu, daß der Analytiker sich so fühlt, wie es dem Patienten als Kind erging. Im Unterschied zu den Kleinianern und zu Kernberg glaubt Porder (1991) nicht, daß es sich bei der projektiven Identifizierung um einen frühen „primitiven" Abwehrvorgang handelt; vielmehr sieht er sie als eine „Methode der Wendung vom Passiven ins Aktive und als Kompromißbildung an, die die überwältigenden → Konflikte zwischen Eltern und Kind während aller Phasen der psychosexuellen Entwicklung zu modifizieren versucht" (S. 200).

Literaturempfehlungen

Carpy, D.V. (1989). Tolerating the countertransference: A mutative process. International Journal of Psycho-Analysis, 70, 287–294.

Cycon, R. (1991). Über die Bedeutung und Wirkung projektiv-identifikatorischer Prozesse. Zeitschrift für psychoanalytische Theorie und Praxis, 4, 161–174.

Ermann, M. (1988). Idealisieren wir die projektive Identifizierung? Kommentar zu T.H. Ogden: „Die projektive Identifikation". Forum der Psychoanalyse, 4, 76–79.

Grinberg, L. (1979). Projective counteridentification and countertransference. In L. Epstein & A.H. Feiner (Eds.), Countertransference (pp. 169–191). New York: Jason Aronson.

Hamilton, N.G. (1986). Positive projective identification. International Journal of Psycho-Analysis, 67, 489–496.

Hamilton, N.G. (1990). The containing function and the analyst's projective identification. International Journal of Psycho-Analysis, 71, 445–453.

Hinz, H. (1989). Projektive Identifizierung und psychoanalytischer Dialog. Psyche, 43, 609–631.

Kernberg, O.F. (1989). Projektion und projektive Identifizierung. Entwicklungspsychologische und klinische Aspekte. Forum der Psychoanalyse, 5, 267–283.

Morrison, A.P. (1986). On projective identification in couples' groups. International Journal of Group Psychotherapy, 36, 55–73.

Ogden, T.H. (1982). Projective identification and psychotherapeutic technique. New York: Jason Aronson.

Ogden, T.H. (1988). Die projektive Identifikation. Forum der Psychoanalyse, 4, 1–21.

Porder, M.S. (1987). Projective identification: An alternative hypothesis. Psychoanalytic Quarterly, 55, 244–272 (dt.: Projektive Identifikation: Eine Alternativ-Hypothese. Forum der Psychoanalyse 7 (1991), 189–201).

Pick, I.B. (1985). Working through in the countertransference. International Journal of Psycho-Analysis, 66, 157–166.

Sadler, G. & Rhine, M.W. (1988). The selfobject function of projective identification. Bulletin of the Menninger Clinic, 52, 473–491.

Sandler, J. (1988). Das Konzept der projektiven Identifizierung. Zeitschrift für psychoanalytische Theorie und Praxis, 3, 147–164.

Zwiebel, R. (1988). Einige Bemerkungen über die Rolle der projektiven Identifizierung in der analytischen Beziehung. In P. Kutter, R. Páramo-Ortega und P. Zagermann (Hg.), Die psychoanalytische Haltung. Auf der Suche nach dem Selbstbild der Psychoanalyse (S. 259–277). München: Verlag Internationale Psychoanalyse.

Rationalisierung – rationalization

Obwohl die Rationalisierung eine deutliche Abwehrfunktion hat, wird sie nicht zu den klassischen zehn Abwehrmechanismen gerechnet. Liegt dies daran, daß die Rationalisierung nicht von Freud selbst, sondern von Jones (1908) in den psychoanalytischen Sprachgebrauch eingeführt wurde? Oder eher daran, daß sie eine nachträgliche Scheinbegründung von Fehlleistungen, Symptomen und den Ergebnissen von Abwehrmechanismen darstellt?

Wenngleich sehr häufig, ist die Rechtfertigung einer bestimmten Handlung mit Pseudobegründungen nicht immer leicht auf den ersten Blick als Rationalisierung erkennbar; es gibt Gründe, die einen mehr oder weniger großen Grad an Plausibilität aufweisen. Wenn jemand z.B. den Kauf eines PS-starken Autos mit der Begründung rechtfertigt, daß man schnell beschleunigen können müsse, weil dann das Überholen weniger gefährlich sei, so läßt sich das Ausmaß der Scheinbegründung nur feststellen, wenn man den Betreffenden sehr genau kennt und seinen Umgang mit geltungsstrebigen, phallisch narzißtischen, aggressiven Strebungen einschätzen kann.

Rationalisierungen sind zumeist eingebettet in soziokulturelle, moralische, religiöse und weltanschauliche Idealbildungen und Ideologien, so daß der Grad der Selbsttäuschung auch durch kollektive Meinungen und Wertsysteme („Aus Verantwortung für die Umwelt bauen wir keine Autos, die schneller als 250 km/h fahren") abgesichert sein kann.

Laplanche und Pontalis (1972) vergleichen die Rationalisierung mit der → sekundären Bearbeitung eines Traums. Wie diese den ansonsten unverständlichen Traum dem Träumer logisch annehmbar macht, so stellt auch die Rationalisierung eine Glättung der Lücken und Brüche im individuellen Begründungszusammenhang dar, die auf unbewußte Handlungsmotive zurückgehen. Da sie nicht direkt gegen die Triebbefriedigung gerichtet ist, „sondern eher sekundär die verschiedenen Elemente des Abwehrkonflikts verschleiert" (Laplanche & Pontalis, 1972, S. 419), wird es auch deutlich, daß sie keinen Abwehrmechanismus im engeren Sinn darstellt.

Ein großer Teil der herkömmlichen psychoanalytischen Therapieauffassung verstand sich als Aufdeckung und Dechiffrierung von Scheinbegründungen eines Analysanden, die diesem selbst nicht bewußt sind und mit denen er sich selbst und andere täuscht. Hierin hat die Freudsche Psychoanalyse vieles mit der Entlarvungspsychologie Friedrich Nietzsches und mit Ideologiekritik gemeinsam. Die tiefenhermeneutische Methode der Psychoanalyse benützt als einen Anhaltspunkt für die Rekonstruktion der tatsächlichen, dem Selbstverständnis eines Analysanden aber noch verborgenen Handlungsgründe das szenische Erleben des Analytikers, dem sich in der Übertragungs-Gegenübertragungs-Interaktion unmißverständlich affektiv und triebmäßig getönte Handlungs(hinter)gründe mitteilen. Eine anschauliche und differenzierte Explikation der Begründungen von Handlungen und der darin enthaltenen Selbsttäuschungsmöglichkeiten hat Körner (1985) für den therapeutischen Prozeß ausgearbeitet. Sackeim (1983) konnte den nicht gerade ermutigenden Nachweis führen, daß Wahrhaftigkeit i.S. von geringer Selbsttäuschung mit Depressivität (→ Depression) positiv korreliert.

Literaturempfehlungen

Körner, J. (1985). Vom Erklären zum Verstehen in der Psychoanalyse. Untersuchungen zur psychoanalytischen Methode. Göttingen: Verlag für Medizinische Psychologie.
Sackeim, (1983) Self-deception. In J. Masling (Ed.), Empirical studies of psychoanalytic theories, vol. 1 (pp. 101–157). Hillsdale, NJ: Analytic Press.

Realitätsprüfung – reality testing

Als Kriterium für die Indikation einer psychoanalytischen Therapie gilt seit jeher eine gut entwickelte Realitätsprüfung. Bei einer stark eingeschränkten Realitätsprüfung, wie sie mit einer psychotischen oder Borderline-Störung (→ Borderline) einhergehen kann, entwickelt sich auch nur selten der Wunsch nach psychoanalytischer Behandlung. Obwohl eine einigermaßen intakte Realitätsprüfung somit Voraussetzung für die Indikation einer nicht modifizierten Psychoanalyse darstellt, ist dennoch die Verbesserung der Realitätsprüfung ein anerkanntes therapeutisches Ziel der Psychoanalyse.

Im psychoanalytischen Alltagsjargon spricht man von gestörter Realitätsprüfung, wenn jemand stark projiziert (→ Projektion), paranoid reagiert oder gar wahnhaft die Wirklichkeit verkennt.

Hurvich (1972, S. 863f.) nennt die folgenden Dimensionen der Realitätsprüfung: die Unterscheidung zwischen Vorstellungen und Wahrnehmungen; die Genauigkeit der Wahrnehmung; die innere Realitätsprüfung; die äußere Realität.

Die Realitätsprüfung im Bereich der *Unterscheidungsfähigkeit zwischen Vorstellungen und Wahrnehmungen* kann z.B. durch unbewußte → Phantasien und Wünsche oder durch → Über-Ich-Impulse (z.B. eine nicht gerechtfertigte Erwartung von Beschämung oder Strafe) gestört sein. Die psychoanalytische Annahme der ubiquitären Existenz unbewußter Phantasien verweist auf die – mehr oder minder große – Verzerrungsmöglichkeit der Realitätsprüfung.

Die viele Jahre in der entwicklungspsychologischen Literatur dominierende These von der Fusion von Selbst und Nicht-Selbst, dem Vorherrschen projektiver und introjektiver Vorgänge bei der Realitätswahrnehmung, vor allem im ersten und auch noch im zweiten Lebensjahr, erfuhr durch die Säuglingsbeobachter eine entscheidende Korrektur. Fehlwahrnehmungen dieser Art – die vor allem als pathologische Phänomene beim älteren Kind und beim Erwachsenen als Symptome auffallen – entstehen vermutlich als defensive Phantasien erst ab dem zweiten Lebensjahr. Die Realitätswahrnehmung des Kleinkindes ist hingegen auf eine erstaunliche Weise wirklichkeitsgetreu, und die halluzinatorische Wunscherfüllung des Säuglings eher eine adultomorphe (und phantastische) Konstruktion bisheriger psychoanalytischer Theoretiker. Auch die klassische These, daß die Realität als der halluzinatorischen Wunschwelt Entgegengesetztes nur deshalb quasi widerwillig vom kleinen, in seinen narzißtischen Kokon eingesponnenen Kind zur Kenntnis genommen wird, weil unvermeidbare Versagungen es dazu zwingen, erfuhr in den letzten 20 Jahren eine drastische Korrektur: Die Realität wird wahrgenommen und die Realitätsprüfung entwickelt sich, weil das Kind die Fähigkeit besitzt, die Realität auf eine erstaunlich differenzierte Art und Weise wahrzunehmen, und weil Affekte und Ich-Funktionen – wie Interesse, Neugierde und die Lust, etwas bewirken zu können – hierbei eine lustvolle Befriedigung erfahren.

Bezüglich der Dimension *Genauigkeit der Wahrnehmung* ist wiederum der Einfluß von unbewußten Phantasien bedeutsam, die als bewußte Vorurteile, vorgefaßte Meinungen, politische, religiöse, weltanschauliche Ideologien, Wahrnehmungstendenzen und Halo-Effekte in Erscheinung treten können und oft über Generationen hinweg unbewußte Wünsche, Ängste und Affekte (wie z.B. Neid) transportieren.

Bei der vor allem von Hartmann (1971) erörterten *inneren Realitätsprüfung* geht es um das Gewahrwerden innerer Konflikte. Entstellungen der inneren Realität werden von ihm als Selbsttäuschungen bezeichnet; die Einschränkung der inneren Realitätsprüfung bringt einen Rückzug von der → Einsicht mit sich; ein Mensch mit mangelhafter innerer Realitätsprüfung wirkt auf andere wenig selbstreflektiert, selbstgerecht, phantasielos und konfliktunfähig. Ein wichtiger Aspekt der inneren Realitätsprüfung ist nach Hartmann auch die Wertprüfung: der idealistische Rigorismus z.B. adoleszenter moralischer Bewertungen (→ Adoleszenz) weicht erst allmählich realitätsadäquateren moralischen Urteilen.

Das Konzept der Realitätsprüfung hängt auf das engste mit dem Realitätsbegriff zusammen, der naturgemäß Gegenstand der Philosophie ist, aber auch Psychoanalytiker beschäftigt hat. Wenngleich die Psychoanalyse die äußere Realität trotz Fokussierung auf die psychische Realität niemals vernachlässigte – in der Rede vom „Triebschicksal" und in den verschiedenen Varianten der Objektbeziehungstheorien wird sie ausdrücklich berücksichtigt –, so hat sie doch eher selten äußere Realität unter soziohistorischen, -kulturellen und -ökonomischen Gesichtspunkten in ihre entwicklungspsychologischen und klinischen Überlegungen systematisch mit einbezogen. Das hat ihr nicht zu Unrecht den Vorwurf eingebracht, das kulturtheoretische Anliegen Freuds zu vernachlässigen (z.B. Bauriedl, 1986, 1988; Lohmann, 1984).

Auch Parin (1975, 1989) hat seinen Kollegen vorgehalten, daß psychoanalytische Interventionen letztlich nur dann wirkungsvoll sind, wenn sie gesellschaftskritische Überlegungen in den Deutungsprozeß mit einbeziehen. Ansonsten kann z.B. eine unkritische Anpassung an „die" Realität, die aber die Realität einer bestimmten, tonangebenden Gruppe einschließlich deren Ideologien ist, zu einer Pseudoheilung führen; aus diesem Grund sollte auch der sozialkonforme Anpassungskompromiß einer Realitätsprüfung unterzogen werden, die umso schwieriger wird, je mehr Analytiker und Analysand der gleichen sozialen Schicht entstammen, die für die narzißtisch besetzten Privilegien und sadistischen Ausbeutungsstrategien nahezu blind machen kann.

Von einer geisteswissenschaftlichen Perspektive ausgehend, hat Schafer (1972a,b) die spezifische Realitätsauffassung der Psychoanalyse als eine komplexe Mischung der komischen, romantischen, tragischen und ironischen Werthaltungen bestimmt. Während die *komische* Anschauung von einer unerschütterlichen Zuversichtlichkeit ist, ihr z.B. kein Leiden so schwer erscheint, daß es nicht gelindert werden könnte, und die Verhinderung des Fortschritts einzig durch äußere (gesellschaftliche) Mächte erfolgt, und während die *romantische* Anschauung die Idealisierung des Natürlichen, des Individuellen, Unverwechselbaren und die idealisierende und narzißtische Suche nach Identität beinhaltet, äußert sich die *tragische* Anschauung der Realität „in einer ausgeprägten Empfänglichkeit für die großen Dilemmata, Paradoxa, Mehrdeutigkeiten und Ungewißheiten, die menschliches Handeln und subjektives Erleben durchdringen. Sie manifestiert sich in Wachsamkeit gegenüber den unausweichlichen Gefahren, Schrecknissen, Geheimnissen und Absurditäten des Daseins" (S. 895). Vergangenheit kann nicht ungeschehen gemacht werden: „Eine tatsächlich kalte Mutter, ein grausamer oder verführerischer Vater, ein totes Geschwister, die Folgen einer beherrschenden verdrängten Phantasie, Jahre einer verkümmerten Entwicklung und emotionalen Rückzugs und so fort können durch Analyse nicht ausgelöscht werden, wenn auch die hemmenden und quälenden Wirkungen weitgehend abgeschwächt werden können" (S. 898). Lernen und Veränderung bringen Leiden mit sich, und Entwicklung ist nicht möglich ohne Not und Enttäuschung. Auch „das Ende der Analyse verbindet Erfüllung mit Entbehrung" (S. 961). Die tragische Anschauung wirkt omnipotenten Phantasien sowohl beim Analytiker wie beim Analysanden entgegen: „Beide sind Menschen, keiner von beiden ist omnipotent, Verwundungen des infantilen Narzißmus müssen ertragen werden, und die besten analytischen Indikationen, Absichten und Interventionen mögen sich nicht bis zu dem Grad oder in der Form auszahlen, wie man erwartet hat" (S. 962).

Auch die *ironische* Anschauung ist auf Krisen und Widersprüchlichkeiten ausgerichtet, aber im Unterschied zur tragischen Sichtweise nimmt sie eine Distanz dazu ein, sucht zu jeder These eine Antithese, hinterfragt die Wichtigkeit allen Tuns und neigt zur „aktiven Resignation". Diese Perspektive führt in der analytischen Arbeit dazu, hinderliche Residuen kindlicher Allmacht, Egozentrizität und manischer Abwehr zu relativieren, indem man sie einer Realitätsprüfung unterzieht. Im Unterschied z.B. zu der „Don't worry be happy-Perspektive" humanistischer Therapieschulen oder zu der „Haltet-den-Dieb-Einstellung" mancher sozialkritischer Theorierichtungen ist psychoanalytisches Denken und Tun stark durch tragische und ironische Realitätsanschauungen bestimmt. Die Psychoanalyse bevorzugt „Werte, die die Erkenntnis der Tiefen der inneren Welt, der Komplexität, der Mehrdeutigkeit, des Konfliktes, der Ubiquität des Dämonischen und des Leidens, der ständigen wechselseitigen Durchdringung von Sieg und Niederlage und das hartnäckige In-Frage-Stellen des Absoluten und ähnliches fördern" (S. 969).

Es hat nicht an Versuchen überwiegend ichpsychologisch eingestellter Forscher gefehlt, Skalen und Meßinstrumente zu entwickeln, um die einzelnen Dimensionen der Realitätsprüfung präziser zu bestimmen, doch die Arbeiten hierzu sind eher spärlich (z.B. Hurvich & Bellak, 1968; Bellak & Hurvich, 1969). In einer Arbeit neueren Datums fanden Kantrowitz et al. (1987) bei der empirischen Überprüfung, ob eine psychoanalytische Therapie bei überwiegend neurotischen Patienten zu einer Verbesserung der Realitätsprüfung führt, ein eindeutig signifikantes Ergebnis aufgrund von Tests vor und nach der analytischen Behandlung. Die Autoren verstanden die Realitätsprüfung als Übereinstimmung der Wahrnehmung und des Denkens mit der Realität, wie sie in einer konsensuellen Validierung definiert werden kann. Nur mit Hilfe der angewendeten Tests (wie z.B. Rorschach) konnten allerdings diese Unterschiede überhaupt eruiert werden; die eher globalen Einschätzungen der Analytiker erreichten kein statistisch signifikantes Niveau.

Literaturempfehlungen

Arlow, J.A. (1969). Fantasy, memory, and reality. Psychoanalytic Quarterly, 38, 28–51.

Bauriedl, Th. (1984). Geht das revolutionäre Potential der Psychoanalyse verloren? Zur politischen Bedeutung der Psychoanalyse und zum politischen Engagement der Psychoanalytiker. Psyche, 38, 489–515.

Hartmann, H. (1971). Über rationales und irrationales Handeln. Psyche, 25, 329–357.

Horner, T.M. (1985). Subjectivity, intentionality, and the emergence of reality testing in early infancy. Psychoanalytic Psychology, 2, 341–363.

Hurvich, M. (1972). Zum Begriff der Realitätsprüfung. Psyche, 26, 853–880.

Parin, P. (1975). Gesellschaftskritik im Deutungsprozeß. Psyche, 29, 97–117.

Parin, P. (1989). Zur Kritik der Gesellschaftskritik im Deutungsprozeß. Psyche, 43, 97–119.

Schafer, R. (1972a). Die psychoanalytische Anschauung der Realität (I). Psyche, 26, 880–898.

Schafer, R. (1972b). Die psychoanalytische Anschauung der Realität (II). Psyche, 26, 952–973.

Vogt, R. (1988). Innere und äußere Realität in Analysen. Psyche, 42, 657–688.

Regression – regression

Der von Freud aus der Physiologie und Neurophysiologie entlehnte Begriff der Regression, die Rückkehr von einem bereits erreichten Entwicklungsniveau auf ein früheres, spielte in seiner Theoriebildung schon bald eine wichtige Rolle, und das Verständnis regressiver Prozesse und der angemessene therapeutische Umgang haben Psychoanalytiker bis zum heutigen Tag beschäftigt. Bekannt wurde vor allem Freuds (1914g) klassische Unterscheidung einer topischen, zeitlichen und formalen Regression.

In der Folgezeit wurde dieses noch recht einseitige, fast ausschließlich an Vorgängen der Traumbildung und psychopathologischen Zuständen orientierte Verständnis ausgearbeitet. Kinderanalytiker (z.B. A. Freud, 1951; Lampl-de Groot, 1957) machten auf die ubiquitäre Erscheinung regressiver Phänomene im Tagesablauf von Kindern aufmerksam und verwiesen darauf, daß jeder neue Entwicklungsschritt im Bereich von Ich-Funktionen gleichzeitig auch regressive Erscheinungen mit sich bringt (Frijling-Schreuder, 1967). Kris (1952) schuf mit seinem Konzept der „Regression im Dienste des Ichs", worunter er eine partielle, flexible und zeitlich begrenzte Regression verstand, vielfältige Verstehensmöglichkeiten für kreative Prozesse. Diese neuen Bestimmungen – Regression im Dienste der Anpassung, der Kreativität und der Rekreation – verdeutlichen, welche wesentliche Ausweitung der herkömmliche, auf die Pathologie beschränkte Regressionsbegriff in den 50er und 60er Jahren erfahren hat (Leuner, 1978).

Auch im Bereich der klinisch-therapeutischen Anwendung haben sich neue Überlegungen ergeben. So wurden nicht nur die regressionsfördernden Maßnahmen des psychoanalytischen Settings mit der Verwendung der Couch und der Einführung der Grundregel differenziert untersucht (Spitz, 1956; Balint, 1961, 1967), sondern auch die regressiven Vorgänge im Erkenntnisprozeß und in der → Empathie des Analytikers genauer bestimmt (Gaddini, 1964; Greenson, 1961; Olinick, 1969).

Mit der sich ausweitenden Behandlungsindikation der Psychoanalyse auf Patienten mit ichstrukturellen Störungen erfuhr das behandlungstechnische Verständnis der Regression als Abwehr eine Einschränkung. Massive Beeinträchtigungen von → Ich-Funktionen und regrediert anmutende Objektbeziehungsphantasien ließen sich bei diesem Klientel nicht länger ausschließlich als regressive Abwehr ödipaler Triebkonflikte verstehen (→ Ödipuskomplex), sondern mußten als Mangelerscheinungen eines in seiner Entwicklung beeinträchtigten Ichs konzeptualisiert werden, was auch einen anderen behandlungstechnischen Umgang mit sich brachte (Balint, 1968; Fürstenau, 1977).

Trotz all dieser Erweiterungen und Erneuerungen existiert nach Auffassung von Thomä (1991) immer noch ein zu geringes behandlungstechnisches Wissen, um regressive Prozesse therapeutisch nutzen zu können. Denn nicht die Regression als solche ist nützlich, die einen Patienten mit seinen unerfüllten und unerfüllbaren Wünschen hilflos in einen Strudel kleinkindhafter Impulse und Konflikte treiben läßt, sondern die *gezielte Ermöglichung* regressiver Erfahrungen aufgrund einer Sicherheit bietenden therapeutischen Atmosphäre. In der anschließenden Progression geschieht eine Durcharbeitung und Einordnung der vormals als gefährlich oder beschämend erlebten Wünsche und der Erwartungen eines vorgestellten Gegenübers. Gill (1984) verweist auf die fälschliche Annahme einiger Analytiker, daß sich eine Regression im Therapieverlauf von allein einstellen werde, wenn man nur genügend lange warten würde und den spontanen Prozeß der Entstehung einer Übertragungsneurose nicht durch verfrühte Deutungen der Übertragungsbeziehung störe. Diese Auffassung übersieht aber, daß sich eine strukturierte Übertragungsneurose nur in dem Maße entwickeln kann, wie sie systematisch und frühzeitig bearbeitet wird.

Balints (1971) getroffene Unterscheidung von gutartiger und maligner Regression ermöglichte auch eine genauere Erforschung des konstruktiven Umgangs mit regressiven Phänomenen, die sich vor allem bei psychisch schwer gestörten Patienten einstellen (z.B. Adler, 1974; Benedetti, 1983; Dewald, 1976; Kernberg, 1988; Thomä, 1984; Stewart, 1989). Bettighofer (1991) hat in einer sehr klaren Explikation der Verlaufsschilderung eines typischen therapeutischen

Prozesses bei schwer ich-strukturell gestörten Patienten mit → Borderlinestruktur aufgezeigt, wie es nach der Phase der Entwicklung einer tragfähigen therapeutischen Beziehung zu einer zweiten Phase (frühestens im zweiten Behandlungsjahr) kommt, in der – bei einer gleichzeitigen Verschlimmerung der Symptomatik – die regressive Abhängigkeit des Patienten von seinem Therapeuten immer stärker zunimmt. Die bis dahin recht und schlecht abgewehrte immense Bedürftigkeit des Patienten, die auf Mangelerlebnisse in den ersten Lebensjahren zurückgeht, übt nun einen imperativen Druck auf den Therapeuten aus, reale Elternfunktionen zu übernehmen.

Die Entwicklung einer *malignen* Regression, die fälschlicherweise vermutlich nicht selten als negative therapeutische Reaktion eingeschätzt wird, kommt nach Auffassung dieses Autors, hierin z.B. Khan (1977), Rohde-Dachser (1979) und Kernberg (1988) folgend, immer dann zustande, wenn ein Therapeut aufgrund seiner eigenen Konflikte Angst davor hat, dem Patienten die Erfahrung zuzumuten, seine süchtigen Beziehungswünsche schrittweise aufzugeben, und zusammen mit ihm Enttäuschungswut, Traurigkeit und Schmerz durchzuarbeiten (→ Durcharbeiten). Statt dessen glauben solche Therapeuten, ihren Patienten eine bessere Mutter oder ein liebevollerer Vater sein und mit einer emotional korrigierenden Erfahrung den früh erlittenen Mangel ungeschehen machen zu können. Was bei weniger stark gestörten neurotischen Patienten streckenweise Sinn macht, wirkt sich jedoch bei ich-strukturell gestörten Patienten eher verhängnisvoll aus. Denn die frühen Beziehungswünsche werden aufgrund der Verheißungen immer stärker, die Sehnsucht nach Kontakt immer dringlicher. Aufgrund der Strukturschwäche des Ichs können aber die wohlgemeinten Beziehungsangebote nicht verinnerlicht werden, und die Anklammerungswünsche werden umso intensiver, was wiederum beim Therapeuten Schuldgefühle, verstärkte Hilfsangebote, aber bereits auch schon Vorstellungen wachruft, diesen schwierigen und anspruchsvollen Patienten an einen Kollegen weiterzuschicken. Der Patient, der diese Intention wahrzunehmen beginnt, wird noch verzweifelter, weil er sich in seinen Abhängigkeitswünschen zurückgewiesen und unverstanden fühlt. Eine andere Möglichkeit besteht darin, sich an den Therapeuten anzupassen, scheinbar autonom und vernünftig zu werden und damit die krankmachende Anpassungsleistung, die der Patient schon als Kind vollziehen mußte, zu wiederholen.

Aufgrund dieser Überlegungen läßt sich die maligne Regression auf ein Gegenübertragungsagieren des Analytikers zurückführen, dessen eigene Angst vor regressiven Bedürfnissen und der vermutlich nie bearbeiteten Enttäuschung zu der Vorgehensweise führen, die neutrale Containing-Funktion (→ Container) aufzugeben. Statt dessen vertreten diese Therapeuten die Auffassung, daß durch liebevolle Zuwendung und Eingehen auf die Forderungen ihres Patienten eine Kompensation der ursprünglichen Mangelerlebnisse möglich werden kann, bis sie feststellen müssen, daß das nicht gestillte Verlangen nach unmittelbarer Befriedigung der symbiotischen Bedürfnisse in ein wütend-jammervolles Fordern des Patienten umschlägt, worauf sie dann enttäuscht mit Rückzug reagieren. Die wie ein double bind wirkende Widersprüchlichkeit im Verhalten des Therapeuten führt letztendlich zu einer malignen Regression, aus der es keinen Ausweg mehr zu geben scheint.

Literaturempfehlungen

Adler, G. (1974). Regression in psychotherapy: Disruptive or therapeutic? International Journal of Psychoanalytic Psychotherapy, 3, 252–264.

Balint, M. (1971). Therapeutische Aspekte der Regression – Die Theorie der Grundstörung. Stuttgart: Klett-Cotta.

Benedetti, G. (1983). Todeslandschaften der Seele. Göttingen: Vandenhoeck & Ruprecht.

Bettighofer, S. (1991). Maligne Regression als Resultat einer Kommunikationsstörung. Vom Umgang mit schwer regressiven Zuständen während der Behandlung von Borderlinepatienten. Forum der Psychoanalyse, 7, 225–239.

Dewald, P.A. (1976). Transference regression and real experience in the psychoanalytic process. Psychoanalytic Quarterly, 45, 213–230.

Frijling-Schreuder, E.C.M. (1967). Die Verwendung der Regression im Dienst der Anpassung. Psyche, 21, 313–323.

Heigl-Evers, A. & Rosin, U. (1984). Steuerung regressiver Prozesse in Therapiegruppen. Zeitschrift für Psychosomatische Medizin und Psychoanalyse, 30, 134–149.

Kernberg, O. (1988). Schwere Persönlichkeitsstörungen. Theorie, Diagnose, Behandlungsstrategien. Stuttgart: Klett-Cotta.

Kernberg, O. (1991). Transference regression and psychoanalytic technique with infantile personalities. International Journal of Psycho-Analysis, 72, 189–200.

Leuner, H. (1978). Regression. Die Entwicklung des Begriffes und ihre Bedeutung für therapeutische Konzepte. Zeitschrift für Psychosomatische Medizin und Psychoanalyse, 24, 301–318.

Little, M.I. (1991). Über die Bedeutung der Regression auf Abhängigkeit. Psyche, 45, 914–930.

Loch, W. (1963). Regression. Psyche, 17, 516–545.

McDougall, J. (1989). Psychosomatische Regression im analytischen Prozeß. Forum der Psychoanalyse, 5, 224–236.

Stewart, H. (1989). Technique at the basic fault/regression. International Journal of Psycho-Analysis, 70, 221–230.

Thomä, H. (1984). Der „Neubeginn" Michael Balints (1932) aus heutiger Sicht. Psyche, 38, 516–543.

Thomä, H. (1991). Was hat sich in meinem Verständnis des psychoanalytischen Prozesses seit den 60er Jahren gewandelt? Praxis der Psychotherapie und Psychosomatik, 36, 2–11.

Thomä, H. & Kächele, H. (1985). Lehrbuch der psychoanalytischen Therapie, Bd. 1: Grundlagen. Berlin: Springer.

Repräsentanz – mental representation

Der Begriff der Repräsentanz wird in der Psychoanalyse in verschiedenen Bedeutungen und in verschiedenen Theoriekontexten verwendet. Ganz allgemein gesprochen, versteht man darunter die Repräsentation äußerer Gegenstände und Personen in der Vorstellung, somit ein Vorstellungsbild oder eine Vorstellungsrepräsentanz. Je nach Lebensalter, Realitätsgenauigkeit (Veridikalität), Art und Umfang der Denkprozesse lassen sich unterschiedliche Formen von Vorstellungen (und damit unterschiedliche Entsprechungen zwischen Repräsentant und Repräsentiertem) unterscheiden. Nach Freud umfaßt die bewußte Vorstellung „die Sachvorstellung plus der zugehörigen Wortvorstellung, die unbewußte ist die Sachvorstellung allein" (1915e, S. 300). In den beiden ersten Lebensjahren bis zum Spracherwerb des Kindes existiert nach dieser Auffassung also zunächst nur die Sachvorstellung als Erinnerungsspur.

Bezeichnete bei Freud der Begriff der psychischen Repräsentanz noch hauptsächlich die Repräsentation des somatischen Triebes im Psychischen, wobei die Triebrepräsentanzen eine Vorstellungsrepräsentanz und einen Affektbetrag beinhalten, so hat sich im psychoanalytischen Sprachgebrauch der letzten Jahrzehnte eine Veränderung ergeben: Repräsentanz wird zumeist synonym mit Vorstellung verwendet, und die am intensivsten im Diskurs der Psychoanalyse thematisierten Vorstellungen sind die des eigenen Selbst und die der anderen, kürzelhaft als *Selbst-* und *Objektrepräsentanzen* bezeichnet. Diese können unbewußte, vorbewußte und bewußte Dimensionen aufweisen, sich auf körperliche und psychische Aspekte beziehen und vor allem in ihrer unbewußten Dimension regelhafte Zusammenhänge beinhalten. Im bewußten Selbsterleben mag zwar das eine oder andere Element unserer Selbsterfahrung isoliert erscheinen, tatsächlich sind jedoch die meisten Vorstellungen vom eigenen Selbst auf einen tatsächlichen oder auch nur vorgestellten anderen bezogen, so daß es sinnvoll erscheint, von *Interaktionsrepräsentanzen* oder neuerdings auch von *episodischen*

Repräsentanzen zu sprechen. In dieser Konzeptualisierung wird davon ausgegangen, daß sich die Erfahrungen eines Selbst immer auf eine vorgestellte oder tatsächlich erlebte Beziehung mit einem reagierenden anderen (Objekt) in einer bestimmten Situation (z.B. bei einem Gespräch, in einem intimen Zusammensein, bei einem Spaziergang) beziehen, Affekte und affektive Bewertungen einschließen und Triebwünsche implizieren. Mehrere Parameter sind hierbei zu unterscheiden: zum einen das Ausmaß der Einfühlung in die Erwartungen und Bedürfnisse des anderen (→ Selbstobjekt), damit zusammenhängend die Realitätsgenauigkeit der antizipierten Situation und der Erwartungen des Interaktionspartners (→ Projektion), die Vorstellbarkeit der Interaktion in Abhängigkeit von bestimmten Erfahrungen und Abwehrvorgängen u.a.m.

Entwicklungspsychologisch existieren verschiedene Theorieansätze und Bezeichnungen, um die Abfolge der Handlungsrepräsentanzen zu erfassen: Vor dem Beginn der Sprachentwicklung sind die Niederschläge verhaltensmäßiger Interaktionen sensomotorische Codierungen, von Fast (1985) in Anlehnung an Piaget als „Ereignis-Schemata", von Lorenzer (1973) als „bestimmte Interaktionsformen" bezeichnet, die sich aufgrund ihrer regelhaften Wiederholung zu „generalisierten Interaktionsrepräsentanzen" („representation of interaction generalized", abgekürzt RIG nach Stern, 1985) organisieren, wobei sich schon im ersten Lebensjahr ein Bewußtsein über die Regelhaftigkeit von Episoden ausbildet.

Mit der beginnenden Fähigkeit zur sprachlichen Symbolisierung im zweiten Lebensjahr werden die bisherigen und neu auftretenden Interaktionsmodi mit sprachlichen Symbolen verbunden, was den „symbolischen Interaktionsformen" sensu Lorenzer (1973) entspricht. Nicht alle neuen Interaktionserfahrungen können vom Kind sprachlich benannt und nicht alle bisherigen, sensomotorisch erfahrenen Erlebnisse in die entstehenden symbolischen Interaktionsformen eingefädelt werden.

Im weiteren Verlauf werden episodische Repräsentanzen auf einer höheren Organisationsstufe zu „prototypischen Repräsentanzen" verdichtet. Mit jeder Abstraktionsstufe wird der konkret sinnenhafte, an Affekte, Situationen und spezifische Interaktionen gebundene Kontext erlebnisärmer (→ Affektisolierung, → Intellektualisierung). „Der Prozeß der Bildung prototypischer Repräsentanzen dient (neben der Notwendigkeit, die Erfahrungsvielfalt ordnen zu müssen) vor allem dazu, die Schmerzhaftigkeit des ursprünglich Erlebten aus dem Erfahrungskontext zu lösen, mithin also den → Affekt abzuwehren. Tatsächlich bleibt aber der Zusammenhang zwischen den episodischen Repräsentanzen und ihren Verdichtungen auf höherer Ebene zumindest unbewußt erhalten, weil jedes psychische Geschehen ganzheitlich organisiert und repräsentiert ist" (Deneke, 1989, S. 594).

Leon (1984) spricht in Anlehnung an Piaget (1952, 1954) (dessen Einfluß gerade im Bereich dieses Themas sehr stark ist, wenngleich auch einige seiner Annahmen im Lichte der modernen Kleinkindforschung revidiert werden müssen) von „Handlungs-Objekten". Dabei werden Menschen oder Gegenstände vom wenige Monate alten Kind noch als untrennbarer Teil der gesamten Handlung aufgefaßt. Der Ball, den ein Kind z.B. in die Luft wirft, wird mit der Handlung des Werfens verbunden und ist nicht das gleiche Objekt wie der Ball, der am Boden liegt, zu dem das Kind hinkrabbelt. Die Stimme einer schimpfenden Mutter im Handlungskontext des Hörens wird (zunächst) nicht als dasselbe Handlungs-Objekt erfahren wie das Gesicht einer lachenden Mutter im Kontext des Sehens. Internalisierte Repräsentanzen eines Handlungs-Objekts werden von Piaget als Schemata bezeichnet und beziehen sich auf Klassen ähnlicher Handlungssequenzen, wie Saugen, Greifen, Schauen.

Veränderungen im Erscheinungsbild des Objekts oder des Kontextes werden zunächst vom kleinen Kind noch als unterschiedliche Handlungs-Objekte erlebt. Bei dem von Piaget beschriebenen kognitiven Vorgang der Assimilation wird nun eine neue sensomotorisch erlebte Handlungserfahrung mit einem gleichen Objekt entweder in ein bereits bestehendes Schema eingefügt, oder es wird ein neues Schema gebildet, weil der Handlungskontext sich für ein Kind bereits schon zu stark verändert hat. Dieser Vorgang läßt sich nach psychoanalytischer Auffassung als primärprozeßhaft (→ Primärvorgang/Sekundärvorgang) bezeichnen; unter dem Einfluß des trieb- und affekthaft bestimmten Lustprinzips sieht das Kind keine Veranlassung dazu, sein bestehendes Schema zu ändern.

Bei der Akkomodation hingegen – die sich als sekundärprozeßhafter, an der Realität orientierter Vorgang betrachten läßt – wird das Schema geändert, um es in Übereinstimmung mit der Realität zu bringen. Eine Mutter, die, während sie ihr Kind anlächelt, plötzlich husten muß, wird zu einem neuen Schema, das eine lächelnde und gleichzeitig auch hustende Mutter repräsentiert.

Kleinkindforscher haben jedoch aufgezeigt, daß bereits beim wenige Wochen alten Säugling die Fähigkeit zur *modalitätsübergreifenden* Wahrnehmung ausgebildet ist. Man kann sich diese kognitive Leistung des Kindes noch einmal am Beispiel des mütterlichen Gesichtsausdrucks verdeutlichen, der eine große Variabilität aufweist und Affektzustände sehr viel deutlicher als z.B. Berührungen beim Halten des Kindes kommuniziert. Ein kleines Kind hat zunächst große Schwierigkeiten, die verschiedenen, affektiv erlebten Gesichtsausdrücke seiner Mutter ein und demselben Handlungs-Objekt zuzuordnen, so daß es anfänglich entsprechend dem mimischen Ausdruck der Mutter verschiedene Handlungs-Objekte konstruiert. Erst mit der Zeit wird es ihm gelingen, die verschiedenen Handlungs-Objekte „Mutter" zu einem einzigen Handlungsobjekt zu integrieren, wobei sich jedoch gut vorstellen läßt, daß affektiv zu stark abweichende Eindrücke (z.B. ein zorniger Gesichtsausdruck einer wütenden Mutter) auch später noch Anlaß für die Konstruktion eines neuen Handlungs-Objektes geben, weil diese Handlungserfahrung nicht mit dem bestehenden, schon generalisierten Handlungsschema in Zusammenhang gebracht werden kann. Dieser Sachverhalt deutet auch an, daß die Konstruktion von Schemata stark an die Affektverarbeitung gebunden ist.

Eine der herkömmlichen psychoanalytischen Grundannahmen bestand darin, daß psychische Repräsentanzen eine relativ späte Errungenschaft im Leben eines kleinen Kindes darstellen und deshalb erst zum Zeitpunkt der Anfänge der Sprachentwicklung und des symbolischen Denkens auftreten. Die in den ersten anderthalb Lebensjahren ablaufenden sensomotorischen Erfahrungen (i.S. Piagets) werden als Handlungsschemata gespeichert, die jedoch noch keine symbolische Repräsentanz erfahren.

Eine klassische Annahme lautete, daß die Wahrnehmung anderer Personen immer von Triebimpulsen und Affekten abhängig ist: Die verschiedensten Abwehrmechanismen – wie z.B. → Verleugnung, → Projektion – können höchst selektive und verzerrte Eindrücke entstehen lassen; unter dem Eindruck der eigenen Wunschwelt können die Vorstellungen halluzinatorischen Charakter annehmen. Vorstellungen können sinnlich und bilderreich sein, aber auch höchst abstrakt, wie z.B. bei Formen des logischen Denkens, die eine Affektisolierung erforderlich machen. Die Probleme der veridikalen Vorstellung sind eng an die Entwicklung des Gedächtnisses und der → Realitätsprüfung gebunden.

Und schließlich gingen psychoanalytische Forscher traditionell davon aus, daß zu Beginn der Repräsentanzenbildung eine undifferenzierte Phase angenommen werden müsse: Selbst- und Objektrepräsentanzen sind noch miteinander vermengt und die Fähigkeit, getrennte Repräsentanzen zu konstruieren, entwickelt sich erst allmählich.

All diese Grundannahmen – mit denen Psychoanalytiker in ihrem klinischen Verständnis bis zum heutigen Tag operieren – sind in unterschiedlichem Ausmaß von der empirischen Kleinkindforschung in ihrer Gültigkeit angezweifelt und zum Teil widerlegt worden. So wird das Ausmaß der Differenzierungsfähigkeit zwischen Selbst und Objekt doch als sehr viel größer angenommen (Stern, 1985), wenngleich auch eingeräumt wird, daß nach dem 15. Lebensmonat ein deutlicher Zuwachs an Selbst-Objekt-Differenzierung auftritt (z.B. Emde, 1983). Die Sichtweise einer triebtheoretischen Konstituierung und Determinierung von Selbst- und Objektrepräsentanzen wird weitgehend aufgegeben: Die Beziehung zu einem anderen Menschen existiert ab der Geburt (und in Ansätzen auch schon vorgeburtlich), und es ist das Bezogensein als solches, das befriedigend ist, und nicht die Stillung von Triebbedürfnissen. Aber es wird auch eingeräumt, daß sich die Bedürfnisse nach Intersubjektivität, nach → Bindung und sinnlicher Lust nicht auszuschließen brauchen. Die Fähigkeit, Repräsentanzen zu bilden, entsteht nicht erst mit der Sprachentwicklung, sondern schon viel früher (Stern, 1985;

Trevarthen, 1984); aber natürlich wird auch gesehen, daß die sprachlich-symbolische Art der Repräsentanzenbildung größere Abstraktionsmöglichkeiten beinhaltet. Und schließlich rücken Kleinkindforscher von der psychoanalytischen Auffassung ab, daß die Repräsentanzenbildung zu einem wesentlichen Anteil auf Versuche der Konfliktlösung (→ Konflikt), der Internalisierung aufgegebener Objektbeziehungen oder der Wiederherstellung eines Gleichgewichts zurückgeht. Statt dessen postulieren sie, daß die an einem Tag viele Male stattfindenden Interaktionserfahrungen zu Erwartungsmustern führen, die neue Interaktionshandlungen strukturieren.

Eine Sichtweise, in der revidierte, klassisch psychoanalytische Konzeptionen und neuere Ansichten der empirischen Kleinkindforschung integrierbar erscheinen, ist die Definition von Repräsentanzen als „unbewußte, organisierende Strukturen von Interaktionen", wie sie Zelnick und Buchholz (1990) vorgeschlagen haben.

Literaturempfehlungen

Atwood, G. & Stolorow, R. (1984). Structures of subjectivity: Explorations in psychoanalytic phenomenology. Hillsdale, NJ: Analytic Press.

Baumgart, M. (1991). Psychoanalyse und Säuglingsforschung. Psyche, 45, 780–809.

Behrends, R. & Blatt, S. (1985). Internalization and psychological development through the life cycle. Psychoanalytic Study of the Child, 40, 11–39.

Emde, R.N. (1983). The prerepresentational self and its affective core. Psychoanalytic Study of the Child, 38, 165–192.

Fast, I. (1985). Event Theory: A Piaget-Freud-Integration. Hillsdale, NJ: Erlbaum.

Jacobson, E. (1973). Das Selbst und die Welt der Objekte. Frankfurt/M.: Suhrkamp.

Kernberg, O.F. (1981). Objektbeziehungen und die Praxis der Psychoanalyse. Stuttgart: Klett.

Leon, I. (1984). Psychoanalysis, Piaget and attachment: The construction of the human object in the first year of life. International Review of Psycho-Analysis, 11, 255–278.

Lichtenberg, J.D. (1983). Psychoanalyse und Säuglingsforschung. Berlin: Springer.

Linell, Z.M. (1990). What is mental representation? A study of its elements and how they lead to language. Journal of the American Psychoanalytic Association, 38, 131–165.

Sandler, J. & Rosenblatt, B. (1984). Der Begriff der Vorstellungswelt. Psyche, 38, 235–253.

Stern, D. (1985). The interpersonal world of the infant. New York: Basic Books.

Zelnick, L. & Buchholz, E.S. (1990). The concept of mental representations in light of recent infant research. Psychoanalytic Psychology, 7, 29–58 (dt.: „Innere Repräsentanz" und Säuglingsforschung. Psyche, 45 (1991), 810–846).

Restneurose – residual neurosis

Freud (1937c) war realistisch genug, Analytiker nicht zu Übermenschen zu stilisieren: „Es ist unbestreitbar, daß die Analytiker in ihrer eigenen Persönlichkeit nicht durchwegs das Maß von psychischer Normalität erreicht haben, zu dem sie ihre Patienten erziehen wollen. Gegner der Analyse pflegen auf diese Tatsache höhnend hinzuweisen und sie als Argument für die Nutzlosigkeit der analytischen Bemühung zu verwerten. Man könnte diese Kritik als ungerechte Anforderung zurückweisen. Analytiker sind Personen, die eine bestimmte Kunst auszuüben gelernt haben und daneben Menschen sein dürfen wie auch andere" (S. 93).

Unter Restneurose verstand Freud (1937c) neurotische Erscheinungen, die sich in Form von unbewältigten Konfliktanteilen (→ Konflikt) und sich daraus ergebenden blinden Flecken bei der Wahrnehmung und Erlebnisverarbeitung beim Analytiker trotz Eigenerfahrung in Form einer Lehranalyse einstellen. Die Restneurose kann sich in der Analyse von Patienten als problematisch herausstellen, weil „der Analytiker infolge der besonderen Bedingungen der analytischen Arbeit durch seine eigenen Defekte wirklich darin gestört wird, Verhältnisse des Patienten richtig zu erfassen und in zweckdienlicher Weise auf sie zu reagieren" (S. 94).

Die immer länger und gründlicher werdenden → Lehranalysen haben daran nicht allzuviel geändert; restneurotische Erscheinungen – auch z.B. in Form von persönlichkeitsstrukturellen Haltungen – existieren wohl in jedem Analytiker bis zum heutigen Tag. Diese Tatsache sollte den Blick dafür schärfen, wie wichtig die Reflexion der Gegenübertragung, auch in Form der Theorienselektion im Deutungsprozeß, ist, denn der scheinbar logisch sich einstellende oder ableitbare Theorieansatz hat nicht immer nur mit der besonderen Pathologie des Patienten zu tun, sondern wahrscheinlich häufig auch mit den neurotischen „Resterscheinungen" des Analytikers (vgl. Zepf & Hartmann, 1990a,b). Warum neigt jemand besonders dem Denken M. Kleins zu, warum ist ein anderer in Kohuts Theorie vernarrt? Zepf und Hartmann (1990b, S. 63) vermuten, daß „zwischen den psychoanalytischen Theoriefiguren und den Bewußtseinsformen von Restneurosen kein bloß zufälliger und äußerlicher, sondern ein innerer, inhaltlich bestimmter Zusammenhang besteht". Dies zeigen auch wissenschaftshistorische und -psychologische Arbeiten, wie z.B. die von Körner (1989), der anhand des Konzepts der „therapeutischen Ich-Spaltung", mit der Sterba (1934) die Aufspaltung in eine Übertragungs- und Arbeitsbeziehung (→ Arbeitsbündnis) rechtfertigte, herausgearbeitet hat, welche subjektiven Beweggründe Sterba zu diesem Denken bewogen haben könnten. Die Beliebigkeit, mit der Deutungen oftmals theoretisch rationalisiert werden (→ Rationalisierung), führt a priori zu Theoriebestätigungen und läßt kein kritisches Bewußtsein bezüglich der Restneurose aufkommen. Nach Zepf und Hartmann (1990b) äußern sich derartige Restneurosen auch bei psychoanalytischen Gruppierungen, die sich immer weniger als Nachfolger Freuds verstehen, sondern eher als Zweckgemeinschaften zur „Durchsetzung standespolitischer und privater Partialinteressen" (S. 67).

In den restneurotischen Erscheinungen kommt nicht nur die individuelle Pathologie zum Ausdruck, sondern auch die herrschende Ideologie. Der unaufhaltsame gesellschaftliche Aufstieg von zumeist wirtschaftlichen Habenichtsen in der ersten Generation von Psychoanalytikern zu Angehörigen eines angesehenen und gut verdienenden Berufsstandes läßt die psychoanalytische Kulturtheorie immer stärker zu einem Hobby von als wichtigtuerisch abgestempelten Außenseitern erscheinen. Denn nach Zepf und Hartmanns (1990b) kritischer Einschätzung trübt der Aufstieg ins Establishment den Blick für die gesellschaftliche Realität, in der Psychoanalytiker arbeiten: „Bei aller Heterogenität verstellen die Konzepte die Sicht auf neurotische Erscheinungen so, daß sie nicht mehr als lebende Symptome einer zerstörerischen Gesellschaftsform begriffen werden können ... und imprägnieren damit auch gegen die Einsicht in die Notwendigkeit einer qualitativen gesellschaftlichen Veränderung" (S. 74).

So richtig die Kritik an einer eklektizistischen Vorgehensweise und an der Vernachlässigung gesellschaftstheoretischer Fragen auch ist, so darf dennoch nicht übersehen werden, daß es zum einen erlaubt sein muß, Freuds Theoriekonstruktionen weiter zu entwickeln, anstatt sie in hagiographischer Manier zur Verschlußsache zu deklarieren, und daß zum anderen die bisherigen, soziologisch orientierten Erklärungsskizzen nicht dazu ausreichten, strukturelle Bedingungen des Sozialcharakters angemessen zu erfassen. Könnte nicht auch das lautstarke Lamentieren über die (angebliche) Medizinalisierung und Therapeutisierung der Psychoanalyse verbergen helfen, wie gering noch das Wissen darüber ist, wie sich gesellschaftliche Verhältnisse auf die individuellen Beziehungen auswirken?

Literaturempfehlungen

Arlow, J.A. (1991). Methodology and reconstruction. Psychoanalytic Quarterly, 60, 539–563.

Baudry, F. (1991). The relevance of the analyst's character and attitudes to his work. Journal of the American Psychoanalytic Association, 39, 917–938.

Bernardi, R. (1989). The role of paradigmatic determinants in psychoanalytic understanding. International Journal of Psycho-Analysis, 70, 341–357.

Chused, D.F. & Raphling, D.L. (1992). The analyst's mistakes. Journal of the American Psychoanalytic Association, 40, 89–116.

Erdheim, M. (1982). Die gesellschaftliche Produktion von Unbewußtheit. Eine Einführung in den ethnopsychoanalytischen Prozeß. Frankfurt/M.: Suhrkamp.

Kantrowitz, J.L. (1992). The analyst's style and its impact on the analytic process: Overcoming a patient-analyst stalemate. Journal of the American Psychoanalytic Association, 40, 169–194.

Körner, J. (1989). Kritik der „therapeutischen Ich-Spaltung". Psyche, 43, 385–396.

Kreuzer-Haustein, U. (1992). Schöngeister und Kleingeister. Klischeebildungen im Dialog zwischen „Kulturtheoretikern" und „Klinikern". Forum der Psychoanalyse, 8, 47–62.

Sonnenberg, S.M. (1991). The analyst's self-analysis and its impact on clinical work: A comment on the sources and importance of personal insights. Journal of the American Psychoanalytic Association, 39, 687–704.

Stein, S. (1991). The influence of theory on the psychoanalyst's countertransference. International Journal of Psycho-Analysis, 72, 325–334

Sterba, R. (1934). Das Schicksal des Ichs im therapeutischen Verfahren. Internationale Zeitschrift für Psychoanalyse, 20, 66–73.

Zepf, S. & Hartmann, S. (1990a). Zum Stellenwert der „Restneurose" in der psychoanalytischen Therapie. In S. Zepf (Hg.), „Wer sich nicht bewegt, der spürt auch seine Fesseln nicht … " Anmerkungen zur gegenwärtigen Lage der Psychoanalyse (S. 31–57). Frankfurt/M.: Nexus.

Zepf, S. & Hartmann, S. (1990b). Die soziale Funktion des psychoanalytischen Theoriepluralismus. In S. Zepf (Hg.), a.a.O., (S. 59–80). Frankfurt/M.: Nexus.

Scham – shame

Noch 1986 konnte Wurmser darauf hinweisen, wie wenig Aufmerksamkeit in der psychoanalytischen Literatur dem Schamgefühl gewidmet wurde (wobei man freilich die narzißmustheoretischen Ausführungen Kohuts nicht übersehen darf), obwohl Scham in der Analyse doch eine so bedeutsame Rolle spielt: „Es vergeht wohl kaum eine Stunde der Analyse oder der Psychotherapie, in der wir nicht im Schweigen des Patienten oder im Gerede, im Zorn oder in der Einschüchterung, und v. a. in der Überzeugung eigenen Unwertes, der einen oder andern Form des Sich-Schämens gewahr werden" (S. 16).

Nach Morrison (1984) galt die → Schuld lange Zeit als wertvoller und „tiefer" und die Beschäftigung damit als entsprechend „edler". Außerdem neigen Patienten dazu, schamhafte Selbstwahrnehmungen in der Analyse eher zu verbergen, weil die Angst besteht, sonst überhaupt nicht mehr gemocht zu werden, und dementsprechend wurden Schamgefühle häufig übersehen oder als Widerstand mißverstanden (vgl. Lewis, 1986b). Die Beschäftigung mit der → Schuld – das dominierende Gefühl des intrapsychischen, strukturellen Konflikts – war deshalb viele Jahre das Leitmotiv psychoanalytischer Erforschung. Vielleicht haben die jüdisch-christliche Religion und das androzentrische Ethos der Psychoanalyse eher „die Vergebung" der neurotischen Missetaten als Behandlungsphilosophie nahegelegt als die Haltung einer schlichten Einfühlung (→ Empathie) in die schambesetzten Ängste und Konflikte eines Patienten.

In den letzten Jahren ist nun – neben Wurmsers (1986, 1989, 1991) umfassenden Überlegungen – eine Reihe von Arbeiten erschienen, die sich mit dem Thema Scham, der Unterscheidung von Schuld und Scham, Scham-Schuld-Zyklen, der entwicklungspsychologischen Entstehung von Scham und behandlungstechnischen Überlegungen im Umgang mit Scham befassen (z.B. Thrane, 1979; Broucek, 1982; Lewis, 1986a,b, 1987).

Obwohl Freud mit den Strukturkonzepten des → Über-Ichs und → Ich-Ideals eine theoretische Basis für das Verständnis der Schamthematik schuf, lagen seine Hauptinteressen doch in der Analyse des Schuldgefühls im Zusammenhang mit ödipalen Triebstrebungen. In „Das Unbehagen in der Kultur" (1930a) leitete er das Schamgefühl aus der Gefahr ab, die sich angesichts des aufrechten Ganges des Menschen und der damit verbundenen Sichtbarkeit seiner Genitalien ergibt. Ferner bezog er es auf das Kastrationserleben (→ Kastrationskomplex) und die genitale Minderwertigkeit der Frau. Morrison (1983) vermutet, daß Freud eine intensivere Beschäftigung mit der Schamthematik vermieden habe, weil sie ihn zu sehr in die Nähe der Adlerschen Konzepte der „Organminderwertigkeit" und des „Minderwertigkeitskomplexes" geführt hätte, was er auf jeden Fall vermeiden wollte.

Die ansteckende Wirkung des Schamgefühls mit seiner das Gegenüber erfassenden Qualität von lähmender Peinlichkeit und Sich-gehemmt-Fühlen ist für Bastian und Hilgers (1990) der Grund dafür, daß alle Beteiligten, und so auch der Analytiker in seiner Gegenübertragung, bei Patienten mit einer Schamproblematik häufig danach streben, passiv erlebte Scham in aktiv zu verantwortende Schuld zu verwandeln: „Die Wendung ins Aktive entlastet alle, sie verwandelt die diffus ansteckende Scham in konkrete, individuell zurechenbare, persönliche Schuld" (S. 1110).

In einer impliziten Ausweitung des Freudschen Denkens schlugen Piers und Singer (1953) vor, daß Scham aus einer Spannung zwischen dem Ich und dem Ich-Ideal resultiere, und zwar vor allem aus dem Versagen des Ichs, bestimmte Ziele des Ich-Ideals zu erreichen, was zu Gefühlen des Ungeliebtseins und des Ausgestoßenwerdens führe. Lewis (1971) machte darauf aufmerksam, daß Scham mit einer sehr erfahrungsnahen Registrierung der eigenen Aktivitäten, die als zum Selbst gehörend wahrgenommen werden, zu tun habe. Abwehrmaßnahmen gegen das Schamgefühl sind das Verstecken oder das Davonlaufen, verbunden mit einer Feindseligkeit gegen das Selbst, die passiv als → Depression erlebt wird. Im Laufe der Jahre wurde also zunehmend davon ausgegangen, daß die Scham mit Gefühlen des Mangels und der Inadäquatheit des Selbst zu tun hat, mit einem Absinken des Selbstwertgefühls einhergeht und daß das ganze Selbst dabei beteiligt ist.

Unter entwicklungspsychologischen Gesichtspunkten betrachtete Freud (z.B. 1905d, 1925j) die Scham fast durchweg als Reaktionsbildung gegen den genitalen Exhibitionismus in der phallisch-ödipalen bzw. phallisch-narzißtischen Phase. Für Erikson (1950) hingegen ist Scham der Schlüsselaffekt der → analen Phase. Aus heutiger Sicht ist aber eher Vorsicht angebracht, wenn ein spezifischer Affekt mit einer einzigen umschriebenen Entwickungsphase in Zusammenhang gebracht wird, denn eine solche Zuordnung unterstellt eine Sichtweise eines Affekts als eines einheitlichen Zustands. Miller (1985) weist zu Recht darauf hin, daß Scham nicht gleich Scham ist, was auch heißt, daß die Scham eines Erwachsenen nicht mit dem Schamerleben eines ein- oder dreijährigen Kindes gleichgesetzt werden kann.

Neuere entwicklungspsychologische Studien zeichnen ein noch differenzierteres Bild: Nach Broucek (1982) stellt sich zwischen dem 18. und 24. Lebensmonat eine Schamkrise ein, denn das Kind kann sich jetzt in einem Spiegel erkennen und sich dabei bewußt werden, daß es von anderen Menschen beobachtet werden kann. Neben dem Selbstgefühl entsteht nun auch ein objektives Selbst-Bewußtsein, d. h. ein Bewußtsein darüber, daß das eigene Selbst von anderen Menschen gesehen, eingeschätzt, beurteilt etc. wird. Dabei kann es bei einem bereits durch frühere Sozialisationserfahrungen geschwächten Selbstgefühl und massiven

Schamerlebnissen zu einer Dominanz des objektiven Selbstbewußtseins über das subjektive Selbstgefühl kommen, was zu einer Selbstbefangenheit führt.

Für Schore (1991) lassen sich die Anfänge des Schamempfindens noch früher, bereits in der → Übungsphase, lokalisieren. Wenn das Kind in diesem Altersabschnitt sein grandioses Hochgefühl mit seiner Mutter teilen will, aber erleben muß, daß diese überhaupt nicht oder nicht ausreichend auf ihr Kind eingestimmt ist, treten massive Schamaffekte auf.

Aus geschlechtsdifferenzierender Sicht ist beschrieben worden (z.B. Lerner, 1980; Eicke-Spengler, 1988; Waldeck, 1988a,b; Brückner, 1990), wie die Fehlbenennung der weiblichen Genitalien zu Einschränkungen der psychosexuellen Entwicklung, zu Verwirrung und Scham führt und wie sich diese Leugnung der weiblichen Sexualentwicklung in der → Adoleszenz fortsetzt, in der die erotische Seite der Menstruation zumeist völlig verleugnet wird.

Rizzuto (1991) vertritt die Ansicht, daß die bisherigen psychodynamischen Erklärungen der Scham – die Kleinheit oder Inadäquatheit der Genitalien, die Angst vor dem Verlust der Kontrolle v. a. körperlicher Funktionen, das Versagen, angestrebte Ziele zu erreichen, das Unvermögen, Ich und Ich-Ideal zur Deckung zu bringen, die mangelnde Spiegelung von seiten unempathischer → Selbstobjekte, das inadäquate Attunement in affektiven und körpersprachlichen Kommunikationen – ein ganz wesentliches Konzept ausgeklammert haben: die unbewußte → Phantasie. Die Entstehung von Schamgefühlen vollzieht sich immer auf dem Hintergrund unbewußter Phantasien. Wenn die von diesen Phantasien getönten Erwartungen über die Erwartungen der anderen sich in einer Interaktion nicht erfüllen, tritt Scham auf.

Literaturempfehlungen

Bastian, T. & Hilgers, M. (1990). Kain. Die Trennung von Scham und Schuld am Beispiel der Genesis. Psyche, 44, 1100–1112.

Broucek, F. (1982). Shame and its relationship to early narcissistic development. International Journal of Psycho-Analysis, 65, 369–378.

Eicke-Spengler, M. (1988). Über Schuld- und Schamgefühle bei Frauen. Zeitschrift für psychoanalytische Theorie und Praxis, 3, 77–93.

Goldberg, C. (1989). The shame of Hamlet and Oedipus. Psychoanalytic Review, 76, 581–603.

Jacobi, M. (1991). Scham-Angst und Selbstwertgefühl. Ihre Bedeutung in der Psychotherapie. Olten: Walter.

Kinston, W. (1983). A theoretical context for shame. International Journal of Psycho-Analysis, 64, 213–226.

Lewis, H.B. (1986a). The role of shame in depression. In M. Rutter, C. Izard & P. Read (Eds.), Depression in young people: Developmental and clinical perspectives (pp. 325–339). New York: Guilford Press.

Miller, S. (1985). The shame experience. Hillsdale, NJ: Analytic Press.

Morrison, A.P. (1989). Shame: The underside of narcissism. Hillsdale, NJ: Analytic Press.

Nathanson, D.L. (Ed.) (1987). The many faces of shame. New York: Guilford Press.

Rizzuto, A.-M. (1991). Shame in psychoanalysis: The function of unconscious fantasies. International Journal of Psycho-Analysis, 72, 297–312.

Schore, A.N. (1991). Early superego development. The emergence of shame and narcissistic affect regulation in the practicing period. Psychoanalysis and Contemporary Thought, 14, 187–250.

Spero, M.H. (1984). Shame: An object-relational formulation. Psychoanalytic Study of the Child, 39, 259–282.

Steinberg, B.S. (1991). Psychoanalytic concepts in international politics: The role of shame and humilitation. International Review of Psycho-Analysis, 18, 65–85.

Wurmser, L. (1981). The mask of shame. Baltimore: Johns Hopkins University Press (dt: Die Masken der Scham. Berlin: Springer 1990).

Wurmser, L. (1991). Der goldleuchtende Dolch. Masochistische Übertragung, Über-Ich-Übertragung und Gegenübertragung. Forum der Psychoanalyse, 7, 1–19.

Yorke, C. (1990). The development and functioning of the sense of shame. Psychoanalytic Study of the Child, 45, 377–409.

Scheitern am Erfolg – wrecked by success

Viele Jahre galt Freuds (1916d) Formel von der ödipal determinierten Selbstbestrafung als erklärendes Passepartout für ein Phänomen, das in vielen Varianten auftritt: Jemand hat z.B. einen privaten oder beruflichen Erfolg zu verzeichnen, aber statt glücklich zu sein, reagiert der Betreffende depressiv oder arrangiert die Umstände so, daß sein Erfolg nur von kurzfristiger Dauer ist. Ein anderer glaubt, endlich die Frau seines Lebens gefunden zu haben, erlebt aber kurze Zeit darauf panische Angst und stellt psychosomatische Symptome bei sich fest. Der unbewußt als ödipaler Triumph über einen Rivalen erlebte Erfolg (z.B.: „Jetzt habe ich einen besseren Mann als die Mutter gefunden"; „mit meinem beruflichen Erfolg habe ich meinen Vater überflügelt") darf letztlich doch nicht sein, denn die phantasierte Rache des Elternteils, z.B. in Form von totalem Liebesentzug oder einer Kastration (→ Kastrationskomplex), käme einer Katastrophe gleich. Das Überflügelnwollen wird mit großen Schuldgefühlen erlebt (→ Schuld); die Schuldgefühle sorgen dafür, daß der Betreffende seinen Erfolg nicht genießen darf oder ihn sogar zerstören muß. Jones (1960) mutmaßte, daß auch Freud seine Erfolge immer wieder schmälern mußte, weil er Schuldgefühle wegen der Erfüllung seiner Todeswünsche gegenüber seinem früh verstorbenen Bruder Julius hatte. Auch passagere Symptome finden durch diese Formel eine Erklärung: Freud (1936a) selbst führte die vorübergehende Eintrübung seiner → Realitätsprüfung auf der Akropolis in Athen auf das Schuldgefühl zurück, seinen Vater übertroffen zu haben: „Es sieht so aus, als wäre es das Wesentliche am Erfolg, es weiter zu bringen als der Vater, und als wäre es noch immer unerlaubt, den Vater übertreffen zu wollen" (S. 256f.).

Diese ödipale Erklärung ist nach heutigem Kenntnisstand aber zu wenig differenziert. Zunächst einmal muß der deskriptive Status von Erfolg problematisiert werden: Das, was die Umwelt als Erfolg erlebt, braucht für den Betreffenden selbst keineswegs ein Erfolg zu sein. Ein endlich abgelegtes Examen, das Freunde und Verwandte als großen Erfolg einschätzen, kann intrapsychisch betrachtet wie eine Niederlage erlebt werden: Möglicherweise ist es dem Betreffenden z.B. nicht gelungen, sich von den narzißtischen Delegationen seiner Eltern zu befreien (vgl. Stierlin, 1978). Nach Schafer (1984) bergen aus psychoanalytischer Sicht Ziele, die als erfolgreich phantasiert werden, unbewußt immer auch schon → Konflikte in sich. Die Erlangung des Facharzt-Titels, den man sich als Erfolg so viele Jahre erträumte, ist mit vielen Abstrichen an Lebensfreude erkauft; die Sehnsucht nach der „großen Liebe" aktualisiert unbewußt auch viele Ängste vor einer Beschneidung der persönlichen → Autonomie usf. Der Sieg enthält implizit bereits die Niederlage. Paradoxerweise kann aber auch ein Versagen wie ein Erfolg erlebt werden, so z.B. wenn es gelingt, archaische Überich-Forderungen (→ Über-Ich) gegenüber kindlichen Luststrebungen durchzusetzen. Reik (1941) prägte die Formel „Sieg durch Niederlage", um hiermit masochistisches Erleben (→ Masochismus) zu charakterisieren.

Schafer (1984) zeigt in seiner Analyse des Themas auf, wie bedeutsam vor allem das Studium neurotischer → Ich-Ideal-Aspekte (bzw. des Ideal-Selbst) für das Verständnis dieser Störung ist. So identifiziert sich z.B. jemand mit der ihm in seiner Familie zugeschriebenen Rolle des Versagers, der zu wenig leistet, was ihm den Neid der anderen Familienmitglieder erspart und ihm die Unterstützung seines Vaters sichert. In einem anderen Fall mag die vom Sohn angenommene Selbstdefinition eines Versagers unbewußt das Selbstwertgefühl eines Vaters aufwerten, der sich selbst als äußerst erfolglos wahrnimmt.

Die selbstpsychologische Perspektive Kohuts (1973a, 1979) verweist auf einen weiteren Aspekt: Ein Erfolg stellt eine Versuchungssituation für archaische Größenphantasien (→ Phantasien) und exhibitionistische Impulse dar, deren Bewußtwerden manische oder paranoide Episoden nach sich ziehen würde. Das Herstellen von Mißerfolgserlebnissen verhindert diese Panik auslösenden Zustände. Die narzißmustheoretisch nachvollziehbare Destruktivität von Idealen (Schmidbauer, 1980) schließt allerdings das ödipale Erklärungs-Paradigma nicht aus.

Mit dem Wiedererstarken weiblicher Emanzipationsbestrebungen in den 60er und 70er Jahren wandten sich Psychoanalytiker vermehrt der Frage weiblichen Mißerfolgs zu (z.B. Applegarth, 1976, 1986; Dalsimer, 1975; Horner, 1972). Schecter (1979) stellte die These auf, daß das Vermeiden von Erfolg bei Frauen oftmals auf die Angst zurückgeht, die enge Mutter-Kind-Beziehung zu verlassen.

Nach Schafers (1984) Erfahrungen findet sich bei Frauen häufig eine „Idealisierung des Unglücks". Indem sie von ihren jetzigen Partnern oder Therapeuten nicht zufriedenzustellen sind, statt dessen in jeder glücklicheren Wendung ihres Lebens sofort das Negative erblicken und damit ihr Gegenüber erheblich irritieren können, wiederholen sie eine Erfahrung, die sie in ihrer Herkunftsfamilie gemacht haben: In dieser fühlten sie sich dazu prädestiniert, das Unglück und den Kummer der anderen Familienmitglieder in sich aufzunehmen, um auf diese Weise ihr Selbstwertgefühl zu stärken. Ihr nunmehr eigenes, nicht veränderbares Unglücklichsein ist eine späte Rache für die ihnen in ihrer Kindheit teils zugemutete, teils selbst hergestellte kindliche Rolle, die sie sicherlich überforderte.

Das Scheitern am Erfolg braucht sich nicht immer in drastischer, klinisch auffallender Form zu äußern. Die weite Verbreitung dieser psychodynamischen Konstellation, deren ödipale Erklärung im Prinzip immer noch zutreffend ist, manifestiert sich häufig auch in allzu durchschnittlichen Leistungen, in denen der Betreffende hinter seinen besten Fähigkeiten ein ganzes Stück zurückbleibt.

Literaturempfehlungen

Applegarth, A. (1986). Women and work. In T. Bernay & D.W. Cantor (Eds.), The psychology of today's woman. New psychoanalytic visions (pp. 211–229). Hillsdale, NJ: Analytic Press.

Kirkpatrick, D. (1982). Success conflict 65 years later: Contributions and confusions. Canadian Journal of Psychiatry, 27, 405–409.

Schafer, R. (1984). The pursuit of failure and the idealization of unhappiness. American Psychologist, 39, 398–405.

Schecter, D. (1979). Fear of success in women. Journal of the American Academy of Psychoanalysis, 7, 33–43.

Schmidbauer, W. (1980). Alles oder Nichts. Über die Destruktivität von Idealen. Reinbek: Rowohlt.

Stierlin, H. (1978). Delegation und Familie. Frankfurt/M.: Suhrkamp.

Schuld – guilt

Die Auseinandersetzung mit dem Thema der Über-Ich-Entwicklung (→ Über-Ich) führte Freud auch zu einer genaueren Bestimmung dessen, was unter Schuld zu verstehen ist, wie Menschen mit Schuldgefühlen umgehen und welche neurotischen Auswirkungen sich aus überstarken oder unbewußten Schuldgefühlen ergeben können.

Kommt das kleine Kind mit einem angeborenen moralischen Empfinden und mit der Fähigkeit zur Schuld auf die Welt, oder entwickelt sich dies erst in einem langwierigen Sozialisationsprozeß, der aus einem primär amoralischen kleinen Geschöpf ein zivilisiertes Wesen macht, das nach psychoanalytischer Erfahrung in der Vergangenheit jedoch zumeist unter einem Übermaß „kultureller Vervollkommnung" zu leiden hatte?

Für Freud wurzelt die Empfänglichkeit für moralische Strafreize der Eltern in der kindlichen Abhängigkeit und Hilflosigkeit. In den ersten Jahren reagiert ein Kind nur deswegen entsprechend den sittlichen und moralischen Vorstellungen seiner Eltern, weil es → Angst vor Liebesverlust und körperlicher Bestrafung hat, was Freud als *Sozialangst* von einem reifen Schuldgefühl abgegrenzt hat. Das Schuldgefühl entsteht nach seiner Auffassung erst mit der Aufrichtung des Über-Ichs in der ödipalen Phase. „Das Böse ist also anfänglich dasjenige, wofür man mit Liebesverlust bedroht wird; aus Angst vor diesem Verlust muß man es vermeiden. … Man heißt diesen Zustand ‚schlechtes Gewissen‘, aber eigentlich verdient es diesen Namen nicht, denn auf dieser Stufe ist das Schuldbewußtsein offenbar nur Angst vor dem Liebesverlust, ‚soziale Angst‘. Beim kleinen Kind kann es niemals etwas anderes sein, aber auch bei vielen Erwachsenen ändert sich nicht mehr daran, als daß anstelle des Vaters oder beider Eltern die größere menschliche Gemeinschaft tritt. Darum gestatten sie sich regelmäßig, das Böse, das ihnen Annehmlichkeiten verspricht, auszuführen, wenn sie nur sicher sind, daß die Autorität nichts davon erfährt oder ihnen nichts anhaben kann, und ihre Angst gilt allein der Entdeckung" (1930a, S. 484).

Freud hat die Auswirkungen des Schuldgefühls auf die verschiedenen Neurosenformen zu differenzieren versucht: „In den gemeinen, uns als normal geltenden Fällen von Reue macht es sich dem Bewußtsein deutlich genug wahrnehmbar; wir sind doch gewohnt, anstatt Schuldgefühl ‚Schuldbewußtsein‘ zu sagen. Aus dem Studium der Neurosen, denen wir doch die wertvollsten Winke zum Verständnis des Normalen danken, ergeben sich widerspruchsvolle Verhältnisse. Bei einer dieser Affektionen, der → Zwangsneurose, drängt sich das Schuldgefühl überlaut dem Bewußtsein auf, es beherrscht das Krankheitsbild wie das Leben der Kranken, läßt kaum anderes neben sich aufkommen. Aber in den meisten anderen Fällen und Formen von Neurose bleibt es völlig unbewußt, ohne darum geringfügigere Wirkungen zu äußern. Die Kranken glauben uns nicht, wenn wir ihnen ein ‚unbewußtes Schuldgefühl‘ zumuten; um nur halbwegs von ihnen verstanden zu werden, erzählen wir ihnen von einem unbewußten Strafbedürfnis, in dem sich das Schuldgefühl äußert" (1930a, S. 494)

Die Frage, woher „die außerordentliche Strenge des Gewissens bei den Besten und Fügsamen" kommt, gibt Freud Gelegenheit, die genuin psychoanalytische Auffassung von der Entstehung des Gewissens und der Stärke der Schuldgefühle auszuführen und damit den Vorteil gegenüber einer rein kognitiven Betrachtung deutlich zu machen; darüber hinaus gelingt es ihm, irrationale Gewissensängste und unbewußte Strafbedürfnisse erklärbar zu machen. Denn den Ursprung vieler neurotischer Symptome und Erkrankungen, sowie auf den ersten Blick unerklärlicher Phänomene, wie z.B. des → Scheiterns am Erfolg, bilden unbewußte Schuldgefühle; diese können freilich auch verdrängt werden und sich im Verhalten als scheinbare Gewissenlosigkeit äußern.

Wurden von Freud → Scham und Schuld noch als weitgehend identisch aufgefaßt und als Reaktionen auf die Diskrepanz zwischen Ich und Ich-Ideal sowie Über-Ich begriffen, so haben spätere Autoren, stärker zwischen diesen beiden wichtigen Gefühlen unterschieden (z.B. Lewis, 1971; Wurmser, 1987; Bastian & Hilgers, 1990). Gefühle der Scham, Demütigung und Erniedrigung werden zumeist angesichts eines Gegenübers erfahren; für Schuldgefühle ist es eher charakteristisch, daß sie vor einem selbst erlebt werden. Diese intrapsychische Dimension stellt ja auch ein Unterscheidungskriterium gegenüber der sozialen Angst, der Vorstufe von Schuld, dar. Der sich Schämende fühlt sich den Blicken anderer ausgesetzt, er erlebt die Situation als unentrinnbar und unkontrollierbar. Der Schuldige weiß zumindest um Alternativen. Scham kann gelindert werden, wenn man die Bedeutung der Zuschauer relativiert; Schuld kann geleugnet, aber auch wiedergutgemacht werden. Weil Scham in Schuld verwandelt werden kann, aber auch Schuld in Scham, wurde von Psychoanalytikern schon früh auf entsprechende Scham-Schuld- oder Schuld-Scham-Zyklen hingewiesen (z.B. Piers & Singer, 1953).

Schuldgefühle werden manchmal nur als Fluch oder Last und bedauerliche Beschwernis betrachtet, die einen vom vergnügten Leben abhalten. Implizites Vorbild ist hierbei offensichtlich der Soziopath, der freilich nur scheinbar von keinen Gewissensbissen geplagt wird. Demgegenüber ist wichtig, was durch die Arbeiten von Melanie Klein als Überlegung zugänglich wurde: Schuldgefühle, selbst wenn sie unbewußt und sogar augenscheinlich irrational sind, beinhalten dennoch einen gewissen Grad an Ichstärke, Wachstum und Hoffnung (vgl. Winnicott, 1974, S. 19). Nach Winnicott geht das Erlebenkönnen von Schuld mit einer Haltung von Besorgnis um unsere Mitmenschen und mit dem Bedürfnis nach Wiedergutmachung einher; insofern ist die Fähigkeit zum Schulderleben eine wichtige Errungenschaft.

Blum und Blum (1990) verweisen aus entwicklungspsychologischer Sicht darauf, daß Schuld später entsteht als Scham, obwohl es schon Anzeichen von Schuld(vorläufern) beim zweijährigen Kind gibt. Weniger die Identifikation mit dem Aggressor betonend, als positive Identifikationen beschreiben diese Autoren auch das Vorhandensein erster Ansätze von Empathie und prosozialem Verhalten. Im häufigen „social referencing" vergewissert sich das seine autonomen Verhaltensweisen (→ Autonomie) ausprobierende und seine immense Neugier stillende Kind im zweiten Lebensjahr kontinuierlich der sozialen und moralischen Berechtigung seines Tuns: ein anerkennender Blick ermuntert es zu weiteren Explorationen. Mit zunehmender Fähigkeit zur Selbstbeobachtung lernt ein Kind dann allmählich zu unterscheiden, ob eine elterliche Mißbilligung seiner gesamten Person oder nur einer bestimmten Handlung gilt. Blum und Blum (1990) verdeutlichen, daß die Festigung von Verboten und Regeln ein allmählicher Prozeß ist. Ein anderthalb- bis zweijähriges Kind z.B. kann zwar schon ein Verbot erinnern (wenn es z.B. bei einer verbotenen Handlung von einem Erwachsenen ertappt wird), dieses ist aber noch nicht in dem Ausmaß verinnerlicht, daß es seine Wirkmächtigkeit auch ohne die konkrete Anwesenheit der erwachsenen Person entfaltet. Und es wird auch noch einige Zeit dauern, bis ein Kind gelernt hat, daß verschiedene Regelverletzungen unterschiedliche Konsequenzen zur Folge haben.

Schuldgefühle brauchen nicht unbedingt bewußt zu werden; die Kritik der verinnerlichten, strafenden Eltern-Imago kann auch ohne selbstreflexive Wahrnehmung direkt in selbstschädigende, masochistische Handlungen (→ Masochismus) umgesetzt werden, wobei das Strafbedürfnis als solches nicht erkannt wird, sondern wie ein Triebabkömmling verdrängt bleibt (vgl. Krause, 1990).

In der psychoanalytischen Therapie geht es zumeist um die → Durcharbeitung eines Übermaßes an bewußten und unbewußten Schuldgefühlen, um den Mangel an Fähigkeit zum Schulderleben, aber auch um die → Projektion von besonders grausamen und verfolgenden Über-Ich-Introjekten bei Borderline-Patienten (z.B. Adler, 1989; Kris, 1983; Wurmser, 1987). Am selbstpsychologischen Paradigma ist kritisch anzumerken, daß Kohuts (1977) entwicklungspsychologische Dichotomisierung zwischen dem „tragischen Menschen" (mit Symptomen der → Leere und Sinnlosigkeit) und dem „schuldigen Menschen" (mit übermäßigen Schuldgefühlen, Masochismus und Strafbedürfnissen) zu einer behandlungstechnischen Vernachlässigung der Bewußtmachung und Durcharbeitung von intensiven archaischen Schuldgefühlen bei narzißtisch gestörten Patienten geführt hat.

Auch aus sozialpsychologisch-psychoanalytischer Sicht ist es bedeutsam, zwischen objektiver, realer Schuld und Schuldgefühlen zu unterscheiden. Man kann als Deutscher z.B. reale Schuld auf sich geladen haben, ohne dabei Schuldgefühle zu empfinden (vgl. Becker & Becker, 1991). Eine wichtige Thematik in diesem Zusammenhang ist auch die sog. „Moral der Linken", die häufig aus einer zu großen Diskrepanz von unassimilierten Über-Ich-Introjekten, überhöhten Ich-Ideal-Ansprüchen und einem durch Selbstkritik geschwächten Ich besteht. Die selbstgerechte und von wenig Verstehen gekennzeichnete Kritik an der Elterngeneration und ihrer nationalsozialistischen Vergangenheit soll in externalisierter und projektiver Weise zu einer Reduzierung eigenen Schulderlebens im Generationskonflikt führen, muß aber zwangsläufig wegen des unbewußten Festhaltens an einer rigiden Spaltung („Wir sind die Guten, weil Kritischen, Ihr seid die Bösen, weil Täter und Mittäter") scheitern. Eine psychoanalytische Betrachtung des Schuldgefühls kann somit auch einen Beitrag zur Erklärung manichäischer Selbstgerechtigkeit im Rahmen eines moralischen Perfektionismus leisten.

Literaturempfehlungen

Blum, E.J. & Blum, H.P. (1990) The development of autonomy and superego precursors. International Journal of Psycho-Analysis, 71, 585–595.

Cournut, J. (1988). Ein Rest, der verbindet. Das unbewußte Schuldgefühl, das Entlehnte betreffend. Jahrbuch der Psychoanalyse, 22, 67–98.

Cremerius, J. (1977a). Grenzen und Möglichkeiten der psychoanalytischen Behandlungstechnik bei Patienten mit Über-Ich-Störungen. Psyche, 31, 593–636.

Cremerius, J. (1977b). Übertragung und Gegenübertragung bei Patienten mit schwerer Über-Ich-Störung. Psyche, 31, 879–896.

Eicke-Spengler, M. (1988). Über Schuld- und Schamgefühle bei Frauen. Zeitschrift für psychoanalytische Theorie und Praxis, 3, 77–93.

Freud, S. (1930a). Das Unbehagen in der Kultur. GW XIV, 419–506.

Jacobson, E. (1973). Das Selbst und die Welt der Objekte. Frankfurt/M.: Suhrkamp.

Kernberg, O.F. (1988). Klinische Aspekte schwerer Überich-Pathologie. In ders., Schwere Persönlichkeitsstörungen. Theorie, Diagnose, Behandlungsstrategien (S. 396–406). Stuttgart: Klett-Cotta.

Sandler, J. & Sandler, A.-M. (1988). Das frühere Unbewußte, das gegenwärtige Unbewußte und die Schicksale der Schuld: Eine technische Perspektive. In P. Kutter, R. Páramo-Ortega & P. Zagermann (Hg.), Die psychoanalytische Haltung. Auf der Suche nach dem Selbstbild der Psychoanalyse (S. 143–163). München: Verlag Internationale Psychoanalyse.

Winnicott, D.W. (1974). Psychoanalyse und Schuldgefühl. In ders., Reifungsprozesse und fördernde Umwelt (S. 17–35). München: Kindler.

Wurmser, L. (1987). Flucht vor dem Gewissen. Berlin: Springer.

Sekundäre Bearbeitung – secondary revision

Nach Freuds Traumtheorie komponiert die Traumarbeit des Träumers aus den infantilen Triebwünschen, den Tagesresten und den Einsprüchen der Zensur den manifesten Traum, den der Analysand erinnert. Aber schon in der erinnernden Vorstellung, bei der eine Übersetzung der visuellen Eindrücke in eine narrative Struktur erfolgt, und erst recht in der Mitteilung einem Dritten gegenüber findet nach Freud eine sekundäre Bearbeitung statt, z.B. eine Übersetzung absurd erscheinender Handlungsfolgen in einen sekundärprozeßhaft logisch verständlichen Ereigniszusammenhang.

Noch einmal wird somit der latente Traum – neben der Entstellung durch die Zensur – einer weiteren Bearbeitung unterzogen, so daß es nicht verwundert, wenn Freud die Arbeit der Traumdeutung, die Entzifferung der latenten Traumgedanken, immer wieder mit derjenigen des Archäologen verglich.

Obgleich es unmittelbar einleuchtet, daß die Bilder eines Traumes mit ihren z.T. absurden und unzusammenhängenden Handlungsabfolgen in eine kohärente, erinner- und erzählbare Geschichte transformiert werden müssen, und daß dabei zahlreiche Übersetzungsvorgänge und gleichsam redaktionelle Überarbeitungen geschehen, ist die genauere Funktionsweise der sekundären Bearbeitung selten Thema psychoanalytischen Forschens geworden.

Stein (1989) hat drei hypothetische Funktionen der sekundären Bearbeitung unterschieden, denen er die anthropomorphe Bezeichnung des „Kritikers", des „Herausgebers" und des „Plagiators" gegeben hat.

Während der Kritiker den Sieg des Realitätsprinzips darstellt und z.B. wertende Stellungnahmen abgibt, hat der Herausgeber die Aufgabe, den Traumbericht in eine ansprechende sprachliche Fassung zu kleiden und logische Brüche zu glätten; der Plagiator schließlich ist der Abschreiber und Verwender fremden Materials, der Tagträume und → Phantasien vom Vortage zur Traumproduktion verwendet.

Lewis (1989) hat darauf hingewiesen, wie sehr die Theorie der sekundären Bearbeitung dazu beiträgt, daß der erzählte manifeste Traum nicht als der „wirkliche" Traum angesehen werden kann.

Die Theorie der sekundären Bearbeitung eines Traums basiert somit auf der Vorannahme einer grundlegenden Unterscheidung zwischen *latentem Traumgedanken* und *manifesten Trauminhalt.* Diese von Freud vor allem zur Begründung einer wissenschaftlichen Traumdeutung – die im Unterschied zur laienhaften Traumdeutung nicht vom manifesten Traumtext ausgeht – herangezogene Dichotomie ist spätestens seit Eriksons (1954) grundlegender Arbeit über die Notwendigkeit, die Phänomenologie und Strukturmerkmale des manifesten Traums zu berücksichtigen, ins Wanken geraten. Diesen revolutionären Schritt kann man in seiner ganzen Tragweite nur begreifen, wenn man sich klarmacht, welche Konsequenzen die Außerachtlassung des latenten Sinnes hinter der manifesten Oberfläche im klassischen psychoanalytischen Paradigma impliziert. Lediglich auf den manifesten Inhalt zu fokussieren, heißt nämlich nichts geringeres, als das → Unbewußte zu vernachlässigen, die Triebe, die kindliche → Sexualität, den → Primärprozeß, den Einfluß der Vergangenheit auf die Gegenwart (vgl. Lewis, 1989).

In den zurückliegenden zwanzig Jahren zwangen klinische Erfahrungen bei Patienten mit Borderline- oder narzißtischen Störungen aber dazu, stärker auf die narzißtisch-restitutive Funktion von Träumen zu achten (z.B. Kohut, 1977; U. Grunert, 1977, 1982). Bei den sog. Selbst-Zustandsträumen i.S. von Kohut (1977) kann es nach Auffassung dieses Autors sogar gefährlich sein, den Patienten um Einfälle zu dem manifesten Traumbericht zu bitten, weil das zergliedernde Hinterfragen zu Fragmentierungen des Selbsterlebens führen kann (siehe hierzu jedoch die Kritik von Slap und Trunnel, 1987). Es wäre jedoch unzulässig, wegen dieser narzißmustheoretischen Überlegung die klassisch psychoanalytische Traumtheorie zur Gänze zurückzuweisen.

In einer wissenschaftspsychologischen Arbeit hat Zimmerman (1991) Freuds Haltung zu diesem Thema, d. h. die Entwertung des manifesten Traums, mit einer zwiespältigen Verinnerlichung – einerseits die katholische Bilderwelt, die er bei den Kirchgängen mit seiner katholischen Kinderfrau erfuhr, andererseits die → Internalisierung des Bilderverbots beim Betrachten der Phillipsonschen Bibel mit seinem Vater – in Zusammenhang gebracht. Die anhand der Biographie

Freuds abgeleiteten Schlußfolgerungen zusammen mit den durch die klinischen Erfahrungen aufgenötigten Modifikationen der klassischen Traumtheorie und -deutung lassen eine flexiblere Einstellung bezüglich der Aufteilung in manifest und latent als angemessen erscheinen. Wenn Träume entsprechend einer modernen Sichtweise adaptive, integrative, kommunikative und selbstregulierende Funktionen haben (vgl. Fosshage, 1988), dann wird möglicherweise der narrative Aspekt der sekundären Bearbeitung eher zu einem konstitutiven Merkmal unseres Selbsterlebens als zum Ausdruck einer nachträglich zensierenden Tätigkeit.

Literaturempfehlungen

Aron, L. (1989). Dreams, narrative and the psychoanalytic method. Contemporary Psychoanalysis, 2, 108–126.

Fosshage, J.L. (1988). A revised psychoanalytic approach. Dream interpretation revisited. In A. Goldberg (Ed.), Frontiers in self psychology (pp. 161–176). Hillsdale, NJ: Analytic Press.

Freud, S. (1900a). Die Traumdeutung. GW II/III.

Grunert, U. (1982). Selbstdarstellung und Selbstentwicklung im manifesten Traum. Jahrbuch der Psychoanalyse, 14, 179–209.

Lewis, A. (1989). Dreams, narrative and the psychoanalytic method. Contemporary Psychoanalysis, 25, 108–126.

Palombo, E.R. (1984). Deconstructing the manifest dream. Journal of the American Psychoanalytic Association, 32, 405–420.

Pulver, S.E. (1987). The manifest dreams in psychoanalysis: A clarification. Journal of the American Psychoanalytic Association, 35, 99–118.

Renik, O. (1984). The clinical use of the manifest dream. Journal of the American Psychoanalytic Association, 32, 157–162.

Slap, J.W. & Trunnel, E.E. (1987). Reflections on the self state dream. Psychoanalytic Quarterly, 56, 251–262.

Spanijard, J. (1969). The manifest dream content and its significance for the interpretation of dreams. International Journal of Psycho-Analysis, 50, 221–235.

Stein, M.H. (1989). How dreams are told. Secondary revision – the critic, the editor, and the plagiarist. Journal of the American Psychoanalytic Association, 37, 65–88.

Zimmermann, F. (1991). Freuds Bewertung des manifesten Traums. Psyche, 45, 967–993.

Selbstanalyse – self-analysis

Die Selbstanalyse Freuds, die die Geburt der Psychoanalyse in den 90er Jahren des vorigen Jahrhunderts begleitete oder sogar hervorbrachte, ist vor allem aus wissenschaftshistorischer und wissenschaftspsychologischer Sicht Gegenstand des Nachdenkens gewesen (z.B. Gedo, 1968; Anzieu, 1990). Nicht weniger untersucht wurde jedoch auch die Selbstanalyse als eine aus der analytischen Behandlung hervorgehende Kompetenz. Denn eines der wichtigsten Ziele einer psychoanalytischen Behandlung ist die Fähigkeit, die auch nach Beendigung einer Analyse unweigerlich auftretenden Probleme und → Konflikte selbstreflexiv bewältigen zu können. Dazu gehört z.B. ein Erkennen der Auslöser einer depressiven Verstimmung, das Gewahrwerden einer Verschiebung, die Akzeptierung von Strebungen, die dem eigenen Selbstwertgefühl nur wenig schmeicheln, die → Einsicht, daß berechtigte Kritik aus → Angst vor Liebesverlust unterlassen wurde usf.

Die Fähigkeit zur Selbstanalyse existiert aber nicht nur als analytisches Ziel, sondern der Begriff der Selbstanalyse wird auch noch in zwei anderen Bedeutungen gebraucht. Zum einen als Alternative zur dialogischen Form der analytischen Selbsterfahrung, die ohne therapeutisches Gegenüber auskommt. Bei dieser Form taucht die Frage auf, ob man mit sich selbst eine Analyse durchführen kann, wie Horney (1942) nahelegte, oder ob dies eine erhebliche Überschätzung der eigenen Kompetenz und eine Unterschätzung der Macht → unbewußter Wirkfaktoren darstellt. In der psychoanalytischen Literatur wird dieser Form der Selbstanalyse nur ein begrenzter Wert zuerkannt, vor allem weil hierbei das Übertragungsbeziehungserleben und dessen Durcharbeitung in einer dialogischen Form entfallen. Zu sehr würde hierbei auch das richtige Augenmaß für die transaktionelle Beziehungsstruktur menschlicher Interaktionen verlorengehen.

Anders verhält es sich jedoch, wenn die Fähigkeit zur Selbstanalyse im Verlauf einer analytischen Behandlung allmählich erwächst und nach Beendigung als relativ stabile selbstanalytische Kompetenz zur Wahrnehmung und Verarbeitung von Konflikten ausgebildet ist und rasch reaktiviert werden kann (vgl. Stolzenberg, 1986; Leuzinger-Bohleber, 1989). „Bei der Beendigung der Analyse trennen sich Analytiker und Analysand, aber der eingeleitete Prozeß schreitet fort. Der Analysand übernimmt selbst die Funktionen, die der Analytiker bisher erfüllt hatte" (Morgenthaler, 1978, S. 140).

Die *während* einer psychoanalytischen Behandlung zum Tragen kommende Selbstanalyse – und dies ist die dritte unterscheidbare Bedeutung – kann allerdings nicht nur als Zeichen eines Reifungsprozesses, sondern auch als Widerstand eines Analysanden eingeschätzt werden. Das imperativ auftretende Bedürfnis, in der Selbsterkenntnis dem Analytiker immer eine Nasenlänge voraus zu sein, soll z.B. den immensen → Neid auf die Potenz des Erkennens unbewußter Erlebniszusammenhänge abwehren. Oder: Deutungen des Analytikers werden wie Verführungen erlebt, gegen die man sich wehren muß, indem man ihnen zuvorzukommen trachtet. Aber neben diesen widerständigen Formen selbstanalytischen Verhaltens hat die Fähigkeit, die eigenen Konflikte analysieren zu lernen, die Übertragungsbedeutung vieler Themen zu studieren und ihre genetische Herkunft zu begreifen, eine große Bedeutung. Sie ist deshalb auch aus analytischer Sichtweise mindestens ebenso wichtig wie das therapeutische Ziel der Symptombesserung oder -beseitigung.

Eine noch differenziertere Betrachtung dieses Themas muß allerdings auch die immensen Definitionsprobleme berücksichtigen, die das Konzept der Fähigkeit zur Selbstanalyse aufwirft (vgl. Kantrowitz, Katz & Paolitto, 1990).

Was für den Analysanden gilt, ist auch für praktizierende Psychoanalytiker wünschenswert; seitdem Freud berichtete, daß er sich am Ende eines langen Arbeitstages noch eine halbe Stunde für seine eigene Selbstanalyse reservierte (vgl. Jones, 1960–62), haben Psychoanalytiker immer wieder über ihre verschiedenen Vorgehensweisen bei der Selbstanalyse – vor allem im Hinblick auf die Reflexion und Bewältigung der Gegenübertragung – berichtet (z.B. Beiser, 1984; Zimmermann, 1989; Sonnenberg, 1991). Chessick (1990) bedauert, daß die eher spärliche Literatur zu diesem Thema keinerlei Versuch einer systematisierten Anwendung enthält und äußert die Befürchtung, daß manche praktizierenden Psychoanalytiker so gut wie keinen kontinuierlichen Gebrauch von der Selbstanalyse machen. Obwohl die postanalytische Selbstanalyse aufgrund ihres monologischen Charakters in selbstbezogene und zwanghafte Grübeleien entgleiten kann, birgt sie dennoch enorme Erkenntnismöglichkeiten und sollte zum professionellen Alltag eines jeden Psychoanalytikers gehören.

Literaturempfehlungen

Anzieu, D. (1990). Freuds Selbstanalyse, Bd. 1: 1895–1898; Bd. 2: 1898–1902. München: Verlag Internationale Psychoanalyse.

Chessik, R.D. (1990). Self-analysis: A fool for a patient? Psychoanalytic Review, 77, 311–340.

Gedo, J.E. (1968). Freud's self-analysis and his scientific ideas. American Imago, 25, 99–117.

Kantrowitz, J.L., Katz, A.L. & Paolitto, F. (1990). Follow-up of psychoanalysis five to ten years after termination, II: Development of the self-analytic function. Journal of the American Psychoanalytic Association, 38, 637–654.

Khan, M.M.R. (1990). Erfahrungen im Möglichkeitsraum. Psychoanalytische Wege zum verborgenen Selbst. Frankfurt/M.: Suhrkamp.

Leuzinger-Bohleber, M. (1989). Veränderung kognitiver Prozesse in Psychoanalysen, Bd. 2: Fünf aggregierte Einzelfallstudien. Ulm: PSZ-Verlag.

Schott, H. (1985). Zauberspiegel der Seele. Sigmund Freud und die Geschichte der Selbstanalyse. Göttingen: Vandenhoeck & Ruprecht.

Sonnenberg, S.M. (1991). The analyst's self-analysis and its impact on clinical work: A comment on the sources and importance of personal insights. Journal of the American Psychoanalytic Association, 39, 687–704.

Selbstempfinden – sense of self

Was organisiert psychische Erfahrung? Ist es die psychosexuelle Entwicklung, sind es die → Ich-Funktionen, die Selbstrepräsentanzen (→ Repräsentanz) oder das erlebende phänomenale Ich?

Wenn man die Triebentwicklung nicht mehr als Organisationsprinzip des Psychischen akzeptieren kann, und wenn auch die Rede von der Ich-Entwicklung des Kindes als zu erfahrungsfern erscheint, dann ergibt sich die Notwendigkeit, ein erfahrungsnäheres Konzept zu entwerfen, das auch mit den neueren (objekt)beziehungstheoretischen Vorstellungen kompatibel ist. Ein Versuch dazu wurde bereits in Kohuts Selbstpsychologie gemacht, wobei ihm diese aber immer noch tendenziell zu abstrakt geriet. Erst die Konzeption von Stern (1985, 1989a,b) scheint jene Erfahrungsnähe zu gewährleisten, die für eine moderne Psychoanalyse immer wichtiger wird. Sein Ansatz über (vorläufig) fünf Arten des subjektiven Selbstempfindens oder -gefühls und die dazugehörigen Bereiche der Bezogenheit zwischen dem Kind und den primären Bezugspersonen wurde zum Ausgangspunkt einer neuen Auffassung über kindliches Erleben in den ersten zwei Lebensjahren. Wichtig ist vor allem die Schlußfolgerung Sterns, daß es bereits im ersten Lebensjahr Ansätze für das Empfinden eines eigenen, abgegrenzten Selbst gibt, womit die herkömmliche psychoanalytische Annahme einer „Undifferenziertheit", „Dual-Union", oder „symbiotischen Verschmelzung" als fehlerhaft zurückgewiesen wird. Symbiotische Verschmelzung kann in der → Phantasie existieren, aber derartige Phantasien entstehen wahrscheinlich erst mit dem Beginn der Sprachentwicklung (vgl. Baumgart, 1991). Stern unterscheidet innerhalb des jeweiligen Zeitraums (wobei die Zeitangaben nicht die Dauer, sondern den Entstehungszeitraum markieren):

0–2 Monate: Empfindung des entstehenden Selbst im Bereich einer in ersten Ansätzen bereits sich entwickelnden Bezogenheit („sense of an emergent self, domain of emergent relatedness");

2–6 Monate: Empfindung des Kern-Selbst im Bereich der Kern-Bezogenheit („sense of a core self, domain of core relatedness");

7–9 Monate: Empfindung des subjektiven Selbst im Bereich der intersubjektiven Bezogenheit („sense of a subjective self, domain of intersubjective relatedness").

15–18 Monate: Empfindung des verbalen Selbst im Bereich der verbalen Bezogenheit („sense of a verbal self, domain of verbal relatedness").

18–24 Monate: Empfindung des narrativen Selbst („sense of a narrative self, domain of narrative relatedness").

Diese Stufen des Selbstempfindens, die lange vor der Entstehung eines reflexiven Selbstbewußtseins existieren, konstituieren anfänglich präverbale (und später verbale) und schon sehr differenzierte Möglichkeiten, das eigene Selbst zu empfinden.

Das *Empfinden des entstehenden Selbst* bezieht sich hauptsächlich auf den Prozeß des Verbindens isolierter Erfahrungen, der durch amodale Wahrnehmung (die mit Hilfe verschiedener Sinnesorgane gemachten Wahrnehmungen können miteinander in Beziehung gesetzt werden, ohne daß dies gelernt zu werden braucht), physiognomische Perzeption und Perzeption korrespondierender Vitalitätsaffekte (wie Intensität oder Rhythmus) zustandekommt. Auf diese Weise entsteht ein erstes Empfinden von Ordnung und Regelhaftigkeit anhand der sensomotorischen Erfahrungen und Interaktionserlebnisse. Im krassen Unterschied zur Auffassung von Mahler et al. (1978) postuliert Stern (1985) somit, daß der Säugling nicht autistisch und weltabgewandt, sondern mit allen Sinnen auf die Welt bezogen ist.

Das *Empfinden des Kern-Selbst* setzt sich aus folgenden Selbsterfahrungen zusammen: 1) der Urheberschaft („self agency") der eigenen Handlungen in Abgrenzung von denen anderer, hauptsächlich erfahren aufgrund des propriozeptiven Feedbacks; 2) der Selbst-Kohärenz („self coherence"), d. h. dem Erleben als psychischer Einheit mit Grenzen; 3) der Selbst-Affektivität („self affectivity"), d.h. der Verfügung über ein auf Erfahrung beruhendes Muster für jeden Affekt; 4) der Selbst-Geschichte („self history") als der Empfindung von Dauer und Kontinuität aufgrund des bereits funktionierenden Gedächtnisses im Bereich motorischer, visueller und affektiver Erfahrungen. Eltern helfen in diesem Zeitraum ihrem Kind, diese Invarianten zu identifizieren, indem sie in übertriebener und stereotyper Form Handlungen – allerdings mit Variationen, um Habituation zu vermeiden – wiederholen.

Das *Empfinden des subjektiven Selbst* bezeichnet jenen Entwicklungsschritt, bei dem ein Kind – anfänglich nur für kurze Momente – zu realisieren beginnt, daß seine (inneren, subjektiven) Erfahrungen mit seinen Eltern teilbar sind. Intersubjektivität, d. h. das Erleben, daß subjektive Erfahrungen mit den Eltern auf einer präverbalen Ebene ausgetauscht werden können, nimmt so ihren Anfang. Die intersubjektive Bezogenheit basiert auf der Bezogenheit des Kern-Selbst auf die bereits existierende körperliche und sensorische Unterscheidung des Selbst und des anderen. Im Unterschied zu den Auffassungen von Mahler, die in diesem Zeitraum die ersten Ablösungs- und Differenzierungsschritte (der → Übungs- und Differenzierungsphase) betont, weist Stern auf die immense Bedeutung der intersubjektiven Bezogenheit mit dem nun möglich werdenden wechselseitigen Gefühlsaustausch hin.

Der beginnende Spracherwerb ab dem 15. Lebensmonat führt zu einer neuen Organisationsstufe, zum *Empfinden des verbalen Selbst.* Die Fähigkeit der sprachlichen Repräsentation ermöglicht auf der einen Seite neue Formen der verbalen Bezogenheit, führt aber andererseits auch zu einem Bruch mit der bisherigen ganzheitlichen Selbsterfahrung. Weite Erfahrungsbereiche der drei vorausgegangenen Stufen des Selbstempfindens (globaler, nonverbaler und amodaler Art) können nämlich nicht in Worten ausgedrückt werden und bleiben somit für die verbale Selbsterfahrung unzugänglich. Inwieweit die unmittelbar gelebte Erfahrung verbal repräsentiert, in Sprache „eingefädelt" werden kann, hängt sicherlich auch von der Bereitschaft der Eltern ab, ihrem Kind bei diesem Übersetzungsprozeß zu helfen. Stern geht davon aus, daß Kinder in dieser Stufe des Selbstempfindens nicht ihre Omnipotenz – wie Mahler et al. (1978) angenommen haben –, sondern die ursprüngliche Ganzheit ihres vorsprachlichen Erlebens verlieren. Aber mehr noch als diese Separationserfahrung ist für Stern das verbindende Element von Sprache ausschlaggebend. Anhand des Erlernens der Sprache übernimmt ein Kind von seinen Eltern deren symbolische Konnotationen bestimmter Begriffe, in denen wiederum die Subjektivität der Eltern und ihre Enkulturation aufgehoben sind.

Im dritten Lebensjahr beginnt das *Empfinden des narrativen Selbst,* das durch die Fähigkeit angezeigt wird, über die rein verbale Bezogenheit hinaus, in der situativ entstandene Gefühle und Absichten kommuniziert werden können, die eigenen Erlebnisse und Absichten in erzählender Form zu organisieren. Mütter helfen anfänglich ihrem Kind, seine Geschichte zu konstruieren und lassen sich unter anderem auch nach dem Ausmaß unterscheiden, in dem sie mit eigenen Vorgaben und Phantasien in die Erzählung ihres Kindes eingreifen.

Unter dem Gesichtspunkt der Lebensspanne und der klinischen Betrachtung ist an Sterns Konzeption der verschiedenen Arten des Selbstempfindens bemerkenswert, daß auch im späteren Leben in jedem Bereich Störungen auftreten können – was das Gewicht von Initialeindrücken in der sensitiven Zeit der jeweiligen Entstehung schmälert. Spätere pathologische Erscheinungsbilder lassen sich nicht reduktionistisch auf frühe Stufen des Selbstempfindens zurückführen.

Literaturempfehlungen

Amsterdam, B.K. & Levitt, M. (1980). Consciousness of self and painful self-consciousness. Psychoanalytic Study of the Child, 35, 67–83.

Baumgart, M. (1991). Psychoanalyse und Säuglingsforschung: Versuch einer Integration unter Berücksichtigung methodischer Unterschiede. Psyche, 45, 780–809.

Bohleber, W. (1989). Neuere Ergebnisse der empirischen Säuglingsforschung und ihre Bedeutung für die Psychoanalyse. Psyche, 43, 564–571.

Bohleber, W. (1992). Identität und Selbst. Die Bedeutung der neueren Entwicklungsforschung für die psychoanalytische Theorie des Selbst. Psyche, 46, 336–365.

Emde, R. N. (1983). The prerepresentational self and its affective core. Psychoanalytic Study of the Child, 38, 165–192.

Köhler, L. (1990). Neuere Ergebnisse der Kleinkindforschung: Ihre Bedeutung für die Psychoanalyse. Forum der Psychoanalyse, 6, 32–51.

Lichtenberg, J.D. (1975) The development of the sense of self. Journal of the American Psychoanalytic Association, 23, 453–484.

Schüssler, G. & Bertl-Schüssler, A. (1992a). Neue Ansätze zur Revision der psychoanalytischen Entwicklungstheorie, I: Das Konzept von D.N. Stern. Zeitschrift für Psychosomatische Medizin und Psychoanalyse, 38, 77–87.

Stechler, G. & Kaplan, S. (1980). The development of the self. Psychoanalytic Study of the Child, 35, 85–105.

Stern, D.N. (1982). The early development of schemas of self, of other, and of various experiences of „self with other". In J. D. Lichtenberg & S. Kaplan (Eds.), Reflections on self psychology (pp. 49–84). New York: International Universities Press.

Stern, D.N. (1985). The interpersonal world of the infant. New York: Basic Books.

Stern, D.N. (1989a). Developmental prerequisites for the sense of a narrated self. In A. Cooper, O.F. Kernberg & E.S. Person (Eds.), Psychoanalysis. Toward the second century (pp. 168–178). New Haven: Yale University Press.

Stern, D.N. (1989b). Crib monologues from a psychoanalytic perspective. In K. Nelson (Ed.), Narratives from the crib (pp. 309–319). Cambridge, Mass.: Harvard University Press.

Stern, D.N. (1991). Tagebuch eines Babys. Was ein Kind sieht, spürt, fühlt und denkt. München: Piper.

Selbstkohäsion – self cohesion

In der Selbstpsychologie von Heinz Kohut (1973a, 1979, 1987) und seinen Schülern wird davon ausgegangen, daß das Ziel des Selbst darin besteht, Erfahrungen zu organisieren und zu integrieren, um eine Kohäsion, einen Zusammenhalt des Selbsterlebens, zu erreichen. Hierbei spielen vor allem Affektzustände eine herausragende Rolle: Sie erhöhen das Gefühl der Lebendigkeit des Selbst und verhindern Tendenzen in Richtung Entleerung und Fragmentierung. Damit das Selbst diese Kohäsionskraft entwickeln kann, benötigt es das Erleben von befriedigenden → Selbstobjekt-Erfahrungen (bzw. den späteren Rückgriff auf verinnerlichte Selbstobjekt-Beziehungen).

Entsprechend dieser Neukonzeptualisierung des Selbst sind neue Begriffe wie Fragmentierungs- oder Desintegrationsangst, Entleerungsdepression oder leere → Depression, narzißtische Wut u.a. vorgeschlagen worden (vgl. Tolpin, 1971, 1978; Wolf, 1989). Sie alle beziehen sich auf einen prekären Zustand des Selbst, der sich in einem Mangel an Zusammenhalt (Kohäsion) manifestiert und lebensgeschichtlich durch einen Mangel an empathischer Resonanz der elterlichen Selbstobjekte entstanden ist. Störungen in der Kohäsion des Selbst können sich in den oben erwähnten Erscheinungen äußern, aber auch im anklammernden, zwingenwollenden, verlangenden, ansprüchlichen Verhalten sowie in funktionellen Beeinträchtigungen verschiedener → Ich-Funktionen.

Den Störungen des Selbst kann aber auch ein symbolischer Ausdruck verliehen werden, z.B. in Form von verschiedenen → Ängsten, wie Dunkelangst, Verarmungsangst, aber auch Phobien. Schließlich können Störungen der Kohäsion auch sexualisiert werden, um das bedrohte Selbst wieder spüren zu können; in der Kindheit manifestiert sich dies als Stuhlzurückhaltung, Einnässen, einsame Selbstbefriedigung, süchtiges Daumenlutschen, Zuviel-Essen u.a.; beim Erwachsenen in Form perverser Phantasien und Handlungen (wie Exhibitionismus, Sadomasochismus, Don Juanismus bei Männern; Eßstörungen und Promiskuität bei Frauen). → Zwangsneurotische → Charakterzüge (wie z.B. Entscheidungsunfähigkeit) und Symptome (wie Grübelzwänge) werden nach selbstpsychologischer Auffassung fälschlicherweise oft als klassische Psychoneurosen (Abwehr eines → ödipalen Triebwunsches) konzeptualisiert, weil diesen Aktivitäten häufig ein verzweifelter Versuch zugrundeliegt, das bedrohte Selbst in seinem Zusammenhang wieder zu festigen.

Deneke (1989), Deneke und Hilgenstock (1988) arbeiteten eine Systematisierung narzißtisch regulativer Funktionen des Selbstsystems aus. Anknüpfend an die klinische Typologie von Kohut und Wolf (1980), die vier selbstpathologische Syndrome beschrieben haben – das unterstimulierte Selbst, das fragmentierende Selbst, das überstimulierte Selbst und das überlastete Selbst – entwarfen sie auf der Grundlage von Selbstbefragungsbögen achtzehn Regulationsmodi des Selbstsystems, die sich auf faktorenanalytischem Weg zu vier Dimensionen gruppieren lassen. Diese bestehen aus dem „bedrohten Selbst", dem „‚klassisch' narzißtischen Selbst", dem „idealistischen Selbst" und dem „hypochondrischen Selbst". Unter die zuletzt genannte Dimension fallen z.B. narzißtische Regulationsmodi, die die Aufmerksamkeit auf den eigenen Körper fokussieren, der wie ein dem eigenen Selbst gegenüberstehendes Objekt erlebt und benutzt wird, wie z.B. eine hypochondrisch-ängstliche Sorge um die körperliche Integrität. Dieses narzißtische Regulationsmuster hat die Funktion, den für den Betreffenden unerklärlichen Vorgang einer Fragmentierung des Selbst auf körperliche Vorgänge einzugrenzen und zu konkretisieren. „Ist diese körperbezogene Angstbindung geglückt, hat sich das Selbst weitere Möglichkeiten zu seiner Stabilisierung eröffnet. Es ist nicht mehr in seiner Gesamtheit bedroht, sondern nurmehr in Teilbereichen seines körperlichen Selbst, von denen es sich wie von einem Objekt distanzieren kann, indem es die Verantwortung für diese Selbstdefekte an medizinische Helfer delegieren und somit Phantasien aufrechterhalten kann, die Defekte seien korrigier- oder heilbar" (Deneke & Hilgenstock, 1988, S. 193).

Literaturempfehlungen

Deneke, F.W. & Hilgenstock, B. (1988). Organisationsformen und Regulationsweisen des Selbstsystems. Zeitschrift für Psychosomatische Medizin und Psychoanalyse, 34, 178–195.

Kohut, H. (1973a). Narzißmus. Frankfurt/M.: Suhrkamp.

Kohut, II. (1973b). Überlegungen zum Narzißmus und zur narzißtischen Wut. Psyche, 27, 513–554.

Kohut, H. (1979). Die Heilung des Selbst. Frankfurt/M.:Suhrkamp.

Kohut, H. (1987). Wie heilt die Psychoanalyse? Frankfurt/M.: Suhrkamp.

Kohut, H. & Wolf, E. (1980). Die Störungen des Selbst und ihre Behandlung. In: Die Psychologie des 20. Jahrhunderts, Bd. 10 (S. 667–682). München: Kindler.

Milch, W. E. & Putzke, M. (1991). Auswirkungen der Kleinkindforschung auf das Verständnis von Psychosen. Forum der Psychoanalyse, 7, 271–282.

Tolpin, M. (1971). On the beginnings of a cohesive self. Psychoanalytic Study of the Child, 26, 316–352.

Tolpin, M. (1978). Self-objects and oedipal objects. A crucial developmental distinction. Psychoanalytic Study of the Child, 33, 167–184.

Wolf, E.S. (1989). Das Selbst in der Psychoanalyse: Grundsätzliche Aspekte. In E.S. Wolf, A. Ornstein, P. Ornstein, J.D. Lichtenberg & P. Kutter (Hg.), Selbstpsychologie (S. 1–25). München: Verlag Internationale Psychoanalyse.

Selbstobjekt – selfobject

Aufgrund von Rekonstruktionen und Extrapolationen aus den Analysen Erwachsener entwickelte Kohut (1971) das Konzept des Selbstobjekts. Seine Patienten, die hauptsächlich unter narzißtischen Persönlichkeitsstörungen litten, entwickelten Übertragungsformen, die Kohut als *idealisierende Übertragung* und *Spiegelübertragung* bezeichnete. Während es bei der idealisierenden Übertragung zu einer Wiederbelebung der als grandios und omnipotent erlebten Elternrepräsentanzen kommt, wird bei der Spiegelübertragung der Analytiker mehr oder weniger als eine Erweiterung des eigenen grandiosen Selbst wahrgenommen. Beiden Übertragungsformen ist gemeinsam, daß der Analytiker noch nicht als anderer, vom Selbst des Patienten abgegrenzter Mensch mit eigenen Intentionen und Bedürfnissen, als Person in ihrem eigenen Recht, erlebt werden kann, was mit dem Begriff *Selbstobjekt* zum Ausdruck gebracht werden soll. Ein Selbstobjekt wird somit hauptsächlich zur Regulation des Selbstwertgefühls benötigt, das in der selbstpsychologischen Theorie Kohuts einen zentralen Stellenwert einnimmt. Selbstobjekt-Übertragungen äußern sich in der Gegenübertragung wie eine Vereinnahmung, ein Erwartungsdruck, dem Betreffenden uneingeschränkte Aufmerksamkeit und Anerkennung widmen zu müssen, und schließlich auch als Ärger über die stark egozentrische Haltung.

Köhler (1988) weist auf das Mißverständnis hin, daß Selbstobjekt-Bedürfnisse grundsätzlich archaisch seien und deshalb immer frühe Störungen anzeigten. Vielmehr bleiben nach der Theorie der Selbstpsychologie Selbstobjekt-Bedürfnisse das ganze Leben über erhalten. „Zwar entwickelt sich auch eine Repräsentanz des objektalen Objektes, das als Zentrum eigener Initiative erlebt wird. Die Selbstobjekt-Funktion wird aber dadurch nicht ersetzt oder abgelöst. Sie bleibt während des ganzen Lebens zum psychischen Überleben notwendig. Sie macht jedoch eine Entwicklung durch. Ziel einer Analyse im Sinne der Selbstpsychologie ist demgemäß nicht, den Patienten aus etwaigen Verschmelzungen oder anderen symbiotischen Bindungen zu lösen, so daß er seine emotionale Abhängigkeit vom Objekt aufgeben kann und → Objektkonstanz erreicht. Ziel einer Analyse im Sinne der Selbstpsychologie ist vielmehr die Reifung der Selbstobjekt-Beziehung, als deren Folge das Selbst des Patienten kohäsiver wird und seine Empathie zunimmt, was es ihm ermöglicht, ein Objekt auch als Zentrum eigener Initiative zu akzeptieren" (S. 331f.).

Das von Kohut (1973a, 1979) postulierte Bedürfnis eines Menschen nach Selbstobjekt-Erfahrungen, die nicht nur für ein Kind lebensnotwendig sind, sondern auch von einem Erwachsenen für eine gelungene Selbstregulation benötigt werden, wurde vom psychoanalytischen mainstream zunächst zurückgewiesen. Die normative Idee einer Subjekt-Objekt-Beziehung, bei der das Subjekt seinen

Mitmenschen als eigenständiges Individuum betrachten kann und ihn nicht für die Zwecke der narzißtischen Selbstwertregulation gleichsam mißbrauchen oder für Triebbedürfnisse instrumentalisieren muß, übte eine große Anziehungskraft auf viele Psychoanalytiker aus. Allmählich setzte sich aber die Auffassung durch, daß hinter dieser übermenschlich erscheinenden „Reifemoral" eigene, schamhaft abgewehrte Bedürfnisse nach Anerkennung und angemessener Bewunderung stehen. Auch noch als Erwachsener ist man, mehr als man sich dies manchmal eingestehen mag, von winzigen Zeichen der Zustimmung anderer Menschen abhängig. Das Bedürfnis nach empathischen Selbstobjekten bleibt deshalb das ganze Leben lang bestehen, auch wenn diese Bedürfnisse zur Enttäuschungsprophylaxe unterdrückt oder verleugnet werden. Und die Illusion von Unabhängigkeit und forcierter Subjekt-Objekt-Spaltung, wie sie sich ja nicht nur im zwischenmenschlichen Bereich, sondern auch im neuzeitlichen Umgang mit der Natur manifestiert, wirkt sich allenthalben destruktiv aus. Möglicherweise geht die Aufrechterhaltung dieser Illusion auf eine → Verdrängung unseres ursprünglichen Wunsches nach einer empathischen Resonanz in und mit der Umwelt zurück.

Die Funktionen eines Selbstobjekts gegenüber dem *objektalen* Erleben eines Objekts (bei dem das menschliche Gegenüber als vom Subjekt unabhängiges Objekt erlebt werden kann) wurden in der Psychoanalyse zumeist als dichotome Erlebnisweisen beschrieben; letztlich ließen sich aber diese Modi des Beziehungserlebens auf einem multidimensionalen Kontinuum anordnen, wenn es gelänge, die einzelnen Modi noch präziser zu beschreiben. Denn auch das sog. objektale Erleben eines Gegenübers fächert sich in eine Vielzahl von Beziehungsmodalitäten auf.

Die Ausweitung des Terminus Selbstobjekt auf nichtmenschliche Bereiche (wie z.B. Musik, Poesie, Dichtung, Arbeit, Sport) läßt die Schwierigkeit entstehen, das Konzept des Selbstobjekts von dem des → Übergangsobjekts abzugrenzen. Es erscheint plausibel, letzteres der Beziehung zu gegenständlichen, apersonalen Objekten vorzubehalten, während der Terminus Selbstobjekt in bezug auf ein menschliches Objekt verwendet werden sollte (vgl. Hartkamp & Heigl-Evers, 1988).

Milch und Putzke (1991) haben im Anschluß an Überlegungen von Wolf (1989) und Lichtenberg (1989) von einer „Selbstobjekt-Umwelt" gesprochen, die eine stationäre Psychotherapie in einem psychoanalytisch geführtem Team für zumeist frühgestörte Patienten bereitstellen kann.

Literaturempfehlungen

Adler, G. & Rhine, M.W. (1988). The selfobject function of projective identification. Curative factors in psychotherapy. Bulletin of the Menninger Clinic, 52, 473–491.

Barth, F.D. (1988). The patient as selfobject: a form of countertransference. Bulletin of the Menninger Clinic, 52, 294–303.

Hartkamp, N. & Heigl-Evers, A. (1988). Übergangsobjekt und Selbstobjekt. Forum der Psychoanalyse, 4, 103–115.

Kind, J. (1988). Selbstobjekt Automat. Forum der Psychoanalyse, 4, 116–138.

Köhler, L. (1988). Probleme des Psychoanalytikers mit Selbstobjektübertragungen. In P. Kutter et al. (Hg.), Die psychoanalytische Haltung. Auf der Suche nach dem Selbstbild der Psychoanalyse (S. 331–348). München: Verlag Internationale Psychoanalyse.

Kohut, H. (1973a). Narzißmus. Frankfurt/M.: Suhrkamp.

Kohut, H. (1979). Die Heilung des Selbst. Frankfurt/M.: Suhrkamp.

Mertens, W. (1981). Psychoanalyse. Stuttgart: Kohlhammer, 4. aktualisierte Auflage 1992.

Milch, W.E. & Putzke, M. (1991). Auswirkungen der Kleinkindforschung auf das Verständnis von Psychosen. Forum der Psychoanalyse, 7, 271–282.

Morrison, A.P. (1986). On projective identification in couples' groups. International Journal of Group Psychotherapy, 36, 55–73.

Streeck, U. (1988). Das handwerkliche und das realistische Verhalten des Psychotherapeuten. Praxis der Psychotherapie und Psychosomatik, 33, 12–20.

Tolpin, M. (1986). The self and its selfobjects: A different baby. In A. Goldberg (Ed.), Progress in self psychology, vol. 2 (pp. 115–128). New York: Guilford Press.

Wolf, E.S. (1982). Zur Entwicklungslinie der Selbstobjektbeziehungen. Psychoanalyse, 3, 222–237.

Sexualtrieb – sexual instinct

Ist die Psychoanalyse eine „Dame ohne Unterleib?", fragte Jacoby (1986) und zielte damit unter anderem auf die zunehmende Entsexualisierung der gegenwärtigen Psychoanalyse ab, in der zwar viel von frühkindlicher Traumatisierung ($\rightarrow$ traumatische Neurose, $\rightarrow$ Trauma), ichstrukturellem Defizit und narzißtischer Störung gesprochen wird, in der aber Begriffe wie Trieb, Sexualität, Lust, Leidenschaft kaum noch auftauchen (vgl. Nitzschke, 1990).

Obwohl der Sexualtrieb sich in unterschiedlichsten Befriedigungsformen äußern und mit den verschiedensten Aktivitäten einhergehen kann, liegt ihm nach der ursprünglichen Auffassung von Freud nur eine einzige Energieform, die *Libido,* zugrunde. Seine genitale Erscheinungsform ist das Endprodukt einer langen psychosexuellen Entwicklung, in der einzelne Partialtriebe (orale, anale, phallisch exhibtionistische) zunächst im Vordergrund stehen und sich dann idealiter im Primat des Genitalen vereinigen.

Des weiteren sind Vermischungen des sexuellen mit dem Aggressionstrieb (→ Aggression) zu berücksichtigen. Der Sexualtrieb gibt am häufigsten Anlaß zu → Verdrängungen.

Die sehr weite Formulierung Freuds hinsichtlich dessen, was nun alles unter Sexualität zu verstehen sei, hat in der Geschichte der Psychoanalyse bis zum heutigen Tag viele Kontroversen ausgelöst (vgl. z.B. Butzer, 1991).

In jüngster Zeit hat Lichtenberg (1989) eine an die Beobachtungsbefunde der Kleinkindforschung angelehnte Motivationstheorie ausgearbeitet und dabei in deutlicher Abkehr von der *dualen* Triebtheorie fünf Motivationssysteme Freuds unterschieden. Jedes dieser Systeme hat den Zweck, ein Grundbedürfnis zu regulieren oder zu befriedigen. Diese fünf Grundbedürfnisse sind: (1) das Bedürfnis nach psychischer Regulation physiologischer Erfordernisse; (2) das Bedürfnis nach Bindung und Kontakt; (3) das Bedürfnis nach Erkundung und Selbstbehauptung; (4) das Bedürfnis, via antagonistischem Verhalten oder Rückzug aversiv zu reagieren; (5) das Bedürfnis nach sinnlicher Freude und Genuß und sexueller Erregung. Damit ist die klassische duale Triebtheorie eindeutig ad acta gelegt und die Bedeutung der Sexualität drastisch eingeschränkt. Sinnliche Freude und Genuß beziehen sich auf einen Affektzustand, der mit den tröstenden Aktivitäten der Eltern im Kleinkindalter beginnt, als Fähigkeit, sich selbst zu beruhigen, internalisiert wird (→ Internalisierung) und im weiteren Leben ein wichtiges Element der Selbstkohäsion wird. Die klassische Theorie hatte diesen Aspekt des sinnlichen Genusses nahezu unberücksichtigt gelassen und die Wichtigkeit einer orgastischen Triebabfuhr als alleiniges Ziel der Sexualität stark überschätzt.

Die von einigen Psychoanalytikern in den letzten Jahren beklagte „Entsexualisierung der Psychoanalyse" könnte bereits ein Reflex auf den Niedergang der klassischen Triebtheorie sein. Aber spielt nicht aus klinischer Sicht bei den meisten psychoneurotischen Symptomen die Abwehr sexueller Triebwünsche eine ganz wesentliche Rolle? Im selbstpsychologischen Bezugsrahmen geht Lichtenberg (1989) davon aus, daß dem sexuellen Triebkonflikt in den meisten Fällen eine Bedrohung der → Selbstkohäsion zugrundeliegt. Und eine Neuinterpretation der klinischen Befunde legt es nach Lichtenberg nahe, in sexuellen Phantasien oder Aktivitäten entweder eher den *beruhigenden* Effekt des sinnlichen Genusses oder den *vitalisierenden* Effekt der sexuellen Erregung zu sehen, jeweils mit dem Ziel die Kohäsion des Selbst wiederherzustellen.

Die Selbstpsychologie hat die Bedeutung sexueller Trieberfahrungen eingeschränkt und statt dessen die Wichtigkeit empathischer Verfügbarkeit und Resonanz betont. Lichtenberg vertritt die Auffassung, daß unter das sehr weite Konzept der Empathie elterliche Handlungen subsumiert werden können, die beim Kind durchaus sinnlichen Genuß und Freude auslösen (wie Berühren, Streicheln, Wiegen, rhythmisches Vokalisieren) und damit auch eine Selbstkohäsion bewirken. Mit dieser Konzeptualisierung ergibt sich wieder eine Annäherung zwischen den Positionen der Selbst- und der Triebpsychologie.

Mit der Konzeptualisierung motivational-funktionaler Systeme als psychische Strukturen verfolgt Lichtenberg den Anspruch, die Freudsche Triebtheorie (→ Trieb), an die mittlerweile auch viele Psychoanalytiker nicht mehr so recht glauben mögen, im Anschluß an viele Erkenntnisse aus Psychologie, Verhaltens- und Säuglingsforschung und Neurophysiologie zu ersetzen. Die an systemtheoretische Umformulierungsversuche der 70er und 80er Jahre erinnernden Begrifflichkeiten und Modellvorstellungen von Lichtenberg enthalten aber die Gefahr, „daß der archaische Kern im Menschen, wie er im Triebbegriff anklingt, dem technizistischen, scheinbar neutralen Bild einer Zentrale für Informationsverarbeitung weicht" (Charlier, 1991, S. 338). Die Metapher von der „Dame ohne Unterleib" scheint also auf die Theorien der Protagonisten einer Psychoanalyse ohne das klassische Triebkonzept durchaus zuzutreffen.

Literaturempfehlungen

Brede, C. (1976). Der Trieb als humanspezifische Kategorie. Psyche, 30, 473–502.

Butzer, R.J. (1991). Zur Dechiffrierung des Freudschen Triebbegriffs. Zeitschrift für Sexualforschung, 4, 1–32.

Freud, S. (1905d). Drei Abhandlungen zur Sexualtheorie. GW 5, 27, 33–145.

Görlich, B., Lorenzer, A. & Schmidt, A. (1980). Der Stachel Freud. Beiträge und Dokumente zur Kulturismus-Kritik. Frankfurt/M.: Suhrkamp.

Jacoby, R. (1986). Psychoanalyse und Sexualität. In Psychoanalytisches Seminar Zürich (Hg.), Sexualität (S. 115–132). Frankfurt/M.: Syndikat.

Klein, G. S. (1976). Freud's two theories of sexuality. In ders. Psychoanalytic Theory. An exploration of essentials (pp. 72–120). New York: International Universities Press.

Klein, G.S. (1976). The vital pleasures. In ders., Psychoanalytic theory. An exploration of essentials (pp. 210–238). New York: International Universities Press.

Lichtenberg, J.D. (1989). Psychoanalysis and motivation. Hillsdale, NJ: Analytic Press.

Lichtenberg, J.D. (1991). Motivational-funktionale Systeme als psychische Strukturen. Forum der Psychoanalyse, 7, 85–97.

McDougall, J. (1986). Identifizierungen, neuartige Bedürfnisse und neuartige Formen von Sexualität. Psyche, 40, 1007–1029.

Nitzschke, B. (1990). Zum Diskurs über die „Sexualität" in zeitgenössischen psychoanalytischen Entwürfen. In S. Zepf (Hg.), „Wer sich nicht bewegt, der spürt auch seine Fesseln nicht. ... " Anmerkungen zur gegenwärtigen Lage der Psychoanalyse (S. 155–190). Frankfurt/M.: Nexus.

Parin, P. (1986). Die Verflüchtigung des Sexuellen in der Psychoanalyse. In Psychoanalytisches Seminar Zürich (Hg.), Sexualität (S. 11–22). Frankfurt/M.: Syndikat.

Schorsch, E. (1989). Versuch über Sexualität und Aggression. Zeitschrift für Sexualforschung, 2, 14–28.

Sexueller Kindesmißbrauch – sexual child abuse

Die Psychoanalyse verdankt ihre Entstehung der Entdeckung der pathogenen Wirkung sexueller Verführung in der Kindheit, auch wenn Freud bald nicht mehr so ganz an seine Hysterika glauben wollte und von einer umweltpsychologischen Betrachtung im Sinne einer S-R-Psychologie zu einer genuin psychoanalytischen Sichtweise vorstieß, nämlich der subjektiven Aneignung traumatisierender Umweltereignisse auf der Folie kindlicher Phantasien.

Moderne Konzeptualisierungen der Traumatisierung versuchen sehr genau zu unterscheiden, ob und wie ein → Trauma, z.B. in Form sexuellen Kindesmißbrauchs, an vorgängige erotisch-sexuelle Phantasien anknüpft und wie ein Kind mit dem überwältigenden traumatischen Ereignis umzugehen versucht. Und ebenso ist es bei der analytischen Rekonstruktion von großer Wichtigkeit, zwischen realer (sexueller) Traumatisierung und wunschgetönten → Phantasien eines Kindes nach erotisch getönten Zärtlichkeiten zu unterscheiden, auch wenn dies manchmal nahezu unmöglich erscheint.

Im Zuge der Neueinschätzung von Psychoneurose und → traumatischer Neurose und der Entwicklung von Konzepten wie kumulatives Trauma (Khan, 1963),

Entwicklungsinterferenz (Nagera, 1967) oder Entwicklungstrauma (Müller-Pozzi, 1984) wurde der Stellenwert der Sozialisationsumwelt in Form traumatisierender Eltern-Kind-Beziehungen stärker gewichtet. Neben frühkindlichen Trennungssituationen, Deprivationen, elterlichen Delegationen und Überforderungen wurde in den letzten Jahren vor allem der sexuelle Kindesmißbrauch (erneut) zum Thema. Neben dem Wissen über die gestörte Familiendynamik gibt es heute schon breite klinische Erfahrungen über die typischen Folgen des Inzests (vgl. z.B. Hirsch, 1987; Dewald, 1989; Sherkow, 1990) wie z.B. konversionsneurotische Symptome, sexualisiertes Verhalten, Promiskuität, Selbstbeschädigung, psychogener Schmerz. In neueren Untersuchungen wurde bei einem erstaunlich hohen Anteil in der Kindheit sexuell mißbrauchter Patienten eine Borderline-Persönlichkeitsstörung diagnostiziert (Herman, Perry & Van der Kolk, 1989; Ogata et al., 1990; Zanarini et al., 1989). Dieser Befund macht deutlich, wie der sexuelle Kindesmißbrauch zu schwerwiegenden Auswirkungen in der Persönlichkeitsentwicklung des heranwachsenden Kindes führen kann.

In den letzten Jahren wurde auch die Familiendynamik zunehmend genauer untersucht, die zu Inzesthandlungen zumeist zwischen Vater und Tochter führt. Neben der Pathologie des Vaters befaßte man sich auch mit der Rolle der Mutter, deren → Verleugnungen zum Festhalten an dem Glauben an eine intakte Familie führen. Die analytische → Durcharbeitung dieser Familiendynamik führt häufig zu schweren Erschütterungen.

Die Mehrzahl aller Vergewaltiger sind in ihrer Kindheit selbst sexuellem Mißbrauch ausgesetzt gewesen. Larvierte Formen dieses Mißbrauchs werden häufig auch von Eltern vorgenommen, die in irgendeiner Form medizinisch tätig sind. Unter dem Deckmantel des ärztlichen Eingriffs muß sich das Kind vor dem Vater ausziehen, es bekommt Einläufe, Infusionen, Injektionen u. ä. m. (vgl. Levin, 1984/85). Eltern können auf diese Weise die Doktorspiele ihrer eigenen Kindheit, die selbst mitunter zur Bewältigung eines sexuellen Übergriffs in der Kindheit dieser Eltern dienten, unbewußt bei ihren eigenen Kindern wiederholen.

Schuldgefühle (→ Schuld) eines sexuell zudringlichen Vaters können z.B. abgewehrt werden, indem er im nachhinein seiner Tochter schwere Vorwürfe macht und sie für „ihre" Taten bestraft. So werden nach Blum (1987) die Verfehlungen der Eltern über Generationen hinweg weitergegeben. Aggression, Vergeltungüben-Wollen und Bestrafungsimpulse werden in der Phantasie zu einem unentwirrbaren Knäuel verdichtet. Weil Väter oder Mütter ihre Taten verleugnen wollen, verlangen sie häufig vom Kind, mit niemandem darüber zu reden. Diese „Verschwörung des Schweigens" wird wie eine masochistische Bindung (→ Masochismus) zwischen dem Kind und dem Elternteil aufrechterhalten, um Bestrafung und Liebesverlust zu vermeiden, und führt zumeist zu schweren → Über-Ich-Vorwürfen und Bestrafungsphantasien, wenn das traumatisierte Kind später doch dieses Schweigen brechen will. Auch eine mehr oder minder stark gestörte → Realitätsprüfung kann Folge dieser „Verschwörung" sein. Kinder können sich aber auch mit der Schuld und den Selbstvorwürfen der Eltern identifizieren, vor allem wenn diese die Schuld auf ihr Kind abzuwälzen versuchen. „Warum warst du auch so verschmust und verführerisch, warum hast du mich so erregt? Warum ziehst du dich nicht anständig an?" So oder ähnlich mögen die Vorwürfe lauten, denen Kinder zusätzlich zu dem traumatisierenden Erlebnis noch obendrein ausgesetzt sind, und die zu weiterer Verwirrung, gestörter Realitätswahrnehmung und Über-Ich-Entwicklung und nahezu völliger Unterdrückung aller sexuellsinnlichen Impulse führen können.

Literaturempfehlungen

Blum, H.P. (1986). On identification and its vicissitudes. International Journal of Psycho-Analysis, 67, 267–276.

Blum, H.P. (1987). The role of identification in the resolution of trauma: The Anna Freud memorial lecture. Psychoanalytic Quarterly, 56, 609–627.

Dewald, P.A. (1989). Effects on an adult of incest in childhod: a case report. Journal of the American Psychoanalytic Association, 37, 997–1014.

Herman. J.L., Perry, J.C. & Van der Kolk, B.A. (1989) Childhood trauma in borderline personality disorder. American Journal of Psychiatry, 146, 490–495.

Hirsch, M. (1987). Realer Inzest. Psychodynamik des sexuellen Mißbrauchs in der Familie. Berlin: Springer, 2. Auflage 1990.

Kögler, M. (1991). Die Verarbeitung des Inzesttraumas in der psychoanalytischen Behandlung. Forum der Psychoanalyse, 7, 202–213.

Küchenhoff, J. (1990). Die Repräsentation früher Traumata in der Übertragung. Forum der Psychoanalyse, 6, 15–31.

Ogata, S.N., Silk, K.R., Goodrich, S., Lohr, N.E., Westen, D. & Hill, E.M. (1990). Childhood abuse and clinical symptoms in borderline patients. American Journal of Psychiatry, 147, 1008–1013.

Rosenfeld, A.A., Bailey, R., Siegel, B. & Siegel, G. (1986). Determining incestuous contact between parent and child: frequency of children touching parents' genitals in a nonclinical population. Journal of the American Academy of Child Psychiatry, 25, 481–484.

Shengold, L. (1989). Soul murder: The effects of childhood abuse and deprivation. New Haven: Yale University Press.

Sherkow, S.P. (1990). Evaluation and diagnosis of sexual abuse of little girls. Journal of the American Psychoanalytic Association, 38, 347–369.

Zanarini, M., Gunderson, J.G., Marino, M.F., Schwartz, E. & Frankenburg, F.R. (1989). Childhood experiences of borderline patients. Comprehensive Psychiatry, 30, 18–25.

Signalangst – signal anxiety

Das von Freud (1926d) entwickelte Konzept der Signalangst hat bis zum heutigen Tag nichts von seiner klinischen Nützlichkeit eingebüßt. Angesichts einer viel umfangreicheren Behandlungsindikation z.B. bei Borderline-Störungen (→ Borderline) ist die Einschätzung, ob ein Patient die Fähigkeit zur Signalangst aufweist oder von Panikattacken überfallen wird, eine wichtige diagnostische Aufgabe, wenngleich auch die Redeweise mancher Patienten, wie z.B. „da habe ich unheimlich Panik bekommen" noch nicht notwendigerweise den Rückschluß auf das Nichterreichen von Signalangst zuläßt.

Nach Freud (1926d) hat das kleine Kind zu Beginn seines Lebens noch mit *traumatischer* Angst zu kämpfen, von der es oftmals aufgrund körperlicher Empfindungen oder äußerer Frustrationen heimgesucht wird. Der „distress cry" tritt in den ersten Lebensjahren eines Kindes einige tausende Mal auf und zeigt an, daß das Kind von Panik und äußerstem Unbehagen geplagt und erschüttert wird. Die Entwicklung von Signalangst ist nicht nur eine wichtige entwicklungstheoretische Leistung, sondern zugleich auch ein Beispiel für eine Affekterweiterung und -differenzierung: aus dem anfänglichen panischen Erleben wird mit der Zeit ein komplizierter, kognitiv differenzierter Affekt, die Signalangst. Diese impliziert gleichsam in abgeschwächter Dosis ein Angsterleben, das zu angstkontrollierenden Maßnahmen führt: ein Zurückflüchten in den Schoß der Mutter, ein Davonlaufen oder – einige Zeit später – die Zuflucht zu Abwehrmaßnahmen, die verhindern, daß sich die traumatische Angst (→ traumatische Neurose) entwickeln kann. Wenn die Signalangst in ihrer Funktion versagt, kommt es zum Erleben von Panik; der Betreffende ist dann unfähig, mit der für ihn als gefahrvoll erlebten Situation adäquat umzugehen, da kognitive und motorische Funktionen weitgehend versagen. Signalangst kann von deutlich erlebter Angst bis hin zu kaum merklichen Vorgängen reichen, und ein Überhandnehmen, aber auch das vollständige Fehlen von Signalangst ist Kennzeichen einer neurotischen Störung.

Blanck und Blanck (1980) skizzierten eine Entwicklungslinie, die sich von panischer Angst oder organismischem Unbehagen auf dem Weg über die Verinnerlichung von tröstenden, beruhigenden und besänftigenden Handlungen bis zur Ausbildung von Signalangst erstreckt und schufen mit ihrem Konzept des „Angelpunktes" der Entwicklung ein zwar stark vereinfachtes, aber doch klinisch nützliches Schema für die Einschätzung des Entwicklungsniveaus verschiedener → Ich-Funktionen.

Neben der Verinnerlichung einfühlsamer elterlicher Handlungen sind kognitive Entwicklungsvorgänge für die Ausbildung von Signalangst wichtig. So muß ein Kind die Gefahrensituation erkennen, sich an frühere, traumatisierende Erfahrungen erinnern und Abwehrvorgänge, die aus kognitiven Operationen entstehen, ausbilden können. Schließlich muß es noch zu Impulskontrolle und -aufschub in der Lage sein. Erst dann kann das Erleben von Panik und hilflosem Überwältigtwerden durch ängstliche Antizipation, traumatische Angst durch Signalangst ersetzt werden (Pine, 1979).

In den letzten Jahren wurde herausgearbeitet, daß es neben der Angst auch noch andere „Signalaffekte" angenehmer und unangenehmer Art gibt (z.B. Schur, 1969; Brenner, 1974). Für den komplexen Affekt der → Depression, wurde eine solche Signalfunktion, die wie die Angst entsprechende Abwehrmaßnahmen auslösen kann (Brenner, 1975), ebenso klinisch nachgewiesen wie für das Sicherheitserleben (Joffe & Sandler, 1968), das das Selbstwertgefühl regulieren hilft.

Literaturempfehlungen

Blanck, G. & Blanck, R. (1980). Ich-Psychologie II. Psychoanalytische Entwicklungspsychologie. Stuttgart: Klett-Cotta.

Freud, S. (1926d). Hemmung, Symptom und Angst. GW XIV, 207–286.

König, K. (1981). Angst und Persönlichkeit. Das Konzept vom steuernden Objekt und seine Anwendungen. Göttingen: Vandenhoeck & Ruprecht.

Pine, F. (1979). On the expansion of the affect array. A developmental description. Bulletin of the Menninger Clinic, 43, 79–95.

Rüger, U. (Hg.) (1984) Neurotische und reale Angst. Der Beitrag der Psychoanalyse zur Erkennung, Therapie und Bewältigung von Angst in der klinischen Versorgung und im psychosozialen Feld. Göttingen: Vandenhoeck & Ruprecht.

Yorke, C., Kennedy, H. & Wiseberg, S. (1980). Some clinical and theoretical aspects of two developmental lines. In S.I. Greenspan & G.H. Pollock (Eds.) The course of life, vol. 1: Infancy and early childhood (pp. 619–637). Adelphi, Maryland: Mental Health Study Center.

Spaltung – splitting

Von den verschiedenen Spaltungskonzepten, die seit den Anfängen der Psychoanalyse formuliert wurden, sind die bekanntesten diejenigen, die Freud (1927e, 1940a, 1940e) bei der Charakterisierung der → Konversion, des → Fetischismus und der → Zwangsneurose benutzte und die von M. Klein (1957, 1960) beschriebenen Spaltungsvorgänge des Kleinkindes. In den letzten Jahren gewannen vor allem die vertikale und horizontale Spaltung innerhalb der Narzißmustheorie von Kohut (1973) und das aus neueren entwicklungspsychologischen Studien von Mahler und Mitarbeitern (1975) hervorgegangene und anhand klinischer Beobachtungen und Erfahrungen vor allem mit Borderline-Patienten präzisierte Spaltungskonzept Kernbergs (1976) herausragende Bedeutung.

Bei dieser Form der Spaltung wird davon ausgegangen, daß enttäuschende („böse") und liebevolle („gute") Repräsentanzen der Mutter (bzw. der Eltern) in der Erfahrung voneinander getrennt gehalten werden (wobei die Vorstellung, daß der Säugling bereits mit einer in gut und böse gespaltenen Erfahrungswelt sein Leben beginnt, aufgrund neuerer Forschungsergebnisse in Frage gestellt wird). Trotz enttäuschender Erfahrungen kann das Kind damit an der Illusion festhalten, daß es weiterhin von seiner Mutter geliebt wird; werden die Frustrationen zu stark, gewinnt jedoch das „böse" Objektbild der Mutter die Oberhand.

Das Schwanken zwischen den Bildern der ausschließlich guten und der ausschließlich bösen Mutter-Repräsentanz ist für das Annäherungs-Vermeidungs-Verhalten der → Wiederannäherungsphase verantwortlich, was Mahler et al. (1978) als Ambitendenz bezeichnet haben. Ist diese kognitiv-emotionale Organisation der Objektrepräsentanzen entwicklungspsychologisch nach Mahler et al. zunächst noch für ein zweijähriges Kind angemessen, so kann sie später als Abwehrvorgang eingesetzt werden, wenn trotz kognitiver Reifung an der Spaltung der verschiedenen Eigenschaften ein und desselben Objekts festgehalten wird, und kein gefühlsmäßig ambivalentes Bild (→ Ambivalenz) einer Person entstehen kann („die Mutter, die lieb ist, aber auch schimpfen kann, und dann – vorübergehend – böse ist").

Die Gründe für die Aufrechterhaltung der Spaltung als Abwehrmechanismus sind meist in dem als existentiell erfahrenen Bedürfnis des Kindes zu suchen, sich die Vorstellung einer „guten" Mutter erhalten zu müssen, die ihr Kind liebt, entweder weil die tatsächliche Liebe der Mutter eher gering ist, das Selbstwertgefühl des Kindes eher schwach ist und/oder aggressive Affekte des Kindes zu einer projektiven Verzerrung der Objektbilder führen. Als Faustregel kann somit angenommen werden: Je schwieriger die Interaktion zwischen Mutter (Vater) und Kind – aus einer Vielzahl von Gründen – ist, desto stärker ist die reaktive → Aggression und desto intensiver das Bedürfnis, die Repräsentanzenwelt in „gut" und „böse" zu spalten.

Im späteren Erleben des Kindes und auch des erwachsenen Patienten kommt es dann zu einem mehr oder weniger raschen Alternieren zwischen zwei Erfahrungszuständen: Einem schnellen Sich-Verlieben mit einer starken → Idealisierung des jeweiligen Partners folgt wenige Zeit später eine massive Entwertung, die am anderen keine liebenswerte Eigenschaft mehr erkennen kann. Die therapeutische Aufgabe besteht in der Förderung einer allmählichen Synthetisierung der vormals voneinander abgespaltetenen Bereiche der Repräsentanzenwelt vor allem auch anhand der Erfahrung, daß sich der Analytiker nicht entsprechend den → Projektionen und → projektiven Identifizierungen verhält.

Von Bindungs- und Kleinkindforschern (z.B. Lyons-Ruth, 1991; Stern, 1985) wird mittlerweile entgegen der Mahlerschen Auffassung der Spaltung postuliert, daß sie keinen ubiquitären und entwicklungsnormativen Vorgang darstelle, mit dem ein Säugling von Beginn des Lebens an seine Erfahrungswelt organisiert; vielmehr ist die Wahrnehmung eines Säuglings in erstaunlichem Umfang ganzheitlich, wie sich aufgrund ausgeklügelter Experimente schlußfolgern läßt. Zu Spaltungsvorgängen kommt es gemäß dieser Auffassung deshalb wahrscheinlich reaktiv erst im zweiten Lebensjahr aufgrund von gestörten Mutter-(Vater-)Kind-Interaktionen.

Eine besondere Form der Spaltung stellt auch die sog. Selbst-Spaltung dar, die vor allem für die Betrachtung psychosomatischer Symptome und Patienten mit einer Selbstbeschädigungsproblematik bedeutsam ist (Sachse, 1987; Hirsch, 1989). Bei der Selbst-Spaltung wird der eigene Körper – zumeist das Körperinnere – als nur schlechter Selbstanteil vom bewußten Selbsterleben abgespalten; während das Körperinnere für den „bösen" Selbstanteil steht, in dem die Traumatisierungen aus belastenden und unzureichenden Eltern-Kind-Interaktionen aufbewahrt sind, wird das psychische Selbst für ein autarkes, leistungsfähiges und narzißtisch hoch besetztes Funktionieren instrumentalisiert.

Die Spaltung wird zwar den Borderline-Störungen (→ Borderline) zugeordnet, tritt in weniger ausgeprägter Form aber nahezu bei jedem Menschen auf, und ist für die psychoanalytisch-sozialpsychologische Betrachtung von Paaren, Familien, Klein- und Großgruppen und Nationen von großer Bedeutung. In den letzten Jahren wurde sie von Psychoanalytikern zu Konzepten der kognitiven Entwicklungspsychologie von Piaget in Beziehung gesetzt und Parallelen und Unterschiede herausgearbeitet (vgl. Lester, 1983; Melito, 1983; Posener, 1989). Im Zuge dieser Rekonzeptualisierung wurde auch angezweifelt, ob die Spaltung überhaupt einen eigenen Abwehrmechanismus darstellt, oder nicht als Sonderform der → Verleugnung (vgl. Dorpat, 1983, 1985) zu betrachten ist. Aus klinischer Sicht wird kritisiert, daß das mittlerweile beliebte Modell der Spaltung die „ungeheure Vielfalt und genetische Vielschichtigkeit" (Wurmser, 1987, S. 7) psychischer Prozesse zu stark vereinfache.

Literaturempfehlungen

Freud, S. (1927e). Fetischismus. GW XIV, 311–317.

Gergely, G. (1992). Developmental reconstructions: Infancy from the point of view of psychoanalysis and developmental psychology. Psychoanalysis and Contemporary Thought, 15, 3–55.

Hirsch, M. (Hg.) (1989). Der eigene Körper als Objekt. Zur Psychodynamik selbstdestruktiven Körperagierens. Berlin: Springer.

Kernberg, O.F. (1976). Borderline-Störungen und pathologischer Narzißmus. Frankfurt/M.: Suhrkamp.

Klein, M. (1957). Neid und Dankbarkeit. Psyche, 11, 241–255.

Klein, M. (1960). Über das Seelenleben des Kleinkindes. Einige theoretische Betrachtungen. Psyche, 14, 284–316.

Kohut, H. (1973a). Narzißmus. Frankfurt/M.: Suhrkamp.

Melito, R. (1983). Cognitive aspects of splitting and libidinal object constancy. Journal of the American Psychoanalytic Association, 31, 515–535.

Sachse, U. (1987). Selbstbeschädigung als Selbstfürsorge. Zur intrapersonalen und interpersonellen Psychodynamik schwerer Selbstbeschädigungen. Forum der Psychoanalyse, 3, 51–70.

Schwarz, F. (1988). Spaltungsprozesse und Spaltungserlebnisse aus psychoanalytischer Sicht. In R. Klußmann, W. Mertens & F. Schwarz (Hg.), Aktuelle Themen der Psychoanalyse (S. 35–45). Berlin: Springer.

Wurmser, L. (1987). Flucht vor dem Gewissen. Analyse von Über-Ich und Abwehr bei schweren Neurosen. Berlin: Springer.

Spiegeln – mirroring

Es war das Verdienst von Spitz (1965), anhand der Interpretation der Harlowschen Affenversuche (1958) aufgezeigt zu haben, daß Menschenkinder mehr brauchen als nur Nahrung und Wärme, nämlich einen Dialog mit einer Pflegeperson, bei dem die Reziprozität in Form eines kontinuierlichen Feedbacks von ausschlaggebender Bedeutung für das psychische Wohlergehen des Kleinkindes ist. Diese zunächst noch sehr pauschale Beschreibung hat eine Vielzahl von Forschern bis hin zur heutigen neonatologischen Forschung animiert, sich genauer mit dem Mutter-Kind-Dialog zu beschäftigen. In diesem Zusammenhang ist an das Konzept des „Spiegelns" zu denken, das in der psychoanalytischen Umgangssprache mittlerweile eine Vielzahl von Bedeutungen aufweist (vgl. Blum, 1989). Von der einfühlsamen Aufmerksamkeit gegenüber den kindlichen Äußerungen, der Imitation der affektgetönten Mimik und Gestik bis hin zum modalitätsübergreifenden Übersetzen der kindlichen Signale wird hier ein weites

Spektrum angesprochen. Der Übersetzungsvorgang in eine andere Sinnesmodalität (z.B. die Versprachlichung einer freudigen Mimik des Kindes – „ha, da freut sich unser Baby, da lacht und strahlt es") ist von Stern als „Affektattunement" bezeichnet worden. Blum (1989) verweist auf die herausragende Bedeutung der Integration der verschiedenen Kommunikationen in verschiedenen Sinnesmodalitäten und sieht eine Parallele im therapeutischen Prozeß angesichts der Symbolisierung vormals lediglich sensomotorisch und primärprozeßhaft erlebter Kommunikationsinhalte in sekundärprozeßhafte Strukturen.

Neben diesem integrationsfördernden und sinnlosen Gesten Bedeutungen verleihenden „Übersetzen" läßt sich als ein weiterer Aspekt des Spiegelns die ganzheitliche und freudige Bestätigung der kindlichen Seinsweise von seiten der Eltern benennen. Darauf haben vor allem Winnicott (1967) und Kohut (1973a, 1979) aufmerksam gemacht, dessen Redeweise vom „Glanz im Auge der Mutter" zu einer beliebten psychoanalytischen Metapher wurde. Nicht mehr die Mutter als sinnliches Triebobjekt, sondern die narzißtische Bestätigungen verleihende Mutter in ihrer Funktion als → Selbstobjekt ist für die Selbstpsychologie von ausschlaggebender Bedeutung. Weil das Konzept des Spiegelns häufig mit diesem Theoriehintergrund verbunden wird, ist es auch bei manchen Autoren nicht unumstritten, vor allem was seine Rolle als therapeutischer Wirkfaktor anbelangt. Aber ohne die Einseitigkeiten des späten Kohut nachzuvollziehen, stellt das Spiegeln in den oben beschriebenen Varianten nicht nur eine eminent wichtige elterliche Sozialisationsleistung dar, sondern auch einen unaufdringlichen Hintergrund im therapeutischen Geschehen und eine fast unerläßliche Folie für die Akzeptanz und Wirkung von Deutungen.

In der Bindungsforschung (→ Bindung) jüngeren Datums konnte nachgewiesen werden, daß die bisherigen Messungen des mutterlichen Pflege*verhaltens* keine gute Prognose der späteren Bindungssicherheit erlauben. Aus psychoanalytischer Sicht ist nicht nur die liebevolle und warmherzige Zuwendung zum Kind wichtig, sondern vor allem die Fähigkeit einer Mutter, die entstehenden Intentionen und Wünsche ihres Kindes in sich selbst nachvollziehen zu können. Dieser Vorgang des Sich-in-ihr-Kind-Hineinversetzen-Könnens verleiht den präreflexiven Empfindungen des Kindes den Status nachvollziehbarer und mitteilbarer Wahrnehmungen und Intentionen, was in anderer Begrifflichkeit mit den alpha- und beta-Elementen und -funktionen von Bion (1962) beschrieben werden kann. Entsprechend dieser Auffassung ist das Spiegeln für ein Kind vor allem deshalb besonders bedeutsam, weil es ihm die Gewißheit vermittelt, daß seine innere Welt von seiner Mutter verstanden und in ihr aufbewahrt wird. Diese Erfahrung ermöglicht ihm eine verläßliche affektive Bindung, während der unsicher oder widerständig Gebundene immer noch nach der Erfahrung des wirklichen Verstandenwerdens seiner inneren Welt sucht.

Literaturempfehlungen

Blum, H.P. (1989). The value, use, and abuse of infant developmental research. In S. Dowling & A. Rothstein (Eds.), The significance of infant observational research for clinical work with children, adolescents, and adults (pp. 157–174). Workshop Series of the American Psychoanalytic Association, Monograph 5. Madison, Conn.: International Universities Press.

Bohleber, W. (1992). Identität und Selbst. Die Bedeutung der neueren Entwicklungsforschung für die psychoanalytische Theorie des Selbst. Psyche, 46, 336–365.

Brent, L. & Resch, R.C. (1987). A paradigm of infant-mother reciprocity: a reexamination of „emotional refueling". Psychoanalytic Psychology, 4, 15–31.

Knapp, G. (1988). Narzißmus und Primärbeziehung. Psychoanalytisch-anthropologische Grundlagen für ein neues Verständnis von Kindheit. Berlin: Springer.

Lichtenberg, J.D. (1985). Mirrors and mirroring: Developmental experiences. Psychoanalytic Inquiry, 5, 199–210.

Pines, M. (1988). Reflexionen über das Spiegeln. Forum der Psychoanalyse, 4, 251–272.

Schacht, L. (1982) Die Spiegelfunktion des Kinderanalytikers. Psyche, 36, 47–58.

Winnicott, D. W. (1967). Mirror-role of mother and familiy in child development. In ders., Playing and reality (pp. 111–118). New York: Basic Books, 1971 (dt.: Vom Spiel zur Realität. Stuttgart: Klett, 1979).

Sprachverwirrung – confusion of tongues

Ferenczis Aufsatz „Die Sprachverwirrung zwischen den Erwachsenen und dem Kind. Die Sprache der Zärtlichkeit und der Leidenschaft" aus dem Jahr 1933, dessen Inhalt von Freud vor allem wegen der reduktionistischen Auffassung der neurotischen Krankheitsverursachung („Neurosen lassen sich unilinear auf Traumen in der Kindheit zurückführen") abgelehnt wurde, hat in der Gegenwart eine unerwartete Resonanz erfahren (z.B. Grunberger, 1979; Cremerius, 1983; Falzeder, 1985). Das hat sicherlich mit der Aktualisierung der Traumatheorie (→ Trauma) und der stärkeren Gewichtung objektbeziehungstheoretischer und familiendynamischer Ansätze zu tun.

Die Sprachverwirrung bezieht sich nach Ferenczi (1933) z.B. auf die Diskrepanz zwischen den Zärtlichkeitsbedürfnissen des Kindes und den sexualisierten bis offen verführerischen Reaktionen der Erwachsenen, die nicht nur ihr Kind überfordern, sondern auch → Schuldgefühle und → Scham erzeugen. Neben der oktroyierten sexuellen Verführung können auch übertriebene Strafmaßnahmen neurotisierend wirken: „Die spielerischen Vergehungen des Kindes werden durch die leidenschaftlichen, oft wutschnaubenden Strafsanktionen erst zur Realität erhoben, mit all den depressiven Folgen für das bis dahin sich schuldlos fühlende Kind" (S. 310).

Schließlich erwähnt Ferenczi noch den „Terrorismus des Leidens". „Kinder haben den Zwang, alle Art Unordnung in der Familie zu schlichten, sozusagen die Last aller anderen auf ihre zarten Schultern zu bürden; natürlich zu guter Letzt nicht aus reiner Selbstlosigkeit, sondern um die verlorene Ruhe und die dazugehörige Zärtlichkeit wieder genießen zu können. Eine ihre Leiden klagende Mutter kann sich aus dem Kind eine lebenslängliche Pflegerin, also eigentlich einen Mutterersatz schaffen, die Eigeninteressen des Kindes gar nicht berücksichtigend" (S. 312). Nach Ferenczi (1933) identifiziert sich das verführte und überforderte Kind mit der scheinheiligen und falschen Realitätsinterpretation des Elternteils, was u.a. zur Folge hat, daß das Vertrauen in die eigene Realitätswahrnehmung (→ Realitätsprüfung) erschüttert wird.

Dreißig Jahre später hat Richter (1963) diese Gedanken wieder aufgegriffen, wenn er in einer psychoanalytisch-rollentheoretischen Perspektive von der Substitutsfunktion des Kindes in der Familie gesprochen und die Grundlagen für eine psychoanalytisch-familiendynamische Betrachtungsweise geschaffen hat.

Modell (1991) hat das Paradigma der potentiell traumatisierenden Sprachverwirrung im Sozialisationsprozeß dahingehend ausgeweitet, daß er in den unterschiedlichen Realitätskonstruktionen von Kind und erwachsenen Eltern einen ubiquitären Konfliktanlaß erblickt, der sich auch evolutionsbiologisch – wegen der Unterschiedlichkeit elterlicher und kindlicher Bedürfnisse – begründen läßt (vgl. Trivers, 1985; Slavin, 1985). Weniger auffällig als der vor allem in den letzten Jahren thematisierte → sexuelle Kindesmißbrauch, aber deswegen nicht weniger neurotogen, ist die Abweichung der Realitätskonstruktionen, die nur sehr global anhand der Einschätzung der elterlichen Selbstbezogenheit erfaßt werden kann. Am deutlichsten wird dies bei jenen Kindern, die sich später als Analysanden darüber beklagen, von ihren Eltern nur dann geliebt worden zu sein, wenn sie deren narzißtische Erwartungen erfüllten. Auf subtilere Weise muß sich jedoch jedes Kind mit der unterschiedlichen Realitätskonstruktion seiner Eltern auseinandersetzen und dabei erleben, daß die Eltern unterschiedlich viel → Empathie in die kindliche Erlebniswelt aufbringen.

Diese Thematik hat nach Modell (1991) bedeutsame therapeutische Konsequenzen. Denn die Deutungen des Analytikers werden vom Analysanden mehr oder weniger als dessen Realitätskonstruktionen erlebt, die deshalb je nach Vorgeschichte des Analysanden als uneinfühlsame Zumutung, vorschnelles Eindringen oder schmerzliches Verfehlen erfahren werden können. Die bewährte ich-psychologische Technik, dem Patienten nur ein klein wenig voraus zu sein und es ihm zu ermöglichen, selbst die Einsichten zu finden, hat im Lichte dieser Überlegungen deshalb viel Gewicht. Und die von der Psychoanalyse so stark favorisierte Haltung der Neutralität und → Abstinenz, die z.B. davon ausgeht, die eigenen Ziele dem Patienten nicht oktroyieren zu wollen, wird bei diesem Thema erneut plausibel.

Literaturempfehlungen

Cremerius, J. (1983). „Die Sprache der Zärtlichkeit und der Leidenschaft". Reflexionen zu Sandor Ferenczis Wiesbadener Vortrag von 1932. Psyche, 37, 998–1015.

Falzeder, E. (1985). Sandor Ferenczi und sein Beitrag zur Objektbeziehungspsychologie. Psychoanalyse, 6, 81–122.

Ferenczi, S. (1933). Die Sprachverwirrung zwischen den Erwachsenen und dem Kind. Die Sprache der Zärtlichkeit und der Leidenschaft. In ders., Schriften zur Psychoanalyse II (S. 303–313). Frankfurt/M.: Fischer 1972.

Grunberger, B. (1979). Von der „Aktiven Technik" zur „Sprachverwirrung". Studie zur Ferenczis Abweichung. Jahrbuch der Psychoanalyse, 11, 100–124.

Modell, A. (1990). Other times, other realities. Toward a theory of psychoanalytic treatment. Cambridge, Mass.: Harvard University Press.

Modell, A. (1991). A confusion of tongues or whose reality is it? Psychoanalytic Quarterly, 40, 227–244.

Richter, H.-E. (1963). Eltern, Kind und Neurose. Stuttgart: Klett.

Sublimierung – sublimation

Das Konzept der Sublimierung blieb bei Freud immer ein theoretischer Torso und gehört heutzutage zu den umstrittensten Theoriebestandteilen. Die wesentlichen Bestimmungsstücke nach Freud lassen sich wie folgt benennen: aus der Unterdrückung der sogenannten perversen Anteile (→ Perversion) der Sexualerregung (vor allem homosexueller und fetischistischer Art [→ Homosexualität; → Fetischismus]) ergeben sich wichtige Kräfte; die in ihrer Zielrichtung gehemmten Sexualtriebe werden auf sozial und kulturell höherstehende Ziele umgelenkt; der Vorgang der Umlenkung beginnt in der → Latenzperiode; die Bewältigung der ödipalen Konstellation ist ein wichtiger Bestandteil der Sublimierung; die Sublimierung kann sich anderer psychodynamischer Vorgänge und Abwehrmechanismen, wie z.B. der → Identifizierung oder der Reaktionsbildung bedienen; nicht nur sexuelle, sondern auch aggressive Impulse (→ Aggression) können sublimiert werden; im Unterschied zum Neurotiker, der seine Triebimpulse mit großem inneren Kräfteaufwand verdrängen muß, liegt bei der Sublimierung ein gesundes Triebschicksal vor; der ursprüngliche Triebimpuls soll allerdings nicht vollständig in kulturelle Leistung umgesetzt werden.

Viele Fragen blieben offen, so z.B. wie die „Umlenkung" vonstatten geht; ab wann man von „sozial und kulturell höherwertig" sprechen kann, und ob hier nicht auch ein bildungsbürgerliches Ideal Freuds miteingeht. Ferner: Ist den Trieben nicht schon von ihrer Anlage her bereits eine gewisse Sublimierungsfähigkeit inhärent?

Kritikern, denen das psychoanalytische Postulat einer triebhaften → Determinierung des Psychischen ohnehin ein Dorn im Auge war, erbitterten sich darüber, daß das Geistige nur aus Verdrängungen, Unterdrückungen und Sublimierungen hervorgegangen sein solle.

Aber in „Jenseits des Lustprinzips" (1920g) bekräftigte Freud noch einmal seine Auffassung: „Vielen von uns mag es auch schwer werden, auf den Glauben zu verzichten, daß im Menschen selbst ein Trieb zur Vervollkommnung wohnt, der ihn auf seine gegenwärtige Höhe geistiger Leistung und ethischer Sublimierung gebracht hat, und von dem man erwarten darf, daß er seine Entwicklung zum Übermenschen besorgen wird. Allein ich glaube nicht an einen solchen inneren Trieb und sehe keinen Weg, diese wohltuende Illusion zu schonen … " (S. 44).

Nach Hoffmann (1979) überzeugt am stärksten Bernfelds (1931) Auffassung, der in der Bezeichnung der Sublimierung eine begriffliche Unschärfe sah, die auf eine ganze Anzahl von psychischen Operationen verweist, die „eine gewisse Ichnähe im Gegensatz zur → Verdrängung, eine gewisse Distanz zu den ursprünglichen Triebzielen haben, im Gegensatz zur direkten Triebbefriedigung, und im allgemeinen den Normen und der Normalität nahe stehen" (S. 408).

Auch die Abgrenzung von Sublimierung und Reaktionsbildung ist in der psychoanalytischen Abwehrlehre bis zum heutigen Tag nicht hinreichend geklärt. Reich (1929) kleidete die Abgrenzung von Sublimierung und Reaktionsbildung am Beispiel der Arbeitsleistung in die Formel: „Der Sublimierende will leisten, der reaktiv Arbeitende muß leisten" (zit. nach Hoffmann, 1979, S. 237, der einen Überblick zu diesem Thema gibt). Diese real existierenden terminologischen Schwierigkeiten lassen zwar nicht die gesamte psychoanalytische Abwehrlehre als antiqiert erscheinen, verweisen aber auf die dringende Notwendigkeit, Abwehrvorgänge neu zu konzeptualisieren; Schafers (1986) Versuch einer handlungstheoretischen Begründung der verschiedenen an einem einzelnen Abwehrvorgang beteiligten Handlungen war hierfür ein erster erfolgversprechender Ansatz.

Wenn man aber spätere ich- und objektbeziehungspsychologische sowie narzißmustheoretische Perspektiven hinzuzieht, wird deutlich, wie sehr Konzepte wie Triebaufschub, Frustrationstoleranz, Wartenkönnen, Einfühlung in den anderen, Rücksichtnahme und Regulierung des Selbstwertgefühls Erklärungen für jenen geheimnisvollen Transformationsprozeß der Sublimierung bereitstellen können. Der kleine Junge, der sich beispielsweise so brennend für die Sexualität seiner Eltern interessierte, wird seine Neugierde und seinen Voyeurismus sublimiert haben, wenn er viele Jahre später den Beruf eines Psychoanalytikers mit Leidenschaft ausübt.

In einem stringenten ich-psychologischen Bezugsrahmen verliert der Vorgang der Sublimierung jedoch weitgehend seine Existenzberechtigung. Denn die Postulierung primär konfliktfreier Ich-Funktionen und einer primär autonomen Ich-Energie, die durch die modernen neonatologischen Befunde kräftig gestützt wird, läßt die Annahme einer Transformation von Energien, die perversen Sexualtrieben mühsam abgetrotzt werden müssen, als überholt erscheinen.

Literaturempfehlungen

Andreae, S. (1975). Zum Begriff der Sublimierung bei Sigmund Freud. In P. Hahn & E. Herdieckerhoff (Hg.), Materialien zur Psychoanalyse und analytisch orientierten Psychotherapie, Sektion D, Heft 2 (S. 1–52). Göttingen: Vandenhoeck & Ruprecht.

Bernfeld, S. (1931). Zur Sublimierungstheorie. Imago, 17, 399–409 (wieder abgedruckt in H. Dahmer (Hg.) (1980), Analytische Sozialpsychologie, Bd. 1 (S. 139–149). Frankfurt/M.: Suhrkamp).

Bergmann, M.S. (1982). Platonic love, transference love, and love in real life. Journal of the American Psychoanalytic Association, 30, 87–111.

Biermann, Ch. (1987). Sublimierung und Schein-Sublimierung. Forum der Psychoanalyse, 3, 177–192.

Bittner, G. (1964). Sublimierungstheorie und pädagogische Psychoanalyse. Psyche, 18, 292–304.

Chasseguet-Smirgel, J. (1974). Perversion, idealization and sublimation. International Journal of Psycho-Analysis, 55, 349–357.

Fürstenau, P. (1967) „Sublimierung" in affirmativer und negativ-kritischer Anwendung. Jahrbuch der Psychoanalyse, 4, 43–62.

Hirschmüller, A. (1985). Sublimierung. Zu Geschichte und Bedeutung eines zentralen Begriffs der Psychoanalyse. Forum der Psychoanalyse, 1, 250–264.

Hoffmann, S.O. (1972). Neutralisierung oder autonome Ich-Energie? Der Beitrag von R.W. White. Psyche, 26, 405–422.

Hoffmann, S.O. (1979). Charakter und Neurose. Ansätze zu einer psychoanalytischen Charakterologie. Frankfurt/M.: Suhrkamp.

Sandler, J. & Joffe, W.G. (1968). Über Fertigkeiten und ihre Beziehung zur Sublimierung. Psyche, 22, 81–98.

Sterba, R. (1930). Zur Problematik der Sublimierungslehre. Internationale Ärztliche Zeitschrift für Psychoanalyse, 16, 370–377.

Zagermann, P. (1985). Ich-Ideal, Sublimierung, Narzißmus. Darmstadt: Wissenschaftliche Buchgesellschaft.

Szientistisches Selbstmißverständnis – scientistic self misunderstanding

Die schon nahezu in Vergessenheit geratene Charakterisierung der methodologischen Position Freuds durch den Philosophen Habermas (1968) hat durch die jüngsten Veröffentlichungen Grünbaums (1988) wieder an Aktualität gewonnen. Habermas hat Freud konzediert, daß zwar die Psychoanalyse „das einzig greifbare Beispiel einer methodisch Selbstreflexion in Anspruch nehmenden Wissenschaft" (S. 262) sei, Freud aber in seinen metapsychologischen Bemühungen (→ Metapsychologie) einem szientistischen Selbstmißverständnis aufgesessen sei und deshalb auch keine Metahermeneutik als Metatheorie ausarbeiten konnte, weil er sich eben – entgegen seinem klinisch-tiefenhermeneutischen Vorgehen – als positivistischen Forscher auszugeben trachtete. Statt seine hermeneutische Vorgehensweise als solche zu begreifen und wertzuschätzen („Es kam jetzt darauf an, das Material, welches die Einfälle des Patienten lieferten, so aufzufassen, als ob es auf einen verborgenen Sinn hindeutete, diesen Sinn aus ihm zu erraten"; Freud, 1923a, S. 215), versuchte Freud – so Habermas – seiner Deutungskunst eine an naturwissenschaftlichen Methoden und Modellen orientierte Theorie überzustülpen. Grünbaum (1988) hat nun in seiner Auseinandersetzung mit den hermeneutischen Standpunkten von Habermas und Ricoeur herausgearbeitet, daß Freud zur Begründung der Psychoanalyse als Naturwissenschaft jedoch nicht die von Habermas inkriminierte Metapsychologie herangezogen habe, sondern die klinische Theorie. Dafür sprechen auch Äußerungen Freuds, in denen er die Metapsychologie in die Nähe der Spekulation rückt, was wohl schwerlich mit einem wissenschaftlichen Anspruch zu vereinbaren ist. Anhand von Äußerungen Freuds versucht Grünbaum nachzuweisen, daß Freud keine Schwierigkeiten hatte, für die Psychoanalyse den Status einer Naturwissenschaft zu reklamieren. Gegen Ende seines Lebens schrieb er: „Die Psychoanalyse ist ein Stück der Seelenkunde der Psychologie. ... Die Psychologie ist auch eine Naturwissenschaft. Was sollte sie denn sonst sein?" (Freud, 1940b, S. 143).

Aber was hat Freud selbst unter Naturwissenschaft verstanden? Einige Zitate Freuds – die Grünbaum heranzieht – können nicht ausreichen, um damit schon Freud als Naturwissenschaftler im heutigen Verständnis zu charakterisieren (vgl. Nash, 1990). Es ist zu vermuten, daß Freud „naturwissenschaftlich" im Sinne von geordnet, systematisch, auf Beobachtung fußend – kurzum: wissenschaftlich – verstand, aber sehr wohl Unterschiede zur damaligen medizinischen Wissenschaft oder zur Biologie angenommen hat. Grünbaum unterstellt Freud somit vorschnell die Auffassung einer einheitswissenschaftlichen Methodologie, so daß er gegen diese Interpretation genau so in Schutz zu nehmen ist wie gegen die von Habermas, die Freud ein Selbstmißverständnis attestiert. Noch scheint Freuds tatsächliche methodologische Position jenseits allzu schneller Beweisführungen anhand von Zitaten bislang nicht genau bestimmt worden zu sein.

Unabhängig davon gibt es aber verschiedene Bemühungen, den methodologischen Status des psychoanalytischen Vorgehens zu bestimmen (z.B. Ricoeur, 1969; Lorenzer, 1974; Körner, 1985; Lesche, 1986; Tress, 1985; Fischer, 1989). Nach Ricoeur (1969) stellt die Psychoanalyse eine *gemischte Rede* dar, die sich aufgrund ihres energetisch-ökonomischen Aspekts gegen eine ausschließliche Integration in die Hermeneutik sperrt. Habermas bestimmt die Metapsychologie als *Metahermeneutik,* die sich wegen ihrer Grundannahmen von einer bloßen Hermeneutik unterscheidet. Für andere Autoren verkörpern die in der Psychoanalyse zum Einsatz gelangenden Operationen des Erklärens *und* Verstehens die methodologischen Positionen des Szientismus *und* der Hermeneutik (z.B. Loch, 1971). In der tiefenhermeneutischen Vorgehensweise werden die Lücken im Verständnis des Analysanden und dessen Selbsttäuschungen vom Analytiker mit Hilfe projektiver Vorannahmen empathisch zu verstehen versucht; in diese Vorannahmen gehen aber nicht nur die Aktivierungen eigener lebensgeschichtlich erfahrener Bedeutungszusammenhänge mit ein, sondern auch gesetzesmäßige Annahmen über die Natur der Störung, entwicklungspsychologische Abfolgen u.a.m., wobei die Auswahl dieser Theoriebestandteile selbst wiederum mit eigenen Erfahrungen zu tun haben kann.

Nach Rubovits-Seitz (1991) enthalten die Grundannahmen psychoanalytischer Interpretationen sowohl hermeneutische wie strukturalistische Auffassungen. Beiden Positionen geht es um die Entdeckung von Bedeutungen; diese werden als Beziehungen („Sinnzusammenhänge") konzipiert, und schließlich ist das

Wahrheitskriterium psychoanalytischer Rekonstruktionen nicht nur das einer Korrespondenz, sondern auch einer Kohärenz. Für Autoren wie z.B. Ricoeur (1973) und Messer, Sass und Woolfolk (1988) stellt deshalb auch eine struktura-listisch-hermeneutische Wissenschaftsauffassung eine methodologische Positi-on dar, die das interpretative Vorgehen der Psychoanalyse am genauesten cha-rakterisiert.

Literaturempfehlungen

Fischer, G. (1989). Dialektik der Veränderung in Psychoanalyse und Psychothe-rapie. Modell, Theorie und systematische Fallstudie. Heidelberg: Asanger.

Grünbaum, A. (1988). Die Grundlagen der Psychoanalyse. Eine philosophische Kritik. Stuttgart: Philipp Reclam jun.

Grünbaum, A. (1990). „Meaning" connections and causal connections in the hu-man sciences: The poverty of hermeneutic philosophy. Journal of the Ameri-can Psychoanalytic Association, 38, 559–577.

Habermas, J. (1968). Erkenntnis und Interesse. Frankfurt/M.: Suhrkamp.

Körner, J. (1985). Vom Erklären zum Verstehen in der Psychoanalyse. Göttin-gen: Vandenhoeck & Ruprecht.

Lesche, C. (1986). Die Notwendigkeit einer hermeneutischen Psychoanalyse. Psyche, 40, 49–68.

Loch, W. (1971). Gedanken über „Gegenstand", Ziele und Methoden der Psy-choanalyse. Psyche, 25, 881–910.

Lorenzer, A. (1974). Die Wahrheit der psychoanalytischen Erkenntnis. Ein hi-storisch-materialistischer Entwurf. Frankfurt/M.: Suhrkamp.

Messer, S.B., Sass, L.A. & Woolfolk, R.L. (1988). Hermeneutics and psycholo-gical theory: Interpretative perspectives on personality, psychotherapy, and psychopathology. New Brunswick, NJ: Rutgers University Press.

Nash, M. (1990). The debate over Freud's self-understanding. Psychoanalytic Review, 77, 341–350.

Nitzschke, B. (1991). Psychoanalyse als „un"politische Wissenschaft. Zeit-schrift für Psychosomatische Medizin und Psychoanalyse, 37, 31–44.

Ricoeur, P. (1973). Hermeneutik und Strukturalismus. Konflikt der Interpretatio-nen I. München: Kösel.

Rubovits-Seitz, P. (1991). Interpretative methodology, validation and structura-list hermeneutics. Psychoanalysis and Contemporary Thought, 14, 563–593.

Sass, L.A, & Woolfolk, R.L. (1988). Psychoanalysis and the hermeneutic turn: A critique of „Narrative truth and historical truth". Journal of the American Psy-choanalytic Association, 36, 429–454.

Tress, W. (1985). Psychoanalyse als Wissenschaft. Psyche, 39, 38– 412.

Trauerarbeit – mourning

In „Trauer und Melancholie" (1917e) führte Freud aus, wie die Realitätsprüfung den Trauernden veranlaßt, alle libidinösen Besetzungen vom geliebten Objekt, das verloren gegangen ist, abzuziehen. In der Trauerarbeit wird jede einzelne Erinnerung mit allen Gefühlen ins Gedächtnis zurückgerufen, fokussiert und in dem Bewußtsein verabschiedet, daß diese Situation mit diesem Menschen nie wieder stattfinden wird. Der nicht gelungenen Trauerarbeit, die zur depressiven Verstimmung führen kann, liegen verschiedene Komponenten zugrunde: eine mangelnde Fähigkeit, einen depressiven und traurigen Affekt zu ertragen; Versuche, den Verlust auf magische Weise ungeschehen zu machen; das Vorliegen von Spaltungstendenzen (→ Spaltung), die nur extreme → Idealisierung oder totale Entwertung ermöglichen; frühe Traumatisierungen, welche die Flucht in die halluzinatorische Wunscherfüllung, in die melancholische Psychose erzwingen u.a.m. Die Fähigkeit, einen traurigen → Affekt erleben zu können, hängt somit von einer ganzen Anzahl ichstruktureller Kompetenzen (→ Ich-Funktionen) ab, die im Verlauf der Sozialisation eines Kindes erworben werden.

Für M. Klein (1940) ist die Fähigkeit zur Trauer deshalb auch zentral für die Entwicklung einer reifen Persönlichkeit; sie wird im Verlauf der → depressiven Position im ersten Lebensjahr erworben, ist aber gleichwohl während des ganzen Lebens von Bedeutung. In der depressiven Position kommt es zu einer tendenziellen Integration des guten und des bösen Objekts; → Schuldgefühle wegen aggressiver Zerstörungsimpulse und Wünsche nach Wiedergutmachung und Dankbarkeit entstehen. Die Trauerarbeit kann dann geleistet werden, wenn primitive Spaltungsoperationen aus der paranoid-schizoiden Position an Wichtigkeit verlieren, weil ansonsten die Aufgabe guter innerer Objekte die Gefahr des Überwiegens böser Objekte nach sich zieht, was zu intensiven Haß- und Verfolgungsgefühlen führt.

Psychoanalytische Entwicklungspsychologen versuchten die kindgemäßen Formen der Trauerarbeit genauer herauszuarbeiten, als dies in der Redeweise von der depressiven Position aufscheint, wie z.B. als Verwendung von → Übergangsobjekten, imaginärer Freunde und Eltern (z.B. Sekaer & Katz, 1986; Sekaer, 1987; Zisook & Devaul, 1985). Parkes und Weiss (1983) konzeptualisierten die von früheren Autoren (wie z.B. Bowlby, 1961) ausgearbeiteten Phasen des Trauerprozesses neu und kamen zu den folgenden sieben Erlebnisweisen: anfängliche Verleugnung des Verlustes; Alarmreaktionen wie Angst, Ruhelosigkeit und körperliche Beschwerden; Versuche, den Verlust rückgängig zu machen; Wut und Schuldgefühle; Gefühle von einem inneren Verlust; die Übernahme von Verhaltensweisen und Eigenschaften der verlorenen Person; schließlich die Akzeptierung des Verlusts und Veränderungen im Selbsterleben.

Eine umfangreiche psychoanalytische Literatur beschäftigt sich seit vielen Jahren mit der sog. Jahrestags-Reaktion („anniversary reaction"), die als eine weitere Phase des Trauervorganges betrachtet werden kann, in deren Verlauf es zu einem Wiederaufleben der ursprünglichen Trauer kommen kann (z.B. Hershey, 1978; Székely, 1978; Haesler, 1985).

Der Dialektik von Tod und Leben, der Unverfügbarkeit der Lebenszeit, dem Abschiednehmen von der Gegenwart als konstitutivem Element gelebter Zeit und dem Zusammenhang von Trauer und Kreativität ist Auchter (1978) nachgegangen: „ … si vis vitam, para mortem. Wenn du das Leben aushalten willst, richte dich auf den Tod ein" (Freud, 1915b, S. 355).

Aus sozialpsychologisch-psychoanalytischer Sicht sprachen Alexander und Margarete Mitscherlich (1967) von einer „Unfähigkeit zu trauern". Sie markierten damit eine Epoche deutscher Zeitgeschichte, die in der Nachkriegsgeneration tiefe Spuren hinterlassen hat und an deren Folgen alle Deutschen vermutlich immer noch zu tragen haben (vgl. v. Dohnanyi, 1990).

Literaturempfehlungen

Auchter, T. (1978). Die Suche nach dem Vorgestern. Trauer und Kreativität. Psyche, 32, 52–77.

Bürgin, D. (1989). Trauer bei Kindern und Erwachsenen. Zeitschrift für psychoanalytische Theorie und Praxis, 4, 55–78.

Dohnanyi, K. v. (1990). Das deutsche Wagnis. München: Droemer Knaur.

Freud, S. (1917e) Trauer und Melancholie. GW X, 428–446.

Haesler, L. (1985). Zur Psychodynamik der Anniversary Reactions. Jahrbuch der Psychoanalyse, 17, 211–266.

Horowitz, M. J. (1990). A model of mourning: change in schemas of self and other. Journal of the American Psychoanalytic Association, 38, 297–324.

Klein, M. (1940). Die Trauer und ihre Beziehung zu manisch-depressiven Zuständen. In dies., Das Seelenleben des Kleinkindes (S. 74–100). Stuttgart: Klett 1983.

Mitscherlich, A. & Mitscherlich, M. (1967). Die Unfähigkeit zu trauern. Grundlagen kollektiven Verhaltens. München: Piper.

Sekaer, C. & Katz, S. (1986). On the concept of mourning in childhood. Reactions of a 2 1/2 year old girl to the death of her father. Psychoanalytic Study of the Child, 41, 287–314.

Sekaer, C. (1987). Toward a definition of „childhood mourning". American Journal of Psychotherapy, 41, 201–219.

Skogstad, W. (1990). Leben im Grab. Über das Nicht-Trauern und seine Folgen. Praxis der Psychotherapie und Psychosomatik, 35, 1–12.

Zetzel, E. (1974). Über die Unfähigkeit, Depression zu ertragen. In dies., Die Fähigkeit zu emotionalem Wachstum (S. 86–119). Stuttgart: Klett.
Zisook, S. & Devaul, R. (1985). Unresolved grief. American Journal of Psycho-analysis, 45, 370–379.

Trauma – trauma

Freud konnte anfänglich den Begriff des Traumas noch präzise definieren: „Wir nennen so ein Erlebnis, welches dem Seelenleben innerhalb kurzer Zeit einen so starken Reizzuwachs bringt, daß die Erledigung oder Aufarbeitung desselben in normalgewohnter Weise mißglückt, woraus dauernde Störungen im Energiebetrieb resultieren" (Freud, 1916/17, S. 284).

In einer sehr klaren Explikation des Traumabegriffs hat Anna Freud (1967) auf einem Symposium über das infantile Trauma versucht, den schon in den 50er und 60er Jahren unklar gewordenen und unpräzise verwendeten Begriff wieder eindeutig zu definieren.

So machte sie zunächst klar, daß nach wie vor davon ausgegangen werden muß, daß die traumatische Situation aus einer Erfahrung der Hilflosigkeit gegenüber einem Erregungszuwachs aus *inneren* und *äußeren* Quellen besteht. Innere und äußere Faktoren können interferieren: So kann es z.B. vorkommen, daß an sich harmlose äußere Reize aufgrund innerer Konstellationen für den Betreffenden bedrohlich werden. (Ein Kind, das z.B. mit starken aggressiven Impulsen gegenüber seinem jüngeren Geschwister beschäftigt ist, bekommt mit, wie sein Geschwister einen Gegenstand verschluckt hat und von der aufgeregten Mutter mit dem Notarzt sofort ins Krankenhaus gefahren wird: Der äußere Reiz bekommt so aufgrund der inneren haßerfüllten Phantasien eine immense Bedeutung, die traumatisierende Qualität annehmen kann.) Ein traumatisches Ereignis ist vor allem durch sein *plötzliches* und *unerwartetes* Eintreten gekennzeichnet, das die Abwehrmaßnahmen (zu denen auch Flucht gehören kann) außer Kraft setzt.

Nicht jedes belastende Ereignis ist entsprechend dieser Auffassung somit ein Trauma. Ein wesentliches Kriterium ist das völlige Darniederliegen der Handlungsfähigkeit; kein einziger Ich-Mechanismus ist für die Bewältigung mehr verfügbar. Ein Trauma im eigentlichen Sinn des Wortes meint „eine innere Katastrophe, einen Zusammenbruch der Persönlichkeit aufgrund einer Reizüberschwemmung, die die Ich-Funktionen und die Vermittlertätigkeit des Ichs außer Kraft gesetzt hat" (A. Freud, 1967, S. 1834).

A. Freud verdeutlicht am Beispiel eines dreieinhalbjährigen Jungen, der in einem Luftangriff seinen Vater verloren hatte, daß dieses massive Ereignis nicht zu einer Traumatisierung bei diesem Kind führte, weil sein Ich *funktionsfähig* geblieben war: „ Auf der Suche nach ihrem Mann zog die verstörte Mutter, in Begleitung des Jungen, tagelang von einem Luftschutzkeller zum anderen. Als schließlich der Leichnam gefunden und identifiziert war, erlitt sie einen psychotischen Zusammenbruch, der zu ihrer Einlieferung in eine psychiatrische Anstalt führte.

Allem Anschein nach normal, wurde der Junge in unser Kinderheim aufgenommen, wo er wie andere lebte und spielte. Er verriet durch kein Anzeichen etwas von seinem Erlebnis und war nicht zu bewegen, es in Worte zu fassen, im Spiel zu wiederholen usw. Als einziges Symptom entwickelte er eine hypochondrische Fürsorglichkeit für seine eigene Person und hüllte sich auch bei wärmstem Wetter in Mantel und Schal, aus Angst, sich zu erkälten. Auf jedes Drängen, seinen Mantel abzulegen, antwortete er mit der stereotypen Erklärung: ‚Meine Mammi möchte nicht, daß ich friere'. Er gebrauchte offenbar den Ich-Mechanismus der Identifizierung mit dem abwesenden Objekt und bemutterte sich selbst" (S. 1832f.).

Damit ist deutlich, daß die Traumatisierung ein subjektives Erleben darstellt, auch wenn ein Ereignis vom Standpunkt eines äußeren Betrachters traumatische Qualität hat. Bei der Bombardierung Englands im Zweiten Weltkrieg kamen sich nach Anna Freuds Beobachtungen viele Briten nicht traumatisiert vor, andere hingegen, die dachten, daß die Bombardierung traumatisch sein könne, meinten im Nachhinein, sie hätten tatsächlich eine Traumatisierung erlitten.

Die Möglichkeit der Traumatisierung hängt vom Ausmaß des Organisationsniveaus der → Ich-Funktionen, dem Alter des Kindes, den vorhandenen Coping- und Abwehrmöglichkeiten, den situativen Umständen und schließlich auch von der Art und dem Ausmaß thematisch verwandter Phantasien (z.B. Beseitigungswünsche gegenüber einem Geschwister) ab.

Hinsichtlich der Art und Intensität eines Traumas wurden in der Psychoanalyse verschiedene Konzepte ausgearbeitet. So unterschied z.B. Kris (1956) zwischen dem *Schocktrauma* und dem *Spannungstrauma,* wobei er unter letzterem die Auswirkungen der Häufung frustrierender Spannungen verstand. Khan (1963) sprach von einem *kumulativen Trauma* und verstand darunter, daß eine Mutter in ihrer Funktion als „Reizschutz" gegen die Überflutung durch innere und äußere Reize in der präverbalen Zeit der Mutter-Kind-Beziehung versagt. Die für das Kind daraus resultierende psychophysische Überanstrengung und Überforderung führt zu einer überstarken Anpassung an die mütterlichen Erwartungen, was Ich-Verzerrungen zur Folge hat. Keilson (1979) beschrieb eine massive, langanhaltende, kumulative traumatische Einwirkung als *sequentielle Traumatisierung,* die die Persönlichkeitsstruktur auf viel fundamentalere Weise zerstören kann, weil eine Erholung nach einem Trauma nicht möglich ist.

Die Entdeckung des Getrenntseins oder der Verlust der Illusion, die Gedanken und Handlungen der anderen magisch beeinflussen zu können, das Konfrontiertsein mit den Geschlechtsunterschieden und die Abarbeitung der Kränkung, nicht über die anatomischen und körperlichen Möglichkeiten des anderen Geschlechts bzw. beider Eltern zu verfügen, die Erfahrung des Älterwerdens und schließlich die des Todes sind in der psychoanalytischen Literatur als *universelle Traumata* beschrieben worden (vgl. z.B. McDougall, 1986).

Diese universellen Traumata und vor allem der Umgang mit den dadurch ausgelösten Kränkungen bergen allerdings auch einen Entwicklungsfortschritt in sich: Zwar gibt es wenig Zweifel daran, daß wir in unseren unbewußten → Phantasien omnipotent, bisexuell, ewig jung und unsterblich sind, aber das Bemühen, den Wunsch nach einer omnipotenten Kontrolle über einen anderen Menschen aufzugeben, schafft Raum für Einfühlung in ihn und führt zur Anerkennung seiner eigenen Individualität. Die Abarbeitung geschlechtlicher Omnipotenzvorstellungen (vgl. Fast, 1991) ermöglicht erst wirkliche sexuelle Leidenschaft für das andere Geschlecht, und die Anerkennung der Vergänglichkeit des Lebens erzeugt den Wunsch, etwas Wertvolles für die Nachkommen zu hinterlassen. Nach McDougall (1986) sind die Unterschiede, die bei der Bewältigung universeller Traumata auftreten, in vielen Faktoren zu suchen: in den unbewußten Phantasien der Eltern, ihrer Persönlichkeitsstruktur, in ihrer Fähigkeit, ihre Kinder vor dem schockartigen Konfrontiertwerden mit den traumatischen Aspekten mancher universeller Traumen zu schützen oder zumindest offen und behutsam mit ihnen darüber zu sprechen.

Neben den Traumata durch elterliche Trennungen (z.B. Fischer, 1986), Tod eines Elternteils (Furman, 1986; Altschul, 1988) und sexuellen Mißbrauch des Kindes wurden in den letzten Jahren auch die sogenannten *Entwicklungstraumata* untersucht, die sich aufgrund von Dauerkonflikten zwischen Eltern und Kind sowie der Eltern untereinander, psychischer Störungen bei einem oder beiden Elternteilen (wie z.B. → Borderlinestörung, Psychose, → Depression, Alkoholismus, aber auch aufgrund überfordernder narzißtischer Delegationen u.a.m.) ergeben können. „Nicht die extremen Erfahrungen an sich überfordern dann die integrative Fähigkeit eines mehr oder weniger entwickelten Ichs, sondern die mangelhaften, nicht an den Bedürfnissen des Kindes orientierten Objektbeziehungen der Eltern beeinträchtigen oder blockieren gar die gesamte psychische Entwicklung, d.h. die Entwicklung der Objektbeziehungen, der Triebe, des Selbst und des Ichs" (Müller-Pozzi, 1984, S. 103).

Ein Trauma muß nach Müller-Pozzi (1984) nicht total sein, und aus diesem Grund sind auch neurotische Konfliktlösungen in anderen Persönlichkeitsbereichen nicht ausgeschlossen. Dieses Verständnis von partiell traumatischer Entwicklung und neurotischer Entwicklung bringt für analytische Behandlungen den Vorteil mit sich, mit manchen unbefriedigenden Therapieverläufen besser umgehen zu können. Denn die Kenntnis eines Partialtraumas hilft jene Problematik zu verstehen, die wahrscheinlich sogar relativ häufig in Analysen auftreten dürfte: „Es tut sich eine Problematik auf, die wie ein Fremdkörper innerhalb des Übertragungsgeschehens wirkt, die uns hilflos macht, die jenseits unserer analytischen Möglichkeiten zu liegen scheint, auch wenn wir alle möglichen blinden Flecken und ungelösten Gegenübertragungsprobleme des Analytikers in Rechnung stellen. Es manifestiert sich im → Konflikt ein Kern, der kein Konflikt ist, ein Geschehen, das einer ganz anderen Dynamik gehorcht als der Konflikt. Diese spezifischen Schwierigkeiten konfrontieren uns mit der *Dialektik von Trauma und Konflikt in der Neurose*. Daher ist es theoretisch sinnvoll und technisch hilfreich, neben dem Konfliktmodell auch das Entwicklungstrauma und einen zu ihm gehörenden *traumatischen Bereich als genetisches und dynamisches Konzept zu fassen*" (Müller-Pozzi, 1984, S. 104).

Nach Cohen (1980) lassen sich die entwicklungspsychologischen Konsequenzen eines Entwicklungstraumas noch präziser benennen. Cohen betrachtet das Trauma als „ein Entwicklungsereignis oder -muster, das mit der Es-Reifung und mit der Es-Ich-Differenzierung interferiert" (S. 428). Bedingung für das Auftreten einer derartigen Interferenz oder Störung, die traumatische Ausmaße annimmt, ist das Ausbleiben einer phasenadäquaten Reaktion von seiten der Eltern auf die verschiedenen Entwicklungsbedürfnisse in den verschiedenen Lebensaltern, die z.B. von Greenspan (1981, 1989a,b), Mahler , Pine und Bergman (1975) und Sander (1962) beschrieben worden sind. Die Folge davon ist, daß das Kind nicht oder nur unzureichend lernen kann, seine phasenadäquaten Bedürfnisse in der Interaktion mit seinen Bezugspersonen zu regulieren und auszuhandeln.

In einem von Cohen (1980, S. 422f.) beschriebenen Beispiel wurden der Patientin von ihrem 16. Lebensmonat an von ihrer Mutter Einläufe gegeben, was zu einer Lahmlegung der biologischen Disposition zur Stuhlkontrolle mittels der heranreifenden Sphinktermuskulatur führte (vom Autor als Es-Mechanismen beschrieben). Der Verlust dieser wichtigen organismischen Möglichkeit und Kontrolle führte bei dem Kind zu einem Zustand von Hilflosigkeit, Wut und Gefühlen der Desorganisation. Ganz eindeutig handelte es sich hierbei um ein Versagen der Mutter, die nicht in der Lage war, als hilfreiche und genügend gute Pflegeperson für ihr Kind tätig zu werden und die eigenen Intentionen mit dem Bedürfnis des Kindes zu koordinieren, seine eigenen Fähigkeiten eigenständig – aber unter Assistenz der Mutter – zu entwickeln. Zum zweiten konnte das sich entwickelnde

Ich keine genügende Differenzierung von den Es-Impulsen erfahren und keine Gedächtnisstrukturen auf der Basis einer zufriedenstellenden Erinnerung an die erfolgreiche Bewältigung von Entwicklungsaufgaben wie der Sphinkterkontrolle erwerben.

Wie auch von anderen Autoren beschrieben, ist ein Entwicklungstrauma bei neurotischen Patienten eng mit späteren neurotischen Konflikten verwoben; Traumatisierungen können die Grundlage für eine neurotische Entwicklung werden und auch Fixierungspunkte für die regressive (Pseudo-)Bewältigung des neurotischen Konflikts darstellen. Unter behandlungstechnischen Gesichtspunkten ist es auf jeden Fall notwendig, von unterschiedlichen metapsychologischen und klinischen Prämissen auszugehen. Denn im Fall einer klassischen neurotischen Entwicklung geht es, idealtypisch betrachtet, darum, die verdrängten Triebwünsche, die sich nur noch in Abkömmlingen (z.B. in Phantasien und Symptomen) zeigen, mittels Bearbeitung der Abwehr dem Bewußtsein wieder zugänglich zu machen. Im Falle einer traumatisierenden Entwicklungsinterferenz funktioniert jedoch ein Teil der Persönlichkeit nur auf der Ebene des → Wiederholungszwangs unter weitgehendem Ausschluß symbolisierungsfähiger Erinnerungsspuren.

Alle Traumata sind kränkend und werden als Angriff auf das Selbstwertgefühl erlebt, und das Selbstsystem versucht, mit verschiedenen Strategien auf diesen Angriff zu reagieren. Aber vielleicht ist es dennoch sinnvoll, von den bislang beschriebenen Traumata eine Klasse abzugrenzen, die sich als *Kränkungstraumata* charakterisieren läßt und wahrscheinlich häufig in kumulativer, seltener in einmaliger Form geschieht.

In manchen populärpsychologischen Schriften der Gegenwart wird allerdings die Ätiologie psychischer Störungen einseitig und ausschließlich auf Kränkungs- und sexuelle Traumata reduziert. Das generiert zwar ein hohes Maß an Betroffenheit beim Leser und fokussiert auf sonst leicht übersehbare Traumatisierungen gerade angesichts in letzter Zeit wieder erstarkender neokonservativer Verleugnungsbemühungen bezüglich der Wichtigkeit von Kindheit, ist aber in dieser Einseitigkeit falsch und irreführend. Denn dieses so konstruierte theoretische Kind (z.B. Kohutscher oder Millerscher Prägung) ist ausschließlich eine Prägung der äußeren Verhältnisse, phantasielos, lediglich reagierend, ohne Affekte und Triebimpulse und durchweg Opfer uneinfühlsamer oder triebhafter Eltern. Die lange Zeit vorherrschende Fokussierung auf intrapsychische Konflikte hatte in der Vergangenheit manchmal reale Traumatisierungen, insbesondere mikrostruktureller und kumulativer Art, übersehen lassen. Die stärkere Beachtung von Traumatisierungen in den 80er Jahren war deshalb auch eine notwendige Korrektur. In jüngster Zeit droht nun aber ein gelegentlich allzu simpler Reduktionismus an die Stelle psychoanalytischen Denkens zu treten. Ohne zwischen traumatischem Ereignis und Traumatisierung, Realität und phantasmatischer Aneignung, äußerem und innerem Konflikt zu unterscheiden, wird von der Pathologie des Erwachsenen auf die vermeintlich traumatisierende Umwelt in der Kindheit kurzgeschlossen. Diese Art von positivistischer Argumentation wird nach Vogt (1986, S. 142) „in so kruder Form auch in den dem positivistischen Paradigma verhafteten Sozialwissenschaften nirgends mehr praktiziert".

Wie manifestiert sich die vom Kind erlebte Traumatisierung in der analytischen Behandlung eines erwachsenen Patienten? Kommt es hierbei zu einer Inszenierung in der Übertragungsbeziehung, oder bleibt das Trauma eingekapselt in eine Charakterabwehr? Ist manche Psychoanalyse vielleicht deshalb gescheitert, weil die Traumatisierungen nicht erkannt und deshalb auch nicht durchgearbeitet werden konnten? Mit diesen behandlungstechnischen Fragen hat sich in den letzten Jahren eine ganze Reihe von Autoren beschäftigt (z.B. Müller-Pozzi, 1984, 1985; Jiminéz, 1988; Fischer, 1990; Küchenhoff, 1990; Hennigsen, 1990).

Literaturempfehlungen

Ehlert, M. & Lorke. B. (1988). Zur Psychodynamik der traumatischen Reaktion. Psyche, 42, 502–532.

Fischer, G. (1986). Empirische Forschung zur Wirkung von Traumata bei Kindern und Jugendlichen. Kritik und Informationen zu einem wieder aktuellen Thema. Psyche, 40, 145–161.

Fischer, G. (1990). Die Fähigkeit zur Objektspaltung. Ein therapeutischer Veränderungsschritt bei Patienten mit Realtraumatisierung. Forum der Psychoanalyse, 6, 199–212.

Freud, A.(1967b). Anmerkungen zum psychischen Trauma. In dies. (1980), Die Schriften der Anna Freud, Bd. 6 (S. 1819–1838). München: Kindler.

Furman, E.(1986). On trauma: When is the death of a parent traumatic? Psychoanalytic Study of the Child, 41, 191–208.

Groen-Prakken, H. (1989). Trauma, Entwicklungsinterferenz und Neurose. Gedanken über Unterschiede, Zusammenhänge und Analysierbarkeit. Zeitschrift für psychoanalytische Theorie und Praxis, 4, 334–347.

Haynal, A. (1989). Die Geschichte des Trauma-Begriffs und seine gegenwärtige Bedeutung. Zeitschrift für psychoanalytische Theorie und Praxis, 4, 322–333.

Hennigsen, F. (1990). Psychisches Trauma – psychische Realität. Zeitschrift für psychoanalytische Theorie und Praxis, 5, 204–227.

Jiminéz, J.P. (1988). Die Wiederholung des Traumas in der Übertragung. Katharsis oder Durcharbeiten? Forum der Psychoanalyse, 4, 186–203.

Kögler, M. (1991). Die Verarbeitung des Inzesttraumas in der psychoanalytischen Behandlung. Forum der Psychoanalyse, 7, 202–213.

Küchenhoff, J. (1990). Die Repräsentation früher Traumata in der Übertragung. Forum der Psychoanalyse 6, 15–31.

Müller-Pozzi, H. (1985). Identifikation und Konflikt. Die Angst vor Liebesverlust und der Verzicht auf Individuation. Psyche, 39, 877–904.

Zepf, S., Weidenhammer, B. & Baur-Morlock, J. (1986). Realität und Phantasie. Anmerkungen zum Traumabegriff S. Freuds. Psyche, 40, 124–144.

Traumatische Neurose – traumatic neurosis

In der herkömmlichen psychoanalytischen Literatur werden Psychoneurose und traumatische Neurose unterschieden. Bei der Psychoneurose verhindern die Abwehrmechanismen eine Traumatisierung, es kommt zu einem inneren → neurotischen Konflikt und zu einer Symptombildung (z.B. zu einem quälenden Sich-nicht-Entscheiden-Können). Bei der traumatischen Neurose wird das Ich durch ein Trauma überwältigt, die Abwehrmechanismen kommen zunächst nicht zum Einsatz. Die folgende Modellvorstellung bildet diese Dichotomie ab:

Psychoneurose	*traumatische Neurose*
Auftauchen von Triebwünschen	traumatische Situation
Antizipation der Gefahrensituation	Überwältigung des Ichs
Signalangst (Scham, depressiver Affekt)	keine Signalangst
Einsatz von Abwehrmechanismen	völliges Versagen aller Abwehrmechanismen führt zu:
der drohende traumatische Zustand wird damit verhindert	Lähmungsgefühl, Apathie, Depersonalisierung
ichfunktionelle Hemmungen, Erlebnislücken	posttraumatischer Zustand (posttraumatische Latenz)
neurotisches Symptom neurotischer Charakter	Bewältigungsversuche traumatische Neurose

In den letzten zwei bis drei Jahrzehnten hat sich eine Tendenz gezeigt, diese strikte Dichotomisierung in ein Kontinuum aufzulösen – psychoneurotischer Konflikt und Symptombildung und die traumatische Neurose weisen viele Gemeinsamkeiten und Überlappungen auf – , so daß es manchen Autoren auch ratsam erscheint, neue Konzepte einzuführen (z.B. Groen-Prakken, 1989). Denn die meisten seelischen Erkrankungen lassen sich in ihrer Psychodynamik irgendwo zwischen diesen beiden Polen abbilden.

Anna Freud (1967b) wies darauf hin, daß das traumatische Ereignis nicht mit seinem potentiellen Resultat, der → traumatischen Neurose, gleichzustellen ist. Den Begriff „traumatische Neurose" verwendete Anna Freud nur bei solchen Fällen, bei denen ein wesentlicher Teil der Pathologie als direkte Folge des traumatischen Ereignisses anzusehen ist und einen Versuch seiner Verarbeitung und Bewältigung darstellt. „In der klinischen Praxis aber wird man davon ausgehen müssen, daß derartige reine Fälle sehr viel seltener sind als die gemischten, in denen die pathogene Bedeutung des traumatischen Ereignisses im wesentlichen darauf beruht, daß es einen gewöhnlichen, latent bereits vorhandenen neurotischen Konflikt zum Ausbruch bringt" (S. 1838).

Die Traumatisierung führt unmittelbar im Anschluß an das Ereignis kurzfristig oder als posttraumatischer Zustand (der Minuten, Stunden, Tage, Monate oder gar Jahre dauern kann) zu einer mehr oder weniger vollständigen Überwältigung der Ich-Funktionen; die Abwehrorganisation, die bislang als Schutzschild wirkte, bricht zusammen. Körperliche Reaktionen treten an die Stelle psychischer Operationen (vgl. z.B. Yorke, Kennedy & Wiseberg, 1980; Yorke, 1986, die von „vegetativer Erregung" sprechen), die auf der Verhaltensebene einem Wutausbruch ähneln können. Eine massive Gegenbesetzung (Freud, 1920g), die alle verfügbare Energie benötigt, reduziert und lähmt die noch intakten → Ich-Funktionen.

Dieser Besetzungsabzug und die Lähmung der Ich-Funktionen führen wiederum zu einem Schockerleben, zu einer schockähnlichen, chaotischen Hypermotilität mit aggressiven Ausbrüchen, oder zu einem dumpfen und stillen Rückzug (vgl. Groen-Prakken, 1989), einer psychischen Fühllosigkeit (A. Freud, 1967b), Erschöpfungszuständen („battle exhaustion"; Yorke, Kennedy & Wiseberg, 1980) oder zu Formen der Depersonalisierung.

Diese Zustände können in abgeschwächter Form unter bestimmten Bedingungen wiederkehren, z.B. in Form einer „anniversary reaction", werden jedoch häufig von dem Betroffenen selbst nicht wahrgenommen oder fehlinterpretiert.

Selbst erfahrene Kliniker können Schwierigkeiten haben, posttraumatische Zustände von anderen Störungen zu unterscheiden (vgl. Furman, 1986). So kann es gelegentlich vorkommen, daß posttraumatische Zustände als leichte frühkindliche Hirnstörung oder gar als kindliche Psychose fehldiagnostiziert werden.

Nachdem die traumatischen Zustände eingetreten sind, fordern sie zu einer nachträglichen Bewältigung auf, was als *posttraumatische Bewältigungsphase* beschrieben worden ist (vgl. z.B. Zepf, Weidenhammer & Baur-Morlock, 1986). So kann ein Kind z.B. versuchen, die traumatische Situation in seinem Erleben ungeschehen zu machen (Freud, 1926d, S. 150f.); es kann ferner Vermeidungen entwickeln, „die sich zu Hemmungen und Phobien steigern können" (Freud, 1939a, S. 181), und es kann versuchen, den passiv erfahrenen Zustand in eine aktive Bemeisterung und Beherrschung zu wenden (Freud, 1920g, S. 200).

Zepf, Weidenhammer und Baur-Morlock (1986, S. 132) heben vor allem die „Suspendierung des Realitätscharakters erlittener Traumen" als wichtigen nachträglichen Bewältigungsversuch hervor. Die Erinnerungen haben zwar noch die erlittenen Traumen zum Inhalt, aber der Betreffende fragt sich, ob das Trauma tatsächlich stattgefunden hat; die Faktizität verwandelt sich in eine Vorstellung mit Phantasiecharakter.

In dem Versuch, das Trauma ungeschehen zu machen, sollen jene psychischen Verhältnisse wieder hergestellt werden, die vor der traumatischen Überwältigung bestanden haben. Nach Zepf et al. werden diese Versuche der Bewältigung und Selbstversicherung nicht im Wachbewußtsein, sondern im Traum durchgeführt. „Im Traum ist die Trennung von Vorstellung und Wahrnehmung aufgehoben, und hier nötigt das drohende Scheitern der Bewältigungsversuche den Kranken, aufzuwachen, um dadurch die für die Bewältigung des Traumas notwendige Existenz seiner Ich-Funktionen aufrechterhalten zu können. Das Individuum kann sich selbst versichern: ‚Ich habe ja nur im Traum versagt'" (S. 134).

Die Eingrenzung der bedrohlichen Erregungsmenge geschieht nach Freud mit Hilfe des → Wiederholungszwangs (1920g), der solange wirkt, bis alle Stimuli unter die Kontrolle des Lust- und/oder Realitätsprinzips gebracht worden sind. Freud erwähnt in diesem Zusamenhang das Verlangen mancher Kinder nach Wiederholung und die Umkehrung des passiven in ein aktives Spiel: „Beim Kinderspiel glauben wir es zu begreifen, daß das Kind auch das unlustvolle Erlebnis darum wiederholt, weil es sich durch seine Aktivität eine weit gründlichere Bewältigung des starken Eindruckes erwirbt, als beim bloß passiven Erleben möglich war. Jede neuerliche Wiederholung scheint diese angestrebte Beherrschung zu verbessern, und auch bei lustvollen Erlebnissen kann sich das Kind an Wiederholungen nicht genug tun und wird unerbittlich auf der Identität des Eindruckes bestehen" (1920g, S. 36).

Nach Blum (1987) ist nahezu immer davon auszugehen, daß eine traumatische Situation, ob nun als Unfall, Krankheit, Operation oder Verführung, bei dem traumatisierten Individuum → Aggression und sadomasochistische → Phantasien provoziert. Zum einen identifiziert sich ein Kind mit der Aggression und dem Ärger des als Angreifer erlebten Erwachsenen. Zum anderen werden aber auch eigene aggressive Impulse und Bestrafungstendenzen geweckt. Wenn traumatisierte Patienten in auffallender Stereotypie auf die Aggression des Objekts hinweisen, wehren sie damit normalerweise ihre eigene Wut ab. Aber auch das Umgekehrte kann der Fall sein, und die polarisierende Aufspaltung (→ Spaltung) in der ausschließlichen → Identifikation mit dem Opfer oder mit dem Täter kann auf diese Weise zu einem massiven Widerstand in der analytischen Therapie werden.

Kinder und Heranwachsende können die Verantwortung für ein erlittenes Unrecht oder eine Traumatisierung noch nicht realistisch einschätzen. So ist es fast die Regel, daß die Eltern, z.B. bei einer Krankheit, für Unbehagen und Schmerzen des Kindes verantwortlich gemacht werden, ja, daß die Krankheit selbst vom Kind unbewußt wie ein Angriff oder eine Bestrafung von seiten der Eltern erlebt wird. „Warum bist du nicht mächtig oder liebevoll genug, um mir die Schmerzen wegzunehmen, die ich erleiden muß? Warum machst du mich nicht wieder gesund? Was habe ich euch angetan, daß ihr mich so bestrafen müßt?", mag manches Kind seinen Eltern entgegenhalten, wobei dies natürlich selten so ausgesprochen wird. Das Kind identifiziert sich aber auch mit der Ängstlichkeit und Deprimiertheit seiner Eltern, mit der häufigen Gleichgültigkeit des überforderten Klinikpersonals oder mit den Angst und Schmerzen bereitenden medizinischen Eingriffen eines Arztes. Bei solchen traumatisierenden Erlebnissen entstehen auch oftmals Phantasien von Rettung und Wiedergeburt, Phantasien, die dann auch wieder in der analytischen Therapiesituation aktualisiert werden.

Eine spätere Bewältigungsform der traumatischen Erfahrung stellt zumeist die Wendung vom passiv Erlittenen in die aktive Ausführung dar. Dieses Konzept kann erklären, warum aus mißhandelten und sexuell mißbrauchten Kindern Erwachsene werden, die ebenfalls wieder ihre Kinder mißhandeln oder warum erlittenen Demütigungen in der Kindheit hochmütige Arroganz und Snobismus im späteren Leben folgen.

Traumatisierte Kinder versuchen alles zu tun, um die Wiederkehr jener Gefühle von Hilflosigkeit oder Hoffnungslosigkeit zu verhindern, die sie zum Zeitpunkt des Traumas erlitten haben. Eine spezielle Möglichkeit vor allem nach einem frühen Trauma in den ersten Lebensjahren besteht nach McDougall (1984) für diese Kinder darin, alle affektiven Verbindungen mit anderen Menschen auf ein Minimum zu reduzieren, um auf diese Weise eine psychische Homöostase aufrechterhalten zu können. McDougall hat dieses Vorgehen als „disaffectation" bezeichnet (und damit wohl etwas Ähnliches beschrieben wie das Konzept der regressiven oder sekundären Schizoidie von Riemann, 1970). Nach außen hin erscheinen diese Menschen auf den ersten Blick als normal, gut angepaßt; aber bei genauerem Hinschauen merkt der psychoanalytisch geschulte Blick, daß diese Menschen so gut wie keine Verbindung zu ihren wirklichen → Affekten haben. Sie orientieren sich vielmehr blitzschnell an den Affekten ihres jeweiligen Gegenübers und imitieren diese; die Inadäquatheit mancher Affekte, die dann aufgesetzt wirken, ist ein Indiz für eine psychische Charakterhaltung, die McDougall (1984) auch als normopathisch charakterisiert hat. Diese affektlose Weise, sich an die Beziehungsumwelt anzupassen, fordert allerdings auch ihren Preis, der vor allem in einer psychosomatischen Anfälligkeit besteht.

Bei einem genaueren Studium der psychoanalytischen Literatur wird man feststellen, daß viele Psychoanalytiker schon vor 60 bis 70 Jahren auf traumatisierende Kindheitsverhältnisse aufmerksam gemacht haben, und daß sich vor allem bei den sogenannten Objektbeziehungstheoretikern eine tendenzielle Schwerpunktverschiebung von intrapsychischen Vorgängen zu interpersonellen Vorgängen in der Mutter-Kind- und dann in der Mutter-Vater-Kind-Beziehung ergeben hat. Damit wurden zwangsläufig auch für das Kind belastende Umweltfaktoren stärker berücksichtigt. Und schließlich hat die Beschäftigung mit den sog. → Extremtraumatisierungen, wie sie bei KZ-Opfern, politisch Verfolgten, Folter- und Vergewaltigungsopfern vorkommen, das Wissen um die psychischen Vorgänge bei einer Traumatisierung und deren Folgen erheblich bereichert (z.B. Bergman & Jucovy, 1982; Grubrich-Simitis, 1984; Eckstaedt, 1989).

Literaturempfehlungen

Blum, H.P. (1987). The role of identification in the resolution of trauma: The Anna Freud memorial lecture. Psychoanalytic Quarterly, 56, 609–627.

Freud, A. (1967b). Anmerkungen zum psychischen Trauma. In dies. (1980), Die Schriften der Anna Freud, Bd. 6 (S. 1819–1838). München: Kindler.

Freud, S. (1920g). Jenseits des Lustprinzips. GW XIII, 1–69.

Freud, S. (1926d). Hemmung, Symptom und Angst. GW XIV, 111–205.

Lorenzer, A. (1966). Zum Begriff der „Traumatischen Neurose". Psyche, 20, 481–492.

Groen-Prakken, H. (1989). Trauma, Entwicklungsinterferenz und Neurose. Zeitschrift für psychoanalytische Theorie und Praxis, 4, 334–347.

McDougall, J. (1984). The disaffected patient: Reflections on affect pathology. Psychoanalytic Quarterly, 53, 386–409.

Müller-Pozzi, H. (1984). Trauma und Neurose. In R. Berna-Glantz & P. Dreyfuß (Hg.), Trauma, Konflikt, Deckerinnerung. Jahrbuch der Psychoanalyse, Beiheft 8, 102–120.

Yorke, C. (1986). Reflections on the problem of psychic trauma. Psychoanalytic Study of the Child, 41, 221–236.

Zepf, S., Weidenhammer, B. & Baur-Morlock, J. (1986). Realität und Phantasie. Anmerkungen zum Traumabegriff S. Freuds. Psyche, 40, 124–144.

Trieb – drive

Das Freudsche triebtheoretische Paradigma betrachtete den Menschen als ein Wesen, dessen Erleben und Handlungen von der Geschichte seiner psychosexuellen und aggressiven Triebwünsche bestimmt sind. Da die kindlichen Triebansprüche und -äußerungen mit den elterlichen und kulturellen Erwartungen in einen äußeren → Konflikt geraten, müssen sie unterlassen, aufgegeben und verdrängt werden und werden vor allem im zuletzt genannten Fall zum Prototyp des *inneren* Konflikts, dessen Abkömmlinge sich in bewußten und unbewußten → Phantasien äußern.

Für Freud (1905d, S. 85) bestand dabei das Ziel eines Triebimpulses darin, „die Befriedigung durch die geeignete Reizung der so oder so gewählten → erogenen Zone hervorzurufen". Und unter dem Drang eines Triebes verstand er „die Summe von Kraft oder das Maß von Arbeitsanforderung, das er repräsentiert" (1915e, S. 214). Die Triebabfuhr läßt sich als eine Herabsetzung dieser „Arbeitsanforderung" betrachten. Die Arbeitsanforderung entspricht Gefühlen der Spannung; ihre Herabsetzung geht mit Gefühlen der Lust und anschließend der Befriedigung einher.

Einwände gegen diese Betrachtungsweise wurden nicht nur von Zeitgenossen Freuds aufgrund gewollter oder ungewollter Mißverständnisse seines Konzepts der Psychosexualität (→ Sexualtrieb) geäußert, sondern in der Folgezeit auch von ernst zu nehmenden Psychoanalytikern, wie z.B. Balint, Fairbairn, Spitz und Bowlby (vgl. als Überblick Künzler, 1969, 1980; Mertens, 1981b).

Bestand in einer ausschließlich triebtheoretischen Betrachtung die Rolle der Eltern in der Befriedigung oder Versagung kindlicher Triebbedürfnisse, so muß aus einer (objekt-)beziehungstheoretischen Sicht die Rolle der Eltern anders bestimmt werden. Diese stellen in vielfacher Hinsicht ein Hilfs-Ich für ihr Kind dar, sind Objekt für Identifikationen und haben eine unverzichtbare Funktion für die Entwicklung und Organisation psychischer Strukturen. Die stärkere Einbeziehung der objektbeziehungstheoretischen Sichtweise ab den 50er Jahren brachte auch eine Relativierung der bis dato angenommenen starken Eigendynamik und Priorität des Triebhaften mit sich; diese wurden nun eher als tendenziell psychopathologisches Phänomen eingeschätzt.

Diese Sichtweise setzte sich in der Selbstpsychologie von Kohut und seinen Schülern fort; hier wurde triebhafte Sinnlichkeit fast schon als Desintegrationsprodukt des Selbstsystems aufgefaßt. In einer weniger extremen Anschauung wurde dem triebhaft konzipierten Lust-Unlust-Regulationsprinzip ein Regulierungsmodus an die Seite gestellt, der sich anhand der Pole Sicherheit und Wohlbehagen versus Unsicherheit und narzißtische Spannung charakterisieren läßt (vgl. Sandler, 1961).

Schon ab den 60er Jahren dieses Jahrhunderts wurde auch die wissenschaftliche Haltbarkeit der Energie-Metaphern des klassischen Triebkonzepts immer stärker angezweifelt (vgl. Mertens, 1981b). Denn die herkömmliche psychoanalytische Auffassung, daß Motive, Verhalten und Denken von einer energetischen Kraft libidinöser oder aggressiver Natur abhängen, wurde von Biologen, Neurophysiologen und Physikern wiederholt und eindrucksvoll zurückgewiesen.

Zudem sind aus heutiger Sicht nicht die Triebe die primären Bausteine seelischen Lebens, sondern die → Affekte. Aufgrund neuerer Befunde aus der Forschung über die Phylo- und Ontogenese des Affektsystems ist nunmehr davon auszugehen, daß Affektsignale schon beim Säugling, teilweise sogar schon im vorgeburtlichen Stadium auftreten (vgl. Krause, 1983). Affekte sind dabei aber nicht, wie Freud annahm, Triebmanifestationen, sondern sie bilden ein relativ selbständiges Kontrollsystem des Verhaltens. Handlungen werden durch affektive Reaktionen ausgelöst, die durch bestimmte – tatsächliche oder vorgestellte – Ereignisse hervorgerufen werden. Das Gefühl des „Getriebenseins", das wir dabei erleben können, ist eine Manifestation der jeweils ausgelösten Affektintensität.

So ist die Sexualität keine Spannungsreduktion akkumulierter Libido, sondern der Wunsch nach sexueller Betätigung wird durch Affekte wie Interesse, Sehnsucht, Lust, Liebe ausgelöst. Auch die Ansichten über einen primären (destruktiven) Aggressionstrieb (→ Aggression) müssen zurückgewiesen werden. Aggression ist nicht wie Hunger eine selbständige motivationale Kraft. Bislang ist auch keine vorhersagbare Periodizität für Aggression bekannt; keine metabolischen Veränderungen begleiten die Abwesenheit von Aggression; zwar muß man essen, trinken und atmen, aber es gibt kein Bedürfnis nach Aggression, sofern kein provozierender Stimulus vorhanden ist. Aggression ist ein defensiv motiviertes Verhalten, eine Reaktion auf Desorganisation. Aggression wird durch Affekte ausgelöst und dient der Selbsterhaltung. Sie ist deshalb ein Hilfsmittel und kein Grundbedürfnis, wie Freud annahm (vgl. Basch, 1981).

Eine Vielzahl der hier nur sporadisch und unvollständig erwähnten Kritikpunkte gegen die Freudsche Triebtheorie richtet sich gegen ihre biologische und somatische Fundierung. Zwar bleibt es Freuds Verdienst, „die Sexualität aus der Verdrängung und aus der Verleugnung hervorgeholt zu haben", doch können „globale Begriffe wie Sexualtrieb und Libido … den differenzierten Wirkzusammenhängen der seelischen Entwicklung und Ausdifferenzierung nicht Rechnung tragen" (Künzler, 1980, S. 301).

Wie könnte eine moderne psychoanalytische Motivationstheorie aussehen, die den Biologismus der Freudschen Triebtheorie vermeidet und mit heutigen Auffassungen in Übereinstimmung gebracht werden kann? In der herkömmlichen psychoanalytischen Theorie und Praxis wurden alle Wünsche als Triebwünsche angesehen; die Ich-Psychologie unternahm große begriffliche Anstrengungen, um über das Konzept der Desexualisierung und Neutralisierung das Axiom retten zu können, daß jeder Wunsch letztlich durch sexuelle und/oder aggressive Triebenergie (in desexualisierter und neutralisierter Form) zustandegekommen sei.

Nach Sandler (1982) machen Wünsche nach Wiederherstellung oder Aufrechterhaltung eines Gefühls von Wohlbefinden und Sicherheit einen großen Teil des unbewußten und bewußten Seelenlebens aus. „Eine psychoanalytische Psychologie der Motivation, die auf die Regulierung von Gefühlszuständen bezogen ist, sollte ... an die Stelle der Psychologie treten, die sich auf das Konzept der Triebabfuhr gründet" (Sandler, 1982, S. 67).

Was läßt sich unter der Psychologie des Wunsches verstehen? In seiner einfachsten Form ist der Wunsch eine Suche nach Wiedererleben einer Erinnerung an etwas, das in der Vergangenheit einmal gefühlsmäßig befriedigend war. Wenn in der gegenwärtigen Interaktion eine mit dem damaligen Erleben mehr oder weniger identische Wahrnehmung der Situation erreicht werden kann, stellt sich eine Wunscherfüllung ein.

Die Erinnerung an etwas, was in der Vergangenheit gefühlsmäßig befriedigend war, ist immer mit mehr oder weniger unbewußten und bewußten Interaktionsrepräsentanzen verbunden. In unseren Beziehungen teilen wir unserem Gegenüber auf subtile Weise mit, wie wir die Beziehung zu ihm wünschen; wir versuchen, dem anderen eine intrapsychische Rollenbeziehung aufzuerlegen. Sandler geht davon aus, daß wir unablässig unsere Umwelt abtasten, insbesondere die Reaktionen anderer Menschen. „Die Antworten anderer auf unsere eigenen ‚Probe'-Signale oder verhaltensmäßigen Zeichen werden ständig von uns ausgewertet. Ähnlich antworten wir selbst, oft ganz unbewußt, auf die Signale, die uns auffordern, für andere bestimmte Rollen einzunehmen. Wenn wir auf der Grundlage solch unbewußten ‚Abtastens', solcher ‚Proben' und ‚Signale' finden, daß die Situation es nicht gestattet, die Befriedigung einer unbewußten Wunschphantasie durch Wahrnehmungsidentität zu erreichen, dann werden wir einen bestimmten Aktionsplan für die Verwirklichung unbewußter Wunscherfüllung aufgeben (oder andere Partner dafür suchen)" (Sandler, 1982, S. 69).

Stürzt mit der Aufgabe der klassischen Triebtheorie auch ein Hauptpfeiler der psychoanalytischen Anthropologie zusammen? Was sind die Folgen, wenn die aus dem Sexual- und Aggressionstrieb stammende vermeintliche psychische Energie nicht mehr in einem langen, konflikthaften Prozeß verdrängt und sublimiert werden muß, und das Kind in der Entwicklungsphase nicht länger Gefangener seiner körperlichen Triebbedürfnisse ist? Wenn schon das Kleinkind von Geburt an zur Kommunikation mit seinen Pflegepersonen bereit ist, wenn ihm dazu nur im Dialog die Gelegenheit gegeben wird? Oder täuschen sich diejenigen Psychoanalytiker, die den Primat der Sexual- und Aggressionstriebe anzweifeln und deren Erklärungskraft z.B. zugunsten einer Selbst- oder Beziehungspsychologie zusammenschrumpfen lassen wollen, über die sexuelle und aggressive Triebhaftigkeit menschlicher Natur hinweg? Müssen sich diese Betrachtungsweisen aber zwangsläufig ausschließen? Wäre es nicht sinnvoller, von vier Perspektiven innerhalb der modernen Psychoanalyse auszugehen, der triebtheoretischen, objektbeziehungstheoretischen, ichpsychologischen und selbstpsychologischen Perspektive, wie dies z.B. Pine (1990) vorgeschlagen hat? Dann würde die triebpsychologische Dimension menschlichen Erlebens und Handelns und ihrer konflikthaften Äußerungen nicht notwendigerweise an Erklärungskraft verlieren, sondern nur durch Betrachtungsweisen ergänzt werden, die auch die verinnerlichten, gesellschaftlich, familial und individuell geformten Interaktionsrepräsentanzen (die immer mit Affekten verbunden sind), den Organisationsgrad der mehr oder weniger konflikthaft eingeschränkten Ich-Funktionen und die Regulierungsmodi des Selbstsystems mit einbeziehen.

Literaturempfehlungen

Compton, A. (1985). The development of the drive object concept in Freud's work. Journal of the American Psychoanalytic Association, 33, 93–116.

Freud, S. (1905d). Drei Abhandlungen zur Sexualtheorie, GW V, 27, 33–145.

Freud, S. (1915c). Triebe und Triebschicksale, GW X, 210–232.

Jacoby, R. (1986). Psychoanalyse und Sexualität. In Psychoanalytisches Seminar Zürich (Hg.), Sexualität (S. 115–132). Frankfurt/M.: Syndikat.

Künzler, E. (1969). Zwei Hypothesen über die Natur der frühkindlichen Sozialbeziehungen. Psyche, 23, 25–57.

Lichtenberg, J.D (1989). Psychoanalysis and motivation. Hillsdale, NJ: Analytic Press.

Mertens, W. (Hg.) (1981b). Neue Perspektiven der Psychoanalyse. Stuttgart: Kohlhammer.

Nitzschke, B. (1990). Zum Diskurs über die „Sexualität" in zeitgenössischen psychoanalytischen Entwürfen. In S. Zepf (Hg.), „Wer sich nicht bewegt, der spürt auch seine Fesseln nicht … ". Anmerkungen zur gegenwärtigen Lage der Psychoanalyse (S. 155–190). Frankfurt/M.: Nexus.

Ottomeyer, K. (1989). Zur Sozialisation der Sinnlichkeit. In Psychoanalytisches Seminar Zürich (Hg.), Psychoanalyse als sozialwissenschaftliche Methode (S. 71–105). Frankfurt/M.: Athenäum.

Pine, F. (1990). Die vier Psychologien der Psychoanalyse und ihre Bedeutung für die Praxis. Forum der Psychoanalyse, 6, 232–249.

Sandler, J. (1982). Unbewußte Wünsche und menschliche Beziehungen. Psyche, 36, 59–74.

Übergangsobjekt – transitional object

Allen Eltern wohlbekannt ist jener beruhigende und autonomiefördernde Umgang eines Kindes mit seinem Übergangsobjekt, z.B. einem Teddybär, einem Kissen, einer Decke o.ä. Als Gegenstand mit besonderer Bedeutung für ein Kind in einem bestimmten Lebensabschnitt, symbolisiert das Übergangsobjekt Mutternähe und stellt doch zugleich Nicht-Mütterliches dar. Es beruhigt das Kind, wenn die Mutter abwesend ist und markiert auf diese Weise auch den Übergang zu einer endgültigen Verinnerlichung wichtiger mütterlicher Hilfs-Ich-Funktionen. Indem das Kind äußere Objekte in einem intermediären Bereich der Erfahrung von äußerer Realität und innerer Phantasiewelt erschaffen und kontrollieren kann, erleichtert es sich die Ablösung von einer illusionären Beziehungsphantasie, in der es die Mutter beliebig kontrollieren konnte.

Von Winnicott (1953) zum ersten Mal als Konzept eingeführt, nahm es bald den Rang einer wichtigen entwicklungsmäßigen Errungenschaft im Leben eines Kindes ein. Vorgänge wie → Internalisierung, → Projektion, Illusion, Kreativität und Spiel erfuhren bei Einbeziehung der Konzepte Übergangsobjekt und Übergangsphänomen eine wichtige entwicklungspsychologische Fundierung (vgl. z.B. Schacht, 1977; Neubaur, 1987). Von Greenacre (1969) wurde das Übergangsobjekt vom Fetisch abgegrenzt (→ Fetischismus); Gaddini (1970) machte darauf aufmerksam, daß psychosomatische Patienten in ihrer Kindheit vor allem wegen ihrer mangelhaften Fähigkeiten zur visuellen und sprachlichen Symbolisierung früher körperlicher und affektiver Erfahrungen selten ein Übergangsobjekt ausbilden. Busch (1974) differenzierte zwischen primären und sekundären Übergangsobjekten. Tolpin (1971) brachte es mit dem Kohutschen Konzept der umwandelnden Verinnerlichung in Verbindung.

Im Unterschied zum → Selbstobjekt, bei dem das Selbst den anderen Menschen nicht als eigenständiges Subjekt erlebt, sondern in dem Bewußtsein einer mehr oder weniger omnipotenten Kontrolle über dieses lebt und eine starke Anspruchshaltung gegenüber der Person, die als Selbstobjekt benötigt wird, einnimmt, bezieht sich die Terminologie des Übergangsobjekts zumeist auf gegenständliche, apersonale Objekte, denen gegenüber bereits eine gewisse Anerkennung der ihnen immanenten Realitätsgesetze charakteristisch ist. Beide – die Selbst-Selbstobjekt-Beziehung und die Beziehung des Kindes zu seinem Übergangsobjekt – stellen normalpsychologische Beziehungsmodi dar. Bei einer hochgradig pathologischen Mutter-Kind-Beziehung kommt es zu einer Verweigerung des Kindes, sich auf seine Mutter als Selbstobjekt zu beziehen; und ebenso kann der lebendige und tröstende Gebrauch des Übergangsobjekts verloren gehen, wenn z.B. ein Kind eine massive Traumatisierung (→ Trauma) anhand einer Trennungserfahrung erlebt (z.B. Robertson & Robertson, 1975).

Viele Phänomene wurden in der Zeit nach Winnicotts Entdeckung als Übergangsobjekt oder -phänomen beschrieben. Nach Hirsch (1985, S. 261) z.B. lassen sich mit Hilfe des Konzepts des Übergangsobjekts und der Übergangsphänomene verschiedene Ausdrucksformen psychogenen Schmerzes als „Ersatz für ein genügend gutes mütterliches Objekt" verstehen. Kopfschlagen, Haarausreißen und andere Selbstverstümmelungen sollen auf pathologische Weise die Verbundenheit mit einer ursprünglich Schmerzen zufügenden Mutter aufrechterhalten. Damit kann die Trennungsangst bewältigt und Individuation vermieden werden.

Rosenthal (1988) beschrieb eine Art von Übergangsphänomen, das er vor allem bei Patienten mit einer → Borderlinestörung gefunden hat, den sog. durchsichtigen Schirm oder Schutzwall, den diese Menschen zwischen sich und ihren Mitmenschen errichten. Anders als der z.B. von Modell (1981) beschriebene Kokon narzißtisch gestörter Menschen, ermöglicht dieser „transparent screen" den Kontakt zur Außenwelt, wobei der Patient selbst für andere unsichtbar z.B. hinter einer Glasscheibe sitzt.

Literaturempfehlungen

Busch, F. (1974). Dimensions of the first transitional object. Psychoanalytic Study of the Child, 29, 215–229.

Gaddini, R. (1970). Transitional objects and the process of individuation. Journal of the American Academy of Child Psychiatry, 9, 347–365.

Greenacre, P. (1969). The fetish and the transitional object. Psychoanalytic Study of the Child, 24, 144–164.

Haesler, L. (1992). Musik als Übergangsobjekt. Zeitschrift für psychoanalytische Theorie und Praxis, 7, 4–15.

Hartkamp, N. & Heigl-Evers, A. (1988). Übergangsobjekt und Selbstobjekt. Forum der Psychoanalyse, 4, 103–115.

Hirsch, M. (1985). Psychogener Schmerz als Übergangsphänomen. Praxis der Psychotherapie und Psychosomatik, 30, 261–267.

Hong, K.M. (1978). The transitional phenomena: a theoretical integration. Psychoanalytic Study of the Child, 33, 47–79.

Neubaur, C. (1987). Übergänge. Spiel und Realität in der Psychoanalyse D.W. Winnicotts. Frankfurt/M.: Athenäum.

Ogden, T. (1985a). The mother, the infant and the matrix: interpretations of aspects of the work of Donald Winnicott. Contemporary Psychoanalysis, 21, 346–371.

Ogden, T. (1985b). On potential space. International Journal of Psycho-Analysis, 66, 129–141.

Rosenthal, R.J. (1988). Transparent screens. Journal of the American Psychoanalytic Association, 36, 295–317.

Schacht, L. (1973). Subjekt gebraucht Subjekt. Psyche, 27, 151–168.

Schacht, L. (1977). Die Entdeckung der Lebensgeschichte. Psyche, 32, 95–110.

Winnicott, D.W. (1953). Übergangsobjekte und Übergangsphänomene. Psyche, 23 (1969), 666–681.

Über-Ich – super-ego

Im Rahmen des Strukturmodells führte Freud (1923b) den Begriff „Über-Ich" ein, um damit eine Instanz der Persönlichkeit zu bezeichnen, von der zensierende und normative Einflüsse ausgehen. Nicht die Beschreibung des Gewissens war jedoch in diesem Zusammenhang Freuds Leistung, sondern die Analyse der unbewußten Auswirkungen des Über-Ichs, die in unbewußten Selbstvorwürfen, Schuldgefühlen (→ Schuld), Strafängsten und neurotischen Symptomen ihren Ausdruck finden und als Über-Ich-Analyse einen wesentlichen Teil der analytischen Behandlung ausmachen.

Mit der Postulierung eines Richters oder Zensors des Ichs tauchten viele Fragen auf, die bis zum heutigen Tag noch nicht zufriedenstellend geklärt zu sein scheinen, wie z.B.: Wann entsteht das Über-Ich? Welche Rolle spielt das Ich-Ideal, das von Freud einige Jahre zuvor ausführlich beschrieben worden war? Warum kommt es überhaupt zu einer Verinnerlichung elterlicher Normen? Worin unterscheiden sich das männliche und das weibliche Über-Ich? Beziehen sich die Über-Ich-Inhalte hauptsächlich auf das Inzesttabu und das Verbot kindlicher Rivalitätsaggressionen gegen die Eltern, oder schließen sie auch andere als ödipale Verbote mit ein? Ist die Stärke des Schuldgefühls ein direktes Abbild der elterlichen Strenge? Wie entwickeln sich moralische Vorstellungen beim Kind, wenn die Eltern Über-Ich-Lücken und antisoziale Tendenzen aufweisen? Kann in einer Gesellschaft mit mangelhaften und z.T. pathologischen Wertvorstellungen überhaupt bei einem Heranwachsenden ein gesundes Über-Ich entstehen? Warum sind Schuldgefühle nicht immer bewußt? Haben unbewußte Schuldgefühle überhaupt noch eine normative Funktion? Was versteht man unter einer Abwehr gegen Über-Ich-Abkömmlinge?

Viele Jahre war es in der psychoanalytischen Theorie üblich, zwischen der Bildung des Über-Ichs und der Bewältigung des → Ödipuskomplexes einen engen

Zusammenhang zu sehen. Der kleine Junge gibt seine ödipalen Strebungen gegenüber seiner Mutter aus Kastrationsangst (→ Kastrationskomplex) auf und identifiziert sich mit den Verboten seines mächtigen Vaters. „Die für diese Auffassung entscheidende Tatsache ist nun, daß diese Neuschöpfung einer überlegenen Instanz im Ich auf das innigste mit dem Schicksal des Ödipuskomplexes verknüpft ist, so daß das Über-Ich als der Erbe dieser für die Kindheit so bedeutungsvollen Gefühlsbindung erscheint. Wir verstehen, mit dem Auflassen des Ödipuskomplexes mußte das Kind auf die intensiven Objektbesetzungen verzichten, die es bei den Eltern untergebracht hatte, und zur Entschädigung für diesen Objektverlust werden die wahrscheinlich längst vorhandenen → Identifizierungen mit den Eltern in seinem Ich so sehr verstärkt ... Eingehende Untersuchung belehrt uns auch, daß das Über-Ich in seiner Stärke und Ausbildung verkümmert, wenn die Überwindung des Ödipuskomplexes nur unvollkommen gelingt" (Freud, 1933a, S. 70).

War für Freud das Über-Ich somit noch der Erbe des Ödipuskomplexes, so wiesen in der Folgezeit verschiedene Autoren (wie z.B. Glover, 1943; Spitz, 1958; Jacobson, 1973) darauf hin, daß von präödipalen Über-Ich-Vorläufern, Primordia oder Über-Ich-Kernen ausgegangen werden muß, die geraume Zeit vor dem Ödipuskomplex entstehen. Spitz (1958) z.B. zeigte auf, daß ein Kind schon gegen Ende des ersten Lebensjahres fähig ist, elterliche Gebote und Verbote meistens anhand eines „Nein, nein", begleitet von einem Kopfschütteln und erhobenem Zeigefinger, zu befolgen. Diese kindliche Konditionierung ist natürlich noch nicht mit dem Über-Ich gleichzusetzen, bei dem das Kind sich von verinnerlichten Wertvorstellungen und Schuldgefühlen leiten läßt. Die Unterbrechung und Verhinderung einer affektiv und triebhaft motivierten Handlung lassen aggressive Reaktionen beim Kind entstehen; in einer Vorform der von A. Freud (1936) beschriebenen Identifizierung mit dem Angreifer kann das Kind bereits im zweiten Lebensjahr die Rolle der Eltern spielen und deren Nein nun gegen sich selbst wenden: „Ich betrachte diese Form der ‚Identifizierung mit dem Angreifer', nämlich die spielende Übernahme der Rolle der Mutter und die Anwendung des Verbietens auf sich selber, als einen der Grundmechanismen, der in die spätere Über-Ich-Bildung eingeht" (Spitz, 1960, S. 408).

Die Identifizierung mit dem Angreifer und dem Versagenden hat nach Spitz die Funktion der Bemeisterung im Umgang mit kindlicher Hilflosigkeit und Abhängigkeit und stellt den Versuch dar, Funktionen und Tätigkeiten der Eltern – in den ersten Lebensjahren zumeist der Mutter – zunächst nur nachahmend, aber mit Konsolidierung der Repräsentanzenwelt (→ Repräsentanz) einige Zeit später auch in Form von Gedächtnisinhalten auszuüben. Der dabei auftretende Gesichtsausdruck bei Kindern dieses Alters läßt nach Spitz (1958) noch keinen Rückschluß auf ein spezifisches Schuldgefühl zu; eher läßt sich ein globales Gefühl vermuten: „Dieses Gefühl umfaßt zugleich Schuldbewußtsein wie Scham, Verlegenheit, wie Zerknirschung und Angst, und vielleicht noch andere Gefühle" (S. 422).

Kann die psychoanalytische Theorie erklären, warum ein Kind die Verfolgung für ihn wichtiger Triebziele aufgibt, die elterlichen Forderungen befolgt und diese Forderungen sogar noch verinnerlicht? Nach Westen (1986) kann die herkömmliche psychoanalytische Über-Ich-Theorie nur erklären, daß ein Kind aus → Angst vor Bestrafung bestimmte Handlungen unterläßt, was mit einer sozialen Lerntheorie kognitiver Prägung durchaus kompatibel ist. Warum aber werden Normen nicht nur situationsspezifisch, aus Angst vor Bestrafung, sondern auch als Ausdruck eines persönlichen Gewissens befolgt, warum wird die Befolgung von Normen als wertvoll und selbstwerterhöhend erlebt?

Die Erklärung dafür ist in jenem anderen Strang der Über-Ich-Entwicklung zu suchen, dessen Ergebnis Freud in „Zur Einführung des Narzißmus" (1914c), „Trauer und Melancholie" (1917c) und „Massenpsychologie und Ich-Analyse" (1921c) als → Ich-Ideal beschrieben hat und in dessen Psychodynamik ein wesentlicher Antrieb für die Verinnerlichung von Über-Ich-Normen gesehen werden kann. Das Ich-Ideal ist der Erbe des verlorenengegangen kindlichen Narzißmus. Die unvermeidlichen Enttäuschungen des Kindes vor allem während der → Wiederannäherungsphase (vgl. Mahler et al., 1975) zwingen zu einer allmählichen Zurücknahme der kindlichen Omnipotenz; das Kind lernt schrittweise, daß es keine Kontrolle über die Eltern wie noch im ersten Lebensjahr ausüben kann. Aber wenn es sich mit den nunmehr immer stärker idealisierten Eltern-Imagines, mit deren Forderungen und Geboten zu identifizieren beginnt, kann es etwas von dem ursprünglichen narzißtischen Wohlgefühl zurückerobern. Die Übereinstimmung mit dem per → Identifizierung entstehenden Ich-Ideal erinnert an das einstige narzißtische Hochgefühl. „Diesem Ich-Ideal gilt nun die Selbstliebe, welche in der Kindheit das wirkliche Ich genoß. Der Narzißmus erscheint auf dieses neue ideale Ich verschoben, welches sich wie das infantile im Besitz aller wertvollen Vollkommenheiten befindet. Der Mensch hat sich hier, wie jedesmal auf dem Gebiete der Libido, unfähig erwiesen, auf die einmal genossene Befriedigung zu verzichten. Er will die narzißtische Vollkommenheit seiner Kindheit nicht entbehren … Was er als sein Ideal vor sich hin projiziert, ist der Ersatz für den verlorenen Narzißmus seiner Kindheit, in der er sein eigenes Ideal war" (Freud, 1914c, S. 161).

Die Internalisierung von Normen geschieht bereits vor der Entstehung des Ödipuskomplexes. Spätestens seitdem eine Forschergruppe an der Hampstead Child Therapy Clinic in London (vgl. Sandler, 1962) damit begonnen hatte, Über-Ich-Manifestationen bei Kindern zu kategorisieren, wurde deutlich, daß z.B. einige Kinder, die sich altersmäßig bereits in der Latenz befanden, stark mit ödipalen Konflikten zu kämpfen hatten, andererseits jedoch alle Anzeichen für ein vollständig internalisiertes und strukturiertes Über-Ich, das autonom funktionierte, aufwiesen. Es gab auch keine Anzeichen dafür, daß diese Kinder sich mit ihren Eltern identifizierten, was Freud als wichtiges Kriterium für die Überwindung des Ödipuskomplexes betrachtet hatte.

Aus diesem Grund reicht es auch nicht aus, lediglich das Inzesttabu und das Verbot des Vatermordes als Inhalte des Über-Ichs zu untersuchen, auch wenn aus klinischer Sicht diese häufig mit zu den wichtigsten Themen der Über-Ich-Analyse gehören.

Sinnvoll ist deshalb die Unterteilung, die Trimborn (1979, S. 103) zwischen dem „archaischen Über-Ich" (zurückgehend auf erste Frustrationserlebnisse im ersten Lebensjahr), dem „‚sozialen' Über-Ich und dem Ich-Ideal" (Bewältigung der Trennungsangst und Sicherung der narzißtischen Identität) und dem „ödipalen Über-Ich und Ich-Ideal" (Bewältigung des Ödipuskomplexes) vorgenommen hat.

Viele Jahre galt es als analytischer Erfahrungswert, daß die Rigidität des Über-Ichs nicht unilinear auf die Strenge der elterlichen Erziehungsmaßnahmen zurückgeführt werden kann, sondern vielmehr der komplexen Psychodynamik der ödipalen Triebwelt geschuldet ist (z.B. Kuiper, 1968; Brenner, 1972, 1979). Angesichts der notwendigen Unterscheidung in die verschiedenen Stadien und Vorläufer des Über-Ichs müssen die narzißtischen Katastrophen in den ersten Lebensjahren (z.B. aufgrund von Elternverlust oder mangelnder → Empathie) aber stärker gewichtet und damit die Sozialisationsumwelt intensiver berücksichtigt werden.

Es ist somit auch deutlich geworden, daß die Annahme zurückgewiesen werden muß, die Über-Ich-Entwicklung bei Mädchen sei mangelhaft, wie Freud noch – aufgrund der Tatsache, daß das Mädchen keinen Penis zu verlieren habe – meinte; aber sie ist aus anderen Gründen dennoch von der des Jungen unterschiedlich. Bernstein (1983), die drei Aspekte des Über-Ichs differenziert hat (Stärke, Struktur und Inhalte des Über-Ichs), geht davon aus, daß die Einbeziehung der präödipalen Über-Ich-Vorläufer in die Betrachtung des Über-Ichs – was bislang erst sehr vereinzelt geschieht – sogar noch stärkere Unterschiede zwischen Jungen und Mädchen offenkundig werden lassen würde.

Buchsbaum und Emde (1990) fanden – indem sie 36 Monate alte Kinder eines nicht-klinischen Samples Geschichten zu Ende erzählen ließen, in denen es um verschiedene Bereiche der Moralentwicklung ging – eindeutige und sie selbst überraschende Ergebnisse. Die angefangenen Erzählungen, die von den Kindern weiterzuerzählen waren, erforderten empathisches, prosoziales Verhalten, ein Regelverständnis, die Lösung moralischer Dilemmata und die Einfühlung in familiendynamische Beziehungen (wie z.B. über den folgenden elterlichen Konflikt: Die Mutter beschuldigt ärgerlich den Vater, ihre Autoschlüssel verloren zu haben; der Vater bestreitet dies). Die überwiegende Mehrzahl der Kinder produzierte prosoziale Antworten, ließ ein Regelverständnis erkennen oder bewies anhand ihrer Geschichten, daß sie imstande war, das moralische Dilemma zu lösen. Diese Befunde stehen in Übereinstimmung mit neueren Forschungsergebnissen über die Fähigkeit zum affektiven *role-taking*, einer Komponente des moralischen Verhaltens, bei zweijährigen Kindern (Dunn, 1988).

Diese Erkenntnisse lassen Zweifel daran aufkommen, ob die anthropologischen Prämissen der klassischen Psychoanalyse, nach denen ein ursprünglich unmoralisches Menschenkind imperativ die Befriedigung egoistischer Triebbedürfnisse verlangt und sich nur aus Angst vor Liebesverlust und narzißtischer Identitätssicherung der Moral seiner Eltern unterwirft und deren Anforderungen und ethischen Ideale recht und schlecht verinnerlicht, zur Gänze aufrechterhalten werden können. Das bei gesunden Kindern bereits beobachtbare Bedürfnis nach prosozialem und einfühlsamem Verhalten läßt eher an einen autonomen Kern moralischen Handelns denken und die Bestimmung des Über-Ichs als einer total heteronomen Instanz tendenziell fragwürdig erscheinen. Deswegen muß die Frage erlaubt sein, inwieweit das bisherige psychoanalytische Konzept des Über-Ichs zwar für die Beschreibung psychopathologischer Phänomene zutreffend ist, aber hinsichtlich einer allgemeinen Theorie der moralischen Entwicklung revisionsbedürftig erscheint.

Das große Verdienst der Freudschen Überlegungen zum Ich-Ideal und Über-Ich ist aber sicherlich darin zu erblicken, daß seit Freud keine naive bewußtseinspsychologische Betrachtung moralischen Handelns mehr möglich ist, nach der unsere moralischen Prinzipien für jedermann jederzeit reflexionsfähig sind. Die verinnerlichten Über-Ich-Normen der Eltern, die nur partiell bewußt sind und von denen auch nur eine teilweise → Autonomie erreicht worden ist, bestimmen in einem nicht unerheblichen Umfang unser Handeln.

Obwohl schon Jacobson (1964) eine klare Beschreibung aufeinanderfolgender Stufen der → Internalisierung von Über-Ich-Vorläufern annahm, an die neben vielen anderen Autoren auch Kernberg (z.B. 1987) wieder anknüpfte, wenn er verschiedene Stufen der Über-Ich-Pathologie (antisozial, narzißtisch, borderline, neurotisch) skizziert, leidet nach Gray (1987) die bisherige behandlungstechnische Vorgehensweise bei der Analyse des Über-Ichs unter der immer noch stark verbreiteten konzeptuellen Ambiguität und der damit einhergehenden Auffassung über die Über-Ich-Analyse. Erst eine gründliche Neukonzeptualisierung des Über-Ichs kann Abhilfe schaffen, wie es in den letzten Jahren ansatzweise bereits von Autoren, wie Cremerius (1977a,b), Kernberg (1988), Kris (1983) und Wurmser (1987) versucht worden ist.

Literaturempfehlungen

Bernstein, D. (1983). The female superego: a different perspective. International Journal of Psycho-Analysis, 64, 187–201.

Blum, E.J. & Blum, H.P. (1990). The development of autonomy and superego precursors. International Journal of Psycho-Analysis, 71, 585–595.

Buchsbaum, H.K. & Emde, R.N. (1990). Play narratives in 36-month-old-children: Early moral development and family relationships. Psychoanalytic Study of the Child, 45, 129–155.

Cremerius, J. (1977a). Grenzen und Möglichkeiten der psychoanalytischen Behandlungstechnik bei Patienten mit Über-Ich-Störungen. Psyche 31, 593–636.

Eicke-Spengler, M. (1988). Über Schuld- und Schamgefühle bei Frauen. Zeitschrift für psychoanalytische Theorie und Praxis, 3, 77–93.

Emde, R.N., Johnson, W.F. & Easterbrooks, M.A. (1988). The do's and don'ts of early moral development. In J. Kagan & S. Lamb (Eds.), The emergence of morality (pp. 245–277). Chicago: University of Chicago Press.

Gray, P. (1991). On transferred permissive or approving superego functions: The analysis of the ego's superego activities. Psychoanalytic Quarterly, 60, 1–21.

Schore, A.N. (1991). Early superego development. The emergence of shame and narcissistic affect regulation in the practicing period. Psychoanalysis and Contemporary Thought, 14, 187–250.

Sandler, J. & Sandler, A.-M. (1988). Das frühere Unbewußte, das gegenwärtige Unbewußte und die Schicksale der Schuld: eine technische Perspektive. In P. Kutter, R. Páramo-Ortega & P. Zagermann (Hg.), Die psychoanalytische Haltung. Auf der Suche nach dem Selbstbild der Psychoanalyse (S. 143–163). München: Verlag Internationale Psychoanalyse.

Trimborn, W. (1979). Der progressive Abwehrcharakter des Über-Ichs. In J. Cremerius, S.O. Hoffmann & W. Trimborn (Hg.), Psychoanalyse, Über-Ich und soziale Schicht. Die psychoanalytische Behandlung der Reichen, der Mächtigen und der sozial Schwachen (S. 97–143). München: Kindler.

Westen, D. (1986). The superego: a revised developmental model. Journal of the American Acadamy of Psychoanalysis, 14, 181–202.

Übungsphase – practicing period

In der von Mahler, Pine und Bergman (1975; dt. 1978) beschriebenen Theorie der Loslösung und Individuation stellt die Übungsphase die zweite Subphase nach der Differenzierungs- und vor der → Wiederannäherungsphase dar. Um den 9. bis 10. Lebensmonat herum fängt das Kind mit fortschreitender motorischer Entwicklung an, zu krabbeln, herumzuklettern und sich langsam aufzurichten. Die Zeitspanne zwischen dem 10. oder 12. bis zum 16. oder 18. Lebensmonat wurde deshalb als eine Phase beschrieben, in der das Kind sich erstmals von seiner Mutter aktiv fortbewegen, Nähe und Distanz zu ihr aktiv selbst bestimmen und sein Forschungsverhalten auch zunehmend mehr auf die unbelebte Objektwelt ausdehnen kann. Dabei ist es wichtig, daß die Mutter als „Heimatbasis" zum „emotionalen Auftanken" kontinuierlich zur Verfügung steht, weil ein einjähriges Kind noch kein ausreichendes Sicherheitsgefühl verinnerlicht hat. Die mit dem aufrechten Stehen- und Gehenkönnen verbundenen Möglichkeiten der Exploration und Welteroberung führen nach Mahler et al. (1975) in dieser Zeit zu einem omnipotenten Lebensgefühl. Das Kind scheint von seinen motorischen Fähigkeiten wie berauscht zu sein, besetzt seine körperlichen Funktionen und Fähigkeiten, die es fortwährend übt, sehr stark, ist relativ unempfindlich gegenüber Hinfallen oder anderen Frustrationen und „ist gewissermaßen verliebt in die Welt und in seine eigene Größe und Allmacht" (Mahler et al., 1978, S. 94). Erst wenn es sich in der zweiten Hälfte des zweiten Lebensjahres mit zunehmender kognitiver Reifung seiner körperlichen Getrenntheit deutlich bewußt wird, tritt eine gesteigerte Angst auf, die Mutter verlieren zu können.

Obwohl in der Übungsphase vor allem die motorischen Errungenschaften auffallend sind, stellen nach neueren Erkenntnissen die *affektiven* Veränderungen die bedeutsamsten Phänomene für diesen Entwicklungsabschnitt dar. So konnten Säuglings- und Affektforscher feststellen, daß Kinder, die bereits krabbeln können, andere Typen affektiver Reaktion zeigen als wenige Monate alte Kinder und daß es offensichtlich einen starken Zusammenhang zwischen dem Beginn der Fortbewegung und bedeutsamen Veränderungen im affektiven Verhalten gibt (Bertenthal, Campos & Barrett, 1983; Fox & Davidson, 1984).

Auch Mahler et al. (1975) sprechen ja von dem „Berauschtsein" des übenden Kleinkindes angesichts der eigenen Fähigkeiten und postulieren, daß sich der Narzißmus des Kindes in der Übungsphase auf seinem Höhepunkt befinde. Andere Forscher (z.B. Johnson, 1987; Emde, 1989) beobachteten ebenfalls Affektzustände des manischen Aufgeregtseins und Stimmungen des Hochgefühls. Von besonderer Bedeutung, vor allem für die Entwicklung des Schamgefühls (→ Scham), scheint nun das Verständnis jener Augenblicke zu sein, in denen das übende Kleinkind, das in einem Hochzustand ist, sich mit aufgeregter und freudiger Erwartung wieder seiner Mutter zuwendet, damit sie seinen hohen Erregungszustand regulieren hilft. Die Wiedervereinigung mit der Mutter ist ein Interaktionsmoment, in dem nach einer Phase der Trennung die Affekt- und Erregungsregulierung wieder aufgenommen wird; positive Erfahrungen während der Wiedervereinigung nach einem vollzogenen Übungsabschnitt scheinen dabei nicht nur für die optimale Bewältigung von Trennung und Individuation des

Selbst, sondern auch für das Erlernen einer Affekttoleranz (→ Affekt) von großer Bedeutung zu sein. Nach Schore (1991) erlebt ein zurückkehrendes Kind einen massiven Schamaffekt, wenn es gleichsam stolz und voller Erregung über seine selbständigen Explorationen zu seiner Mutter „heimkehrend" von der Erwartung ausgeht, daß diese seine freudige Erregung und sein Hochgefühl mit ihm teilt, statt dessen aber mit einer nicht auf die Affektlage des Kindes eingestimmten Mutter konfrontiert wird, was sich visuell in ihrem andersartigen Affektausdruck kundtut. Scham in der Übungsphase entsteht somit aufgrund der Verletzung der kindlichen Erwartung eines mütterlichen, affektiven Eingestimmtseins auf das grandiose Hochgefühl des zurückkehrenden Kindes.

Literaturempfehlungen

Brent, L. & Resch, R.C. (1987). A paradigm of infant-mother reciprocity: a reexamination of „emotional refueling." Psychoanalytic Psychology, 4, 15–31.

Lester, E.P. (1983). Separation-individuation and cognition. Journal of the American Psychoanalytic Association, 31, 127–156.

Parens, H. (1980). An exploration of the relations of instinctual drives and the symbiosis/separation-individuation process. Journal of the American Psychoanalytic Association, 28, 89–114.

Schore, A.N. (1991). Early superego development. The emergence of shame and narcissistic affect regulation in the practicing period. Psychoanalysis and Contemporary Thought, 14, 187–250.

Sherwood. V.R. (1989). Object constancy: the illusion of being seen. Psychoanalytic Psychology, 6, 15–30.

Unbewußt, das Unbewußte – unconscious

Mit der Behauptung unbewußter psychischer Vorgänge schloß sich Freud zwar Vorstellungen von Dichtern und Philosophen des 18. und 19. Jahrhunderts, vor allem denjenigen von Schopenhauer und Nietzsche, an (vgl. Nitzschke, 1983a,b, 1985; Gödde, 1991); von den Psychologen und Philosophen seiner Zeit erntete er damit aber eher Spott. Psychische Prozesse waren als bewußte definiert, die Annahme unbewußter psychischer Akte galt als ein Widerspruch in sich selbst.

Viele Jahrzehnte wurde in der Psychologie des 20. Jahrhunderts – kräftig unterstützt durch den Siegeszug des Behaviorismus – die Annahme unbewußter

Vorgänge mit Ablehnung bedacht und in die Nähe von Parapsychologie und Esoterik gerückt.

Aber auch die deutsche Neo-Psychoanalyse Schultz-Henckes (z.B. 1951) sah sich aufgrund von Anpassungstendenzen gezwungen, statt des Freudschen Unbewußten lediglich von „schwer Erinnerbarem" zu sprechen und dies als wissenschaftlichen Fortschritt gegenüber Freud zu deklarieren.

50 Jahre nach Freuds Tod gilt die Annahme unbewußter Vorgänge in der Psychologie als mehr als erwiesen: seit nämlich kognitive Psychologen in den 70er Jahren die Denk- und Forschungsrestriktionen ihrer behavioristischen Vorgänger aufhoben und die Existenz komplexer, unbewußter Operationen auf empirisch-experimentellem Weg nachwiesen.

Nach Eagle (1987), der jüngst die erstaunlichen Parallelen zwischen den Forschungsergebnissen der kognitiven Psychologie und den Freudschen Auffassungen aufgezeigt hat, dürfen gleichwohl die bedeutsamen Unterschiede nicht übersehen werden. Während das dynamische Unbewußte Freuds aus Triebrepräsentanzen besteht, handelt das kognitive Unbewußte von Gedanken-, Vorstellungs- und Wahrnehmungsprozessen. Die Triebimpulse des „Es", einem „Kessel voll brodelnder Erregungen" (Freud, 1933a, S. 80) vergleichbar, streben ohne Rücksicht auf Realitätserfordernisse unablässig nach Befriedigung, können allerdings nur in Form von Kompromißbildungen Zugang zum Vorbewußten bzw. zum Bewußtsein erlangen (vgl. Laplanche & Pontalis, 1973, S. 562). Denkvorgänge entwickeln sich allein aus der erfahrenen Unmöglichkeit halluzinatorischer Wunschbefriedigung. Gäbe es eine permanente Befriedigung von Triebimpulsen, fände nach Freud kein Denken statt. Erst die amerikanischen Ich-Psychologen, wie z.B. Hartmann (1939), stellten die kognitive Entwicklung mit der Annahme „primär autonomer → Ich-Funktionen" auf eigene Beine, behielten dabei jedoch die Möglichkeit im Auge, daß Ich-Funktionen wie z.B. Wahrnehmen, Denken oder Erinnern sehr schnell in Trieb-Abwehr-Konflikte (→ Konflikt) hineingezogen werden und somit sekundär konfliktualisiert werden können.

Ob man nun von den ursprünglichen Annahmen Freuds oder ihrer ich-psychologischen Revision ausgeht, kennzeichnend ist für unbewußte Inhalte (und Prozesse) aus psychoanalytischer Sicht die Verbindung zu triebhaften und affektiven Vorgängen, die – vom Standpunkt erwachsenen, realitätsangepaßten Denkens aus – als unlogisch und irrational gelten und durch primärprozeßhafte Züge der Symbolisierung, Verdichtung und Verschiebung gekennzeichnet sind. Die unbewußten Operationen, von denen die kognitive Psychologie ausgeht, sind hingegen meist logischer und problemlösender Art.

Freud (1915e, 1933a) unterschied zwischen dem *deskriptiv* Unbewußten oder dem sog. *Vorbewußten* (psychische Inhalte, die momentan nicht bewußt sind, aber durch eine Aufmerksamkeitsfokussierung bewußt gemacht werden können) und dem *dynamisch Unbewußten,* d.h. das Bewußtsein determinierenden Inhalten, die auch nicht durch angestrengtes Erinnern bewußt zu machen sind, weil sie durch eine Verdrängungsschranke (→ Verdrängung) vom Bewußtsein ferngehalten werden und nur mit Hilfe der therapeutischen → Durcharbeitung und Überwindung von Widerständen bewußt gemacht werden können.

Waren es in der ersten topischen Theorie von Freud Triebrepräsentanzen (→ Repräsentanz), die das Unbewußte ausmachten, so hat sich diese Bestimmung im Zuge der Theorieentwicklung verändert. Die zweite topische oder strukturelle Theorie ging von dem Wechselspiel der Instanzen Es, Ich und → Über-Ich aus, wobei auch Anteile des Ichs in Form von unbewußt operierenden Abwehrmechanismen und des Über-Ichs in Form von dessen Inhalten und Auswirkungen (wie z.B. Schuldgefühle [→ Schuld]) unbewußt sein können. In den Objektbeziehungstheorien sind es schließlich Selbst-Objekt-Repräsentanzen (→ Repräsentanz) oder Bedeutungsanteile derselben, die als unbewußt angenommen werden und als Folie für gegenwärtiges Erleben und Handeln gelten.

In beiden Fällen bezieht sich Freuds Definition aber auf psychische Inhalte, die im Prinzip bewußt gemacht werden können. Sie thematisiert hingegen nicht die Abwehroperation selbst und die Entscheidungsprozesse, die dieser Operation vorausgehen. Das „weite" Konzept, das Gillet (1987b, 1992) vorschlägt, bezieht sich auf alle psychischen Prozesse und Inhalte, die nicht bewußt ablaufen. Diese können unterteilt werden in einen erfahrungsmäßigen und nicht erfahrungsmäßigen Bereich. Der erfahrungsmäßige Bereich läßt sich wiederum in das deskriptiv Unbewußte (Vbw) und das dynamisch Unbewußte gliedern. Die Operationen im Bereich des nicht Erfahrungsmäßigen können niemals bewußt werden. Mit dieser Begriffserweiterung, die in der psychoanalytischen Umgangssprache schon längst gang und gäbe ist, läßt sich doch wieder eine Brücke zu den Forschungsbefunden der kognitiven Psychologie schlagen, womit ein wichtiger interdisziplinärer Forschungsbereich endlich konstituiert werden kann (vgl. Gergely, 1992).

Die Inhalte des Unbewußten sind aus heutiger Sicht nicht mehr „brodelnde" Triebimpulse, sondern Beziehungserfahrungen, die sich in Form von „unbewußten Annahmen", „Wenn-dann-Annahmen", „Regeln", „impliziten oder pathogenen Überzeugungen" „Schemata", oder „working models" etabliert haben. Nach Eagle (1987) können diese Beziehungserfahrungen in Analogie zu dem Konzept des „impliziten Wissens" („tacit knowledge") des Wissenschaftsphilosophen Polanyi (1958) als Hintergrund von Erwartungen und Erfahrungen betrachtet werden. Solche unbewußt gewordenen Hintergrundannahmen kommen nach Eagle vor allem deshalb zustande, weil sie bereits in einem frühen Alter erworben wurden und der familiäre Kontext es gebot, sie wie ein „Familiengeheimnis" unexpliziert zu lassen. Die unbewußte pathogene Überzeugung einer phobischen Patientin von Eagle (1987) lautete zum Beispiel: „Wenn ich eine autonome Person werden will und meine Mutter verlasse, dann wird sie dies nicht überleben". Diese Annahme ging aber nicht auf eine direkte und explizite Kommunikation zwischen Mutter und Tochter zurück, sondern wurde nonverbal übermittelt. Implizite Botschaften in Form von Wenn-dann-Annahmen, die z.B. Trennungsschuld oder Kastrationsangst (→ Angst; → Kastrationskomplex) beinhalten, werden – Über-Ich-Inhalten analog – internalisiert (→ Internalisierung) und bedürfen deshalb auch keiner äußeren Bekräftigung mehr.

Nach den Auffassungen der in den letzten Jahren häufig zitierten Forschungsgruppe um Weiss und Sampson (Mount Zion Psychotherapy Research Group, San Francisco) kommen Patienten mit unbewußten pathogenen Annahmen zum Psychoanalytiker in der Hoffnung, diese im Verlauf der Therapie als nicht mehr gültig aufgeben zu können. In Analogie zu Freud, der davon ausging, daß traumatische Erfahrungen durch Wiederholung gemeistert werden können, postulieren Weiss und Sampson (1986), daß Analysanden unbewußt ihren Analytiker vom ersten Augenblick an einer Reihe von Tests unterziehen, deren zwei bedeutsamste „Strategien" sich folgendermaßen beschreiben lassen: Im ersten Fall wird aus der pathogenen Annahme eine Handlungsanweisung abgeleitet, deren Realisierung das befürchtete Ereignis in abgeschwächter Form zur Folge hat; bei der zweiten Strategie kommt es zu einer Wendung des passiv Erlittenen ins aktiv Ausgeführte. So äußert z.B. ein Analysand schon nach einigen Stunden, daß seine Bekannten und Freunde fänden, daß die psychoanalytische Therapie nichts bringen würde. Wie wird der Analytiker darauf reagieren? Genauso gekränkt, ärgerlich, wütend oder sich unsicher rechtfertigend wie der Analysand als Kind, wenn er sich von seinem Vater gedemütigt fühlte? Oder wird er gelassen und nicht beschämt darauf reagieren können und somit ein Identifikationsmodell darstellen, mit dessen Hilfe der Analysand lernen kann, wie man mit kränkenden und herabsetzenden Unterstellungen umgehen kann, ohne sich sein Leben lang mit irrationalen Schamgefühlen und narzißtischen Wutausbrüchen herumplagen zu müssen?

Die Wirksamkeit derartiger „pathogenic beliefs" wurde mittlerweile auch mit Hilfe der subliminalen psychodynamischen Aktivierungstechnik von Silverman getestet, der seit zwanzig Jahren mit dieser experimentellen Methode den Nachweis der Existenz unbewußt wirkender Kräfte und → Konflikte zu führen versucht hat (Silverman & Weinberger, 1985; Weinberger & Silverman, 1987).

Sind die unbewußten pathogenen Annahmen gleichbedeutend mit den unbewußten → Phantasien, die doch für die bisherige Psychoanalyse einen solch zentralen Stellenwert haben? Während die Phantasien zumeist einen wunscherfüllenden, narzißtisch restitutiven Charakter aufweisen und auch als Abwehr gegenüber den tatsächlichen Erlebnissen aus der Kindheit fungieren können, leiten sich die unbewußten Annahmen eher von den unbewußten Erinnerungen an real traumatisierende Erfahrungen (→ Trauma) ab (vgl. Bush, 1989).

Sandler und Sandler (1983, 1985, 1988) haben eine Theorie von zwei Bereichen des Unbewußten ausgearbeitet, dem „Vergangenheits-Unbewußten" und dem „Gegenwarts-Unbewußten". Während das „Vergangenheits-Unbewußte" die lebensgeschichtlich frühen Erfahrungen und ihre Bearbeitungen in der Phantasie des Kindes aufbewahrt, wird das „Gegenwarts-Unbewußte" durch eine zweite Zensur konstituiert, die auf die Vermeidung von Beschämung und Mißbilligung in gegenwärtigen sozialen Situationen ausgerichtet ist. In der Übertragungssituation innerhalb der analytischen Dyade wird zunächst einmal diese zweite Zensur auf den Analytiker externalisiert.

Literaturempfehlungen

Bittner, G. (1988). Das Unbewußte – ein Mensch im Menschen? Würzburg: Königshausen & Neumann.

Eagle, M. (1987). The psychoanalytic and the cognitive unconscious. In R. Stern (Ed.), Theories of the unconscious and theories of the self (pp. 155–189). Hillsdale, NJ: Analytic Press.

Ellenberger, H.F. (1985). Die Entdeckung des Unbewußten. Geschichte und Entwicklung der dynamischen Psychiatrie von den Anfängen bis zu Janet, Freud, Adler und Jung. Zürich: Diogenes.

Erdelyi, M. (1984). Psychoanalysis: Freud's cognitive psychology. New York: Freeman.

Freud, S. (1915e). Das Unbewußte. GW X, 264–303.

Gillett, E. (1987b). The relationship of repression to the unconscious. International Journal of Psycho-Analysis, 68, 535–546.

Gillett, E. (1992). The nonexperiential unconscious. Psychoanalysis and Contemporary Thought, 15, 89–96.

Horowitz, M.J. (Ed.) (1988). Psychodynamics and cognition. Chicago: University of Chicago Press.

Reichenender, J.G. (1990). Zum Konstitutionsprozeß der Psychoanalyse. Jahrbuch der Psychoanalyse, Beiheft 12. Stuttgart-Bad Cannstatt: frommann-holzboog.

Rubinstein, B.B. (1980). On the psychoanalytic theory of unconscious motivations and the problem of its confirmation. Psychoanalysis and Contemporary Thought, 3, 3–20.

Sandler, J. & Sandler, A.-M. (1985). Vergangenheits-Unbewußtes, Gegenwarts-Unbewußtes und die Deutung der Übertragung. Psyche, 39, 800–829.

Stern, R. (Ed.) (1987). Theories of the unconscious and theories of the self. Hillsdale, NJ: Analytic Press.

Stolorow, R.D. & Atwood, G.E. (1989). The unconscious and unconscious fantasy: An intersubjective-developmental perspective. Psychoanalytic Inquiry, 9, 364–374.

Wakefield, J. (1990). Why instinctual impulses can't be unconscious: An exploration of Freud's cognitivism. Psychoanalysis and Contemporary Thought, 13, 265–288.

Weinberger, J.L. & Silverman, L.H. (1987). Subliminal psychodynamic activation: A method for studying psychoanalytic dynamic propositions. In R. Hogan & W.H. Jones (Eds.), Perspectives in personality, vol. 2 (pp. 251–287). Greenwich, CT: JAI Press.

Weiss, J., Sampson, H. & The Mount Zion Psychotherapy Research Group (1986). The psychoanalytic process: Theory, clinical observation, and empirical research. New York: Guilford Press.

Urszene – primal scene

Jemand träumt häufig von einer Feuersbrunst, bei der zwei Menschen umkommen, und wacht voller Panik auf; in den Träumen eines anderen ereignen sich Verkehrsunfälle, bei denen Menschen getötet werden; einem dritten ist seine Angst vor der Heftigkeit orgastischen Erlebens seines Partners unerklärlich. Psychoanalytiker haben in diesen und anderen Phänomenen die Auswirkungen einer als traumatisierend erlebten Urszene erblickt.

Der Begriff der Urszene existiert in zwei Bedeutungen: zum einen als reale (visuelle, akustische, kinästhetische) Koituswahrnehmung; zum anderen als Konzept der „Urszenen-Phantasie". Das letztere Konzept wird einmal in der Bedeutung einer → Phantasie in Verbindung mit dem real Erlebten, zum anderen als reine Phantasie des ödipalen Kindes über das Geschlechtsleben seiner Eltern verwendet (vgl. Dahl, 1981).

Freud hat schon frühzeitig deutlich gemacht, daß nicht das Miterleben der Urszene als solches, sondern die damit verbundenen Phantasien und Impulse traumatisierend wirken können. Im „Wolfsmann" rekonstruierte Freud (1918b) eindrucksvoll die präverbale Urszene dieses Patienten, der den Sexualverkehr seiner Eltern als sadistische Begegnung erlebte. (Die Reinterpretationen der Krankengeschichte des Wolfsmannes und vor allem auch des Wolfstraumes zeigen allerdings auch paradigmatisch auf, wie schwierig es in vielen Fällen sein kann, Urszenenerlebnisse und -phantasien zu rekonstruieren, ohne hierbei dem Analysanden urszenenhaft „theoretische Gewalt" anzutun (vgl. z.B. Bernardi, 1989; Strunz, 1991). Freud schrieb diesen frühen, präverbalen Urszenen-Erlebnissen eine eindeutige pathogene Wirkung für spätere neurotische Erkrankungen zu. In der Folgezeit wurde nahezu jede klinische Störung mit dem Erleben der Urszene in Zusammenhang gebracht, so daß die Ausweitung der Erklärungskraft selbst erklärungsbedürftig wurde (vgl. Esman, 1973, der rund 300 Arbeiten zu dieser Thematik erwähnt). Aus diesem Grund scheint die Annahme differenzierender Bedingungen notwendig zu sein: z.B. das Alter des Kindes, die psychosexuelle Entwicklung, die Ich-Entwicklung, kognitive Verarbeitungsmöglichkeiten, eine bereits existierende Pathologie, Art und Umfang der Objektbeziehungen zu den Eltern, die Beziehung der Eltern zueinander und deren Entwicklung in Bezug auf frühe und ödipale Triangulierung u.a.m.

Dahl (1981) hat aber darauf aufmerksam gemacht, daß diese Moderatorvariablen die einzig und allein wichtige Dimension übersehen lassen, nämlich ob die Wahrnehmung der Urszene für das Kind traumatisierend war (→ Traumatische Neurose; → Trauma), und ob diese Traumatisierung zu einer Empfänglichkeit für weitere belastende Erlebnisse ähnlicher Art und/oder zu einem neurotischen Konflikt geführt hat.

Literaturempfehlungen

Arlow, J.A. (1980). The revenge motive in the primal scene. Journal of the American Psychoanalytic Association, 28, 519–541.

Bernardi, R.E. (1989). The role of paradigmatic determinants in psychoanalytic understanding. International Journal of Psycho-Analysis, 70, 341–357.

Blum, H.P. (1979). On the concept and the consequences of the primal scene. Psychoanalytic Quarterly, 48, 27–47.

Dahl, H. (1981). Zur pathogenetischen Bedeutung und Struktur der Urszene. Jahrbuch der Psychoanalyse, 12, 96–116.

Esman, A.H. (1973). The primal scene: A review and a reconsideration. Psychoanalytic Study of the Child, 28, 49–81.

Isay, R.A. (1971). The pathogenecity of the primal scene. Journal of the American Psychoanalytic Association, 26, 131–142.

Mahony, P. (1984). Cries of the Wolf Man. New York: International Universities Press.

Myers, W.A. (1979). Clinical consequences of chronic primal scene exposure. Psychoanalytic Quarterly, 48, 1–26.

Verdrängung – repression

„Das muß ich wohl absichtlich verdrängt haben" stellt eine beliebte Redewendung dar, die häufig im Sinne von bewußt unterdrücken oder vergessen gebraucht wird. Der Vorgang der Verdrängung ist jedoch wie bei jedem Abwehrmechanismus als unbewußt zu bezeichnen, d.h. der Betreffende bemerkt nichts davon. Was für den Prozeß gilt, trifft ebenso für die Inhalte zu: auch diese können nicht mehr anhand von Erinnerung in das Gedächtnis zurückgeholt werden.

Wenn das herkömmliche Ziel der Psychoanalyse darin bestand, das Unbewußte bewußt zu machen, d.h. die Verdrängungen aufzuheben, dann muß man sich angesichts einer modernen Konzeptualisierung des → Unbewußten fragen, wie dieser Vorgang zu begreifen ist. Für Freud bedeutete dies, verdrängte und deshalb unbewußt gewordene Triebwünsche (wie z.B. den Vater zu beseitigen oder gar zu töten) bewußt zu machen. Diese Triebwünsche entfalten – so lautete die Annahme – trotz ihrer unbewußten Existenz ihre Wirksamkeit, verschaffen sich über Triebabkömmlinge einen Zugang zum Bewußtsein, indem sie sich in Verhalten, Träumen oder Symptomen einen für den Betreffenden selbst nicht erkennbaren Ausdruck ermöglichen. Wenn die Verdrängung im Rahmen der analytischen Kur aufgehoben wird, kann der Analysand seinen ursprünglichen kindlichen Triebwunsch unverstellt wieder bewußt werden lassen. Nach Eagle (1987) macht es aber in einer modernen Psychoanalyse, in der Objektbeziehungen und nicht isolierte Triebwünsche die Bausteine des Erlebens sind, keinen Sinn mehr, davon auszugehen, daß Triebwünsche verdrängt werden.

Nach Horowitz (1988) hat die Psychoanalyse zwar eine differenzierte Vorstellung über das „Warum" einer Verdrängung, aber so gut wie keine Theorie darüber, *wie* eine Verdrängung, genau betrachtet, funktioniert. Die Redeweise von einer „Gegenbesetzung" ist lediglich eine metaphorische Beschreibung, aber keine Erklärung in dem Sinne, daß die exakte Abfolge der Handlungen und Operationen, die bei einer Verdrängung eingesetzt werden, benannt wird.

In die bisherige Auffassung über die entwicklungspsychologischen Voraussetzungen hinsichtlich des Wirksamwerdens von Verdrängung gehen zudem nicht mehr haltbare Prämissen ein. Denn die herkömmliche Auffassung lautete, daß Verdrängung eine Gegenbesetzung erforderlich mache, die dem Ich erst nach der Lösung des → Ödipuskomplexes zur Verfügung steht, wenn bedeutsame → Identifizierungen und → Sublimierungen stattgefunden haben. Das zwei- bis dreijährige Kind verfüge hingegen noch nicht über diese Form der neutralisierten Energie und sei deshalb nur zu primitiveren Formen der Abwehr wie z.B. → Spaltung, → Projektion und frühen Formen der → Verleugnung in der Lage. Diese Erklärung ist heute aber umstritten. Abend, Porder und Willick (1983) z.B. kommen aufgrund ihrer klinischen Untersuchungen zu dem Schluß, daß auch Borderline-

Patienten ausgeprägte Verdrängungen aufweisen können und frühe Formen der Abwehr ebenfalls einen großen psychischen Kraftaufwand erfordern. Ausschlaggebend für eine Störung ist deshalb eher die gesamte Ich-Organisation und nicht so sehr der Gebrauch verschiedener Abwehrmechanismen.

Lorenzer (1970, 1972, 1973) versuchte mit seinem Konzept der Desymbolisierung, eine Revision der Freudschen Auffassung des Verdrängungsvorgangs auszuarbeiten (der sich nach Freud dadurch vollzieht, daß den an Wortvorstellungen festgemachten Vorstellungsrepräsentanzen die Besetzungsenergie vom Ich entzogen wird und sie somit wieder zu unbewußten Sachvorstellungen werden). Da Trieb- und Objektrepräsentanzen im Fall des bewußten Erlebens mit (sprachlichen) Symbolen gekoppelt sind, muß der symbolhafte Charakter einer bestimmten szenisch-situativen Repräsentanz desymbolisiert werden. Dabei werden allerdings nur Aspekte der Objektrepräsentanz bzw. der Interaktion zwischen Selbst und Objekt desymbolisiert, so z.B. aggressive Interaktionserfahrungen mit einer Mutter. Da nur diese Aspekte der Objektrepräsentanz Mutter desymbolisiert werden, bleibt die Mutter als vielfältiges, aus anderen szenisch-situativen Erlebnissen bestehendes Beziehungsobjekt durchaus bestehen. Die desymbolisierten Trieb- und Objekt-(Aspekt-) Repräsentanzen werden zu Klischees, die ihren Beziehungscharakter im Unbewußten bewahren, aber der Beobachtung und Selbstreflexion entzogen sind (zur Kritik dieser Auffassung siehe z.B. Brede, 1976; Menne, 1976; Moersch, 1976; Speidl, 1978).

Ein anderer Versuch, den Vorgang der Verdrängung genauer zu bestimmen, war der handlungstheoretische Ansatz von Schafer (1982), der komplexe Prozesse – so auch die beim Einsatz von Abwehrmechanismen beteiligten Handlungen in einzelne Tätigkeiten zu zergliedern versuchte. Sein modellhaft ausgeführter Ansatz, der aber gerade den im klinischen Bereich so wichtigen *Widerfahrnischarakter* menschlichen Erlebens minimierte, stieß bei Psychoanalytikern auf heftige Kritik, die deshalb lieber weiterhin die Metaphorik Freuds verwendeten.

Das Dilemma ist nicht zu übersehen: Der eng mit dem Konzept des Unbewußten zusammenhängende und für die psychoanalytische Theorie immer noch bedeutsame und zentrale Vorgang der Verdrängung harrt gewissermaßen auf eine angemessene Beschreibung und eine genaue Explikation der ihm zugrundeliegenden Operationen (vgl. Vaillant, 1992). Oder ist der Auffassung von Brenner (1981) zuzustimmen, daß in einem gegebenen Fall ganz unterschiedliche → Ich-Funktionen eingesetzt werden können, um eine Verdrängung zu erreichen, so daß lediglich eine ergebnisorientierte Betrachtung sinnvoll sein kann?

Literaturempfehlungen

Eagle, M. (1987). The psychoanalytic and the cognitive unconscious. In R. Stern (Ed.), Theories of the unconscious and theories of the self (pp. 155–189). Hillsdale, NJ: Analytic Press.

Eagle, M. (1988). Neuere Entwicklungen in der Psychoanalyse. Eine kritische Würdigung. München: Verlag Internationale Psychoanalyse.

Edelson, M. (1990). What does current experimental/quantitative research have to do with the psychoanalytic theory of defense? In J.L. Singer (Ed.), Repression: defense mechanism and personality style. Chicago: University of Chicago Press.

Gillet, E. (1987a). Defence mechanism versus defence contents. International Journal of Psycho-Analysis, 68, 261–269.

Gillett, E. (1987b). The relationship of repression to the unconscious. International Journal of Psycho-Analysis, 68, 535–546.

Hohage, R. (1985). Das Selbst zwischen Ambivalenz und Ambiguität: Zur Theorie des unbewußten Konflikts. Forum der Psychoanalyse, 1, 189–200.

Horowitz, M.J. (Ed.) (1988). Psychodynamics and cognition. Chicago: University of Chicago Press.

Kinston, W. & Cohen, J. (1986). Primal repression: Clinical and theoretical aspects. International Journal of Psycho-Analysis, 67, 337–355.

Lorenzer, A, (1970). Sprachzerstörung und Rekonstruktion. Frankfurt/M.: Suhrkamp.

Lorenzer, A. (1973). Über den Gegenstand der Psychoanalyse oder: Sprache und Interaktion. Frankfurt/M.: Suhrkamp.

Schafer, R. (1982). Eine neue Sprache für die Psychoanalyse. Stuttgart: Klett-Cotta.

Slap, J.W. (1984). On the nature and organization of the repressed. Psychoanalytic Inquiry, 4, 107–124.

Vaillant, G.E. (1992). The historical origins and future potential of Sigmund Freud's concept of the mechanisms of defence. International Review of Psycho-Analysis, 19, 35–50.

Verführungstheorie – seduction theory

Freuds erste systematische Theorie der Neurose ging auf die Hypothese zurück, daß die traumatischen Kindheitsereignisse, die zu den späteren hysterischen Symptomen führen, auf sexuelle Verführungen in der Kindheit zurückzuführen sind. Diese Verführungstheorie bedeutete einen immensen Fortschritt gegenüber den damaligen Hysteriekonzepten, welche die Disposition zur Hysterie in einem erblichen Defekt begründet sahen. Um so erstaunlicher wirkte und wirkt es auch heute noch auf viele Zeitgenossen, daß Freud diese einfache und auf den ersten Blick einleuchtende Milieutheorie bald wieder verwarf. Genau genommen hat aber Freud die Sichtweise von der Realität traumatisierender Kindheitserfahrungen niemals aufgegeben – wie ihm in den letzten Jahren häufig unterstellt worden ist –, sondern er revidierte die vormalige, allzu einfache milieutheoretische Konzeption. Wichtig wurde für ihn nun die Verschränkung der äußeren Einflüsse mit der Subjektivtität, d.h., psychoanalytisch betrachtet, mit den triebhaften und affektiven (Objektbeziehungs-)Phantasien eines Kindes (→ Phantasien). In der Anerkennung und Erforschung der subjektiven Aneignungsstrukturen kann man die Geburtsstunde der Psychoanalyse erblicken. (Nach der Ausmerzung subjektiver und mentaler Vorgänge in der behavioristischen Psychologie brauchte es über ein halbes Jahrhundert, bis die kognitive Psychologie diese Subjektivität wieder zuließ und ernstnahm). Die Verführung wird, wie jedes → Trauma, immer im Kontext eines unbewußten, vorbewußten und bewußten Bedeutungszusammenhanges wahrgenommen und interpretiert; so kann sie z.B. als Aggression, Grenzüberschreitung, Bestrafung, masochistische Befriedigung oder ödipaler Triumph aufgefaßt werden (vgl. Blum, 1987).

Wenngleich auch die Beschäftigung mit der inneren Phantasiewelt eines Analysanden die traumatisierende Wucht familialer Sozialisationseinflüsse nahezu zu ignorieren schien, so hat Freud doch in späteren Jahren immer wieder unmißverständlich klar gemacht, daß er zwar das äußere Trauma in seiner alleinigen und determinierenden Wirkung überschätzt habe, doch nicht alles Frühere zu verwerfen sei: „Der Verführung bleibt eine gewisse Bedeutung für die Ätiologie gewahrt, und manche psychologischen Ausführungen halte ich auch heute noch für zutreffend" (1924b, S. 385). Wichtig war ihm aber das Festhalten an einer genuin psychoanalytischen Sichtweise von der inneren, von Triebimpulsen bestimmten Phantasiewelt, die den Menschen mehr als einflußnehmenden Aktor denn als passiv hinnehmendes Opfer betrachtet; eine anthropologische Bestimmung auf der letztlich auch die Veränderbarkeit psychischen Leidens beruht und die der Larmoyanz von Opfertheoretikern eine männlich-heroische Auffassung entgegenhielt.

Aber beeinhaltete diese tragische Heroik Freuds nicht doch eine Skotomisierung der von den Eltern ausgehenden Einflüsse, die sich zwar nicht immer als Kindesmord, Kindesmißhandlung und sexueller Mißbrauch des Kindes zu manifestieren brauchen (obwohl dies statistisch gesehen häufig genug vorkommt), sondern auch als subtile Formen elterlichen Machtmißbrauchs, deren pathogene Auswirkungen wir erst allmählich am Ende des „Jahrhunderts des Kindes" in vollem Ausmaß zu begreifen beginnen?

Es ist deshalb in den letzten Jahren auch viel darüber spekuliert worden, aus welchen Gründen Freud die Verführungstheorie revidiert und statt dessen die ödipalen Triebwünsche (→ Ödipuskomplex) des Kindes fokussiert habe. Am bekanntesten wurde vielleicht der spektakuläre Vorwurf Massons (1984), Freud habe seinen Freund Fließ schützen wollen; viel diskutiert wurde auch Marianne Krülls (1979) These, Freud habe seinen Vater Jakob von heftigen Anklagen und Beschuldigungen verschonen müssen und sei als „gebundener Delegierter" auf dem halben Weg der Wahrheitsfindung steckengeblieben.

Diese Rekonstruktionsversuche müssen sich allerdings (neben der Kritik, das Datenmaterial ungenau recherchiert zu haben) den Vorwurf gefallen lassen, reduktionistisch vorgegangen zu sein. Eine vollständigere Betrachtungsweise der Beweggründe Freuds – die aber wohl niemals gänzlich wahrheitsgetreu zu rekonstruieren sein werden – müßte z.B. auch die folgenden Fragen in Betracht ziehen:

Mußte Freud, wie M.I. Klein (1981) vermutet, aggressive und sexuelle Impulse seiner elfjährigen Tochter Mathilde gegenüber abwehren? War es das Wiederaufleben ödipaler → Konflikte, die durch den Tod seines Vaters stimuliert worden waren (vgl. Blum, 1990)? Handelte es sich um aktivierte Urszenen-Traumata (→ Trauma) und unbewußte Phantasien von Kastration (→ Kastrationskomplex), Abtreibung und Kindesmord? Oder ist bislang die Bedeutung seiner Kinderfrau für die psychische Entwicklung von Freud noch nicht ausreichend gewürdigt worden? Hat Freud jemals den plötzlichen Verlust und die verzweifelte Suche nach ihr erinnern und bearbeiten können? Und blieb nicht Zeit seines Lebens die Beziehung zu seiner Mutter von idealisierender Distanz bestimmt?

Hardin (1987, 1988a,b) kommt deshalb zu dem Schluß, daß die Entdeckung der ödipalen Verliebtheit in die Mutter angesichts dieser Rekonstruktion auf die spezifische Familiensituation Freuds zurückgehen könnte: Ein kleiner, von Kummer geplagter Junge wendet sich nach dem Verlust seiner geliebten Kinderfrau, der Ersatzmutter, seiner wirklichen Mutter zu, um bei ihr Trost zu finden; die inzwischen eingetretene emotionale Entfremdung kann Gefühle aber nur noch in Form frühreif sexueller und narzißtisch idealisierender Wünsche zulassen. So beeinflußt die in der Kindheit erlebte Sexualisierung von Zuwendungs- und Bindungsgefühlen die Konstruktion des Ödipuskomplexes beim erwachsenen Freud: „Ich habe die Verliebtheit in die Mutter ... auch bei mir gefunden", schreibt er im Jahr 1897 an Wilhelm Fließ (1985c, S. 293).

Ohne Zweifel hat sich die Psychoanalyse vom Beginn dieses Jahrhunderts über verschiedene Theorieetappen und Autoren hinweg zu einer Sozialisationstheorie entwickelt, deren Besonderheiten, wie z.B. die relativ starke Gewichtung der phantasiemäßigen Auffassung und Verarbeitung sozialisierender Einflüsse und die konstruktivistische Gestaltung von Interaktionen auf dieser Folie, sie gegenüber anderen Sozialisationstheorien auszeichnen. Aus diesem Grund ist auch eine polarisierende Gegenüberstellung von Triebtheorie, die die Eigendynamik kindlicher Triebimpulse und Phantasien hervorhebt, und Verführungstheorie, die das elterliche Verhalten betont, überholt bzw. immer schon falsch gewesen. Denn diese übersieht die Dialektik kindlichen und elterlichen, trieb- und affektbestimmten Verhaltens und Erlebens. Die Überbetonung der Verführungstheorie macht das Kind zum asexuellen Opfer und läßt die auf Lustgewinn zielende Trieb- und Affektnatur des Menschen erst in der → Adoleszenz oder gar im Erwachsenenalter entstehen. Die Überbetonung der Triebtheorie erklärt hingegen den Einfluß der wichtigsten Interaktionspartner eines Kindes von klein an zur fast vernachlässigenswerten Größe.

Literaturempfehlungen

Becker, H. & Becker, S. (1987). Der Psychoanalytiker im Spannungsfeld zwischen innerer und äußerer Realität. Psyche, 41, 289–306.

Blanck, G. (1990). Wie sind wir gute Eltern? Stuttgart: Klett-Cotta.

Butzer, R.J. & Burkholz, R. (1991). Urvater und Eiszeit. Biologisch-evolutionäres und psycholamarckistisches Denken bei Freud. Luzifer-Amor. Zeitschrift zur Geschichte der Psychoanalyse, 8, 24–49.

Ehlert, M. (1991) Verführungstheorie, infantile Sexualität und „Inzest". Jahrbuch der Psychoanalyse, 27, 42–70.

Frampton, M.F. (1991). Considerations on the role of Brentano's concept of intentionality in Freud's repudiation of the seduction theory. International Review of Psycho-Analysis, 18, 27–36.

Grubrich-Simitis, I. (1987). Trauma oder Trieb – Trieb oder Trauma. Lektionen aus Sigmund Freuds phylogenetischer Phantasie von 1915. Psyche, 41, 992–1023.

Hirsch, M. (1988). Inzest zwischen Phantasie und Realität. Über die Schwierigkeit, psychoanalytische Trauma- und Triebtheorie zu integrieren. Zeitschrift für Sexualforschung, 1, 206–221.

Klein, M.I. (1981). Freud's seduction theory. Bulletin of the Menninger Clinic, 45, 185–201.

Klemann, M. (1987). Faktum und Fantasie. Von der „Verführung des Ödipus" In A. Massing & I.Weber (Hg.), Lust und Leid. Sexualität im Alltag und alltägliche Sexualität (S. 21–54). Berlin: Springer.

Knörzer, W. (1988). Einige Anmerkungen zu Freuds Aufgabe der Verführungstheorie. Psyche, 42, 97–131.

Laplanche, J. (1988). Die allgemeine Verführungstheorie und andere Aufsätze. Tübingen: Edition Diskord.

Verleugnung – denial

Von den ersten Beschreibungen Freuds, der diese Form der Abwehr hauptsächlich mit Erscheinungen des Fetischismus und der Ich-Spaltung in Zusammenhang gebracht hat, bis zu heutigen Formen der wahrnehmungspsychologischen und kognitiven Konzeptualisierung ist ein weiter Weg zurückgelegt worden, obgleich Freuds Überlegungen immer noch von Bedeutung sind.

Von Freud (z.B., 1925j, 1940a) wurde die Abwehrform der Verleugnung vor allem mit der Weigerung von Kindern in Zusammenhang gebracht, die Penislosigkeit des Mädchens bzw. der Frau zur Kenntnis zu nehmen; d.h. die Realität einer traumatisierenden Wahrnehmung (→ Traumatisierung; → Trauma) der äußeren Wirklichkeit wird nicht anerkannt, die Sinneseindrücke werden blockiert, und wunscherfüllende → Phantasien (z.B. in Form psychotischer Halluzinationen) substituieren teilweise oder zur Gänze die realistische Wahrnehmung. Der Sachverhalt der Ich-Spaltung sorgt zwar dafür, daß die → Realitätsprüfung nicht gänzlich verloren geht, schwächt aber auch die synthetische Funktion des Ichs. „… das Ich [kommt] … oft genug in die Lage … , sich einer peinlich empfundenen Zumutung der Außenwelt zu erwehren, was durch die *Verleugnung* der Wahrnehmungen geschieht, die von diesem Anspruch der Realität Kenntnis geben. Solche Verleugnungen fallen sehr häufig vor, nicht nur bei Fetischisten, und wo immer wir in die Lage kommen, sie zu studieren, erweisen sie sich als halbe Maßregeln, unvollkommene Versuche zur Ablösung von der Realität. Die Ablehnung wird jedesmal durch eine Anerkennung ergänzt, es stellen sich immer zwei gegensätzliche voneinander unabhängige Einstellungen her, die den Tatbestand einer Ich-Spaltung ergeben" (Freud, 1940a, S. 134f.).

Über viele Jahre bestand unter psychoanalytischen Forschern Einigkeit darüber, daß die Verleugnung ein früherer Abwehrmechanismus als die → Verdrängung ist. So beschrieb A. Freud (1936) die Verleugnung als einen Abwehrmodus des kognitiv wenig entwickelten Ichs, bei dem eine vorübergehende Suspendierung der Realitätsprüfung noch kein Problem ist, während beim Erwachsenen der längere Gebrauch von Verleugnung mit einer erheblichen Ich-Regression (→ Regression) bis zu dem Extrem einer psychotischen Wirklichkeitsverkennung einhergeht.

Ich-psychologische Autoren (z.B. Hartmann, 1956) konzentrierten ihr Augenmerk vor allem auf die Entwicklung der verschiedenen Dimensionen der → Realitätsprüfung, wie z.B. der Differenzierungsfähigkeit zwischen Selbst und Objekt, und von hier war der Schritt nicht mehr weit, das Konzept der Verleugnung in objektbeziehungstheoretische Betrachtungsweisen einzubinden (z.B. Dorpat, 1985) und stärker als bei der Verdrängung den interpersonellen Aspekt zu betonen. So wurde in den letzten Jahren von verschiedenen Autoren aufgezeigt, daß die Verleugnung oftmals mit dem Nichtanerkennen-Können einer (von der Mutter bzw. beiden Eltern) getrennten Existenz einhergeht. Für Modell (1961) ist deshalb auch die Trennungsangst das führende und ursprüngliche Motiv für die Abwehr der Verleugnung. Ein Patient von Modell drückte dies folgendermaßen aus: „Erwachsenwerden heißt sterben müssen" (S. 542). Die Verleugnung der Getrenntheit vom Liebesobjekt erzeugt die Illusion, daß der andere Mensch Teil des eigenen Selbst ist und nicht verloren gehen kann.

Es ist nach Basch (1983) nicht die Realität als solche, die in der Verleugnung ausgeblendet wird, sondern einige Aspekte der Bedeutung, die diese Realität für den Betreffenden aufweist, dürfen nicht wahrgenommen werden.

Nach Lichtenberg und Slap (1972) verändert sich die Verleugnung (wie auch die anderen Abwehrmechanismen) mit zunehmender psychischer Entwicklung, z.B. hinsichtlich der kognitiven Differenziertheit (vgl. Breznitz, 1983). Deshalb ist eine Differenzierung entlang einer entwicklungspsychologischen Achse in archaischere Formen der (psychotischen) Verleugnung, in höher entwickelte Formen der (neurotischen) Verleugnung – z.B. in Form des von Heigl-Evers (1967) beschriebenen hysterischen Modus des Nicht-Ernst-Nehmens der Realität (→ Hysterie) – und normaler Formen der Verleugnung notwendig. So unterscheidet auch Kernberg (1978) primitive Formen der Verleugnung von „höheren", reiferen Formen dieses Abwehrmechanismus. Für die Borderline-Persönlichkeit (→ Borderline) ist nach Kernberg (1978) vor allem die „wechselseitige Verleugnung" zweier emotional gegensätzlicher und verselbständigter Bewußtseins- und Erlebnisbereiche typisch: „Der Patient ist sich zwar im klaren darüber, daß seine momentanen Wahrnehmungen, Gedanken und Gefühle in bezug auf sich selbst oder andere Personen völlig im Gegensatz zu dem stehen, was er zu anderen Zeiten wahrnahm, dachte, fühlte; aber dieses Wissen hat für ihn keinerlei emotionale Relevanz, es vermag nichts an seinen derzeitigen Gefühlen zu ändern. Zu einem späteren Zeitpunkt kehrt er womöglich wieder zu seinem vorigen Ichzustand zurück und verleugnet dann den jetzigen, wobei wiederum das Wissen darum intakt bleibt, der Patient aber überhaupt nicht in der Lage ist, diese beiden Ichzustände emotional miteinander in Verbindung zu bringen" (S. 52).

Fine, Joseph und Waldhorn (1969) und Dorpat (1983, 1985) haben die Hypothese aufgestellt, daß die Verleugnung, und nicht die Urverdrängung oder die → Spaltung der grundlegende Abwehrmechanismus ist. Die von ihnen ausgearbeitete kognitive Konzeptualisierung der Verleugnung – die kognitive „Stillstands-Theorie" der Verleugnung – zeigt auf, welche Konsequenzen diese kognitive Arretierung für das psychische Funktionieren des Betreffenden mit sich bringt.

Literaturempfehlungen

Basch, M.F. (1983). The perception of reality and the disavowal of meaning. Annual of Psychoanalysis, 11, 125–153.

Brenner, C. (1981). Defense and defense mechanisms. Psychoanalytic Quarterly, 50, 557–569.

Breznitz, S. (Ed.) (1983). The denial of stress. New York: International Universities Press.

Dorpat, T.L. (1983). The cognitive arrest hypothesis of denial. International Journal of Psycho-Analysis, 64, 47–58.

Dorpat, T. L. (1985). Denial and defense in the therapeutic situation. New York: Jason Aronson.

Fine, B., Joseph, E. & Waldhorn, H. (Eds.) (1969). The mechanisms of denial. Kris Study Group, New York Psychoanalytic Institute, Monogr. 3. New York: International Universities Press.

Priel, B. (1991). Disavowal in fiction. International Review of Psycho-Analysis, 18, 19–26.

Wurmser, L. (1986). Verleugnung, Impulshandlung und Identitätskonflikt. Zeitschrift für psychoanalytische Theorie und Praxis 1, 95–112.

Wiederannäherungsphase – rapprochement phase

In den zurückliegenden zwanzig bis dreißig Jahren wurde die Theorie von Margaret Mahler und Mitarbeitern (z.B. 1968, 1971, 1975) über die *Subphasen des Trennungs- und Individuationsprozesses* zwischen dem 4.–5. und 30.–36. Lebensmonat zu einem einflußreichen entwicklungspsychologischen Modell. Nach dieser Theorie besteht der Trennungs- und Individuationsprozeß aus der Differenzierungs-, der Übungs-, der Wiederannäherungsphase und der Subphase der sich konsolidierenden Individualität sowie dem Beginn der emotionalen Objektkonstanz. Für die Betrachtung klinischer Störungen – wie z.B. der Borderline-Pathologie (→ Borderline) – wurde vor allem die dritte Subphase der Wiederannäherung etwa zwischen dem 14. oder 16. bis zum 22. oder 24. Lebensmonat mit der ihr immanenten *Wiederannäherungskrise* bedeutsam.

Neben dem Geringerwerden des kindlichen Omnipotenzgefühls, der Zunahme kognitiver realitätsprüfender Fähigkeiten (→ Realitätsprüfung) und den sozialisationsbedingten elterlichen Anforderungen, die das Kind Gefühle von Abhängigkeit, Hilflosigkeit und Verwundbarkeit deutlicher als in den vorangegangenen Subphasen spüren lassen, birgt das zweite Lebensjahr nach Mahler ein besonders schwerwiegendes Erleben in sich, das in der „Wiederannäherungskrise" seinen Ausdruck findet. Es kommt zu einem Widerstreit miteinander unvereinbarer Bestrebungen und Affekte: Einerseits will das anderthalb- bis zweijährige Kind schon von seiner Mutter getrennt und groß sein und alles alleine machen, andererseits wird es immer stärker seiner Abhängigkeit von der Mutter und seiner Angst vor Liebesverlust gewahr. Die Neigung zu raschen Stimmungsschwankungen und Wutausbrüchen, das Wegstoßen der Mutter und das sich kurze Zeit später wieder an sie Klammern-Wollen bezeichnete Mahler als „Ambitendenz", das sich bei einem Persistieren im späteren Leben als → Konflikt zwischen der Sehnsucht nach Nähe und der Unfähigkeit, diese ertragen zu können, äußert und in vielerlei Variationen als Konflikt zwischen Nähe und Distanz beschrieben worden ist. Mahler (1975) und andere Autoren haben in diesem unbewältigten Konflikterleben der Wiederannäherungsphase den wichtigsten ätiologischen Faktor für die Entstehung der Borderline-Störung (→ Borderline) erblickt.

In neueren Arbeiten aus der Bindungsforschung (→ Bindung) werden Mahlers Schlußfolgerungen jedoch in Frage gestellt (Lyons-Ruth, 1991). Es wird angezweifelt, ob die von Mahler beschriebenen, intensiv ambitendenten Verhaltensweisen als allgemein-menschliche Phänomene im zweiten Lebensjahr bezeichnet werden können. Ambitendente Verhaltensweisen scheinen nicht entwicklungsnormativ zu sein, sondern nur für solche Kinder zuzutreffen, deren Mütter aufgrund ihrer Pathologie (z.B. → Depression, Alkoholismus) eine unsichere Bindung zu ihrem Kind entstehen lassen. Die Bindungsforschung konnte vier Hauptmuster der Reaktionen von Kindern beschreiben, wie sie aufgrund von Trennungen von den Müttern zustandekommen: ein *sicheres* Bindungsmuster, das ca. 60 bis 70% aller Kleinkinder (in amerikanischen Familien unabhängig von der sozialen Schicht) kennzeichnet, und drei „unsichere" Bindungsmuster, bestehend aus einem *vermeidenden,* einem *widerspenstigen* und *desorganisierten* bzw. *desorientierten* Typus.

Ambitendenz und Vermeidungsverhalten korrelieren also stark mit der Qualität der bisherigen Bindungsbeziehung eines Kindes mit seiner Mutter. Im Lichte dieser neueren Forschung erscheint es angemessener, nicht von einem Prozeß der Trennung und Individuation zu sprechen, sondern von dem einer *Bindung und Individuation.* Denn Kinder sind normalerweise bemüht, eine Interaktion herzustellen und Bindung aufrechtzuerhalten, sich immer wieder Trost und emotionale Rückversicherung zu holen, wenngleich sie auch innerhalb dieser sicheren Beziehung eigene Ziele verwirklichen wollen. Und selbst die Kinder vom unsicheren Bindungstypus versuchen letztlich, doch wieder eine Bindung herzustellen, z.B. wenn sie Schmerzen und Krankheit signalisieren, um fürsorgliches Verhalten bei ihren Eltern zu provozieren.

Kinder mit einer sicheren Bindungsgeschichte verhalten sich eher kooperativ und herzlich zu ihren Müttern; sie können besser Affekte mit der Mutter teilen und autonom Probleme lösen. Kinder mit unsicherer Bindungsgeschichte erscheinen hingegen unabhängiger, können sich scheinbar mühelos und ohne Schmerz trennen, sind schnell zu Fremden freundlich und explorieren rasch ihre Umgebung. Bindungssichere Kinder nehmen im Vorschulalter öfters Führungsrollen ein, sind zielstrebiger und zeigen eine größere Einfühlung in ihre Spielkameraden.

Literaturempfehlungen

Grossmann, K.E., August, P., Fremmer-Bombik, E., Friedl. A., Großmann, K. Scheurer-Englisch, H., Spangler, G., Stephan, Ch. & Suess, G. (1989). Die Bindungstheorie: Modell und entwicklungspsychologische Forschung. In H. Keller (Hg.), Handbuch der Kleinkindforschung (S. 31–55). Berlin: Springer.
Köhler, L. (1991). Ergebnisse und Auswirkungen der Säuglingsbeobachtung auf Theorie und Praxis der Psychoanalyse. Arbeitskreis DGPT/VAKJP für analytische Psychotherapie bei Kindern und Jugendlichen, Heft 4, S. 1–25.
Lichtenberg, J.D. (1990). Einige Parallelen zwischen den Ergebnissen der Säuglingsbeobachtung und klinischen Beobachtungen an Erwachsenen, besonders Borderline-Patienten und Patienten mit narzißtischer Persönlichkeitsstörung. Psyche, 44, 871–901.

Lyons-Ruth, K. (1991). Rapprochement or approchement: Mahler's theory reconsidered from the vantage point of recent research on early attachment relationship. Psychoanalytic Psychology, 8, 1–23.

Mahler, M. (1975). Die Bedeutung des Loslösungs- und Individuationsprozesses für die Beurteilung von Borderline-Phänomenen. Psyche, 29, 1078–1095.

Mahler, M. (1980). Rapprochement subphase of the separation-individuation process. In R. Lax, S. Bach & J.A. Burland (Eds.), Rapprochement: the critical subphase of separation-individuation (pp. 3–19). New York: Jason Aronson.

Mahler, M., Pine, F.& Bergman, A. (1975). The psychological birth of the human infant. New York: Basic Books (dt.: Die psychische Geburt des Menschen – Symbiose und Individuation. Frankfurt/M.: Fischer 1978).

Papousek, M. (1989). Frühe Phasen der Eltern-Kind-Beziehung. Ergebnisse der entwicklungspsychobiologischen Forschung. Praxis der Psychotherapie und Psychosomatik, 34, 109–122.

Schore, A.N. (1991). Early superego development, the emergence of shame and narcissistic affect regulation in the practicing period. Psychoanalysis and Contemporary Thought, 14, 187–250.

Wiederholungszwang – compulsion to repeat

Das von Freud eingeführte Konzept des Wiederholungszwangs meint nicht eine Tendenz zur Wiederholung, sondern die Unfähigkeit, einem andrängenden Handlungsimpuls zu widerstehen. Wiederholungszwang ist deshalb auch nicht zu verwechseln mit einer gewollten oftmaligen Wiederholung, denn letztere führt zur Einübung, schafft vertraute Bedingungen und ist beim Lernen unerläßlich. Diese positive und unerläßliche Komponente der Wiederholung gilt aber nur solange, wie sie kontrollier- und beherrschbar ist. Sobald sie sich unbewußt und ungewollt ergibt, der Betreffende nicht begründen kann, warum er eine Handlung wiederholen muß, die noch dazu meistens zu unerwünschten Verhaltens- und Erlebensweisen führt, muß vom Wiederholungszwang gesprochen werden.

In der Wiederholung des „immer Gleichen" manifestiert sich nach Freud jenes Phänomen, das die Übertragungsanalyse in der psychoanalytischen Therapie ermöglicht. In den Symptomen und → Charakterzügen, aber auch in Fehlleistungen, Träumen und im → Agieren drücken sich neurotische Konfliktlösungen (→ Konflikt) aus, in denen das Verdrängte (und das traumatisch Erfahrene) „wiederzukommen" versucht.

In einer frühen klinischen Konzeptualisierung ist die Wiederholung ein immanentes Moment der Übertragung und damit auch der neurotischen Inszenierung überhaupt. In „Erinnern, Wiederholen und Durcharbeiten" führt Freud (1914g) aus, daß man zu der Annahme berechtigt sei, „ … der Analysierte e r i n n e r e überhaupt nichts von dem Vergessenen und Verdrängten, sondern er a g i e r e es. Er reproduziert es nicht als Erinnerung, sondern als Tat, er w i e d e r h o l t es, ohne natürlich zu wissen, daß er es wiederholt.

Zum Beispiel: Der Analysierte erzählt nicht, er erinnere sich, daß er trotzig und ungläubig gegen die Autorität der Eltern gewesen sei, sondern er benimmt sich in solcher Weise gegen den Arzt. Er erinnert nicht, daß er in seiner infantilen Sexualforschung rat- und hilflos stecken geblieben ist, sondern er bringt einen Haufen verworrener Träume und Einfälle vor, jammert, daß ihm nichts gelinge, und stellt es als sein Schicksal hin, niemals eine Unternehmung zu Ende zu führen" (S. 129).

Seit Freuds (1914g) Einführung dieses Begriffs sind die – teilweise auch sehr spekulativen – Erklärungen dieses Phänomens nicht zum Stillstand gekommen. Muß der neurotische Mensch seine zumeist schmerzlichen Arrangements, Inszenierungen und Symptome deshalb wiederholen, weil er unter der Herrschaft eines Todestriebes steht, wie Freud (1920g) in düsterer Perspektive annahm? Oder macht sich hier eine restitutive Tendenz der menschlichen Psyche bemerkbar, vergangene traumatisierende Erlebnisse endlich bewältigen zu können, wie z.B. Kubie (1939), Hendrick (1942) und andere Autoren angenommen haben? Aber warum setzt sich diese Tendenz dennoch hinter dem Rücken des Individuums durch und schafft häufig erneut neurotisches Leiden?

Nach Bush (1989) kann in einer entwicklungspsychologischen Perspektive davon ausgegangen werden, daß in den ersten Lebensjahren eines Kindes handlungsorientierte Vorstellungen einen wesentlichen Teil der Denktätigkeit ausmachen. Das Stadium der präoperationalen Gedankenwelt (vgl. Piaget, 1972; Ciompi, 1982), das nach der sensomotorischen Phase beginnt und etwa bis zum 6.–7. Lebensjahr dauert, ist dadurch gekennzeichnet, daß sich ein Kind bei der Verwirklichung bestimmter Handlungsziele immer mehr von inneren psychischen → Repräsentanzen leiten läßt. Diese präoperationale Gedankenwelt kann jedoch nicht mit der Erwachsenenlogik gleichgesetzt werden und ist insgesamt immer noch sehr stark an Handlungen und an Versuch und Irrtum gebunden. Ein Messer ist z.B. etwas, mit dem man schneiden, ein Fahrrad ein Gegenstand, mit dem man fahren kann; der Abend kommt, damit man ins Bett gehen kann usf. Bush geht davon aus, daß das regressionsfördernde Setting der analytischen Therapie ein Denken und Vorstellen in „Handlungsgedanken" begünstigt. Neurotische Patienten versuchen entsprechend dieser Auffassung in Form des Wiederholungszwanges, Handlungsgedanken, die im Kontext und als Ergebnis des neurotischen → Konflikts entstanden sind, in der Kommunikation mit dem Analytiker zu wiederholen, weil es ihnen aufgrund der infantilen → Verdrängung nicht geglückt ist, die präoperationalen Handlungsgedanken in eine erwachsene Logik zu überführen. Folglich können sie auch nicht über verbale Inhalte ihren kindlichen Konflikt verständlich machen. Aber der Konflikt macht sich wiederholt und permanent, z.B. in einer bestimmten Art und Weise, Einfälle zu äußern, bemerkbar, was beim Analytiker jenseits der verbalen Inhalte ein bestimmtes Gegenübertragungsgefühl entstehen läßt.

Ebenfalls entwicklungspsychologisch argumentierend, bezeichnen Wilson und Malatesta (1989) den Wiederholungszwang als *primäre* Wiederholung, im Unterschied zu einer *symbolischen* Wiederholung (die verbal erinnerbare Elemente in der Übertragung aufweist) und schlagen vor, nur dann von einem Wiederholungs*zwang* zu sprechen, wenn es sich um die sog. „Primär- oder Urwiederholung" (in Anlehnung an Freuds Konzepte der → Urszene, Urverdrängung, Urhorde, Urworte) handelt. Die Primärwiederholung enthält stark affektive Beziehungserfahrungen aus der frühen Mutter-Kind-Interaktion, die – weil später nur teilweise sprachlich symbolisch überformt – nahezu unverändert erhalten geblieben sind. Sensorisch codiert, sprachlos und unerkannt und doch von äußerster Dringlichkeit melden sich im Wiederholungszwang frühe affektive und sensorische Erfahrungen aus einem mißglückten Mutter-Kind-Dialog. Wegen ihrer präverbalen und präsymbolischen Herkunft sind diese Erfahrungen in der analytischen Situation schwierig zu entdecken und stellen die rekonstruktive Kompetenz des Analytikers auf eine harte Belastungsprobe. Im Unterschied zu der Auffassung von Bush (1989) müssen nach Wilson und Malatesta (1989) die Ursprünge des Wiederholungszwangs somit in einer noch früheren Entwicklungsperiode angenommen werden.

Literaturempfehlungen

Bush, F. (1989). The compulsion to repeat in action: a developmental perspective. International Journal of Psycho-Analysis, 70, 535–544.

Cohen, J. (1980). Structural consequences of psychic trauma: a new look at „Beyond the pleasure principle". International Journal of Psycho-Analysis, 61, 421–432.

Dornes, M. (1992). Der kompetente Säugling. Frankfurt/M.: Fischer.

Eissler, K. (1980). Todestrieb, Ambivalenz, Narzißmus. München: Kindler.

Gedo, J.E. (1988). Masochism and the repetition compulsion. In R.A. Glick & D.I. Meyers (Eds.) (1988), Masochism: Current psychoanalytic perspectives (pp. 139–149). Hillsdale, NJ: Analytic Press.

Künzler, E. (1986). Freuds Lehre von den Lebens- und Todestrieben – eine „biologische Psychologie" oder eine „Mythologie"? Jahrbuch der Psychoanalyse, 18, 77–99.

Loewald, P. (1986). Überlegungen zur Wiederholung und zum Wiederholungszwang. In ders., Psychoanalyse. Aufsätze aus den Jahren 1951–1979 (S. 65–80). Stuttgart: Klett-Cotta.

Pfeiffer, R. & Leuzinger-Bohleber, M. (1986). Applications of cognitive science methods to psychoanalysis: A case study and some theory. International Review of Psycho-Analysis, 13, 221–240.

Thompson, A.E. (1991). Freud's pessimism, the death instinct, and the theme of disintegration in ‚Analysis terminable and interminable'. International Review of Psycho-Analysis, 18, 165–180.

Wilson, A. & Malatesta, C. (1989). Affect and the compulsion to repeat: Freud's repetition compulsion revisited. Psychoanalysis and Contemporary Thought, 12, 265–312.

Zwangsneurose – obsessional neurosis

In der psychoanalytischen Literatur der letzten zwanzig Jahre hat es sich eingebürgert, eine zwanghafte Persönlichkeitsstruktur bei einer normal neurotischen Ich-Organisation (deren relative Häufigkeit mit dem Grad der Wirtschaftsentwicklung und Industrialisierung in Zusammenhang gebracht worden ist, s.u.) von der eigentlichen Zwangsneurose abzugrenzen. Diese wurde in ihrer Psychodynamik und Pathogenese von Freud in einer Reihe von Arbeiten beschrieben. Aufgrund psychoanalytischer und psychiatrischer Erfahrungen ist es üblich geworden – wie auch bei den anderen Krankheitsbildern, z.B. der → Depression oder → Hysterie –, die Zwangsneurose hinsichtlich des erreichten Grads der Ich-Organisation (neurotisch, → Borderline, psychotisch) zu differenzieren (z.B. Quint, 1984, 1987).

Zwangsphänomene (die auch organischen Ursprungs, z.B. Folge einer Encephalitis, sein können) lassen sich in Zwangsgedanken und -vorstellungen, in Zwangsimpulse und Zwangshandlungen differenzieren. Zwangshandlungen z.B. manifestieren sich zumeist in Form ritualisierter Praktiken (wie z.B. Waschen, Ordnen, Nachprüfen, Kontrollieren) als Schutz gegenüber Zwangsvorstellungen und -impulsen, haben den Charakter magischer Reinigung und beschwörender Rituale. Werden sie unterlassen, tritt heftige Angst auf, aber auch die Ausführung der Handlung verschafft nur eine vorübergehende Erleichterung.

Nach der psychodynamischen Konzeption von Freud (z.B. 1907b, 1909d, 1913i) sind die Zwangserscheinungen durch regressive Abwehr der → Konflikte aus der ödipalen Phase (→ Ödipuskomplex) zustandegekommene Symptome, die eine Mischung aus entstellten Triebbefriedigungen (z.B. Vorstellungen analsadistischen Inhalts) und Bestrafungs- und Bußtendenzen darstellen (z.B. müssen sexuelle oder aggressive Wünsche durch einen Waschzwang geahndet werden).

Bereits in „Charakter und Analerotik" beschrieb Freud (1908b) den zwangsneurotischen Charakter. Analerotische (→ Analerotik) und -sadistische Triebimpulse äußern sich entweder als → Sublimierungen, Reaktionsbildungen oder direkte Fortsetzungen in Form der bekannten analen Trias von Ordentlichkeit, Sparsamkeit und Eigensinn. Von anderen Autoren (z.B. Abraham, 1923) wurden starke Zwiespältigkeit, skrupulöse Gewissenhaftigkeit, Entscheidungsunfähigkeit, Ordnung, Perfektion und die Unfähigkeit zur Spontaneität und zum Natürlichsein hervorgehoben. Riemann (1961) sah in zwangsneurotischen Verhaltensweisen pathologisch überspitzte und einseitige Bestrebungen nach Dauer, Stabilität und Sicherheit, ferner eine übersteigerte Angst vor der Vergänglichkeit und ein starres Festhalten am Alten.

Während man früher allein die elterlichen Einwirkungen im Verlauf der Sauberkeitserziehung für das Entstehen einer Zwangsneurose verantwortlich machte, erblickt man heute darin nur einen Ausschnitt aus einer für das Kind ungünstigen Familienatmosphäre: es sind zu harte, zu starre, zu sachbezogene Einflüsse, in denen Spontaneität, gesunder Eigenwille, lebhafte Motorik und Aggressivität unterdrückt werden, was später beim Kind zu → Angst und Schuldgefühlen (→ Schuld) führen. Nach Riemann (1961) entsteht aufgrund solcher elterlicher Fehlhaltungen ein Urzweifel, ob man eigenem oder fremdem Willen, seiner spontanen Neigung oder der Angst gehorchen soll.

Die einseitige psychodynamische Betonung der Triebproblematik wurde in den letzten zwei bis drei Jahrzehnten zugunsten des allgemeineren Konflikts „Gehorsam versus Sich-Auflehnen" modifiziert. Es handelt sich hierbei nach Mentzos (1982) um eine Variation des Abhängigkeits-Autonomie-Konflikts. Das Kind wird durch dominierende Tendenzen der Eltern in seinen Autonomiebestrebungen gestört und reagiert auf deren Befehle und Verbote entweder mit Wut oder mit angstvollem Gehorsam.

Quint (1971, 1988) beschrieb die für die Zwangsneurose charakteristische Handlungsstörung anhand einer differenzierten Betrachtung des prozessualen Charakters eines Handlungsablaufes und schuf damit eine bedeutende Erweiterung der herkömmlichen triebdynamischen Erklärung. Der zwangsneurotische Mensch kann sich auf seine psychischen Handlungsabläufe nicht verlassen, vor allem wenn motorisch aggressive Bedürfnisse impliziert sind. Im gesunden Erleben sind Handlungsabläufe dadurch gekennzeichnet, daß erstens eine Entscheidung fest und sicher getroffen bzw. die Handlung rasch und entschieden in Gang gesetzt wird, daß sie zweitens mit Festigkeit und Unbeirrbarkeit durchgeführt wird, ohne von Zweifeln, Bedenken und Gegenimpulsen gestört zu werden und daß sie drittens mit dem Gefühl, das Handlungsziel erreicht zu haben, zu Ende gebracht werden kann (Quint, 1971, S. 64).

Beim Zwangsneurotiker sind alle drei Bereiche gestört. Bereits die Einleitung einer Handlung macht ihm größte Schwierigkeiten. Er kann die Handlung nicht beginnen, schiebt sie auf oder geht ihr aus dem Weg. Er ist unentschlossen, zaudert und kann sich nicht entscheiden. Während der Durchführung einer Handlung zeigt sich ebenfalls eine charakteristische Unsicherheit. So tauchen z.B. ständig Zweifel über die Richtigkeit des Tuns auf. Dieses Erleben von Unsicherheit besteht auch nach der Beendigung einer Handlung. Es fehlt die Gewißheit, sie erfolgreich abgeschlossen zu haben: „Habe ich richtig gehandelt? Habe ich auch nichts falsch gemacht?"

Nach Quint (1971), der im Anschluß an neopsychoanalytische Überlegungen stärker den Einfluß der Sozialisation für die Entstehung einer Zwangsneurose betont, wurde ein zwangsneurotischer Mensch während seiner Kindheit in seiner Lebendigkeit, seinem motorischen Bewegungsdrang häufig und oftmals willkürlich bestraft, was zu niederdrückenden Erfahrungen in bezug auf konstruktiv aggressive Impulse, auf das *adgredi* führte. Ein in seinen ausprobierenden Handlungsimpulsen nicht durch ängstliche Vorsicht, moralisierende Strenge oder strikte Prinzipien eingeengtes Kind sucht unablässig, sich selbst als eigenständig Handelnden zu erfahren, wie folgendes Beispiel eines Kindes in der → Übungsphase anschaulich zeigt: „Das Kind steht an der Seite eines Kinderwagens. Es will den Wagen offensichtlich schieben. Es drückt dagegen. Der Wagen schwankt, fällt beinahe um. Das Kind läßt erstaunt los, schaukelt dann aber bewußt den Kinderwagen, erfaßt ihn diesmal von vorne, so daß er sich sofort auf den Rädern bewegt. Das Kind jauchzt und schiebt den Wagen durch das Zimmer, der mit Schwung gegen die Wand prallt. Das Kind rutscht aus und fällt hin, ist erschrocken. Einen Augenblick später steht es jedoch wieder auf und versucht das gleiche Spiel noch einmal, jetzt aber etwas vorsichtiger" (Quint, 1971, S. 70).

Im Unterschied zu diesem Kind, das seine Handlungsimpulse durch vielfaches Probieren einüben kann, um zu erfahren, daß das Gewollte durch motorisch-aggressiven Vollzug auch tatsächlich zu erreichen ist, hat der zwangsneurotische Mensch in seiner Kindheit zu wenig gelernt, daß Handlungen eigenwillig und eigenständig durchgeführt werden können. Das „Ich kann alleine", als beherrschendes Lebensgefühl bei gesunden Kindern, das Stolz und Selbstbewußtsein vermittelt, ist einem ängstlichen Zaudern und motorischer Gehemmtheit gewichen.

Ausgehend von der psychoanalytischen Beschreibung des Zwangscharakters, der sich durch besonders starre, rigide und abstrakte „Tugenden" wie Geiz, Sparsamkeit und Sammelleidenschaft auszeichnet, durch ein unentwegt berechnendes und kalkulierendes Wesen und eine daraus resultierende allgemeine Sinnenfeindschaft und Gefühlsindifferenz, versuchten soziologische und sozialpsychologische Erklärungsskizzen diese Erscheinungen mit gesellschaftstheoretischen Konzepten in Zusammenhang zu bringen.

Nach marxistischen Vorstellungen, die in manchen Publikationen der 70er Jahre mit psychoanalytischen Charakterbeschreibungen kurzgeschlossen wurden, gehen zwangsneurotische → Charakterzüge auf die kapitalimusspezifische Durchsetzung von Reinlichkeit und Ordnung zurück (Schneider, 1973). So hat z.B. Lukács (1923) in „Geschichte und Klassenbewußtsein" ausgeführt, daß erst das Prinzip der totalen Kalkulierbarkeit, der quantitativen Meßbarkeit der objektiven und subjektiven Elemente des Produktionsprozesses, der Maschinerie und der menschlichen Arbeitskraft, den Siegeszug der kapitalistischen Produktionsweise ermöglichte.

Dieses Prinzip der Kalkulierbarkeit und Quantifizierbarkeit erstreckt sich aber nicht bloß auf die menschliche Arbeitsleistung, sondern auch auf psychische Verhaltensweisen. Anale Verhaltensweisen wie z.B. Sparsamkeit, Affektsperre, Sauberkeit, Pünktlichkeit sind am besten zu kalkulieren. Darum ist der anale Zwangscharakter – als kalkulierbarster und kalkulierendster Charaktertyp – nur in den kapitalistischen Kulturen dominierend.

Entsprechend diesem Verständnis mußte die „kasernenmäßige Disziplin", die für das Funktionieren des kapitalistischen Fabriksystems notwendig war, sozialisations- und erziehungstechnisch durch die Abrichtung des Arbeiterkindes nach rigiden Ordnungs-, Sauberkeits- und Autoritätsvorstellungen vorgeprägt und abgesichert werden. „Die Unterdrückung der „polymorph-perversen" kindlichen Sexualität und Lebendigkeit durch die „kulturelle Sexualmoral", wie Freud sich ausdrückte, ist aus dieser Sicht ein aus der Logik des Kapitals entspringendes sozialisationstechnisches Unterdrückungsmittel, um die psychische Disposition zur entfremdeten Lohnarbeit schon frühzeitig in der Triebstruktur des heranwachsenden Lohnarbeiters zu verankern (vgl. Schneider, 1973).

Nach der in den letzten Jahren sehr bekannt gewordenen Theorie von Elias (1939) ist seit Beginn der Neuzeit der Umgang der Menschen untereinander durch eine immer größere Affektkontrolle (→ Affektregulierung) gekennzeichnet. Aus kulturhistorischer Sicht hat Elias diese These am Beispiel der Tischsitten, der Toilettenregeln und an Formen der statthaften Sexualität und der → Aggression ausgeführt. Den Beginn der Entwicklung der Zivilisation, d.h. der Codes, der Verhaltensvorschriften der Höflichkeit, des Anstandes und der Sittlichkeit, lokalisierte er in der höfischen Gesellschaft des 17. Jahrhunderts, wobei er die Entwicklung der Verhaltensstandards aus der wachsenden Interdependenz der Menschen erklärte, die ökonomisch durch die Entstehung eines überregionalen Marktes, politisch durch die Entstehung moderner Staaten mit ihren zentralisierten Kontrollstrukturen bedingt wurde. Die Anstandsregeln setzten sich, angetrieben durch die Klassengegensätze, sozial von oben nach unten durch. Das Bürgertum als aufstrebende Klasse gab den Anstandsregeln ihre eigene Prägung, um sich von der herrschenden (höfischen) Klasse zu differenzieren.

Die Verhaltensstandards wurden mit der Zeit verinnerlicht: Der Fremdzwang wandelte sich zum Selbstzwang, der den Menschen zur zweiten Natur wurde. Empirisch kann Elias diesen Trend verdeutlichen, indem er zeigt, wie bestimmte Anstandsvorstellungen erst als fremd und aufgezwungen empfunden wurden und wie sie dann zunehmend an Verbindlichkeit gewannen. Den Grad der Verinnerlichung bemißt er daran, wie stark die → Scham- bzw. Peinlichkeitsgefühle sind, die eine Verletzung einer Anstandsregel beim Handelnden bzw. bei seinem Gegenüber auslöst. Mit dem Ausmaß der Verinnerlichung der Verhaltensstandards durch andere und einen selbst wandeln sich Realängste in intrapsychische Ängste (→ Angst). Zum einen wird der Umgang mit anderen kalkulierbarer, zum anderen bestraft sich der Betreffende nun selbst für die Verletzung von Normen. Das Ergebnis ist ein zwangsneurotisch strukturierter Mensch, der versucht, alle spontanen affektiven Gesten zu kontrollieren, um keinen Anstoß zu erregen.

Ein eindrucksvolles Beispiel einer zwangsneurotischen Reaktionsbildung von Krankheitswert beschrieb Cremerius (1977) am Beispiel Philipps des II. von Spanien, der bei vordergründig treuer Ergebenheit gegenüber seinem Vater dessen Erbe, die Weltmacht Spanien, in einigen Jahrzehnten ruinierte. Diese Rekonstruktion einer „Krankengeschichte" aus dem 16. Jahrhundert verdeutlicht, daß die soziologischen Überlegungen nur die gesellschaftstypische und deshalb bei nahezu allen Menschen ausgeprägte Zwanghaftigkeit betreffen, während die psychoanalytische Betrachtung ein noch größeres Gewicht den inneren Dramen eines Menschen beimißt. Die kurze Skizzierung der Theorieentwicklung bezüglich der Ätiologie hat aufgezeigt, daß diese keineswegs immer nur ödipalen Ursprungs zu sein braucht, sondern auch auf frühere Konflikte zurückgehen kann.

Literaturempfehlungen

Amitai, M. (1977). Die Zwangsneurose. Die Bedeutung der Objektdistanz für ihre Behandlung. Psyche, 31, 385–398.

Bräutigam, W. (1968). Reaktionen, Neurosen, Psychopathien. Ein Grundriß der kleinen Psychiatrie. Stuttgart: Thieme.

Cremerius, J. (1977). Übertragung und Gegenübertragung bei Patienten mit schwerer Über-Ich-Störung. Psyche, 31, 879–896.

Freud, S. (1908b). Charakter und Analerotik. GW VII, 203–209.

Hoffmann, S.O. (1979). Charakter und Neurose. Ansätze zu einer psychoanalytischen Charakterologie. Frankfurt/M.: Suhrkamp.

Kuiper, P.C. (1968). Die seelischen Krankheiten des Menschen. Psychoanalytische Neurosenlehre. Stuttgart: Klett.

Kutter, P. (1982). Der Zwang in Neurose und Gesellschaft. In D. Eicke (Hg.), Sigmund Freud – Leben und Werk (S. 646–668). Weinheim: Beltz.

Mentzos, S. (1982). Neurotische Konfliktverarbeitung. Einführung in die psychoanalytische Neurosenlehre unter Berücksichtigung neuer Perspektiven. Frankfurt/M.: Fischer.

Quint, H. (1971). Über die Zwangsneurose. Göttingen: Vandenhoeck & Ruprecht.

Quint, H. (1984). Der Zwang im Dienst der Selbsterhaltung. Psyche, 38, 717–737.

Quint, H. (1987). Die kontradepressive Funktion des Zwanges. Forum der Psychoanalyse, 3, 40–50.

Quint, H. (1988). Die Zwangsneurose aus psychoanalytischer Sicht. Berlin: Springer.

Salzmann, L. & Thaler, F.H. (1981). Obsessive-compulsive disorders – a review of the literature. American Journal of Psychiatry, 138, 286–296.

Literatur*

Abend, S.M., Porder, M. & Willick, M. (1983). Borderline patients: Psychoanalytic Perspectives. Kris Study Group, New York Psychoanalytic Institute, Monogr. 7. New York: International Universities Press.

Abend, S.M., Porder, M. & Willick, M. (1988). A response. Psychoanalytic Inquiry, 8, 438–455.

Abraham, K. (1921). Contributions to the theory of the anal character. In ders. (1948), Selected papers on psycho-analysis (pp. 338–369). London: Hogarth Press (dt.: Ergänzungen zur Lehre vom Analcharakter. Zeitschrift für Psychoanalyse, 9 (1923), 27–47. Wieder abgedruckt in J. Cremerius (Hg.) (1969), Karl Abraham. Psychoanalytische Studien zur Charakterbildung. Und andere Schriften (S. 184–205). Frankfurt/M.: Fischer).

Abrams, S. (1984). Fantasy and reality in the oedipal phase. A conceptual overview. Psychoanalytic Study of the Child, 39, 83–100.

Adler, G. (1974). Regression in psychotherapy: Disruptive or therapeutic? International Journal of Psychoanalytic Psychotherapy, 3, 252–264.

Adler, G. (1989). Uses and limitations of Kohut's self psychology in the treatment of borderline patients. Journal of the American Psychoanalytic Association, 37, 761–785.

Ahlheim, R. (1985). „Bis ins dritte und vierte Glied". Das Verfolgungstrauma in der Enkelgeneration. Psyche, 39, 330–354.

Ainsworth, M. (1967). Infancy in Uganda: Infant care and the growth of attachment. Baltimore: Johns Hopkins Press.

Ainsworth, M. (1985). Patterns of infant-mother attachment, I: Antecedents and effects on development. II: Attachment across the life span. Bulletin New York Academy of Medicine, 6, 771–812.

Ainsworth, M., Blehar, M., Waters, E. & Wall, S. (1978). Patterns of attachment. A psychological study of the strange situation. Hillsdale, NJ: Erlbaum.

Altschul, S. (Ed.) (1988). Childhood bereavement and its aftermath. Madison, Conn.: International Universities Press.

Anthony, E.J. (1961). A study of „screen sensations". Psychoanalytic Study of the Child, 16, 211–245.

Anthony, E.J. (1975). Childhood depression. In E.J. Anthony & T.Benedek (Eds.), Depression and human existence (pp. 231-278). Boston: Little, Brown.

Applegarth, A. (1976). Some observations on work inhibition in women. Journal of the American Psychoanalytic Association, 24, 251–269.

Applegarth, A. (1986). Women and work. In T. Bernay & D.W. Cantor (Eds.), The psychology of today's woman. New psychoanalytic visions (pp. 211–229). Hillsdale, NJ: Analytic Press.

Arlow, J.A. (1969a). Fantasy, memory, and reality. Psychoanalytic Quarterly, 38, 28–51.

Arlow, J.A. (1969b). Unconscious fantasy and disturbances of conscious experience. Psychoanalytic Quarterly, 38, 1–27.

Arlow, J.A. (1982). Problems of the superego concept. Psychoanalytic Study of the Child, 37, 229–244.

Asch, S.S. (1988). The analytic concepts of masochism: A reevaluation. In R.A. Glick & D.I. Meyers (Eds.), Masochism: Current psychoanalytic perspectives (pp. 93–115). Hillsdale, NJ: Analytic Press.

Balint, M. (1935). A contribution on fetishism. International Journal of Psycho-Analysis, 16, 481–483.

---

* Die in den Literaturempfehlungen zu den Stichwörtern enthaltenen Angaben sind in diesem Verzeichnis nicht noch einmal aufgeführt.

Literatur

Balint, M. (1956). Die Urformen der Liebe und die Technik der Psychoanalyse. Frankfurt/M.: Fischer.

Balint, M. (1959). Thrills and regression. London: Hogarth Press (dt.: Angstlust und Regression. Beitrag zur psychologischen Typenlehre. Stuttgart: Klett 1960).

Balint, M. (1961). Der regredierte Patient und sein Analytiker. Psyche, 15, 253–273.

Balint, M. (1963). On being empty of oneself. International Journal of Psycho-Analysis, 44, 470–480.

Balint, M. (1964). Der Arzt, sein Patient und die Krankheit. Stuttgart: Klett.

Balint, M. (1967). Therapeutische Regression, Urform der Liebe und die Grundstörung. Psyche, 21, 713–727.

Balint, M. (1968). The basic fault. London: Tavistock (dt.: Therapeutische Aspekte der Regression. Die Theorie der Grundstörung. Stuttgart: Klett 1970).

Basch, M.F. (1975). Towards a theory that encompasses depression. A revision of existing causal hypotheses in psychoanalysis. In E.J. Anthony & T. Benedek (Eds.), Depression and human existence (pp. 485–534). Boston: Little, Brown.

Basch, M.F. (1976). The concept of affect: A re-examination. Journal of the American Psychoanalytic Association, 24, 759–777.

Basch, M.F. (1983). Empathic understanding. Journal of the American Psychoanalytic Association, 31, 101–126.

Basch-Kahre, E. (1985). Patterns of thinking. International Journal of Psycho-Analysis, 66, 455–470.

Bastian, T. & Hilgers, M. (1990). Kain. Die Trennung von Scham und Schuld am Beispiel der Genesis. Psyche, 44, 1100–1112.

Baumgart, M. (1991). Psychoanalyse und Säuglingsforschung: Versuch einer Integration unter Berücksichtigung methodischer Unterschiede. Psyche, 45, 780–809.

Bauriedl, T. (1986). Die Wiederkehr des Verdrängten. München: Piper.

Bauriedl, T. (1988). Das Leben riskieren. Psychoanalytische Perspektiven des politischen Widerstands. München: Piper.

Becker, S. & Becker, H. (1991). Die Wiedervereinigung der Schuld. psychosozial, 14 (Nr. 45), 64–75.

Beebe, B. & Sloate, P. (1982). Assessment and treatment of difficulties in mother-infant attunement in the first 3 years of life. Psychoanalytic Inquiry, 2, 601–623.

Beiser, H. (1984). An example of self-analysis. Journal of the American Psychoanalytic Association, 32, 3–12.

Bellak, L. (1969). A systematic study of ego functions. Journal of Nervous and Mental Diseases, 148, 569–585.

Bellak, L. & Meyers, B. (1975). Ego function assessment and analysability. International Review of Psycho-Analysis, 2, 413–426.

Bemporad, J. & Wilson, A. (1978). A developmental approach to depression in childhood and adolescence. Journal of the American Academy of Psychoanalysis, 6, 325–352.

Benedetti, G. (1983). Todeslandschaften der Seele. Göttingen: Vandenhoeck.

Benjamin, J. (1990). Die Fesseln der Liebe. Frankfurt/M.: Stroemfeld/Roter Stern.

Benz, A. (1984). Der Gebärneid der Männer. Psyche, 38, 307–328.

Bergman, M.S. & Jucovy, M.E. (Eds.) (1982). Generations of the holocaust. New York: Basic Books.

Bernfeld, S. (1923). Über eine typische Form der männlichen Pubertät. In S. Bernfeld (1974), Antiautoritäre Erziehung und Psychoanalyse. Ausgewählte Schriften, Bd. 3 (S. 64–81). Frankfurt/M.: Ullstein.

Bernstein, D. (1983). The female superego: a different perspective. International Journal of Psycho-Analysis, 64, 187–201.

Bernstein, D. (1990). Female genital anxieties, conflicts and typical mastery modes. International Journal of Psycho-Analysis, 71, 151–165.

Bernstein, I. (1983). Masochistic pathology and feminine development. Journal of the American Psychoanalyic Association, 31, 467–486.

Bertenthal, B., Campos, J. & Barrett, K. (1983). Self-produced locomotion: An organizer of emotional, cognitive, and social development in infancy. In R. Emde & R.J. Harmon (Eds.), Continuities and discontinuities (pp. 175–210). New York: Plenum Press.

Bettighofer, S. (1991). Maligne Regression als Resultat einer Kommunikationsstörung. Vom Umgang mit schwer regressiven Zuständen während der Behandlung von Borderlinepatienten. Forum der Psychoanalyse, 7, 225–239.

Bibring, E. (1952/53). Das Problem der Depression. Psyche, 6, 81–101.

Bieber, I. (1962). Homosexuality: A psychoanalytic study. New York: Basic Books.

Bion, W.R. (1957). Differentiation of the psychotic from the non–psychotic personalities. International Journal of Psycho-Analysis, 38, 170–189.

Bion, W.R. (1959). Attacks on linking. International Journal of Psycho-Analysis, 40, 308–315.

Bion, W.R. (1962). Learning from experience. London: Heinemann.

Bion, W.R. (1967). Second thoughts. New York: Jason Aronson.

Bittner, G. (1972). Primär und Sekundärprozeß. Anmerkungen zu zwei Konzepten psychoanalytischer Symbol- und Sprachtheorie. Psyche, 26, 153–155.

Bittner, G. (1981). Die imaginären Szenarien. In A. Schöpf (Hg.), Phantasie als anthropologisches Problem (S. 95–113). Würzburg: Königshausen und Neumann.

Blanck, G. & Blanck, R. (1978). Angewandte Ich-Psychologie. Stuttgart: Klett.

Blanck, G. & Blanck, R. (1980). Ich-Psychologie II. Psychoanalytische Entwicklungspsychologie. Stuttgart: Klett

Blechner, M.J. (1987). Entitlement and narcissism. Contemporary Psychoanalysis, 23, 244–254.

Bleuler, E. (1908) (umgearbeitet von Bleuler, M.). Lehrbuch der Psychiatrie. Berlin: Springer 1966.

Bloch, D. (1965). Feelings that kill: the effect of the wish for infanticide in neurotic depression. Psychoanalytic Review, 52, 51–66.

Bloch, D. (1984). „So the witch won't eat me": Fantasy of the child's fear of infanticide. New York: Grove Press.

Blos, P. (1962). On adolescence. New York: Free Press of Glencoe (dt.: Adoleszenz. Eine psychoanalytische Interpretation. Stuttgart: Klett 1973).

Blos, P. (1972). The epigenesis of the adult neurosis. Psychoanalytic Study of the Child, 27, 106–135.

Blos, P. (1987). Freud and the father complex. Psychoanalytic Study of the Child, 42, 425–441.

Blos, P. jr. (1991). Sadomasochism and the defence against recall of painful affect. Journal of the American Psychoanalytic Association, 39, 417–430.

Blum, E.J. & Blum, H.P. (1990). The development of autonomy and superego precursors. International Journal of Psycho-Analysis, 71, 585–595.

Blum, H.P. (1976). Masochism, the ego ideal and the psychology of woman. Journal of the American Psychoanalytic Association, 24, 157–191 (dt.: Masochismus, Ichideal und Psychologie der Frau. In J. Grunert (Hg.), Leiden am Selbst. Zum Phänomen des Masochismus (S. 112–146). München: Kindler 1984).

Blum, H.P. (1986). On identification and its vicissitudes. International Journal of Psycho-Analysis, 67, 267–276.

Blum, H.P. (1987). The role of identification in the resolution of trauma: The Anna Freud memorial lecture. Psychoanalytic Quarterly, 56, 609–627.

Literatur

Blum, H.P. (1991). Sadomasochism in the psychoanalytic process, within and beyond the pleasure principle: Discussion. Journal of the American Psychoanalytic Association, 39, 431–450.

Boehm, F. (1930). Über den Weiblichkeitskomplex des Mannes. Psyche, 14 (1960), 38–59.

Bohleber, W. (1982). Spätadoleszente Entwicklungsprozesse. Ihre Bedeutung für Diagnostik und psychotherapeutische Behandlung von Studenten. In E. Krejci & W. Bohleber (Hg.), Spätadoleszente Konflikte. Indikation und Anwendung psychoanalytischer Verfahren bei Studenten (S. 11–52). Göttingen: Vandenhoeck und Ruprecht.

Bornstein, B. (1951). On latency. Psychoanalytic Study of the Child, 6, 279–285.

Boswell, J. (1988). The kindness of strangers: The abandonment of children in Western Europe from late antiquity to the renaissance (zit. nach Brinich (1990), a.a.O.).

Bowlby, J. (1961). Processes of mourning. International Journal of Psycho-Analysis, 42, 317–340.

Bräutigam, W. (1968). Reaktionen, Neurosen, Psychopathien. Ein Grundriß der kleinen Psychiatrie. Stuttgart: Thieme.

Brede, K. (1976). Der Trieb als humanspezifische Kategorie. Alfred Lorenzers problematischer Beitrag zum Verhältnis von Interaktion und Trieb. Psyche 30, 473–502.

Brenner, C. (1972). Grundzüge der Psychoanalyse. Frankfurt/M.: Fischer.

Brenner, C. (1974). On the nature and development of affects: A unified theory. Psychoanalytic Quarterly, 43, 532–556.

Brenner, C. (1975). Affects and psychic conflict. Psychoanalytic Quarterly, 44, 5–28.

Brenner, C. (1979a). Praxis der Psychoanalyse. Frankfurt/M.: Fischer.

Brenner, C. (1979b). Working alliance, therapeutic alliance, and transference. Journal of the American Psychoanalytic Association, 27, (Suppl.), 137–158.

Brenner, C. (1981). Defense and defense mechanism. Psychoanalytic Quarterly, 50, 557–569.

Brenner, C. (1982). The concept of the superego: A reformulation. Psychoanalytic Quarterly, 51, 506–525.

Brent, L. & Resch, R.C. (1987). A paradigm of infant-mother reciprocity: A reexamination of „emotional refueling". Psychoanalytic Psychology, 4, 15–31.

Brinich, P.M. (1990). Book Review: International Review of Psycho-Analysis, 17, 374–376.

Brocher, T. H. & Sies, C. (1986). Psychoanalyse und Neurobiologie. Zum Modell der Autopoiese als Regulationsprinzip. Jahrbuch der Psychoanalyse, Beiheft 10. Stuttgart: frommann-holzboog

Broucek, F. (1982). Shame and its relationship to early narcissistic development. International Journal of Psycho-Analysis, 65, 369–378.

Brückner, M. (1990). Zwischen Kühnheit und Selbstbeschränkung. Von der Schwierigkeit weiblichen Begehrens. Zeitschrift für Sexualforschung, 3, 195–217.

Buchholz, M.B. (1989). Familien in der Moderne: NS-Vergangenheit und „Vaterlosigkeit". Forum der Psychoanalyse, 5, 35–51.

Buchsbaum, H.K. & Emde, R.N. (1990). Play narratives in 36-month-old-children: Early moral development and family relationships. Psychoanalytic Study of the Child, 45, 129–155.

Busch, F. (1974). Dimensions of the first transitional object. Psychoanalytic Study of the Child, 29, 215–229.

Bush, M. (1989). Reply to „critique of a new view of unconscious guilt". Bulletin of the Menninger Clinic, 53, 129–134.

Calder, K. (1980). An analyst's self-analysis. Journal of the American Psychoanalytic Association, 28, 5–20.

Campos, J. & Stenberg, C. (1981). Perception, appraisal and emotion: The onset of social referencing. In M.E. Lamb & L.R. Sherrod (Eds.), Infant social cognition (pp.273–314). Hillsdale, NJ: Erlbaum.

302

Caplan, P. (1984). The myth of womens' masochism. American Psychologist, 39, 130–139.

Carpy, D.V. (1989). Tolerating the countertransference: A mutative process. International Journal of Psycho-Analysis, 70, 287–294.

Charlier, T. (1991). Motivationssysteme und sozialer Kontext. Kritische Anmerkungen zu dem Beitrag von Joseph D. Lichtenberg: Motivational-funktionale Systeme als psychische Strukturen. Forum der Psychoanalyse, 7, 336–339.

Chasseguet-Smirgel, J. (1974). Die weiblichen Schuldgefühle. In dies. (Hg.), Psychoanalyse der weiblichen Sexualität (S. 134–191). Frankfurt/M.: Suhrkamp.

Chasseguet-Smirgel, J. (1974). Psychoanalyse der weiblichen Sexualität. Frankfurt/M.: Suhrkamp.

Chasseguet-Smirgel, J. (1976). Some thoughts on the ego ideal. Psychoanalytic Quarterly, 45, 345–373.

Chasseguet-Smirgel, J. (1981). Das Ich-Ideal. Psychoanalytischer Essay über die „Krankheit der Idealität". Frankfurt/M.: Suhrkamp.

Chasseguet-Smirgel, J. (1984). Creativity and perversion. New York: Norton (dt.: Kreativität und Perversion. Frankfurt/M.: Nexus 1986).

Chasseguet-Smirgel, J. (Hg.) (1986a). Wege des Anti-Ödipus. Frankfurt/M.: Syndikat.

Cherazi, S. (1986). Female psychology: A review. Journal of the American Psychoanalytic Association, 34, 141–150 (dt.: Zur Psychologie der Weiblichkeit. Ein kritischer Überblick. Psyche, 42 (1988), 307–327).

Chessik, R.D. (1990a). Self-analysis: A fool for a patient? Psychoanalytic Review, 77, 311–340.

Chessik, R.D. (1990b). In the clutches of the devil. Psychoanalytic Psychotherapy, 7, 142–151.

Chused, J.F. (1987). Idealization of the analyst by the young adult. Journal of the American Psychoanalytic Association, 35, 839–859.

Ciompi, L. (1982). Über Affektlogik. Auf der Grundlage von Psychoanalyse und genetischer Epistemologie. Psyche, 36, 226–266.

Coen, S.J. (1986). The sense of defect. Journal of the American Psychoanalytic Association, 34, 47–67.

Coen, S.J. (1988). Superego aspects of entitlement in rigid characters. Journal of the American Psychoanalytic Association, 36, 409–427.

Cohen, J. (1980). Structural consequences of psychic trauma: A new look at „Beyond the Pleasure Principle". International Journal of Psycho-Analysis, 61, 421–432.

Condon W.S. & Sander, L.W. (1974). Synchrony demonstrated between movements of the neonate and adult speech. Child Development, 45, 456–462.

Cooper, A.M. (1986). What men fear: The facade of castration anxiety. In G.I. Fogel, F.M. Lane & R.S. Liebert (Eds.), The psychology of men. New psychoanalytic perspectives (pp. 113–130). New York: Basic Books.

Cremerius, J. (1968). Die Reaktionsbildung im Leben Phillipps II. und ihre Bedeutung für das Schicksal Spaniens. Psyche, 22, 118–142.

Cremerius, J. (1977b). Übertragung und Gegenübertragung bei Patienten mit schwerer Über-Ich-Störung. Psyche, 31, 879–896.

Cremerius, J. (1987). Wenn wir als Psychoanalytiker die psychoanalytische Ausbildung organisieren, müssen wir sie psychoanalytisch organisieren. Psyche, 41, 1067–1096.

Cremerius, J. (1989). Lehranalyse und Macht. Die Umfunktionierung einer Lehr-Lern-Methode zum Machtinstrument der institutionalisierten Psychoanalyse. Forum der Psychoanalyse, 5, 190–208.

Cycon, R. (1990). Einige Aspekte aus dem Werk Melanie Kleins. DPV-Information, 4, 13–26.

Cycon, R. (1991). Über die Bedeutung und Wirkung projektiv-identifikatorischer Prozesse. Zeitschrift für psychoanalytische Theorie und Praxis, 6, 161–174.

Literatur

Dalsimer, K. (1975). Fear of academic success in adolescent girls. Journal of the American Academy of Child Psychiatry, 14, 719–730.

David, C.H. (1975). La bisexualité psychique. Revue francaise de Psychoanalyse, 39, 695–856.

Davies-Osterkamp, S., Hartkamp, N. & Heigl-Evers, A. (1992). Zur Diagnostik von Ich-Funktionen und Objektbeziehungen anhand von Ratingskalen. Zeitschrift für Psychosomatische Medizin und Psychoanalyse, 38, 17–30.

Demos, E.V. (1982). Affect in early infancy. Psychoanalytic Inquiry, 2, 533–574.

Deneke, F.-W. (1989). Das Selbst-System. Psyche, 43, 577–608.

Deneke, F.-W., Hilgenstock, B. & Müller, R. (1989). Das Narzißmusinventar. Bern: Huber.

Devereux, G. (1953). Why Oedipus killed Laios. A note on the complementary oedipus complex. International Journal of Psycho-Analysis, 32, 132–141.

Dewald, P.A. (1976). Transference regression and real experience in the psychoanalytic process. Psychoanalytic Quarterly, 45, 213–230.

Dörner, D. (1983). Empirische Psychologie und Alltagsrelevanz. In G. Jütermann (Hg.), Psychologie der Veränderung (S. 13–29). Weinheim: Beltz.

Dowling, S. (1990). Fantasy formation. A child analyst's perspective. Journal of the American Psychoanalytic Association, 38, 93–111.

Drews, S. (1991). Redaktionelles Vorwort. Zeitschrift für Psychoanalytische Theorie und Praxis, 6, 1–2.

Dundes, A. (1981). Life is like a chicken coop ladder: A study of German national character through folklore. Journal of Psychoanalytic Anthropology, 4, 265–364.

Dunn, J. (1988). The beginnings of social understanding. Cambridge: Harvard University Press.

Eagle, M. (1988). Neuere Entwicklungen in der Psychoanalyse. Eine kritische Würdigung. München: Verlag Internationale Psychoanalyse.

Eagle, M.N. & Wolitzky, D.L. (1989). The idea of progress in psychoanalysis. Psychoanalysis and Contemporary Thought, 12, 27–72.

Easser, B.D. & Lesser, S.R. (1965). Hysterical personality: A re-evaluation. Psychoanalytic Quarterly, 34, 390–412.

Eckstaedt, A. (1989). Nationalsozialismus in der „zweiten Generation". Psychoanalyse von Hörigkeitsverhältnissen. Frankfurt/M.: Suhrkamp.

Edgcumbe, R. & Burgner, M. (1975). The phallic-narcissistic phase. A differentiation between preoedipal and oedipal aspects of phallic development. Psychoanalytic Study of the Child, 30, 161–179.

Edgcumbe, R., Lundberg, S., Markowitz, R. & Salo, F. (1976). Some comments on the concept of the negative oedipal phase in girls. Psychoanalytic Study of the Child, 31, 35–61.

Ehlert, M. (1985). Handlungssprache und Metapsychologie. Überlegungen zu Schafers „neuer Sprache" für die Psychoanalyse. Psyche, 39, 981–1020.

Ehrenzweig, A. (1953). The psychoanalysis of artistic vision and hearing. London: Routledge & Kegan Paul.

Ehrenzweig, A. (1967). The hidden order of art. Berkeley: University of California Press.

Eicke-Spengler, M. (1988). Über Schuld- und Schamgefühle bei Frauen. Zeitschrift für psychoanalytische Theorie und Praxis, 3, 77–93.

Eissler, K.R. (1959). On isolation. Psychoanalytic Study of the Child, 14, 29–60.

Eissler, K. (1968). Zur Notlage unserer Zeit (Ein Schreiben an Herrn Prof. Alexander Mitscherlich anläßlich seines 60. Geburtstages). Psyche, 22, 641–657.

Ekman, P., Friesen, W. & Ellsworth, P. (1972). Emotion in the human face. Guidelines for research and an integration of findings. Elmsford, NY: Pergamon.

Elhardt, S. (1974). Aggression als Krankheitsfaktor. Göttingen: Vandenhoeck und Ruprecht.

Elias, N. (1939). Über den Prozeß der Zivilisation. Frankfurt/M.: Suhrkamp.

Emde, R.N. (1980). Toward a psychoanalytic theory of affect. In S.I. Greenspan & G.H. Pollock (Eds.), The course of life. Psychoanalytic contributions toward understanding personality development, vol. 1: Infancy and early childhood (pp. 63–112). Maryland: Mental Health Study Center.

Emde, R.N. (1983). The prerepresentational self and its affective core. Psychoanalytic Study of the Child, 38, 165–192.

Emde, R. N. (1989). The infant's relationship experience: Developmental and affective aspects. In A.J. Sameroff & R.N. Emde (Eds.), Relationship disturbances in early childhood (pp. 33–51). New York: Basic Books.

Emde, R.N. (1990). Mobilizing fundamental modes of development: Empathic availability and therapeutic action. Journal of the American Psychoanalytic Association, 38, 881–913.

Emde, R.N. & Buchsbaum, H.K. (1989). Toward a psychoanalytic theory of affect: II. Emotional development and signaling in infancy. In S.I. Greenspan & G.H. Pollock (Eds.), The course of life. Psychoanalytic contributions toward understanding personality development, vol. 1: Infancy (pp. 193–227). New York: International Universities Press.

Emde, R.N., Gaensbauer, T.J. & Harmon, R.J. (1976). Emotional expression in infancy. Psychological Issues, Monogr. 37. New York: International Universities Press.

Emde, R.N., Kligman, D.H., Reich, J.H. & Wade, T.D. (1978). Emotional expression in infancy. I: Initial studies of social signaling and an emergent model. In M. Lewis & L. Rosenblum (Eds.), The development of affect (pp. 125 -148). New York: Plenum Press.

Erard, R.E. (1983). New wine in old skins: A reappraisal of the concept „acting out". International Review of Psycho-Analysis, 10, 63–73.

Erikson, E.H. (1950). Kindheit und Gesellschaft. Stuttgart: Klett-Cotta, 3. Auflage 1968.

Erikson, E.H. (1955). Das Traummuster der Psychoanalyse. Psyche 8, 561–604.

Erikson, E.H. (1958). Der junge Mann Martin Luther. Eine psychoanalytische und historische Studie. München: Szczesny.

Erikson, E.H. (1964). Einsicht und Verantwortung – Die Rolle des Ethischen in der Psychoanalyse. Frankfurt/M.: Fischer.

Ermann, M. (1985). Ansatz und Technik der psychoanalytischen Borderline-Behandlung. Praxis der Psychotherapie und Psychosomatik, 30, 243–253.

Ermann, M. (1988). Idealisieren wir die projektive Identifizierung? Kommentar zu T.H. Ogden: „Die projektive Identifikation". Forum der Psychoanalyse, 4, 76–79.

Etchegoyen, R.H., Lopez, B.M. & Rabih, M. (1987). On envy and how to interpret it. International Journal of Psycho-Analysis, 68, 49–61.

Fast, I. (1984). Gender identity. A differentiation model. Hillsdale, NJ: Analytic Press (dt.: Von der Einheit zur Differenz. Psychoanalyse der Geschlechtsidentität. Berlin: Springer 1991).

Fast, I. (1985). Event theory: A Piaget-Freud-integration. Hillsdsale, NJ: Erlbaum.

Fenichel, O. (1927). Zur ökonomischen Funktion von Deckerinnerungen. Internationale Zeitschrift für Psychoanalyse, 13, 58–60.

Fenichel, O. (1941). Problems of psychoanalytic technique. Albany, New York: The Psychoanalytic Quarterly, Inc.

Fenichel, O. (1945). The psychoanalytic theory of neurosis. New York: Norton (dt.: Psychoanalytische Neurosenlehre. 2 Bde. Freiburg i. Br.: Walter 1974–1977).

Ferenczi, S. (1912). Symbolische Darstellung des Lust- und Realitätsprinzips im Ödipus-Mythos. Psyche, 26 (1972), 520–529.

Literatur

Ferenczi, S. (1933). Sprachverwirrung zwischen den Erwachsenen und dem Kind. Psyche, 21 (1967), 256–265.

Fetscher, R. (1983). Selbst und Identität. Psyche 37, 385–411.

Fetscher, R. (1985b). Das Selbst, das Es und das Unbewußte. Psyche, 39, 241–275.

Field, T.M., Woodson, R., Greenberg, R. & Cohen, D. (1982). Discrimination and imitation of facial expressions by neonates. Science, 218, 179–181.

Fingarette, H. (1969). Self-deception. New York: Routledge & Kegan Paul.

Fischer, G. (1986). Empirische Forschung zur Wirkung von Traumata bei Kindern und Jugendlichen. Kritik und Informationen zu einem wieder aktuellen Thema. Psyche, 40, 145–161.

Fischer, G. (1989). Dialektik der Veränderung in Psychoanalyse und Psychotherapie. Modell, Theorie und systematische Fallstudie. Heidelberg: Asanger.

Fox, N.A. & Davidson, R.J. (1984). Hemispheric substrates of affect: A developmental model. In N. Fox & R.J. Davidson (Eds.), The psychobiology of affective development (pp. 353–381). Hillsdale, NJ.: Erlbaum.

Frankel, S. & Sherick, I.(1977). Observations on the development of normal envy. Psychoanalytic Study of the Child, 32, 257 -281.

Freud, A. (1936). Das Ich und die Abwehrmechanismen. München: Kindler 1974.

Freud, A. (1960). Discussion of Dr. John Bowbly's paper. Psychoanalytic Study of the Child ,15, 53–62.

Freud, A. (1960). Probleme der Pubertät. Psyche, 14, 1–24.

Freud, A. (1967b). Anmerkungen zum psychischen Trauma. In dies., Die Schriften der Anna Freud, Bd. 6 (S. 1819–1838). München: Kindler 1980.

Freud, A. (1974). A psychoanalytic view of developmental psychopathology. In The writings of Anna Freud, vol. 8 (pp. 57–74). New York: International Universities Press 1981 (dt.: Die Schriften der Anna Freud, Bd. 10. München: Kindler).

Freud, S. (1895d) (Zusammen mit Breuer, J.). Studien über Hysterie. GW I, 75–312.

Freud, S. (1899a). Über Deckerinnerungen. GW I, 531–554.

Freud, S. (1900a). Die Traumdeutung. GW II/III.

Freud, S. (1905c). Der Witz und seine Beziehung zum Unbewußten. GW VI.

Freud, S. (1905d). Drei Abhandlungen zur Sexualtheorie. GW V, 27, 33–145.

Freud, S. (1905e). Bruchstück einer Hysterie-Analyse. GW V, 161–286.

Freud, S. (1907a). Der Wahn und die Träume in W. Jensens ‚Gradiva'. GW VII, 29–122.

Freud, S. (1907b). Zwangshandlungen und Religionsübungen. GW VII, 129–139.

Freud, S. (1908b). Charakter und Analerotik. GW VII, 203–209.

Freud, S. (1908c). Über infantile Sexualtheorien. GW XII, 171–188.

Freud, S. (1908d). Die kulturelle Sexualmoral und die moderne Nervosität. GW VII, 143–167.

Freud, S., (1909d). Bemerkungen über einen Fall von Zwangsneurose. GW VII, 379–463.

Freud, S. (1910a). Über Psychoanalyse. Fünf Vorlesungen. GW VIII, 1–60.

Freud, S. (1911b). Formulierung über zwei Prinzipen psychischen Geschehens. GW VIII, 230–238.

Freud, S. (1912b). Zur Dynamik der Übertragung. GW VIII, 364–374.

Freud, S. (1912e). Ratschläge für den Arzt bei der psychoanalytischen Behandlung. GW VIII, 376–387.

Freud, S. (1913c). Zur Einleitung der Behandlung. GW VIII, 454–478.

Freud, S. (1913i). Die Disposition zur Zwangsneurose. Ein Beitrag zum Problem der Neurosenwahl. GW VIII, 442–452.

Freud, S. (1914c). Zur Einführung des Narzißmus. GW X, S. 137–170.

Freud, S. (1914e). Darstellung der großen Leistung im Traum. GW II/III, 416f., 620f.

Freud, S. (1914g). Erinnern, Wiederholen und Durcharbeiten. GW X, 126–136.

Freud, S. (1915a). Bemerkungen über die Übertragungsliebe. GW X, 306–321.

Freud, S. (1915b). Zeitgemäßes über Krieg und Tod. GW X, 324–355.

Freud, S. (1915c). Triebe und Triebschicksale. GW X, 210–232.

Freud, S. (1915e). Das Unbewußte. GW X, 264–303.

Freud, S. (1916d). Einige Charaktertypen aus der psychoanalytischen Arbeit. GW X, 364–391.

Freud, S. (1916-17a). Vorlesungen zur Einführung in die Psychoanalyse. GW XI.

Freud, S. (1916-17g). Trauer und Melancholie. GW X, 428–446.

Freud, S. (1916d). Einige Charaktertypen aus der psychoanalytischen Arbeit. GW X, 364 391.

Freud, S. (1918b). Aus der Geschichte einer infantilen Neurose. GW XII, 159–180.

Freud, S. (1919a). Wege der psychoanalytischen Therapie. GW XII, 183–194.

Freud, S. (1920g). Jenseits des Lustprinzips. GW XIII, 1–69.

Freud, S. (1922b). Über einige neurotische Mechanismen bei Eifersucht, Paranoia und Homosexualität. GW XIII, 195–207.

Freud, S. (1923a). „Libidotheorie" „Psychoanalyse". GW XIII, S. 211–233.

Freud, S. (1923b). Das Ich und das Es. GW XIII, 237–289.

Freud, S. (1923e). Die infantile Genitalorganisation. GW XIII, 291–298.

Freud, S. (1924b). Neurose und Psychose. GW XIII, 387–391.

Freud, S. (1924c). Das ökonomische Problem des Masochismus. GW XIII, 371–383.

Freud, S. (1924d). Der Untergang des Ödipuskomplexes. GW XIII, 395–402.

Freud, S. (1925d). Selbstdarstellung. GW XIV, 31–96.

Freud, S. (1925j). Einige psychische Folgen des anatomischen Geschlechtsunterschieds. GW XIV, 19–30.

Freud, S. (1926d). Hemmung, Symptom und Angst, GW XIV, 111–205.

Freud, S. (1926e). Die Frage der Laienanalyse. GW XIV, 207–286.

Freud, S. (1927e). Fetischismus. GW XIV, 311–317.

Freud, S. (1930a). Das Unbehagen in der Kultur. GW XIV, 419–506.

Freud, S. (1931b). Über die weibliche Sexualität. GW XIV, 517–537.

Freud, S. (1933a). Neue Folge der Vorlesungen zur Einführung in die Psychoanalyse. GW XV.

Freud, S. (1936a). Eine Erinnerungsstörung auf der Akropolis. GW XVI, 250–257.

Freud, S. (1937c). Die endliche und die unendliche Analyse. GW XVI, 59–99.

Freud, S. (1940a). Abriß der Psychoanalyse. GW XVII, 63–138.

Freud, S. (1940b). Some elemtary lessons in Psycho-Analysis. GW XVII, 139–147.

Freud, S. (1940e). Die Ichspaltung im Abwehrvorgang. GW XVII, 57, 59–62.

Freud, S. (1960a). Briefe 1873–1939. Hrsg. von Ernst Freud und Lucie Freud. Frankfurt/M.: S. Fischer.

Freud, S. (1985c). Briefe an Wilhelm Fließ 1887–1904. Hg. von J.M. Masson, Bearb. der deutschen Fassung von Michael Schröter. Frankfurt/M.: S. Fischer.

Friedman, R.C. (1988). Male homosexuality. A contemporary psychoanalytic perspective. New Haven: Yale University Press.

Friedman, R.M. (1991). Das psychoanalytische Modell der Homosexualität: Eine historische und theoretische Kritik. In R.M. Friedman & L. Lerner (Hg.), Zur Psychoanalyse des Mannes (S. 77–113). Berlin: Springer.

Frijling-Schreuder, E.C.M. (1967). Die Verwendung der Regression im Dienst der Anpassung. Psyche, 21, 313–323.

Fromm, E. (1979). Sigmund Freuds Psychoanalyse – Größe und Grenzen. In R. Funk (Hg.) (1989), Erich Fromm, Gesamtausgabe, Bd. 8 (S. 259–362). München: Deutscher Taschenbuch Verlag.

Literatur

Fürstenau, P. (1977). Die beiden Dimensionen des psychoanalytischen Umgangs mit strukturell ich-gestörten Patienten. Psyche, 31, 197–207.

Fürstenau, P. (1986). Wandlungen des Verständnisses und der Therapie psychogener Störungen in jüngster Zeit. In K.P. Kisker, H. Lauter, J.-E. Meyer, C. Müller & E. Strömgren (Hg.), Psychiatrie der Gegenwart, Bd. 1 (S. 411–441). Berlin: Springer, 3., völlig neu gestaltete Auflage.

Gabbard, G.O. (1986). The treatment of the „special" patient in a psychoanalytic hospital. International Review of Psycho-Analysis, 13, 333–347.

Gaddini, E. (1964). Über Konstitutivphänomene der Gegenübertragung. Psyche, 18, 139–159.

Gaddini, R. (1970). Transitional objects and the process of individuation. Journal of the American Academy of Child Psychiatry, 9, 347–365.

Gaddini, E. (1982). Acting out in the psychoanalytic session. International Journal of Psycho-Analysis, 63, 57–64.

Gaddini, R. (1987). Early care and the roots of internalization. International Review of Psycho-Analysis, 14, 321–333.

Gaensbauer, T. (1982). The differentiation of discrete affects: A case report. Psychoanalytic Study of the Child, 37, 29–66.

Galenson, E. (1988). The precursors of masochism: Protomasochism. In R.A. Glick & D.I. Meyers (Eds.), Masochism: Current psychoanalytic perspectives (pp. 175–188). Hillsdale, NJ.

Gambaroff, M. (1977). Emanzipation macht Angst. Kursbuch, 47, 1–25.

Ganowski, L. (1988). Gemischte Gefühle. In C. Gehrke & U. Schmidt (Hg.), Mein heimliches Auge. Das Jahrbuch der Erotik III (S. 84–98). Tübingen: Konkursbuch Verlag Claudia Gehrke.

Gedo, J. (1975). Forms of idealization in the analytic transference. Journal of the American Psychoanalytic Association, 23, 485–505.

Gergely, G. (1992). Developmental reconstructions: Infancy from the point of view of psychoanalysis and developmental psychology. Psychoanalysis and Contemporary Thought, 15, 3–55.

Gill, M.M. (1976). Metapsychology is not psychology. In M.M. Gill & P.S. Holzman (Eds.), Psychology versus Metapsychology. Psychological Issues, Monogr. 36 (pp. 71–105). New York: International Universities Press.

Gill, M.M. (1977). Psychic energy reconsidered – Discussion. Journal of the American Psychoanalytic Association, 25, 581–597.

Gill, M.M. (1982). Analysis of transference, vol. 1. Psychological Issues, Monogr. 53. New York: International Universities Press.

Gill, M.M. (1984). Psychoanalysis and psychotherapy: A revision. International Review of Psycho-Analysis, 11, 161–179.

Gillman, R.D. (1982). Preoedipal and early oedipal components of the superego. Psychoanalytic Study of the Child, 37, 273–281.

Glenn, J. (1989). From protomasochism to masochism: A developmental view. Psychoanalytic Study of the Child, 44, 73–86.

Glover, E. (1933). The relation of perversion-formation to the development of reality sense. International Journal of Psycho-Analysis, 14, 486–504.

Glover, E. (1943). The concept of dissociation. On the early development of the mind. New York: International Universities Press 1956.

Glover, L. & Mendell, L. (1982). A suggested developmental sequence for a preoedipal genital phase. In D. Mendell (Ed.), Early female development. Current psychoanalytic views (pp. 127–174). New York: Spectrum Publications.

Gödde, G. (1991). Schopenhauer als Vordenker der Freudschen Metapsychologie. Psyche, 45, 994–1035.

Grande, T., Porsch, U. & Rudolf, G. (1988). Muster therapeutischer Zusammenarbeit und ihre Beziehung zum Therapieergebnis. Zeitschrift für Psychosomatische Medizin und Psychoanalyse, 34, 76–101.

Gray, P. (1973). Psychoanalytic technique and the ego's capacity for viewing intrapsychic activity. Journal of the American Psychoanalytic Association, 21, 474–494.

Gray, P. (1986). On helping analysands observe intrapsychic activity. In A. Richards & M. Willick (Eds.), Psychoanalysis: The science of mental conflict – Essays in honor of Charles Brenner (pp. 245–262). Hillsdale, NJ: Analytic Press.

Gray, P. (1987). On the technique of analysis of the superego – An introduction. Psychoanalytic Quarterly, 56, 130–154.

Green, A. (1974). Surface analysis, deep analysis – The role of the preconscious in psychoanalytic technique. International Review of Psycho-Analysis, 1, 415–423.

Greenacre, P. (1969). The fetish and the transitional object. Psychoanalytic Study of the Child, 24, 144–164.

Greenson, R.R. (1961). Zum Problem der Empathie. Psyche, 15, 142–154.

Greenson, R.R. (1965). The working alliance and the transference neurosis. Psychoanalytic Quarterly, 34, 155–181 (dt.: Das Arbeitsbündnis und die Übertragungsneurose. Psyche, 20 (1966), 81–103).

Greenson, R.R. (1967). The technique and practice of psychoanalysis, vol. 1. New York: International Universities Press.

Greenson, R.R. (1968). Characters in search of a screen. Journal of the American Psychoanalytic Association, 6, 242–262 (dt.: Über Deckabwehr, Deckhunger und Deckidentität. In ders., Psychoanalytische Erkundungen (S. 68–89). Stuttgart: Klett 1982).

Greenson, R.R. (1982). Psychoanalytische Erkundungen. Stuttgart: Klett-Cotta.

Greenspan, S.I. & Cullander, C.H. (1973). A systematic metapsychological assessment of the personality – Its appplication to the problem of analysability. Journal of the American Psychoanalytic Association, 21, 303–327.

Greenspan, S.I. (1981). Psychopathology and adaptation in infancy and early childhood: Principles of clinical diagnosis and preventive intervention. New York: International Universities Press.

Greenspan, S.I. (1989a). The development of the ego: insights from clinical work with infants and young children. Journal of the American Psychoanalytic Association, 36 (Suppl.), 3–55.

Greenspan, S.I. (1989b). The development of the ego: Biological and environmental specifity in the psychopathological developmental process and the selection and construction of ego defenses. Journal of the American Psychoanalytic Association, 37, 605–638.

Greenspan, S.I. & Greenspan, N.T (1988). Das Erwachen der Gefühle. München: Piper.

Greenspan, S.I. & Pollock, G.H. (Eds.) (1980). The course of life. Psychoanalytic contributions toward understanding personality development. Vol. 1: Infancy and early childhood. Maryland: Mental Health Study Center.

Grinberg, L. (1962). On a specific aspect of countertransference due to the patient's projective identification. International Journal of Psycho-Analysis, 43, 436–440.

Grinberg, L. (1979). Projective counteridentification and countertransference. In L. Epstein & A.H. Feiner (Eds.), Countertransference (pp. 169–191). New York: Aronson.

Grossman, W.I. (1986). Notes on masochism: A discussion of the history and development of a psychoanalytic concept. Psychoanalytic Quarterly, 40, 379–413.

Grossman, W.I. & Stewart, W.A. (1977). Penis envy: From childhood wish to developmental metaphor. In H.P. Blum (Ed.), Female psychology. Contemporary psychoanalytic views (pp. 193–212). New York: International Universities Press.

Literatur

Grubrich-Simitis, I. (1979). Extremtraumatisierung als kumulatives Trauma. Psyche, 33, 991–1023.

Grubrich-Simitis, I. (1984). Nachkommen der Holocaust-Generation in der Psychoanalyse. Psyche, 38, 1–28.

Grünbaum, A. (1988). Die Grundlagen der Psychoanalyse. Eine philosophische Kritik. Stuttgart: Philipp Reclam jun.

Grunberger, B. (1952). Conflict oral et hystérie. Revue Francaise de Psychoanalyse 17, 250–265.

Grunberger, B. (1976). Vom Narzißmus zum Objekt. Frankfurt/M.: Suhrkamp.

Grunberger, B. (1988). Von der Analyse des Ödipus zum Ödipus des Analytikers. In ders., Narziß und Anubis. Die Psychoanalyse jenseits der Triebtheorie (S. 25–53). München: Verlag Internationale Psychoanalyse.

Grunert, J. (1981a). Gesäßerotik und der Wunsch, geschlagen zu werden. Bemerkungen zum analerotisch-narzißtischen Aspekt des Masochismus. In ders. (Hg.), Leiden am Selbst. Zum Phänomen des Masochismus (S. 147–190). München: Kindler.

Grunert, J. (1981b). Leiden am Selbst. Zum Phänomen des Masochismus. München: Kindler.

Grunert, U. (1977). Narzißtische Restitutionsversuche im Traum. Psyche, 31, 1057–1078.

Grunert, U. (1982). Selbstdarstellung und Selbstentwicklung im manifesten Traum. Jahrbuch der Psychoanalyse, 14, 179–209.

Habermas, J. (1968). Erkenntnis und Interesse. Frankfurt/M.: Suhrkamp.

Hackett, T. & Cassem, N. (1974). Development of a quantitative rating scale to assess denial. Journal of Psychosomatic Research, 181, 93–100.

Halberstadt-Freud, H.C. (1980). Proust and perversion: Some clinical and theoretical considerations. International Journal of Psycho-Analysis, 61, 403–410.

Hamilton, N.G. (1986). Positive projective identification. International Journal of Psycho-Analysis, 67, 489–496.

Hamilton, N.G. (1990). The containing function and the analyst's projective identification. International Journal of Psycho-Analysis, 71, 445–453.

Hanley, C. (1978). A critical consideration of Bowlby's ethological theory of anxiety. Psychoanalytic Quarterly, 67, 364–380.

Hardin, H.T. (1987). On the vicissitudes of Freud's early mothering. I. Early environment and loss. Psychoanalytic Quarterly, 56, 628–644.

Hardin, H.T. (1988a). On the vicissitudes of Freud's early mothering. II. Alienation from his biological mother. Psychoanalytic Quarterly, 57, 72–86.

Hardin, H.T. (1988b). On the vicissitudes of Freud's early mothering. III. Freiberg, screen memories, and loss. Psychoanalytic Quarterly, 57, 209–223.

Harlow, H.F. (1958). The nature of love. American Psychologist, 13, 673–685.

Hartkamp, N. & Heigel-Evers, A. (1988). Übergangsobjekt und Selbst-Objekt. Forum der Psychoanalyse, 4, 103–115.

Hartmann, H. (1939). Ego Psychology and the problem of adaptation. New York: International Universities Press 1958 (dt.: Ich-Psychologie und Anpassungsproblem. Stuttgart: Klett 1975).

Hartmann, H. (1950). Comments on the psychoanalytic theory of the ego. In ders., Essays on ego psychology (pp. 113–141). New York: International Universities Press (dt.: Bemerkungen zur psychoanalytischen Theorie des Ichs. In ders., Ich-Psychologie (S. 119–144). Stuttgart: Klett, 1972).

Hartmann, H. (1956). Notes on the reality principle. Psychoanalytic Study of the Child, 11, 31–53.

Hartmann, H. (1964). The mutual influences in the development of ego and id. In ders., Essays in ego psychology: Selected problems in psychoanalytic theory (pp. 155–181). New York: International Universities Press.

Hartmann, H. (1971). Über rationales und irrationales Handeln. Psyche, 25, 329–357.

Hartmann, H. (1975). Ich-Psychologie und Anpassungsproblem. Stuttgart: Klett Cotta.

Heigl-Evers, A. (1967). Zur Frage der hysterischen Abwehrmechanismen, dargestellt an kasuistischem Material. Zeitschrift für Psychosomatische Medizin und Psychoanalyse, 13, 116–130.

Heigl-Evers, A. & Heigl, F. (1983). Das interaktionelle Prinzip. Zeitschrift für psychosomatische Medizin und Psychoanalyse, 29, 1–14.

Heigl-Evers, A. & Heigl, F. (1988). Zum Prinzip „Antwort" in der psychoanalytischen Therapie. In R. Klußmann, W. Mertens & F. Schwarz (Hg.), Aktuelle Themen der Psychoanalyse (S.85–97). Berlin: Springer.

Heigl-Evers, A. & Nitzschke, B. (1991). Das Prinzip „Deutung" und das Prinzip „Antwort" in der psychoanalytischen Therapie. Anmerkungen zur theoretischen Begründung zweier therapeutischer Angebote, die an unterschiedliche Patientengruppen gerichtet sind. Zeitschrift für psychosomatische Medizin und Psychoanalyse, 37, 115–127.

Heigl-Evers, A. & Rosin, U. (1984). Steuerung regressiver Prozesse in Therapiegruppen. Zeitschrift für Psychosomatische Medizin und Psychoanalyse, 30, 134–149.

Heigl-Evers, A. & Weidenhammer, B. (1988). Der Körper als Bedeutungslandschaft. Die unbewußte Organisation der weiblichen Geschlechtsidentität. Bern: Huber.

Heimannsberg, B. & Schmidt, Ch.J. (Hg.) (1988). Das kollektive Schweigen. Heidelberg: Asanger.

Hendrick, I. (1942). Instinct and the ego during infancy. Psychoanalytic Quarterly, 11, 33–58.

Hentschel, U. (1990). Zur therapeutischen Allianz. In V. Tschuschke & D. Czogalik (Hg.), Psychotherapie – Welche Effekte verändern? Zur Frage der Wirkmechanismen therapeutischer Prozesse (S. 71–98). Berlin: Springer.

Herdieckerhoff, G. (1985). Körpersprache in der psychoanalytischen Behandlungssituation. Zeitschrift für psychosomatische Medizin und Psychoanalyse, 31, 129–150.

Herman, I. (1935). The use of the term „active" in the definition of masculinity. International Journal of Psycho-Analysis, 16, 219–222.

Herman, J.L. & Lewis, H.B. (1986). Anger in the mother-daughter relationship. In Bernay, T. & Cantor, D.W. (Eds.), The psychology of today's woman. New psychoanalytic visions (pp. 139–169). Hillsdale, NJ: Analytic Press.

Hershey, D.W. (1978). Time experience and a certain type of mourning. Journal of the American Psychoanalytic Association, 26, 109–130.

Herzog, J. (1980). Sleep disturbance and father hunger in 18-28 month old boys: the Erlkönig syndrome. Psychoanalytic Study of the Child, 35, 219–233.

Herzog, J. (1982). On father hunger: the father's role in the modulation of aggressive drive and fantasy. In S.H. Cath, A.R. Gurwitt & J.M. Ross (Eds.), Father and child (pp. 163–174). Boston: Little, Brown.

Hinde, R.A. (1974). Biological bases of human social behaviour. New York: McGraw-Hill.

Hinz, H. (1989). Projektive Identifizierung und psychoanalytischer Dialog. Psyche, 43, 609–631.

Hinz, H. (1991). Gleichschwebende Aufmerksamkeit und die Logik der Abduktion. Jahrbuch der Psychoanalyse, 27, 146–175.

Hirsch, M. (1988). Pseudo-ödipale Dreiecksbeziehungen. Forum der Psychoanalyse, 4, 139–152.

Hirsch, M. (Hg.) (1989). Der eigene Körper als Objekt. Zur Psychodynamik selbstdestruktiven Körperagierens. Berlin: Springer.

Hirsch, M. (1990). Realer Inzest. Psychodynamik des sexuellen Mißbrauchs in der Familie. Berlin: Springer, 2. überarb. Aufl.

Hoffmann, S.O. (1979). Charakter und Neurose. Ansätze zu einer psychoanalytischen Charakterologie. Frankfurt/M.: Suhrkamp.

Literatur

Hoffmann, S.O. (1983). Psychoanalytische Persönlichkeitspsychologie. (Charakterologie). In W. Mertens (Hg.), Psychoanalyse – Ein Handbuch in Schlüsselbegriffen (S. 109–115). München: Urban & Schwarzenberg.

Hoffmann, S.O. & Egle, U. (1984). Zum Beitrag von J.J. Groen über das psychogene Schmerzsyndrom – Zugleich ein Plädoyer für die Erweiterung des Konversionsbegriffes. Psychotherapie, Psychosomatik und Medizinische Psychologie, 34, 25–26.

Hoffmann, S.O. & Egle, U. (1989). Psychodynamische Konzepte bei psychogenen und psychosomatischen Schmerzzuständen. In H.D. Basler, C. Franz, B. Kröner-Herwig, H.P. Rehfisch & H. Seemann (Hg.), Psychologische Schmerztherapie: Grundlagen, Krankheitsbilder, Behandlung (S. 104–116). Berlin: Springer.

Hoffmann, S.O. & Trimborn, W. (1979). Die Bedeutung sozialer Faktoren für die Entstehung psychischer Substrukturen (Instanzen). In J. Cremerius, S.O. Hoffmann & W. Trimborn (Hg.), Psychoanalyse, Über-Ich und soziale Schicht. Die psychoanalytische Behandlung der Reichen, der Mächtigen und der sozial Schwachen (S. 83–96). München: Kindler.

Holder, A. (1982). Preoedipal contributions to the formation of the superego. Psychoanalytic Study of the Child, 37, 245–272.

Holt, R.R. (1967). The development of the primary process. In ders. (Ed.), Motives and thought. Psychologcial Issues 18/19 (pp. 344–383). New York: International Universities Press.

Holt, R.R. (1967). The insufficiency of drive as a motivational concept in the light of evidence from experimental psychology. Journal of the American Psychoanalytic Association, 16, 627–632.

Holt, R.R. (1978). Ideological and thematic conflicts in Freud's thought. In S. Smith (Ed.), The human mind revisited (S. 51–98). New York: International Universities Press.

Horner, M. (1972). Toward an understanding of achievement-related conflicts in women. Journal of Social Issues, 28, 157–175.

Horner, T.M. (1985). Subjectivity, intentionality, and the emergence of reality testing in early infancy. Psychoanalytic Psychology, 2, 341–363.

Horney, K. (1923). Zur Genese des weiblichen Kastrationskomplexes. Internationale Zeitschrift für Psychoanalyse, 9, 12–26. Wieder abgedruckt in K. Horney, Die Psychologie der Frau (S. 11–33). München: Kindler.

Horney, K. (1926). Flucht aus der Weiblichkeit – Der Männlichkeitskomplex der Frau im Spiegel männlicher und weiblicher Betrachtung. In dies., Die Psychologie der Frau (S. 34–56). Frankfurt/M.: Fischer 1967.

Horney, K. (1942). Self-analysis. New York: Norton.

Hurvich, M. (1972). Zum Begriff der Realitätsprüfung. Psyche, 26, 853–880.

Hurvich, M. & Bellak, L. (1968). Ego function patterns in schizophrenics. Psychological Report, 22, 199–308.

Inderbitzin, L.B. & Levy, S.T. (1990). Unconscious fantasy – A reconsideration of the concept. Journal of the American Psychoanalytic Association, 38, 113–130.

Israel, L. (1983). Die unerhörte Botschaft der Hysterie. München: Reinhardt.

Izard, C.E. (1971). The face of emotion. New York: Appleton-Century-Crofts.

Izard, C.E. (1978). On the ontogenesis of emotions and emotion-cognition relationships in infancy. In M. Lewis & L.A. Rosenblum (Eds.), The development of affect (pp. 389–413). New York: Plenum.

Jacobi, M. (1991). Scham-Angst und Selbstwertgefühl. Ihre Bedeutung in der Psychotherapie. Olten: Walter.

Jacobson, E. (1959). The „exceptions“: An elaboration of Freud's character study. Psychoanalytic Study of the Child, 14, 135–154.

Jacobson, E. (1964). The self and the object world. New York: International Universities Press (dt.: Das Selbst und die Welt der Objekte. Frankfurt/M.: Suhrkamp 1973).

Jacobson, E. (1977). Depression. Frankfurt/M.: Suhrkamp.

Jaffe, D.S. (1968). The masculine envy of woman's procreative function. Journal of the American Psychoanalytic Association, 16, 521–548.

Jellinek, E. (1983). Die Klavierspielerin. Reinbek: Rowohlt.

Joffe, W.G. (1969). A critical review of the status of the envy concept. International Journal of Psycho-Analysis, 50, 533–546.

Joffe, W.G. & Sandler, L. (1968). Comments on the psychoanalytic psychology of adaptation, with special reference to the role of affects and the representational world. International Journal of Psycho-Analysis, 49, 445–454.

Johnson, S.M. (1987). Humanizing the narcissistic style. New York: Norton.

Jones, E. (1908). Rationalisierung im Alltagsleben. Psyche, 29 (1975), 1132–1140.

Jones, E. (1913). Haß und Analerotik in der Zwangsneurose. Internationale Zeitschrift für Psychoanalyse, 1, 425–430.

Jones, E. (1919). Über analerotische Charakterzüge. Internationale Zeitschrift für Psychoanalyse, 5, 69–92.

Jones, E. (1927). The early development of female sexuality. International Journal of Psycho-Analysis, 8, 459–472.

Jones, E. (1960). Das Leben und Werk von Sigmund Freud, Bd. 1. Die Entwicklung zur Persönlichkeit und die großen Entdeckungen, 1856–1900. Bern: Huber.

Jones, E. (1984a,b,c). Sigmund Freud – Leben und Werk. 3 Bde. München: Deutscher Taschenbuch Verlag.

Kächele, H. & Fiedler, J. (1985). Ist der Erfolg einer psychotherapeutischen Behandlung vorhersagbar? Psychotherapie, Psychosomatik, Medizinische Psychologie, 35, 201–206.

Kantrowitz, J.L., Katz, A.L. & Paolitto, F. (1990). Follow-up of psychoanalysis five to ten years after termination, II: Development of the self-analytic function. Journal of the American Psychoanalytic Association, 38, 637–654.

Kantrowitz, J.L., Katz, A.L., Paolitto, F., Sashin, J. & Solomon, L. (1987). The role of reality testing in psychoanalysis. Follow-up of 22 cases. Journal of the American Psychoanalytic Association, 35, 367–385.

Kaplan, E.B. (1965). Reflections regarding psychomotor activities during the latency period. Psychoanalytic Study of the Child, 20, 220–238.

Keilson, H. (1979). Sequentielle Traumatisierung bei Kindern. Stuttgart: Enke.

Kennedy, H. & Yorke, C. (1982). Steps from outer to inner conflict viewed as superego precursors. Psychoanalytic Study of the Child, 37, 221–228.

Kernberg, O.F. (1967). Borderline personality organization. Journal of the American Psychoanalytic Association, 15, 641–685.

Kernberg, O.F. (1975). Borderline conditions and pathological narcissism. New York: Jason Aronson (dt.: Borderline-Störungen und pathologischer Narzißmus. Frankfurt/M.: Suhrkamp 1978).

Kernberg, O.F. (1976). Object relations theory and clinical psychoanalysis. New York: Jason Aronson (dt.: Objektbeziehungen und Praxis der Psychoanalyse. Stuttgart: Klett-Cotta 1981).

Kernberg, O.F. (1980). Internal world and external reality. Object relations theory applied. New York: Jason Aronson (dt.: Innere Welt und äußere Realität. Anwendungen der Objektbeziehungstheorie. München: Verlag Internationale Psychoanalyse 1988).

Kernberg, O.F. (1984a). Institutional problems of psychoanalytic education. Journal of the American Psychoanalytic Association, 34, 799–834.

Literatur

Kernberg, O.F. (1984b). Severe personality disorders. Psychotherapeutic strategies. Yale: Yale University Press (dt.: Schwere Persönlichkeitsstörungen. Theorie, Diagnose, Behandlungsstrategien. Stuttgart: Klett 1988).

Kernberg, O.F. (1985a). Objects relations theory and character analysis. In H.P. Blum (Ed.), Defense and resistance. Historical perspective and current concepts (pp. 247–271). New York: International Universities Press.

Kernberg, O.F. (1985b). Ein konzeptuelles Modell zur männlichen Perversion. Forum der Psychoanalyse, 1, 167–188.

Kernberg, O.F. (1987). The dynamic unconscious and the self. In R. Stern (Ed.), Theories of the unconscious and theories of the self (pp. 3–25). Hillsdale, NJ: Analytic Press.

Kernberg, O.F. (1988). Clinical dimensions of masochism. Journal of the American Psychoanalytic Association, 36, 1005–1029.

Kernberg, O.F. (1989). Projektion und projektive Identifizierung. Entwicklungspsychologische und klinische Aspekte. Forum der Psychoanalyse, 5, 267–283.

Kernberg, O.F. (1991). Sadomasochism, sexual excitement, and perversion. Journal of the American Psychoanalytic Association, 39, 333–362.

Kestenberg, J.S. (1968). Outside and inside, male and female. Journal of the American Psychoanalytic Association, 16, 457 -520.

Khan, M.M.R. (1963). The concept of cumulative trauma. Psychoanalytic Study of the Child, 18, 286–306. (dt.: Das kumulative Trauma. In ders., Selbsterfahrung in der Therapie. Theorie und Praxis (S. 50–70). München: Kindler 1977).

Khan, M.M.R. (1977). Selbsterfahrung in der Therapie. München: Kindler.

Khan, M.M.R. (1977). Trennungsangst und phobische und konterphobische Mechanismen bei schizoider Charakterbildung. In ders., Selbsterfahrung in der Therapie. Theorie und Praxis (S. 83–99). München: Kindler.

Khan, M.M.R. (1979). Alienation in perversions. London: Hogarth Press (dt.: Entfremdung bei Perversionen. Frankfurt/M.: Suhrkamp 1983).

Khantzian, E.J. (1983). Self-preservation and the care of the self. Psychoanalytic Study of the Child, 38, 209–232.

Killingmo, B. (1989). Conflict and deficit: Implications for technique. International Journal of Psycho-Analysis, 70, 65–79.

Killingmo, B. (1990). Beyond semantics: A clinical and theoretical study of isolation. International Journal of Psycho-Analysis, 71, 113–126.

Kirkpatrick, D. (1982). Success conflict 65 years later: Contributions and confusions. Canadian Journal of Psychiatry, 27, 405–409.

Klein, G.S. (1970). On inhibition, disinhibition and „primary process" in thinking. In ders., Perception, motives, and personality (S. 281–296). New York: Knopf.

Klein, M. (1927). Frühstadien des Ödipuskonfliktes. In dies., Frühstadien des Ödipuskonfliktes. Frühe Schriften 1928–1945 (S. 7–21). Hrsgg. v. J. Stork. Frankfurt/M.: Fischer 1985.

Klein, M. (1929). Infantile anxiety-situations reflected in a work of art and in the creative impulse. International Journal of Psycho-Analysis, 10, 436–443.

Klein, M. (1935). A contribution to the psychogenesis of manic-depressive states. In dies., Contributions to psycho-analysis, 1921-1945 (pp. 282–311). London: Hogarth Press.

Klein, M. (1946). Notes on some schizoid mechanism. International Journal of Psycho-Analysis, 27, 99–110.

Klein, M. (1948). On the theory of anxiety and guilt. In dies., Envy and gratitude and other works, 1946-1963 (pp. 25–42). New York: Delacorte 1975.

Klein, M. (1952). Some theoretical conclusions regarding the emotional life of the infant. In dies., The writings of Melanie Klein, vol. 3: Envy and gratitude (pp. 61–93). London: Hogarth Press 1975.

Klein, M. (1957). Envy and gratitude. New York: Basic Books (dt.: Neid und Dankbarkeit. Psyche, 11 (1957), 241–255; und in dies., Das Seelenleben des Kleinkindes. Stuttgart: Klett-Cotta, 1983).

Klein, M. (1958). On the development of mental functioning. In dies., Envy and gratitude and other works, 1946-1963. New York: Delacorte 1975.

Klein, M. (1960). Über das Seelenleben des Kleinkindes. Einige theoretische Betrachtungen. Psyche, 14, 284–316.

Klüwer, R. (1983). Agieren und Mitagieren. Psyche, 37, 828–840.

Knight, R.P. (1953). Borderline states. Bulletin of the Menninger Clinic, 17, 1–12.

Köhler, L. (1988). Probleme des Psychoanalytikers mit Selbstobjektübertragungen. In P. Kutter, R. Páramo-Ortega & P. Zagermann (Hg.), Die psychoanalytische Haltung. Auf der Suche nach dem Selbstbild der Psychoanalyse (S. 331–348). München: Verlag Internationale Psychoanalyse.

Köhler, L. (1990). Neuere Ergebnisse der Kleinkindforschung. Ihre Bedeutung für die Psychoanalyse. Forum der Psychoanalyse, 6, 32–51.

Kohut, H. (1971a). Introspektion, Empathie und Psychoanalyse. Psyche, 25, 831–855.

Kohut, H. (1971b). The analysis of the self. New York: International Universities Press (dt.: Narzißmus. Frankfurt/M.: Suhrkamp 1973a).

Kohut, H. (1973). Überlegungen zum Narzißmus und zur narzißtischen Wut. Psyche, 27, 513–554.

Kohut, H. (1977). Introspektion, Empathie und Psychoanalyse. Psyche, 25, 831–855.

Kohut, H. (1979). Die Heilung des Selbst. Frankfurt/M.: Suhrkamp.

Kohut, H. (1984). How does analysis cure? Chicago: University of Chicago Press (dt.: Wie heilt die Psychoanalyse? Frankfurt/M.: Suhrkamp 1987).

Kohut, H. & Wolf, E.S. (1980). Störungen des Selbst und ihre Behandlung. In: Die Psychologie des 20. Jahrhunderts, Bd. 10 (S. 667–682). München: Kindler.

König, K. (1981). Angst und Persönlichkeit. Das Konzept vom steuernden Objekt und seine Anwendungen. Göttingen: Vandenhoeck und Ruprecht.

König, W. (1981). Zur Neuformulierung der psychoanalytischen Metapsychologie: Vom Energie-Modell zum Informationskonzept. In W. Mertens (Hg.), Neue Perspektiven der Psychoanalyse (S. 83–123). Stuttgart: Kohlhammer 1981.

Körner, J. (1985). Vom Erklären zum Verstehen in der Psychoanalyse. Untersuchungen zur psychoanalytischen Methode. Göttingen: Verlag für Medizinische Psychologie.

Körner, J. (1989). Kritik der „therapeutischen Ich-Spaltung". Psyche, 43, 385–396.

Krause, R. (1983). Zur Phylo- und Ontogenese des Affektsystems. Psyche, 37, 1016–1043.

Krause, R. (1988). Eine Taxonomie der Affekte und ihre Anwendung auf das Verständnis der „frühen Störungen". Psychotherapie und medizinische Psychologie, 38, 77–86.

Krause, R. (1991). Psychodynamik der Emotionsstörungen. In K. Scherer (Hg.), Emotionen. Enzyklopädie der Psychologie, Bd. 3 (S. 630–705). Göttingen: Hogrefe.

Kris, A.O. (1976). On wanting too much: The „exceptions" revisited. International Journal of Psycho-Analysis, 57, 85–95.

Kris, A.O. (1982). Free association: Method and process. New Haven: Yale Universities Press.

Kris, A.O. (1983). Determinants of free association in narcissistic phenomena. Psychoanalytic Study of the Child, 38, 439–458.

Kris, E. (1952). Psychoanalytic explorations in art. New York: International Universities Press.

Kris, E. (1956a). The personal myth: A problem in psychoanalytic technique. Journal of the American Psychoanalytic Association, 4, 653–681.

Literatur

Kris, E. (1956b). The recovery of childhood memories in psychoanalysis. Psychoanalytic Study of the Child, 11, 54–88 (dt.: Die Aufdeckung von Kindheitserinnerungen in der Psychoanalyse. Psyche, 31 (1977), 732–768).

Krohn, A. (1979). Hysteria. The elusive neurosis. Psychological Issues, vol. 12, Monogr. 45–46. New York: International Universities Press.

Krüll, M. (1979). Freud und sein Vater. Die Entstehung der Psychoanalyse und Freuds ungelöste Vaterbindung. München: Beck.

Krystal, H. (1977). Self representation and the capacity for self care. Annual of Psychoanalysis, 6, 209–246.

Krystal, H. & Raskin, H.A. (1983). Drogensucht. Aspekte der Ich-Funktion. Göttingen: Vandenhoeck und Ruprecht.

Kubie, L. (1939). A critical analysis of the concept of a repetition compulsion. International Journal of Psycho-Analysis, 20, 390–402.

Kubie, L.S. (1975). The language tools of psychoanalysis: A research for better tools drawn from better models. International Review of Psycho-Analysis, 2, 11–24.

Künzler, E. (1980). Freuds somatisch fundierte Trieblehre in den „Drei Abhandlungen zur Sexualtheorie". Psyche, 34, 280–302.

Kuiper, P.C. (1962). Perversionen. Psyche, 16, 497–511.

Kuiper, P.C. (1962). Probleme der psychoanalytischen Technik in bezug auf die passiv-feminine Gefühlseinstellung des Mannes, das Verhältnis der beiden Ödipuskomplexe und die Aggression. Psyche, 16, 321–344.

Kuiper, P.C. (1968). Die seelischen Krankheiten des Menschen. Psychoanalytische Neurosenlehre. Stuttgart: Klett.

Lampl-De Groot, J. (1927). The evolution of the oedipus complex in women. In R. Fließ (Ed.), The psychoanalytic reader (pp. 180–194). New York: International Universities Press.

Lampl-de Groot, J. (1936). Hemmung und Narzißmus. Internationale Zeitschrift für Psychoanalyse, 22, 198–222.

Lansky, M.R. (1987). The borderline father: reconstructions of young adulthood. Psychoanalytic Inquiry, 77–98.

Laplanche, J. & Pontalis, J.-B. (1972). Das Vokabular der Psychoanalyse. Frankfurt/M.: Suhrkamp.

Lax, R.F. (1972). Some aspects of the interaction between mother and impaired child: Mother's narcissistic trauma. International Journal of Psycho-Analysis, 53, 339–344.

Lax, R.F. (1975). Some comments on the narcissistic aspects of selfrighteousness. International Journal of Psycho-Analysis, 56, 283–292.

Lax, R.F. (1977). The role of internalization in the development of certain aspects of female masochism: Ego psychological considerations. International Journal of Psycho-Analysis, 58, 289–300.

Lazare, A. (1971). The hysterical character in psychoanalytic theory. Archives of General Psychiatry, 25, 131–137.

Leichsenring, F. & Hiller, W. (1990). Primär- und sekundärprozeßhaftes Denken bei Normalen, Neurotikern und Borderline-Patienten. Zeitschrift für Psychosomatische Medizin und Psychoanalyse, 36, 62–78.

Leon, I. (1984). Psychoanalysis, Piaget and attachment: The construction of the human object in the first year of life. International Review of Psycho-Analysis, 11, 255–278.

Lerner, H.E. (1980). Elterliche Fehlbenennung der weiblichen Genitalien als Faktor bei der Erzeugung von „Penisneid" und Lernhemmungen. Psyche, 34, 1092–1104.

Lester, E.P. (1983). Separation-individuation and cognition. Journal of the American Psychoanalytic Association, 31, 127–156.

Lester, E.P. (1990). Gender and identity issues in the analytic process. International Journal of Psycho-Analysis, 71, 435–444.

Leuner, H. (1978). Regression. Die Entwicklung des Begriffes und ihre Bedeutung für therapeutische Konzepte. Zeitschrift für Psychosomatische Medizin und Psychoanalyse, 24, 301–318.

Levin, E.S. (1984–85). The „doctor game" revisited: Doctor's treatment of their own children. International Journal of Psychoanalytic Psychotherapy, 10, 505–531.

Levin, S. (1971). The psychoanalysis of shame. International Journal of Psycho-Analysis, 52, 355–362.

Levy, S.T. & Inderbitzin, L.B. (1990). The analytic surface and the theory of technique. Journal of the American Psychoanalytic Association, 38, 371–391.

Lewin, B.D. (1950). The psychoanalysis of elation. New York: Norton (dt.: Das Hochgefühl. Frankfurt/M: Suhrkamp 1980).

Lewis, H.B. (1971). Shame and guilt in neurosis. New York: International Universities Press.

Lewis, H.B. (1986a). The role of shame in depression. In M. Rutter, C. Izard & P. Read (Eds.), Depression in young people: Developmental and clinical perspectives (pp. 325–339). New York: Guilford.

Lewis, H.B. (1986b). Resistance: A misnomer for shame and guilt. In D.S. Milman & G.D. Goldman (Eds.), Techniques of working with resistance (pp. 209–226). New York: Aronson.

Lewis, H.B. (1987). Shame and the narcissistic personality. In D.L. Nathanson (Ed.), The many faces of shame (pp. 93–132). New York: Guilford Press.

Lichtenberg, J.D. (1989). Psychoanalysis and motivation. Hillsdale, NJ: Analytic Press.

Lichtenberg, J.D. & Slap, J.W. (1972). On the defense mechanism: a survey and synthesis. Journal of the American Psychoanalytic Association, 20, 776–792.

Liebsch, B. (1986). Zum Verhältnis von Psychoanalyse und Genfer Konstruktivismus: Primärprozeß, Sekundärprozeß und kognitive Struktur. Psyche, 40, 220–247.

Lightfoot-Klein, H. (1989). Über radikale Beschneidung von Frauen im Sudan. Zeitschrift für Sexualforschung, 2, 147–159.

Linn, L. (1953). The role of perception in the mechanism of denial. Journal of the American Psychoanalytic Association, 1, 690–705.

Loch, W. (1963). Regression. Psyche, 17, 516–545.

Loch, W. (1981). Kommunikation, Sprache, Übersetzung. Psyche, 35, 977–998.

Loch, W. (1988). Rekonstruktionen, Konstruktionen, Interpretationen. Vom „Selbst-Ich" zum „Ich-Selbst". Jahrbuch der Psychoanalyse, 23, 37–81.

Loewald, H.W. (1973). On internalization. International Journal of Psycho-Analysis, 54, 9–17 (dt.: Über Verinnerlichung. In ders., Psychoanalyse. Aufsätze aus den Jahren 1951-1979 (S. 46–64). Stuttgart: Klett-Cotta 1986).

Lohmann, H.-M. (Hg.) (1984). Die Psychoanalyse auf der Couch. Frankfurt/M.: Qumran.

Lorenzer, A. (1970). Kritik des psychoanalytischen Symbolbegriffs. Frankfurt/M.: Suhrkamp.

Lorenzer, A. (1973). Über den Gegenstand der Psychoanalyse, oder: Sprache und Interaktion. Frankfurt/M.: Suhrkamp.

Lorenzer, A. (1977). Sprachspiel und Interaktionsform. Frankfurt/M.: Suhrkamp.

Lorenzer, A. (1980). Die Sozialität der Natur und die Natürlichkeit des Sozialen. In B. Görlich (Hg.), Der Stachel Freud. Beiträge und Dokumente zur Kulturismus-Kritik (S. 279–349). Frankfurt/M.: Suhrkamp.

Lorenzer, A. (1985). Der Analytiker als Detektiv, der Detektiv als Analytiker. Psyche, 39, 1–11.

Luborsky, L. (1984). Principles of psychoanalytic psychotherapy. A manual for supportive-expressive treatment. New York: Basic Books (dt.: Einführung in die analytische Psychotherapie. Ein Lehrbuch. Berlin: Springer 1988).

Literatur

Lukács, G. (1923). Geschichte und Klassenbewußtsein. Berlin: Malik.

Lyons-Ruth, K. (1991). Rapprochement or approchement: Mahler's theory reconsidered from the vantage point of recent research on early attachment relationship. Psychoanalytic Psychology, 8, 1–23.

Mahler, M.S. (1966). Notes on the development of basic moods: The depressive affect. In R.M. Loewenstein, L.M. Newman, M. Schur & A.J. Solnit (Eds.), Psychoanalysis – A General Psychology (pp. 152–168). New York: International Universities Press.

Mahler, M.S. (1968). On human symbiosis and the vicissitudes of individuation. New York (dt.: Symbiose und Individuation, Bd. 1: Psychosen im frühen Kindesalter. Stuttgart: Klett 1972).

Mahler, M.S. (1971). A study of the separation-individuation process: And its possible application to borderline phenomena in the psychoanalytic situation. Psychoanalytic Study of the Child, 26, 403–424 (dt.: Die Bedeutung des Loslösungs- und Individuationsprozesses für die Beurteilung von Borderline-Phänomenen. Psyche, 29 (1975), 1078–1095).

Mahler, M.S., Pine, F. & Bergman, A. (1975). The psychological birth of the human infant. New York: Basic Books (dt: Die psychische Geburt des Menschen – Symbiose und Individuation. Frankfurt/M.: Fischer 1978).

Malatesta, C. & Izard, C.E. (1984). Human social signs in ontogenesis: From biological imperative to symbol utilization. In N. Fox, N. & R.J. Davidson (Eds.), Affective development: A psychobiological perspective (pp. 161–216). Hillsdale, NJ: Erlbaum.

Maleson, F. (1984). The multiple meanings of masochism in psychoanalytic discourse. Journal of the American Psychoanalytic Association, 32, 325–357.

Marmor, J. (1953). Orality in the hysterical personality. Journal of the American Psychoanalytic Association, 1, 656–671.

Marmor, J. (1973). Changing patterns of feminity: Psychoanalytic implications. In J.B. Miller (Ed.), Psychoanalysis and women (pp. 222–238). New York: Jason Aronson.

Marty, P. & M'Uzan, M. de (1978). Das operative Denken. Psyche, 32, 974–984.

Massing, A. (1991). Die Reinszenierung nationalsozialistischer Weltbilder im psychotherapeutischen Prozeß. Forum der Psychoanalyse, 7, 20–30.

Massing, A. & Beushausen, U. (1986). Bis ins dritte und vierte Glied. Auswirkungen des Nationalsozialismus in den Familien. psychosozial, 28, 42–72.

Masson, J.M. (1984). Was hat man dir, du armes Kind, getan? Sigmund Freuds Unterdrückung der Verführungstheorie. Hamburg: Rowohlt.

Maturana, H.R. & Varela, F. (1982). Autopoietische Systeme. Eine Bestimmung der lebendigen Organisation. In H.R. Maturana (Hg.), Erkennen. Die Organisation und Verkörperung von Wirklichkeit (S. 170–235). Braunschweig: Vieweg.

May, R. (1991). Männlichkeit aus psychoanalytischer Sicht. In R. Friedman & L. Lerner (Hg.), Psychoanalyse des Mannes (S. 171–190). Berlin: Springer.

Mayer, E.L. (1985). „Everybody must be just like me": Observations on female castration anxiety. International Journal of Psycho-Analysis, 66, 331–348.

McDougall, J. (1972). Primal scene and sexual perversions. International Journal of Psycho-Analysis, 53, 371–384.

McDougall, J. (1984). The „disaffected" patient: Reflections on affect pathology. Psychoanalytic Quarterly, 53, 386–409.

McDougall, J. (1986). Psychisches Trauma und Psychosoma. In H. Lobner (Hg.), Psychoanalyse heute. Festschrift zum 60. Geburtstag von Harald Leupold-Löwenthal (S. 224–242). Wien: Orac.

McDougall, J. (1988). Theater der Seele. Illusion und Wahrheit auf der Bühne der Psychoanalyse. München: Verlag Internationale Psychoanalyse.

Melito, R. (1983). Cognitive aspects of splitting and libidinal object constancy. Journal of the American Psychoanalytic Association, 31, 515–535.

Menne, K. (1976). Ein verstehender Zugang zum Unbewußten? Zu Alfred Lorenzers Konzept des „szenischen Verstehens". Psyche, 30, 534–553.

Mentzos, S. (1971). Die Veränderung der Selbstrepräsentanz in der Hysterie: Eine spezifische Form der regressiven De-Symbolisierung. Psyche, 25, 669–684.

Mentzos, S. (1980). Hysterie. Zur Psychodynamik unbewußter Inszenierungen. München: Kindler.

Mentzos, S. (1982). Neurotische Konfliktverabeitung. Einführung in die Perspektiven. München: Kindler.

Mertens, W. (1977). Aspekte einer sozialwissenschaftlichen Psychologie. München: Ehrenwirth.

Mertens, W. (1990b). Einführung in die psychoanalytische Therapie, Bd. 2. Stuttgart: Kohlhammer.

Mertens, W. (1991). Einführung in die psychoanalytische Therapie, Bd. 3. Stuttgart: Kohlhammer.

Mertens, W. (1992). Entwicklung der Psychosexualität und der Geschlechtsidentität, Bd 1. Stuttgart: Kohlhammer.

Messer, S.B., Sass, L.A. & Woolfolk, R.L. (1988). Hermeneutics and psychological theory: Interpretative perspectives on personality, psychotherapy, and psychopathology. New Brunswick, NJ: Rutgers University Press.

Meyers, H. (1988). A consideration of treatment techniques in relation to the function of masochism. In R.A. Glick & D.I. Meyers (Eds.), Masochism: Current psychoanalytic perspectives (pp. 175–188). Hillsdale, NJ: Analytic Press.

Miller, A. (1981). Du sollst nicht merken. Frankfurt/M.: Suhrkamp.

Miller, S. (1985). The shame experience. Hillsdale, NJ: Analytic Press.

Milrod, D. (1972). Self-pity, self-comforting, and the superego. Psychoanalytic Study of the Child, 27, 505–528.

Milrod, D. (1982). The wished-for self image. Psychoanalytic Study of the Child, 37, 95–120.

Milrod, D. (1988). A current view of the psychoanalytic theory of depression. With notes on the role of identification, orality, and anxiety. Psychoanalytic Study of the Child, 43, 83–99.

Milrod, D. (1990). The ego ideal. Psychoanalytic Study of the Child, 45, 43–60.

Mitscherlich, A. (1969). Die Idee des Friedens und die menschliche Aggressivität. Frankfurt/M.: Suhrkamp.

Mitscherlich, A. & Mitscherlich, M. (1967). Die Unfähigkeit zu trauern. München: Piper.

Mitscherlich-Nielsen, M. (1962). Probleme der psychoanalytischen Technik in bezug auf die passiv-feminine Gefühlseinstellung des Mannes. Psyche, 16, 345–354.

Mitscherlich-Nielsen, M. (1973). Probleme der Idealisierung. Psyche, 27, 1106–1127.

Modell, A.H. (1961). Denial and the sense of separateness. Journal of the American Psychoanalytic Association, 9, 533–547.

Modell, A.H. (1981). Die „bewahrende Umwelt" und die therapeutische Funktion der Psychoanalyse. Psyche, 35, 788–808.

Modell, A.H. (1984). Psychoanalysis in a new context. Madison, Conn.: International Universities Press.

Moersch, E. (1976). Symbol, Repräsentanz, Primärprozeß. Kritische Überlegungen zu den Revisionsvorschlägen Alfred Lorenzers. Psyche, 30, 503–533.

Mogul, S.L. (1980). Asceticism in adolescence and anorexia nervosa. Psychoanalytic Study of the Child, 35, 155–175.

Money, J. (Ed.) (1965). Sex research: New developments. New York: Holt, Rinehart & Winston.

Money, J. (1973). Gender role, gender identity, core identity: Usage and definitions of terms. Journal of the American Academy of Psychoanalysis, 1, 397–402.

Literatur

Moran, M.G. (1991). Chaos theory and psychoanalysis: The fluidic nature of the mind. International Review of Psycho-Analysis, 18, 211–221.

Morgenthaler, F. (1974). Die Stellung der Perversionen in Metapsychologie und Technik. Psyche, 28, 1077–1098.

Morgenthaler, F. (1978). Technik. Zur Dialektik der psychoanalytischen Praxis. Frankfurt/M.: Syndikat.

Morrison, A.P. (1983). Shame, ideal self, and narcissism. Contemporary Psychoanalysis, 19, 295–318.

Morrison, A.P. (1984). Working with shame in psychoanalytic treatment. Journal of the American Psychoanalytic Association, 32, 479–505.

Morrison, A.P. (1989). Shame: The underside of narcissism. Hillsdale, NJ: Analytic Press.

Moses, R. (1968). Form and content. Psychoanalytic Study of the Child, 23, 204–223.

Moses, R. & Moses-Hrushovski, R. (1990). Reflections on the sense of entitlement. Psychoanalytic Study of the Child, 45, 61–78.

Müller-Pozzi, H. (1984). Trauma und Neurose. In R. Berna-Glantz & P. Dreyfus (Hg.), Trauma, Konflikt, Deckerinnerung (S. 102–120). Stuttgart: frommann-holzboog.

Murray, J.M. (1964). Narcissism and the ego ideal. Journal of the American Psychoanalytic Association, 12, 477–511.

M'Uzan, de M. (1973). A case of masochistic perversion and an outline of a theory. International Journal of Psycho-Analysis, 54, 455–463.

Myerson, P. (1960). Awareness of stress: Post-psychoanalytic utilization of insight. International Journal of Psycho-Analysis, 41, 147–156.

Nagera, H. (1966). Early childhood disturbances, the infantile neurosis and the adulthood disturbances. New York: International Universities Press.

Nathanson, D.L. (1986). The empathic wall and the ecology of affect. Psychoanalytic Study of the Child, 41, 171–187.

Nathanson, D.L. (Ed.) (1987). The many faces of shame. New York: Guilford Press.

Nemes, L. (1984). Die Entwicklung der kindlichen Moral in der Auffassung Jean Piagets und in der psychoanalytischen Theorie. Psyche, 38, 344–359.

Neubauer, P.B. (1982). Rivalry, envy, and jealousy. Psychoanalytic Study of the Child, 37, 121–141.

Nitzschke, B. (1983a). Zur Herkunft des „Es": Freud, Groddeck, Nietzsche, Schopenhauer, E. von Hartmann. Psyche, 37, 769–804.

Nitzschke, B. (1983b). Zur Herkunft des „Es" (II). Einsprüche gegen die Fortschreibung einer Legende. Psyche, 39, 1102–1132.

Nitzschke, B. (1985). Der eigene und der fremde Körper. Bruchstücke einer psychoanalytischen Gefühls- und Beziehungstheorie. Tübingen: Konkursbuchverlag.

Novick, J. & Novick, K.K. (1987). The essence of masochism. Psychoanalytic Study of the Child, 42, 353–384.

Novick, J. & Novick, K.K. (1991). Some comments on masochism and the delusion of omnipotence from a developmental perspective. Journal of the American Psychoanalytic Association, 39, 307–331.

Noy, P. (1969). A revision of the psychoanalytic theory of the primary process. International Journal of Psycho-Analysis, 50, 155–178.

Noy, P. (1979). The psychoanalytic theory of cognitive development. Psychoanalytic Study of the Child, 34, 169–215.

Ockel, A. (1971). Hinwendung und Rückkehr. Zeitschrift für Psychosomatische Medizin und Psychoanalyse, 17, 252–260.

Ogden, T.H. (1979). On projective identification. International Journal of Psycho-Analysis, 60, 357–373.

Ogden, T.H. (1982). Projective identification and psychotherapeutic technique. New York: Jason Aronson.

Ogden, T.H. (1986a). Trieb, Fantasie und psychologische Tiefenstruktur. Eine Reinterpretation einiger Aspekte des Werkes von Melanie Klein. Forum der Psychoanalyse, 2, 177–196.

Ogden, T.H. (1986b). The matrix of the mind: Object relations and the psychoanalytic dialogue. Northvale, NJ: Jason Aronson.

Ogden, T.H. (1987). The transitional oedipal relationship in female development. International Journal of Psycho-Analysis, 68, 485–498.

Ogden, T.H. (1988). Die projektive Identifikation. Forum der Psychoanalyse, 4, 1–21.

Ogden, T.H. (1989). The primitive edge of experience. Northvale , NJ: Jason Aronson.

Olbricht, I. (1990). Frauen sind häufiger psychosomatisch krank – warum eigentlich? Praxis der Psychotherapie und Psychosomatik, 35, 111–120.

Oliner, M.M. (1982). The anal phase. In D. Mendell (Ed), Early female development. Current psychoanalytic views (pp. 25–60). Jamaica, NY: Spectrum Publications.

Olinick, S.L. (1969). On empathy and regression in service of the other. British Journal of Medical Psychology, 42, 41–49.

Olivier, C. (1987). Iokastes Kinder. Die Psyche der Frau im Schatten der Mutter. Düsseldorf: Claasen.

Ottomeyer, K. (1989). Zur Sozialisation der Sinnlichkeit. In Psychoanalytisches Seminar Zürich (Hg.), Psychoanalyse als sozialwissenschaftliche Methode (S. 71–105). Frankfurt/M.: Athenäum.

Paniagua, C. (1985). A methodological approach to surface material. International Review of Psycho-Analysis, 12, 311–325.

Parens, H. (1979). Developmental considerations of ambivalence. Psychoanalytic Study of the Child, 34, 385–420.

Parens, H. (1979). The development of aggression in early childhood. New York: Jason Aronson.

Parens, H., Pollock, L., Stern, J. & Kramer, S. (1976). On the girl's entry into the oedipus complex. Journal of the American Psychoanalytic Association (Supplement· Female Psychology), 24, 79–107.

Parin, P. (1975). Gesellschaftskritik im Deutungsprozeß. Psyche, 29, 97–117.

Parin, P. (1980). „Befreit Grönland vom Packeis". Zur Zürcher Unruhe 1980. Psyche, 34, 1056–1065.

Parin, P. (1989). Zur Kritik der Gesellschaftskritik im Deutungsprozeß. Psyche, 43, 97–119.

Parin, P., Parin-Matthèy, G. & Morgenthaler, F. (1963). Die Weißen denken zuviel. Psychoanalytische Untersuchungen bei den Dogon in Westafrika. Zürich: Artemis.

Parkes, C.M. & Weiss, R.S. (1983). Recovery from bereavement. New York: Basic Books.

Parkin, A. (1980). On masochistic enthralment. A contribution to the study of moral masochism. International Journal of Psycho-Analysis, 61, 307–314.

Payne, S. (1939). Some observations on the ego development of the fetishist. International Journal of Psycho-Analysis, 20, 161–170.

Peirce, C.S. (1976). Schriften zum Pragmatismus. Frankfurt/M.: Suhrkamp.

Person, E.L. & Ovesy, L. (1983). Psychoanalytic theories of gender identity. Journal of the American Academy of Psychoanalysis, 11, 203–226.

Peterfreund, E. (1975). The need for a new general theoretical frame of reference for psychoanalysis. Psychoanalytic Quarterly, 44, 534–549.

321

Literatur

Piaget, J. (1952). The origins of intelligence in children. New York: International Universities Press (dt.: Das Erwachen der Intelligenz beim Kinde. Stuttgart: Klett 1975a).

Piaget, J. (1954). The construction of reality in the child. New York: Basic Books (dt.: Der Aufbau der Wirklichkeit beim Kind. Stuttgart: Klett 1975b).

Piaget, J. (1972). Die Psychologie der Intelligenz. Olten: Walter.

Pick, I.B. (1985). Working through in the countertransference. International Journal of Psycho-Analysis, 66, 157–166.

Piers, G. & Singer, M. (1953). Shame and Guilt. Springfield, Ill.: Thomas.

Pine, F. (1979). On the expansion of the affect array. A developmental description. Bulletin of the Menninger Clinic, 43, 79–95.

Pine, F. (1990). Drive, ego, object and self. A synthesis for clinical work. New York: Basic Books.

Polanyi, M. (1958). Personal knowledge. Towards a postcritical philosophy. Chicago: University of Chicago Press.

Politzer, H. (1974). Hatte Ödipus einen Ödipuskomplex? München: Piper.

Porder, M.S. (1987). Projective identification: An alternative hypothesis. Psychoanalytic Quarterly, 55, 244–272 (dt.: Projektive Identifikation: Eine Alternativ-Hypothese. Forum der Psychoanalyse (1991), 7, 189–201).

Porsch, U., Rudolf, G. & Grande, T. (1988). Formen therapeutischer Arbeitsbeziehung. Zeitschrift für Psychosomatische Medizin und Psychoanalyse, 34, 50–75.

Posener, J.A. (1989). A cognitive perspective on object relations drive development and ego structure in the second and third years of life. International Journal of Psycho-Analysis, 70, 627–643.

Prigogine, I. (1976). Order through fluctuation: Self-organization and social systems. In E. Jantsch & C.H. Waddington (Eds.), Evolution and consciousness. Human systems in transition (pp. 93–133). Reading, Mass.: Addison-Wesley.

Quinodoz, D. (1991). „Ich habe Angst, mein Kind zu töten" oder: ausgesetzter Ödipus, adoptierter Ödipus. Zeitschrift für psychoanalytische Theorie und Praxis, 6, 47–61.

Rado, S. (1940). A critical reexamination of the concept of bisexuality. In ders., Psychoanalysis of behavior: Collected papers. New York: Grune & Stratton 1956.

Rangell, L. (1955). The role of the parent in the Oedipus complex. Bulletin of the Menninger Clinic, 19, 9–15.

Rangell, L. (1959). The nature of conversion. Journal of the American Psychoanalytic Association, 7, 632–662. (dt.: Die Konversion. Psyche, 23 (1969), 121–147).

Rangell, L. (1973). Die Aggression und der Ödipuskomplex. Psyche, 27, 193–204.

Rapaport, D. (1953). On the psychoanalytic theory of motivation. In M.R. Jones (Ed.), Nebraska symposium on motivation (pp. 173–247). Lincoln: University of Nebraska Press.

Rapaport, D. (1967). A theoretical analysis of the superego concept. In M.M. Gill (Ed.), The collected papers of David Rapaport (pp. 685–709). New York: Basic Books.

Rapaport, D. & Gill, M.M. (1959). The points of view and assumptions of metapsychology. International Journal of Psycho-Analysis, 40, 153–162.

Raphling, D.L. (1989). Fetishism in a woman. Journal of the American Psychoanalytic Association, 37, 465–491.

Rascovsky, A. & Rascovsky, M. (1968). On the genesis of acting out and psychopathic behavior in Sophocles' Oedipus: Notes on filicide. International Journal of Psycho-Analysis, 49, 390–394.

Rauchfleisch, U. (1982). Ich-psychologische Aspekte der Introspektion. In Th. Wagner-Simon & G. Benedetti (Hg.), Sich selbst erkennen. Modelle der Introspektion (S. 95–105). Göttingen: Vandenhoeck und Ruprecht.

Redl, F. (1951). Ego disturbances. In S.I. Harrison & J.F. McDermott (Eds.), Childhood psychopathology (pp. 532–539). New York: International Universities Press 1972.

Reich, A. (1940). A contribution to the psychoanalysis of extreme submissiveness in women. Psychoanalytic Quarterly, 9, 470–480.

Reich, A. (1960). Pathological methods of self-esteem regulation. Psychoanalytic Study of the Child, 15, 215–232 (dt.: Narzißtische Objektwahl bei Frauen. Psyche (1973), 27, 928–948).

Reich, W. (1933). Charakteranalyse. Technik und Grundlagen für studierende und praktizierende Analytiker. Wien: Selbstverlag des Autors.

Reiche, R. (1986). Das Geheimnis in der Zündholzschachtel – Gedanken zur latenten Perversion bei der Frau. In Psychoanalytisches Seminar Zürich (Hg.), Sexualität (S. 89–113). Frankfurt/M.: Syndikat/EVA.

Reiche, R. (1988). Aids im individuellen und kollektiven Unbewußten. Zeitschrift für Sexualforschung, 1, 113–122.

Reik, T. (1941). Masochism in modern man. New York: Farrar and Rinehart.

Ricoeur, P. (1969). Die Interpretation – Ein Versuch über Freud. Frankfurt/M.: Suhrkamp.

Riemann, F. (1961). Grundformen der Angst. München: Reinhardt.

Riemann, F. (1970). Über den Vorteil des Konzepts einer präoralen Phase. Zeitschrift für Psychosomatische Medizin und Psychoanalyse, 16, 27–40.

Rizutto, A.-M. (1991). Shame in psychoanalysis: The function of unconscious fantasies. International Journal of Psycho-Analysis, 72, 297–312.

Robbins, M. (1989). Primitive personality organization as an interpersonally adaptive modification of cognition and affect. International Journal of Psycho-Analysis, 70, 443–459.

Robertson, J. & Robertson, J. (1975). Reaktionen kleiner Kinder auf kurzfristige Trennung von der Mutter im Lichte neuer Beobachtungen. Psyche, 29, 626–665.

Rohde-Dachser, Ch. (1979). Das Borderline-Syndrom. Bern: Huber, 4. Aufl. 1989.

Rohde-Dachser, Ch. (1991). Expedition in den dunklen Kontinent. Weiblichkeit im Diskurs der Psychoanalyse. Berlin: Springer.

Roiphe, H. (1968). On an early genital phase – With an addendum on genesis. Psychoanalytic Study of the Child, 23, 348–365.

Roiphe, H. (1976). Review of J. Bowlby, Attachment and Loss, I: Attachment. Psychoanalytic Quarterly, 65, 307–309.

Rosenblatt, A.D. & Thickstun, J.T. (1970). The concept of psychic energy. International Journal of Psycho-Analysis, 51, 265–278.

Rosenfeld, H. (1987). Sackgassen und Deutungen. Therapeutische und antitherapeutische Faktoren bei der psychoanalytischen Behandlung von psychotischen, Borderline- und neurotischen Patienten. München: Verlag Internationale Psychoanalyse 1990.

Rosenkötter, L. (1981). Die Idealbildung in der Generationenfolge. Psyche, 35, 593–610.

Rosenman, S. (1988). The myth of the birth of the hero revisited: Disasters and brutal child rearing. American Imago, 45, 1–44.

Rosenthal, R. J. (1988). Transparent screens. Journal of the American Psychoanalytic Association, 36, 295–317.

Ross, D. & Kapp, F. (1962). A technique for self-analysis of countertransference. Journal of the American Psychoanalytic Association, 10, 643–657.

Ross, J.M. (1982). Oedipus revisited. Laius and the „Laius complex". Psychoanalytic Study of the Child, 37, 169–200.

Roth, S. (1988). A woman's homosexual transference with a male analyst. Psychoanalytic Quarterly, 57, 28–55.

Literatur

Rothstein, A. (1991). Sadomasochism in the neuroses conceived of as a pathological compromise formation. Journal of the American Psychoanalytic Association, 39, 363–375.

Rubinfine, D.L. (1962). Maternal stimulation, psychic structure and early object relations with special reference to aggression and denial. Psychoanalytic Study of the Child, 17, 265–282.

Rudolf, G., Grande, T. & Porsch, U. (1988). Die initiale Patient-Therapeut-Beziehung als Prädikator des Behandlungsverlaufs. Eine empirische Untersuchung prognostischer Faktoren in der Psychotherapie. Zeitschrift für Psychosomatische Medizin und Psychoanalyse, 34, 32–49.

Ruesch, J. (1948). The infantile personality: The core problem of psychosomatic medicine. Psychosomatic Medicine, 10, 234–239.

Rupprecht-Schampera, U. (1992). Hysterie – ein mißglückter Separationsversuch. Vortrag an der Akademie für Psychoanalyse und Psychotherapie in München, Pettenkoferstraße, am 20.3. 1992.

Sachs, H. (1923). Zur Genese der Perversionen. Internationale Zeitschrift für Psychoanalyse, 11, 172–182. Wieder abgedruckt in Psyche, 25 (1971), 287–297.

Sachse, U. (1987). Selbstbeschädigung als Selbstfürsorge. Zur intrapersonalen und interpersonellen Psychodynamik schwerer Selbstbeschädigungen der Haut. Forum der Psychoanalyse, 3, 51–70.

Sackeim, H.A. (1983). Self-deception, self-esteem, and depression: The adaptive value of lying to oneself. In J. Masling (Ed.), Empirical studies of psychoanalytic theory (pp. 101–157). London: Analytic Press.

Sadler, G. & Rhine, M.W. (1988). The self object function of projective identification. Bulletin of the Menninger Clinic, 52, 473–491.

Sander, L.W. (1962). Issues in early mother-child interaction. Journal of the American Academy of Child Psychiatry, 1, 141–166.

Sander, L.W. (1975). Infant and caretaking environment: Investigation and conceptualization of adaptive behavior in a system of increasing complexity. In E.J. Anthony (Ed.), Explorations in child psychiatry (pp. 129–166). New York: Plenum.

Sander, L.W. (1980). New knowledge about the infant from current research: Implications for psychoanalysis. Journal of the American Psychoanalytic Association, 28, 181–198.

Sander, L.W. (1983). To begin with – Reflections on ontogeny. In J.D. Lichtenberg & S. Kaplan (Eds.), Reflections on self psychology. (pp. 85–104). Hillsdale, NJ: Analytic Press.

Sander, L.W. (1989). Investigation of the infant and its caregiving environment as a biological system. In S.I. Greenspan & G.H. Pollock (Eds.), The course of life, vol. 1: Infancy (pp. 359–391). New York: International Universities Press.

Sandler, J. (1961). Sicherheitsgefühl und Wahrnehmungsvorgang. Psyche, 15, 124–131.

Sandler, J. (1962). The Hampstead Index as an instrument of psychoanalytic research. International Journal of Psychoanalysis, 43, 287–291.

Sandler, J. (1976). Träume, unbewußte Phantasien und „Wahrnehmungsidentität". Psyche, 30, 769–785.

Sandler, J. (1988). Das Konzept der projektiven Identifizierung. Zeitschrift für psychoanalytische Theorie und Praxis, 3, 147–164.

Sandler, J., zus. mit A. Freud (1989). Die Analyse der Abwehr. Stuttgart: Klett-Cotta.

Sandler, J. & Nagera, H. (1963). Aspects of the metapsychology of fantasy. Psychoanalytic Study of the Child, 18, 159–194.

Sandler, J. & Rosenblatt, B. (1962). The concept of the representational world. Psychoanalytic Study of the Child, 17, 128–145 (dt.: Der Begriff der Vorstellungswelt. Psyche (1984), 38, 235–253).

Sandler, J. & Sandler, A.-M. (1983). The second censorship, the three box model and some technical implications. International Journal of Psycho-Analysis, 64, 413–425.

Sandler, J. & Sandler, A.-M. (1988). Das frühere Unbewußte, das gegenwärtige Unbewußte und die Schicksale der Schuld: eine technische Perspektive. In P. Kutter, R. Páramo-Ortega & P. Zagermann (Hg.), Die psychoanalytische Haltung. Auf der Suche nach dem Selbstbild der Psychoanalyse (S. 143–163). München: Verlag Internationale Psychoanalyse.

Sandler, J. Dreher, A.U. & Drews, S. (1989). Ein Ansatz zu psychoanalytischer Konzeptforschung – illustriert am Beispiel des psychischen Traumas. Zeitschrift für psychoanalytische Theorie und Praxis, 4, 307–321.

Schafer, R. (1968). Aspects of internalization. New York: International Universities Press.

Schafer, R. (1968). The mechanisms of defence. International Journal of Psycho-Analysis, 49, 49–62.

Schafer, R. (1972a). Die psychoanalytische Anschauung der Realität, I. Psyche 26, 880–898.

Schafer, R. (1972b). Die psychoanalytische Anschauung der Realität, II. Psyche 26, 952–973.

Schafer, R. (1974). Problems in Freud's psychology of women. Journal of the American Psychoanalytic Association, 22, 459–485.

Schafer, R. (1975). Psychoanalysis without psychodynamics. International Journal of Psycho-Analysis, 56, 41–55.

Schafer, R. (1976). A new language for psychoanalysis. New Haven: Yale University Press (dt. Eine neue Sprache für die Psychoanalyse. Stuttgart: Klett-Cotta 1982).

Schafer, R. (1983). The analytic attitude. New York: Basic Books.

Schafer, R. (1984). The pursuit of failure and the idealization of unhappiness. American Psychologist, 39, 398–405.

Schecter, D. (1979). Fear of success in women. Journal of the American Academy of Psychoanalysis, 7, 33–43.

Scheunert, G. (1973). Über das „Agieren" als theoretisches und praktisches Problem in der Psychoanalyse. Materialien zur Psychoanalyse und analytisch orientierten Psychotherapie, 1–29.

Schilder, P. (1925). Entwurf einer Psychiatrie auf psychoanalytischer Grundlage. Frankfurt/M.: Suhrkamp 1973.

Schmidbauer, W. (1980). Alles oder Nichts. Über die Destruktivität von Idealen. Hamburg: Rowohlt.

Schneider, M. (1973). Neurose und Klassenkampf. Materialistische Kritik und Versuch einer emanzipativen Nebegründung der Psychoanalyse. Hamburg: Rowohlt.

Schneider, M. (1988). Primary envy and the creation of the ego ideal. International Review of Psycho-Analysis, 15, 319–329.

Schore, A.N. (1991). Early superego development. The emergence of shame and narcissistic affect regulation in the practicing period. Psychoanalysis and Contemporary Thought, 14, 187–250.

Schultz-Hencke, H. (1951). Lehrbuch der analytischen Psychotherapie. Stuttgart: Thieme.

Schur, M. (1969). Affects and cognition. International Journal of Psycho-Analysis, 50, 647–653.

Schwaber, E.A. (1983). Psychoanalytic listening and psychic reality. International Review of Psycho-Analysis, 10, 379–392.

Schwaber, E.A. (1986). Reconstruction and perceptual experience. Further thoughts on psychoanalytic listening. Journal of the American Psychoanalytic Association, 34, 911–932 (dt.: Rekonstruktion und Wahrnehmungserleben: Weiterführende Gedanken zum psychoanalytischen Zuhören. In P. Kutter, R. Páramo-Ortega & P. Zagermann (Hg.), Die psychoanalytische Haltung. Auf der Suche nach dem Selbstbild der Psychoanalyse (S. 207–230). München: Verlag Internationale Psychoanalyse1988).

Schwarz, F. (1988). Spaltungsprozesse und Spaltungserlebnisse aus psychoanalytischer Sicht. In R. Klußmann, W. Mertens & F. Schwarz (Hg.), Aktuelle Themen der Psychoanalyse (S. 35–45). Berlin: Springer.

Literatur

Searles, H.F. (1974). Der psychoanalytische Beitrag zur Schizophrenieforschung. München: Kindler.

Segal, H. (1983). Some clinical implications of Melanie Klein's work. International Journal of Psycho-Analysis, 64, 269–276.

Sellschopp-Rüppel, A. & Rad, M. von (1977). Pinocchio – a psychosomatic syndrome. In W. Bräutigam & M. von Rad (Eds.), Towards a theory of psychosomatic disorders. Alexithymia – penseé opératoire – psychosomatisches Phänomen (pp. 357–360). Basel: Karger.

Shapiro, D. (1965). Neurotic Styles. London: Basic Books.

Shapiro, D. & Perry, R. (1976). Latency revisited. The age 7 plus or minus 1. Psychoanalytic Study of the Child, 31, 79–105.

Shengold, L. (1979). Child abuse and deprivation, soul murder. Journal of the American Psychoanalytic Association, 27, 533–559.

Sherwood, V.R. (1989). Object constancy: The illusion of being seen. Psychoanalytic Psychology, 6, 15–30.

Siegel, E.V. (1988). Female homosexuality. Choice without volition. Hillsdale, NJ: Analytic Press.

Silverman, L.H. & Weinberger, J.L. (1985). Mommy and I are one: implications for psychotherapy. American Psychologist, 40, 1296–1308.

Silverman, M.A. (1986). The male superego. In R.M. Friedman & L. Lerner (Eds.), Toward a new psychology of men: Psychoanalytic and social perspectives (pp. 23–40). New York: Guilford Press (dt.: Das männliche Über-Ich. In R. M. Friedman & L. Lerner (Hg.), Psychoanalyse des Mannes (S. 21–37). Berlin: Springer 1991).

Slap, J.W. & Trunnel, E.E. (1987). Reflections on the self state dream. Psychoanalytic Quarterly, 56, 251–262.

Slavin, M.O. (1985). The origins of psychic conflict and the adaptive function of repression. An evolutionary biological view. Psychoanalysis and Contemporary Thought, 8, 407–440.

Socarides, C. (1968). The overt homosexual. New York: Grune & Stratton (dt.: Der offene Homosexuelle. Frankfurt/M.: Suhrkamp 1971).

Socarides, C. (1978). Homosexuality. New York: Jason Aronson.

Socarides, C. (1988). The preoedipal origin and psychoanalytic therapy of sexual perversions. Madison, Conn.: International Universities Press.

Solomon, I. & Levin, S. (1975). Entitlement. Psychotherapy, 12, 280–285.

Solyom, A.E. (1987). New research on affect regulation: Developmental, clinical, and theoretical considerations. Psychoanalytic Review, 7, 331–347.

Sonnenberg, S.M. (1991). The analyst's self-analysis and its impact on clinical work: A comment on the sources and importance of personal insights. Journal of the American Psychoanalytic Association, 39, 687–704.

Sorce, J. & Emde, R.N. (1981). Mother's presence is not enough: Effect of emotional availability on infant explorations. Developmental Psychology, 17, 737–745.

Speidel, H. (1978). Über den Symbolbegriff in der Psychoanalyse. Psyche, 32, 289–328.

Spence, D. (1982). Narrative truth and historical truth. New York: Norton.

Sperling, M. (1959). A study of deviate sexual behavior in children by the method of simultaneous analysis of mother and child. In L. Jessner & E. Pavenstedt (Eds.), Dynamic psychopathology in childhood (pp. 221–242). New York: Grune & Stratton.

Sperling, S. (1958). On denial and the essential nature of defence. International Journal of Psycho-Analysis, 39, 25–38.

Spero, M.H. (1990). Portal aspects of memory overlay in psychoanalysis. Psychoanalytic Study of the Child, 45, 79–103.

Speziale-Bagliacca, R. (1991). The capacity to contain: Notes on its function on psychic change. International Journal of Psycho-Analysis, 72, 27–33.

Spiegel, L.A. (1951). A review of contributions to a psychoanalytic theory of adolescence. Psychoanalytic Study of the Child, 6, 375–393.

Spielman, P.M. (1971). Envy and jealousy: An attempt at clarification. Psychoanalytic Quarterly, 40, 59–82.

Spitz, R. (1956). Übertragung und Gegenubertragung. Psyche, 10, 63–81.

Spitz, R. (1958). On the genesis of superego components. Psychoanalytic Study of the Child, 13, 375–404 (dt.: Zur Entstehung der Über-Ich-Komponenten. Psyche, 14 (1960), 400–426).

Spitz, R. (1960). Discussion of Dr. John Bowlby's paper. Psychoanalytic Study of the Child, 15, 85–94.

Spitz, R. (1964). Zum Problem des Autoerotismus. Psyche, 18, 241–272.

Spitz, R. (1965). The first year of life. New York: International Universities Press (dt.: Vom Säugling zum Kleinkind. Naturgeschichte der Mutter-Kind-Beziehungen im ersten Lebensjahr. Stuttgart: Klett 1967).

Sroufe, L.A. (1979). Socioemotional development. In J.D. Osofky (Ed.), Handbook of infant development (pp. 462–516). New York: International Universities Press.

Staewen-Haas, R. (1970). Identifizierung und weibliche Kastrationsangst. Psyche, 24, 23–39.

Stechler, G. & Halton, A. (1987). The emergence of assertion and aggression during infancy: A psychoanalytic systems approach. Journal of the American Psychoanalytic Association, 35, 821–838.

Steiner, J. (1985). Turning a blind eye: the cover up for oedipus. International Review of Psycho-Analysis, 12, 161–172.

Steiner, J. (1990). Die Wechselwirkung zwischen pathologischen Organisationen und der paranoid-schizoiden und depressiven Position. In E. Bott-Spillius (Hg.), Melanie Klein heute. Entwicklungen in Theorie und Praxis, Bd. 1: Beiträge zur Theorie (S. 408–431). München: Verlag Internationale Psychoanalyse.

Steiner, J. (1990). The retreat from truth to omnipotence in Sophocles' Oedipus at Colonus. International Review of Psycho-Analysis, 17, 227–237.

Stephanos, S. (1979). Das Konzept der „pensée opératoire" und das psychosomatische Phänomen. In Th. v. Uexküll (Hg.), Lehrbuch der psychosomatischen Medizin (S. 217–241). München: Urban & Schwarzenberg.

Sterba, R. (1934). The fate of the ego in psychoanalytic therapy. International Journal of Psycho-Analysis, 15, 117–127 (dt.: Das Schicksal des Ichs im therapeutischen Verfahren. Internationale Zeitschrift für Psychoanalyse, 20, 66–73 1934).

Stern, D.N. (1977). The first relationship. Cambridge: Harvard University Press (dt.: Mutter und Kind. Die erste Beziehung. Stuttgart: Klett-Cotta 1979).

Stern, D.N. (1983). The early development of schemas of self, other, and „self with other". In S. Kaplan (Ed.), Reflections on self psychology (pp. 49–84). New York: International Universities Press.

Stern, D.N. (1985). The interpersonal world of the infant. New York: Basic Books.

Stern, D.N. (1989a). Developmental prerequisites for the sense of a narrated self. In A. Cooper, O. Kernberg & E. Person (Eds.), Psychoanalysis. Toward the second century (pp. 168–178). New Haven: Yale University Press.

Stern, D. (1989b). Crib monologues from a psychoanalytic perspective. In K. Nelson (Ed.), Narratives from the crib (pp. 309–319). Cambridge, Mass.: Harvard University Press.

Sterren, D. van der (1952). The king oedipus of Sophocles. International Journal of Psycho-Analysis, 33, 343–350.

Literatur

Stewart, H. (1989). Technique at the basic fault/regression. International Journal of Psycho-Analysis, 70, 221–230.

Stierlin, H. (1978). Delegation und Familie. Frankfurt/M.: Suhrkamp.

Stoller, R.J. (1978). Boyhood gender aberrations: Treatment issues. Journal of the American Psychoanalytic Association, 26, 541–558.

Stoller, R.J. (1979). Die erotische Form von Haß. Reinbek: Rowohlt.

Stoller, R.J. (1985). Observing the erotic imagination. New Haven: Yale University Press.

Stoller, R.J. (1988). Ästhetik der Erotik. Zeitschrift für Sexualforschung, 1, 351–364.

Stolorow, R.D. (1975). The narcissistic function of masochism (and sadism). International Journal of Psycho-Analysis , 56, 441–450 (dt: Die narzißtische Funktion des Masochismus (und des Sadismus). In J. Grunert (Hg.), Leiden am Selbst. Zum Phänomen des Masochismus (S. 94–111). München: Kindler 1981b).

Stolorow, R.D. & Atwood, G.E. (1989). The unconscious and unconscious fantasy: An intersubjective-developmental perspective. Psychoanalytic Inquiry, 9, 364–374.

Stolzenberg, E. (1986). Wann ist eine Psychoanalyse beendet? Vom idealistisch-normativen zum systemischen Ansatz. Göttingen: Vandenhoeck und Ruprecht.

Streeck, U. (1983). Abweichungen vom „fiktiven Normal-Ich". Zum Dilemma der Diagnostik struktureller Ich-Störungen. Zeitschrift für psychosomatische Medizin und Psychoanalyse, 29, 334–349.

Strunz, F. (1991). Zum Traum des Wolfsmanns. Forum der Psychoanalyse, 7, 304–322.

Sugarman, A. (1979). The infantile personality: Orality in the hysteric revisited. International Journal of Psycho-Analysis, 60, 501–513.

Sugarman, A. (1991). Developmental antecedents of masochism: Vignettes from the analysis of a 3-year-old girl. International Journal of Psycho-Analysis, 72, 107–116.

Székely, L. (1978). Anniversaries, unfinished mourning, time and the invention of the calendar: A psychoanalytic „apercu". Scandinavian Psychoanalytic Review, 1, 115–146.

Thomä, H. (1962). Bemerkungen zu neueren Arbeiten über die Theorie der Konversion. Psyche, 16, 801–813.

Thomä, H. (1967). Konversionshysterie und weiblicher Kastrationskomplex. Psyche, 21, 827–847.

Thomä, H. (1984). Der „Neubeginn" Michael Balints (1932) aus heutiger Sicht. Psyche, 38, 516–543.

Thomä, H. (1991a). Was hat sich in meinem Verständnis des psychoanalytischen Prozesses seit den 60er Jahren gewandelt? Praxis der Psychotherapie und Psychosomatik, 36, 2–11.

Thomä, H. (1991b). Idee und Wirklichkeit der Lehranalyse. Ein Plädoyer für Refomen, I. Psyche, 45, 385–433.

Thomä, H. (1991b). Idee und Wirklichkeit der Lehranalyse. Ein Plädoyer für Refomen, II. Psyche, 45, 481–505.

Thomä, H. & Hohage, R. (1984). Schwankungen der „gleichschwebenden Aufmerksamkeit" und ihre therapeutische Bearbeitung. Zeitschrift für Psychosomatische Medizin und Psychoanalyse, 30, 232–237.

Thomä, H. & Kächele, H. (1985). Lehrbuch der analytischen Psychotherapie. Bd.1 Berlin: Springer.

Thrane, G. (1979). Shame and the construction of the self. Annual of Psychoanalysis, 7, 321–341.

Tibone, G. (1990). Das psychoanalytische Verständnis der Perversion. Unveröff. Diplomarbeit, München.

Ticho, G. (1967). On self-analysis. International Journal of Psycho-Analysis, 48, 308–318.

Tolpin, M. (1971). On the beginnings of a cohesive self. Psychoanalytic Study of the Child, 26, 316–352.

Tolpin, M. (1971). On the beginnings of a cohesive self. Psychoanalytic Study of the Child, 26, 316–352.

Tolpin, M. (1978). Self-objects and oedipal objects. A crucial developmental distinction. Psychoanalytic Study of the Child, 33, 167–184.

Tomkins, S.S. (1962). Affect, imagery, consciousness, vol. 1: The positive affects. New York: Springer.

Tomkins, S.S. (1963). Affect, imagery, consciousness, vol. 2: The negative affects. New York: Springer.

Tomkins, S.S. (1987). Shame. In D. Nathanson (Ed.), The many faces of shame (pp. 133–161). New York: Guilford Press.

Tress, W. (1985). Psychoanalyse als Wissenschaft. Psyche, 39, 385–412.

Treurniet, N. (1989a). Einige Störanfälligkeiten innerhalb der Ausbildungssituation. Psychoanalyse in Europa, Bulletin 32, 72–75.

Treurniet, N. (1989b). Über einige der psychoanalytischen Ausbildungssituation inhärente Verletzbarkeiten. Manuskript eines Vortrages auf der Herbsttagung der DGPT in Lindau am Bodensee (S. 1–17). Übers. v. I. Grubrich-Simitis. Auch veröffentlicht in U. Streeck & H.-V. Werthmann (Hg.), Lehranalyse und psychoanalytische Ausbildung (S. 111-130). Göttingen: Vandenhoeck & Ruprecht 1991).

Trevarthen, C. (1984). Emotions in infancy: Regulators of contact and relationships with persons. In K. Scherer & P. Ekman (Eds.), Approaches to emotion (pp.129–157). Hillsdale, NJ: Lawrence Erlbaum.

Trimborn, W. (1979). Der progressive Abwehrcharakter des Über-Ichs. In J. Cremerius, S.O. Hoffmann & W.Trimborn (Hg.), Psychoanalyse, Über-Ich und soziale Schicht. Die psychoanalytische Behandlung der Reichen, der Mächtigen und der sozial Schwachen. München: Kindler.

Trivers, R. (1985). Social evolution. Menlo Park, CA: Benjamin/Cummings.

Ullrich, G. (1988a). Projektive Reduplikation bei psychosomatisch Kranken I. Zeitschrift für Psychosomatische Medizin und Psychoanalyse, 34, 166–177.

Ullrich, G. (1988b). Projektive Reduplikation bei psychosomatisch Kranken II. Zeitschrift für Psychosomatische Medizin und Psychoanalyse, 34, 361–372.

Vellacott, P. (1971). Sophokles and Oedipus: a study of Oedipus Tyrannus with a new translation. London: Macmillan.

Vogt, R. (1986). Psychoanalyse zwischen Mythos und Aufklärung oder Das Rätsel der Sphinx. Frankfurt/M.: Qumran im Campus Verlag.

Volkan, V.D. & Rodgers, T.C. (1988). Attitudes of entitlement. Charlottesville, Va.: University Press of Virginia.

Waelder, R. (1966). Über psychischen Determinismus und die Möglichkeit der Voraussage im Seelenleben. Psyche, 20, 5 -28.

Waldeck, R. (1988a). Der rote Fleck im dunklen Kontinent, I: Das Tabu der Menstruation. Zeitschrift für Sexualforschung, 1, 189–205.

Waldeck, R. (1988b). Der rote Fleck im dunklen Kontinent, II: Die Verletzung der Frau. Zeitschrift für Sexualforschung, 1, 337–350.

Weich, M.J. (1989). The fetishistic use of speech. International Journal of Psycho-Analysis, 70, 245–253.

Weidenhammer, B. (1987). Störungen des diagnostischen Urteilsprozesses bei präödipalen Pathologien. Zeitschrift für psychosomatische Medizin und Psychoanalyse, 33, 353–362.

Weigert, E. (1954). Countertransference and self-analysis of the psychoanalyst. International Journal of Psycho-Analysis, 35, 242–246.

Literatur

Weil, A. (1953). Certain severe disturbances of ego development in childhood. Psychoanalytic Study of the Child, 8, 271–287.

Weil, A. (1956). Certain evidences of deviational development in infancy and early childhood. Psychoanalytic Study of the Child, 11, 292–299.

Weinberger, J.L. & Silverman, L.H. (1987). Subliminal psychodynamic activation: A method for studying psychoanalytic dynamic propositions. In R. Hogan & W.H. Jones (Eds.), Perspectives in personality, vol.2 (pp. 251–287). Greenwich, CT: JAI Press.

Weiss, J. & Sampson, H. & The Mount Zion Psychotherapy Research Group (1986). The psychoanalytic process: Theory, clinical observation, and empirical research. New York: Guilford Press.

West, D.J. (1977). Homosexuality re-examined. London: Druckworth.

Westen, D. (1986). The superego: A revised developmental model. Journal of the American Acadamy of Psychoanalysis, 14, 181–202.

Westen, D. (1989). Are „primitive" object relations really preoedipal? American Journal of Orthopsychiatry, 59, 331–345.

Westen, D. (1990). Towards a revised theory of borderline object relations: Contributions of empirical research. International Journal of Psycho-Analysis, 71, 661–693.

Wetzler, S.E. & Sweeney, J.A. (1986). Childhood amnesia: A conceptualization in cognitive-psychological terms. Journal of the American Psychoanalytic Association, 34, 663–685.

Williams, M. (1972). Problems of technique during latency. Psychoanalytic Study of the Child, 26, 598–617.

Williams, M. (1987). Reconstruction of an early seduction and its after effects. Journal of the American Psychoanalytic Association, 35, 145–164.

Willick, M.S. (1985). On the concept of primitive defenses. In H.P. Blum (Ed.), Defense and resistance: Historical perspective and current concepts (pp. 175–200). New York: International Universities Press.

Winnicott, D.W. (1951). Transitional objects and transitional phenomena. In ders., Playing and reality (pp. 1–25). New York Basic Books 1971 (dt.: Übergangsobjekte und Übergangsphänomene. Psyche, 23 (1969), 666–682).

Winnicott, D.W. (1958). Über die Fähigkeit, allein zu sein. Psyche, 12, 344–352.

Winnicott, D.W. (1965). Reifungsprozesse und fördernde Umwelt. München: Kindler.

Winnicott, D. W. (1974). Psychoanalyse und Schuldgefühl. In ders., Reifungsprozesse und fördernde Umwelt (S. 17–35). München : Kindler 1965.

Wittels, F. (1931). Der hysterische Charakter. Psychoanalytische Bewegung, 3, 138–165.

Wolf, E.S. (1989). Das Selbst in der Psychoanalyse: Grundsätzliche Aspekte. In E.S. Wolf, A. Ornstein, P. Ornstein, J.D. Lichtenberg & P. Kutter (Hg.), Selbstpsychologie (S.1–25). München: Verlag Internationale Psychoanalyse.

Wolfson, A. (Rep.) (1987). Toward the further understanding of homosexual women. Journal of the American Psychoanalytic Association, 35, 165–173.

Wurmser, L. (1981). The mask of shame. Baltimore: Johns Hopkins University Press (dt.: Die Masken der Scham. Berlin: Springer 1990).

Wurmser, L. (1986). Die innere Grenze. Das Schamgefühl – Ein Beitrag zur Über-Ich-Analyse. Jahrbuch der Psychoanalyse, 18, 16–41.

Wurmser, L. (1987). Flucht vor dem Gewissen. Analyse von Über-Ich und Abwehr bei schweren Neurosen. Berlin: Springer.

Wurmser, L. (1988). Die Übertragung der Abwehr. Gedanken zur psychoanalytischen Technik. Forum der Psychoanalyse, 4, 292–317.

Wurmser, L. (1991). Der goldleuchtende Dolch. Masochistische Übertragung, Über-Ich-Übertragung und Gegenübertragung. Forum der Psychoanalyse, 7, 1–19.

Yorke, C. (1990). The development and functioning of the sense of shame. Psychoanalytic Study of the Child, 45, 377–409.

Yorke, C. & Wiseberg, S. (1976). A developmental view of anxiety. Psychoanalytic Study of the Child, 31, 107–138.

Yorke, C., Kennedy, H. & Wiseberg, S. (1980). Some clinical and theoretical aspects of two developmental lines. In S.I. Greenspan & G.H. Pollock (Eds.), The course of life: Psychoanalytic contributions toward understanding personality development, vol. 1. Infancy and early childhood (pp. 619–637). Maryland: Mental Health Study Center.

Zagermann, P. (1985). Ich-Ideal, Sublimierung, Narzißmus. Darmstadt: Wissenschaftliche Buchgesellschaft.

Zagermann, P. (1988). Eros und Thanatos. Psychoanalytische Untersuchung zu einer Objektbeziehungstheorie der Triebe. Darmstadt: Wissenschaftliche Buchgesellschaft.

Zanarini, M. et al. (1989). Childhood experiences of borderline patients. Comprehensive Psychiatry, 30, 18–25.

Zelnick, L. & Buchholz, E.S. (1990). The concept of mental representations in the light of recent infant research. Psychoanalytic Psychology, 7, 29–58 (dt.: „Innere Repräsentanz" und Säuglingsforschung. Psyche (1990), 45, 810–846).

Zepf, S. (1987). Ich-Funktionen und Interaktionsformen. In J. Belgrad, B. Görlich, H.D. König & G. Schmid-Noerr (Hg.), Zur Idee einer psychoanalytischen Sozialforschung. Dimensionen szenischen Verstehens (S. 136–150). Frankfurt/M.: Fischer.

Zepf, S. & Hartmann, S. (1990a). Zum Stellenwert der „Restneurose" in der psychoanalytischen Therapie. In S. Zepf (Hg.), „Wer sich nicht bewegt, der spürt auch seine Fesseln nicht … ". Anmerkungen zur gegenwärtigen Lage der Psychoanalyse (S. 31–57). Frankfurt/M.: Nexus.

Zepf, S. & Hartmann, S. (1990b). Die soziale Funktion des psychoanalytischen Theoriepluralismus. In S. Zepf (Hg.), „Wer sich nicht bewegt, der spürt auch seine Fesseln nicht… ". Anmerkungen zur gegenwärtigen Lage der Psychoanalyse (S. 59–80). Frankfurt/M.: Nexus.

Zetzel, E. (1968). The so-called good hysteric. International Journal of Psycho-Analysis, 49, 256–260 (dt.: Der sogenannte gute Hysteriker. In dies., Die Fähigkeit zum emotionalem Wachstum (S. 230–246). Stuttgart: Klett 1974).

Zetzel, E. (1974). Die Fähigkeit zu emotionalem Wachstum. Stuttgart: Klett.

Zimmermann, F. (1989). Optische Anschauungsbilder als Gegenübertragungsphänomene. Forum der Psychoanalyse, 5, 237–248.

Zwiebel, R. (1988). Einige Bemerkungen über die Rolle der projektiven Identifizierung in der analytischen Beziehung. In P. Kutter, R. Páramo-Ortega & P. Zagermann (Hg.), Die psychoanalytische Haltung. Auf der Suche nach dem Selbstbild der Psychoanalyse (S. 259–277). München: Verlag Internationale Psychoanalyse.

Personenregister

Personenregister

Personenregister